보육학개론

이현섭 · 조옥희 · 정정숙 · 박현숙 · 석은조 공저

학지사

머리말

최근 여성의 사회활동 참여가 급격히 증가하고 있는 추세다. 이는 여성의 자아실현 욕구, 취업욕구의 증가, 가족형태 및 가정 경제생활구조의 변화 등 다양한 이유에서 비롯된다. 이러한 여성의 사회 참여는 여성의 삶에 있어서 중요한 부분을 차지하고 있으나 결혼과 더불어 직면하게 되는 자녀양육의 문제는 상당한 어려움을 겪게 된다. 이는 더 이상 가정의 문제가 아니라 가정과 사회가 서로 공동으로 협조해야 하는 문제로 대두되었다.

영유아 자녀를 둔 기혼여성들이 직장생활과 가정생활을 병행하면서 안심하고 사회 참여를 할 수 있고, 동시에 영유아들의 전인적인 성장 · 발달을 이루기 위해서는 무엇보다 사회적 · 국가적 지원체계가 절실히 필요하다. 이를 위해 우리나라는 1991년 영유아보육법이 제정된 이래로 국가적 차원에서 다양한 보육정책을 펼치면서 보육시설의 질적 · 양적 확충을 위해 꾸준히 노력해 왔다. 이러한 노력의 일환으로 2005년 영유아보육법이 시대에 부응하여 대폭 개정하여 다양한 보육정책이 수립되고 그 사업이 여성가족부로 이관되었다.

이러한 중요한 시점에서 유아교육, 보육학, 아동복지학을 배우는 학생들에게 보육학개론은 필수과목으로 자리매김을 하게 되었다. 따라서 보육학을 공부하는 학생들은 물론 보육시설 종사자들이 가능한 한 보육 전반에 대해 보다 쉽게 이해할 수 있도록 이론과 실제 부분을 포괄적으로 다룬 지침서가 필요하게 되었다. 이 책은 모두 총 12장으로 구성되어 있으며, 그 내용으로는 보육에 대한 기본적인 개념과 정립을 통하여 보육사상과 역사를 살펴보고 외국의 보육제도와 정책을 고찰했다. 이를 기초로 영유아 발달에 따른 보육프로그램의 종류와 보육방법을 제시하였다. 보육환경의 구성원리와 실내 · 외 환경 구성을 살펴보았고, 보육시설 종사자의 역할과 자질, 교육뿐만 아니라 부모참여 문제에 대해서도 살펴보았다. 그리고 보육시설의 인적 · 물적 환경과 운영관리 및 평가를 다루었고, 마지막으로 우리나라 보육시설이 안고 있는 문제점과 당면한 보육과제를 제시하고 앞으로 보육의 미래를 전망했다. 그러나 시간의 부족 등으로 집필 의도가 충분히 실현되지 못한 점과 공동저자로 인하여 야기된 일관성과 통일성의 부족 등은 아쉽다고 하겠다. 이 분야의 전공자 및 독자 여러분의 아낌없는 질책을 바란다.

마지막으로 집필과정에서 도움을 준 하은영 조교와 이미니, 김수경 연구생에게 감사하며, 출판을 허락해 준 학지사 김진환 사장님 외 여러 직원들에게 감사드린다.

2006년 새해를 맞이하면서

저자 일동

차 례

제1장 보육의 개념 및 필요성

1. 보육의 개념

보육의 개념은 시대와 상황에 따라 변화되어 왔다. 우리나라의 보육사업은 1921년 서울의 태화 기독교 사회관에서 빈곤가정의 자녀들을 보살펴주기 시작한 것을 효시로 보고 있다. 우리나라 초기의 보육사업은 기독교 선교와 부모를 대신하여 빈민 아동을 하루 중 일정 시간 동안 보호해 주는 빈민 구제를 목적으로 하였다. 즉, 보육은 '아동을 위탁한다.' 라는 의미로 단순히 빈민 아동을 맡아서 보호하는 탁아라는 개념이 더 강하게 작용하였다. 이에 대한 법적인 근거는 1952년 제정된 '후생시설요강' 에 잘 드러나 있으며, 이 요강에서 '탁아소' 라는 명칭을 사용하였다.

그 후 1961년 제정된 아동복리법에서는 탁아소 대신 탁아시설이라는 명칭을 사용하면서 탁아사업의 목적과 내용을 법령으로 명기하였다.

그러나 사회가 고도로 분화되고 영유아교육의 중요성에 대한 사회적 인식이 향상되면서 가족의 육아 기능은 상당 부분 사회로 이양되었으며, 6세 미만의 모든 영유아의 보호, 사회화, 교육을 가족과 사회가 공동으로 책임지려는 움직임이 점차

일반화되어 갔다. 따라서 단순히 취업 여성을 보호하기 위한 차원에서 제공되던 탁아사업은 영유아의 보호뿐만 아니라 교육까지도 책임져야 한다는 입장으로 확산되었다. 이와 함께 탁아시설의 교육프로그램 부재, 열악한 탁아환경 등 많은 질적인 문제가 지적되기 시작하였으며, 탁아에 대한 새로운 개념을 정립할 것도 요구되었다(양옥승, 1999).

보육이 아동의 전인적 발달을 도모하는 보육서비스의 성격을 가지게 된 것은 1982년 유아교육진흥법과 1991년 영유아보육법의 제정 · 공포에 의해서라고 할 수 있다. 그동안 보호기능에 그쳤던 탁아의 개념을 교육기능까지 통합하는 보육의 개념으로 바꾼 것이다. 보육시설의 명칭도 '탁아소' 에서 '어린이집' 으로 개칭되었다. 이것은 단순한 명칭의 변경이 아니라 어린이집이 보호 위주로 부모를 대신하여 아동을 보호하고 양육하는 것은 물론 아동의 전인적 발달을 위해 교육의 기능도 함께 수행되어야 한다는 인식의 변화를 포함하고 있다. 다시 말하면 영유아보육법에서는 '탁아' 라는 용어 대신 '보육' 이라는 용어를 사용하였고, 보육의 목적도 '영유아를 심신의 보호와 건전한 교육을 통하여 건강한 사회성원으로 육성함과 아울러 보호자의 경제적, 사회적 활동을 원활하게 함으로써 가정복지 증진에 기여함' 으로 되어 있다. 그리하여 보육의 개념도 아동의 건강과 안전 지도뿐만 아니라 전인적 발달을 위한 교육을 포함하는 보호(care)와 교육(education)이 통합된 보육(educare)의 개념으로 확장되었다.

취업모의 증가, 가족제도의 변화 등 구조적 변화와 함께 아동 발달에 대한 활발한 연구 결과로 인해 이제 보육프로그램은 보호적(custodial) 차원에서 벗어나 아동의 전인적 발달을 위한 포괄적 프로그램으로 변화되어야 할 필요성이 커지고 있다. 아울러 현대사회에서의 보육의 기능은 아동의 성장과 발달을 최종 목적으로 하며, 그 내용은 보호와 교육으로 규정하고 포괄적인 서비스를 제공하는 것이라고 하였다. 이와 같은 보육에 대한 인식의 변화를 Wilson(1986)은 〈표 1-1〉과 같이 비교 · 정리하였다.

〈표 1-1〉 보육에 대한 인식의 변화

과거의 인식	오늘날의 인식
• 보육은 사회적 서비스다. • 보육은 국가의 책임이다. • 보육은 저소득층 가정을 대상으로 한다. • 보육시설을 이용하는 사람은 수령인이거나 수혜자다. • 보육시설은 공공기금으로 이루어진다. • 보육시설 허가제도는 아동을 위한 국가의 법적 규제 장치다. • 보육프로그램을 통하여 빈곤가정에서 요구하는 모든 서비스를 전달한다. • 가족의 문제와 무능은 보육시설을 이용하는 사람들의 주요 특징이다. • 보육시설은 가정에 문제가 있을 때 요구되는 '필요악' 이다. 보육시설보다는 하루 종일 일하지 않는 부모가 아동을 돌보는 것이 이상적이다. • 보육시설은 학교나 사회적 서비스 체계 안에 있어야 한다.	• 보육은 대중사회의 공익사업이다. • 보육은 부모와 공적 · 사적 지원체계의 공동책임이다. • 보육을 필요로 하는 모든 계층의 자녀를 대상으로 한다. • 보육시설을 이용하는 사람은 소비자인 동시에 후원자다. • 보육은 공공기금으로 이루어지는 서비스만은 아니다. • 보육시설허가제도는 부모들이 보다 나은 보육시설을 선택하는 데 도움을 주기 위해 만들어진 소비자보호제도다. • 보육프로그램은 빈곤가정뿐만 아니라 사회계층과 무관하게 모든 부모들에게 서비스를 제공한다. • 보육은 기본적인 가정 기능의 원활한 수행에 도움이 될 뿐만 아니라 치료적 역할을 하기도 한다. • 부모의 취업 유무와 상관없이 아동들에게 유익하기 때문에 보육시설을 이용한다. • 모든 가정이 이용할 수 있는 보육시스템은 공영 또는 사립기관에 의하여 운영되는 가정보육시설, 유아원 종일반 등 다양한 종류의 보호형태를 포함한다.

한편 보육개념의 변화는 보육대상의 범위를 확장시켰다. 저소득층 · 결손가정의 자녀, 취업모의 자녀들에서 일반 가정의 영유아와 학동기 아동 그리고 특수아동뿐만 아니라 그 가족과 지역사회까지도 보육서비스의 대상이 되었다.

이상의 견해들을 요약해 보면 가정에서 적절한 양육을 받을 수 없는 빈곤가정의 자녀를 부모를 대신하여 돌보아 주는 자선적이며 빈민 구제의 목적으로 시작되었던 탁아개념의 보육서비스는 그 시대의 요구에 따라 교육까지 통합하는 보육의 개념으로 바뀌었다. 따라서 보육의 성격, 보육의 대상, 보육의 내용 및 기능 등도 달라졌다. 즉, 오늘날의 보육의 개념은 모든 아동들이 보호와 교육을 받아 최적의 발달에 도달할 수 있게 하며, 자녀를 가진 기혼여성들이 자유롭게 일할 수 있는 권리를 보장해 주는 데 있다.

2. 보육의 필요성

1) 영유아 발달적 측면

(1) 신체 발달과 보육

보육의 경험이 영유아 발달에 미치는 영향에 대해서는 많은 논쟁이 있어 왔다. 그러나 보육이, 영유아의 신체 및 운동 발달에 미치는 영향에 관한 연구 등은 대부분 긍정적인 것으로 나타났다(Clarke-Stewart, 1982). 영유아 신체 발달에 미치는 영향에 관한 대부분의 연구는 적절한 공간, 위생, 교사, 의료적 보호만 유지된다면 영유아의 건강과 신체 발달에 해를 주지 않는다고 보고하고 있다(최미현 외, 2000).

특히 저소득층 아동의 경우 보육이 운동 발달과 활동성을 증가시키며, 키와 몸무게를 더 자라게 하며 소아과적 질환을 감소시키는 것으로 나타났다. 이러한 결과는 보육시설이 아동에게 가정보다 더 나은 음식과 안전, 건강서비스를 제공하며, 넓은 공간에서 운동하고 다양한 교구 그리고 다른 아동과 놀 수 있는 기회를 제공해 주기 때문으로 여겨진다.

(2) 인지 발달과 보육

보육시설의 영유아들이 가정에서 자라는 영유아들보다 언어의 유창성, 기억력, 이해력 검사에서 더 나은 점수를 보였고, 블록으로 만든 도형을 따라 만들거나 문제해결, 구슬 꿰기, 이름 쓰기, 도형 그리기 등을 일찍부터 할 수 있었다. 또한 IQ 검사에서도 보육시설에 다니는 아동과 가정에서 자라는 아동 간에는 약 20~30점까지의 차이가 있기도 했다. 이러한 결과는 보육시설의 교사들이 집에서 가르치지 않는 개념이나 수, 실제적 기술 등을 가르치기 때문이라고 보았다(서영숙 역, 1990).

보육의 경험이 영유아의 인지 발달을 자극시키거나 유지시키는 데 결과가 긍정적으로 나타났다고 해서 모든 영유아들이 혜택을 받는다는 것은 아니다. 이러한 성과는 질적으로 좋은 보육시설의 경우에서만 기대할 수 있다는 것이다.

(3) 사회 · 정서 발달과 보육

보육이 영유아들의 사회 · 정서 발달에 미치는 영향에 관한 연구들은 주로 어머니와 영유아기 자녀와의 애착 형성이 중요하다고 강조한다.

보육시설에 다니는 영유아와 어머니와의 애착관계를 알아본 연구에 의하면, 영유아의 보육경험이 어머니와의 애착 형성에 부정적인 영향을 주지 않음을 알 수 있다. 보육시설을 이용하는 영유아들이 하루의 대부분을 어머니와 떨어져 있어도 애착이 약화되지 않는 것은 어머니와 아동이 같이 보내는 시간의 양보다는 질, 즉 관계의 내용이 더 중요하다는 것을 말해 준다(서영숙 외, 2004; 정진경, 1990; Cummings, 1980).

보육시설을 이용하는 영유아들이 보육시설에서 또래들과 상호작용하는 모습을 관찰하기도 하고 보육유형이 다른 아동이 다른 사람을 도와주고 다른 사람과의 협력태도가 어떤지를 알아본 연구 결과, 보육시설에 다니는 영유아들이 어머니와의 관계에서 적당히 독립적이고 또래들과 사회생활을 더 잘하게 된다고 한다(Clarke-Stewart, 1982).

부모들이 자녀를 보육시설에 보내는 이유 중 하나는 또래들과 함께 어울려 지냄으로써 자녀가 사회적으로 유능해지고 공유하거나 활동하며 또래를 사귀는 것을 경험하게 하려는 것이라고 본다.

2) 사회변화적 측면

(1) 가족구조의 변화와 보육

현대사회는 지식기반사회와 노령화시대의 도래로 말미암아 또 다른 변화의 국면을 맞고 있다. 또한 첨단과학과 기술문명이 하루가 다르게 발달하고, 세계화의 추세로 인하여 다양한 문화와 가치관이 함께 존재하는 특징을 보인다. 이에 따라 현대인은 정치, 경제, 사회, 문화 등 모든 분야에 걸친 광범위하고 다양한 변화를 겪고 있다. 이러한 사회변화는 사회구성원의 개인적 라이프스타일에 영향을 미쳤음은 물론이고, 사회를 형성하는 가장 기본적인 단위인 가족의 변화도 초래하였다. 가족규모의 축소로 소가족화현상이 지속되고 있으며, 전통적인 확대가족보다는 부부중심의 핵가족(nuclear family) 유형이 더욱 확산되고 있다. 아울러 과거에는 요보호가족으로 분류되던 이혼가족, 한부모가족, 재혼가족, 동성가족, 공동체가족 등의 비율이 점점 증가하고 있는 추세이며, 이들 가족에 대한 인식도 점차 바뀌고 있다. 이처럼 가족의 형태가 다양해짐에 따라 가정의 기능적 변화도 일어나게 되었다.

이러한 핵가족화로의 가족구조의 변화는 종래의 대가족제도에서 조부모들이 자녀를 양육하고 돌보아 주던 것에서 부부가 전적으로 자녀양육을 책임져야 하는 상황으로 바뀌게 되었고, 이로 인해 보육의 문제가 사회적으로 필요성을 부각되게 되었다.

보육의 필요성을 증대시키는 또 다른 경향은 이혼과 별거, 사별 등 가족문제로 인한 가족해체현상이다. 우리나라 이혼건수는 매년 증가하고 있는데, 1991년 49,205건에서 2002년 145,324건으로 29.5%나 증가하였다(통계청 인구동태조사, 2003). 날로 늘어나고 있는 이혼 외에도 부모의 별거나 사별 등에 따라 한쪽의 부모와 18세 미만의 자녀로 구성된 한부모가족이 많아지고 있다. 한부모가족의 증가는 생계를 위해 아버지나 어머니가 자녀를 양육하면서 직장생활을 유지해 나가야 하는 어려움에 직면하게 된다. 특히 자녀의 연령이 어릴수록 자녀를 돌볼 시간이 절대적으로 부족하게 되면서 자녀를 안심하고 맡길 수 있는 양질의 보육시설에 대한 필요성이 절실하다.

또 부모의 실직 등의 경제적 이유로 부모와 떨어져 조부모와 사는 아동의 수도 많아, 우리나라의 경우 1995년 부모 없이 조부모와 사는 가족이 전체 가족의 0.28%에서 2000년 0.34%로 증가하고 있다. 심지어는 소년, 소녀가장에 의해 키워지는 아동의 수도 많아지고 있다. 이와 같은 결손가정의 아동은 경제적 어려움뿐만 아니라 사회 · 정서적 측면에서도 많은 복합적인 문제를 가지고 있기 때문에 적절한 교육과 보호를 받을 수 있는 보육서비스의 제공이 시급한 실정이다(조성연 외, 2004).

(2) 취업모의 증가와 보육

현대사회는 고도의 경제성장과 산업구조의 변화 등에 따라 직업의 종류가 다양해지고 전문화되면서 보다 많은 노동력이 필요하게 되었고, 그에 따라 여성노동력도 필요하게 되었다. 뿐만 아니라 여성들의 학력수준이 향상되고, 여성의 취업에 대한 사회적 인식이 보다 긍정적으로 변화되었으며, 여성들의 자아실현이나 자립에 대한 욕구가 강해지면서 여성들이 결혼 후에도 계속 직업을 유지하고자 하는 경향이 증가하였다. 이러한 이유들로 인해서 여성의 경제활동 참가율은 계속 증가하고 있다.

우리나라 기혼여성의 경제활동 참여율도 1985년 41.0%에서 2002년 49.4%로 계속 증가하고 있는 추세다(통계청, 2003). 특히 5세 이하의 자녀를 가진 기혼여성 중 취업한 여성의 수는 1999년 44.7%에서 2002년 56.1%로 현저하게 증가하는 양상을 나타내고 있다(보건복지진흥원, 2003). 이처럼 기혼여성들의 경제활동 참여율이 높아지고 있으나 여성취업의 장애요인 중 육아부담과 가사부담은 가장 큰 어려움으로 지적되고 있다. 따라서 기혼여성의 취업을 저해하는 자녀양육의 문제를 해결하기 위해서는 무엇보다 보육시설이 필요하다. 이러한 자녀양육의 문제는 개별적으로 해결되는 문제가 아니라 사회·국가적인 차원에서 해결해야 할 문제로서 보육의 필요성을 크게 증대시킨 일이라 하겠다.

(3) 여성의 자녀양육관 및 자아실현과 보육

여성들의 학력수준 향상으로 인하여 취업률이 증가함과 동시에 취업하지 않은 기혼여성이라 할지라도 자신의 능력을 개발하거나 다양한 취미생활 등을 통해 자아실현을 하고자 하는 욕구가 증가하고 있다. 뿐만 아니라 자녀들에 대한 양육관도 과거 권위주의적인 방식에서 탈피하여 보다 민주적이고 자녀들의 자율성을 신장시켜 주고자 하는 방향으로 변화됨으로써 자녀들의 학령전 보육과 교육에 대한 관심과 요구가 높아지고 있다. 이에 따라 단순히 자녀들을 보호하는 차원의 보육이 아니라 조기교육을 포함하는 양질의 보육서비스에 대한 요구와 필요성이 증가하고 있는 실정이다.

3) 국가적 측면

영유아보육의 필요성은 인력 개발과 복지사회·국가를 실현하는 차원에서 다루어져야 한다. 우리나라 출산 자녀 수가 1992년 1.78명에서 2000년 1.17명(통계청,

2003)으로 OECD 가입국 중 가장 낮은 수치를 보이고 있는 현 시점에서 자녀양육의 문제는 이제 단순히 가정만의 문제가 아니다. 국가가 자녀 출산율을 높이는 방안을 모색해야 한다. 이러한 이유로는 자녀양육 및 교육으로 인한 경제적 어려움, 기혼여성의 경우 자녀를 안전하게 맡길 곳이 없다는 점, 가사 및 육아와 직장 일의 병행이 어렵다는 점을 들 수 있다(조성연 외, 2004).

우리나라의 발전을 위해 투자해야 할 부분이 바로 인력 개발인 만큼, 국가가 적극적으로 보육사업에 재정적, 행정적 지원을 하여 양질의 보육서비스를 통해 훌륭한 인재를 양성해야 할 것이다.

복지사회가 실현되기 위해서는 특히 소외 계층에게 많은 혜택이 주어져야 한다. 국가는 저소득 계층의 빈곤층 자녀, 결손가정의 아동 그리고 장애를 가진 아동을 위한 보육서비스는 물론이고 그들 가족을 위한 지원서비스를 제공해 줌으로써 아동과 가족 모두가 행복하게 잘사는 복지사회를 실현할 수 있도록 노력해야 한다.

3. 보육의 목적

영유아를 대상으로 하는 보육프로그램은 어린이의 전인적인 성장·발달을 위한 교육과 복지를 통합한 서비스 체계가 되어야 한다.

영유아기는 단순한 직업이나 그 다음 단계의 교육을 준비하기 위한 단계가 아니라 그 자체가 중요한 생의 한 부분이므로 전체로서의 어린이가 중요하다. 따라서 보육과정은 영양, 건강, 안전 등의 보호적인 보살핌뿐만 아니라 신체적, 정서적, 언어적, 사회적, 인지적 측면에서의 조화로운 발달을 통한 전인적인 아동으로서의 발달을 목표로 하는 프로그램을 제공해야 한다(영유아보육법, 제29조).

세계적으로 교육과 복지를 종합하여 보육프로그램을 개방, 적용하고 있는 대표적인 사례로는 미국의 헤드스타트(Head Start) 프로그램을 들 수 있는데, 이 프로그램은 교육, 건강, 사회복지, 부모참여서비스를 포함하고 있다.

우리나라의 영유아보육법(2004. 12. 31) 제1조에 의하면 보육은 '영아 및 유아를 심신의 보호와 건전한 교육을 통하여 건강한 사회성원으로 육성함과 아울러 가정복지를 증진' 하는 데 목적이 있다고 규정하고 있다. 따라서 법 제3조 '보육이념' 에서는 첫째, 보육은 영유아의 이익을 최우선적으로 고려하여 제공되어야 한다. 둘째, 보육은 영유아가 안전하고 쾌적한 환경에서 건강하게 성장할 수 있도록 해야 한다. 셋째, 영유아는 자신 또는 보호자의 성 · 연령 · 종교 · 사회적 신분 · 재산 · 장애 및 출생지역 등에 따른 어떠한 종류의 차별도 받지 아니하고 보육되어야 한다고 규정하고 있다.

영유아보육법 시행규칙 제30조 '표준보육과정' 에서는 교육 · 영양 · 건강 · 안전 등 영유아의 발달 단계에 따른 보육내용이 포함된 통합프로그램을 구성 · 운영토록 하고 있다.

- **교육**: 영유아의 신체적 · 사회적 · 정서적 · 지적 및 언어적 발달과 자기존중감 발달
- **영양**: 균형 있는 영양 공급 및 바른 식습관 지도
- **건강**: 신체적 · 정서적 뿐만 아니라 가족 및 지역사회의 건강 증진
- **안전**: 스스로 자신의 안전을 보호할 수 있는 능력과 기술의 발달

영유아를 위한 보육활동은 신체적 보호뿐만 아니라 교육 · 영양 · 건강 · 안전에 대한 균형 잡인 서비스의 제공을 구체적인 목표로 제시하고 있다. 따라서 보육활동이 3RS와 같은 문자교육이나 집단생활에 필요한 기본태도습관을 길러 초등학교 입학을 위한 준비교육에 그쳐서도 안 되며, 특기교육이 되어서도 안 될 것이다. 특정 영역의 발달보다는 영유아의 개인적 자아실현을 목적으로 전인적인 성장과 발달을 강조한 프로그램을 제공해야 한다. 뿐만 아니라 보호자의 경제적 · 사회적 활동을 원활하게 지원함으로써 가정복지 증진에도 기여해야 한다.

제2장 보육의 역사 및 제도

1. 우리나라 보육사업의 발전과정

1) 보육사업의 시작 단계

산업정보화시대에서의 다양한 사회적 변화는 가족구조의 변화와 사회구성원으로서의 가치관 변화를 가져왔고 여성의 취업증가 및 자아실현 성향의 증대, 결손가정의 증가, 양육을 위한 가족기능의 저하, 아동양육의 전문화에 대한 요구 증가, 여성의 가치관 변화 등으로 보육에 대한 필요성이 가정만의 문제가 아니라 사회적, 국가적으로 풀어 나가야 할 큰 관심사로 대두되었다.

우리나라의 보육사업은 1921년 태화 기독교 사회관에서 탁아프로그램을 시작으로 종교기관에서 빈민구제사업적 성격으로 개발되기 시작하였으며, 1961년 아동복리법이 제정, 공포됨으로써 명실 공히 아동의 복리증진을 위한 사업으로 변화, 발전하기에 이르렀다.

2) 보육사업의 도약 단계

내무부는 1982년 3월 유아교육진흥종합계획을 수립하여 유아교육진흥법을 제정하였고 기존의 어린이집 691개소, 새마을협동유아원 263개소, 농번기탁아소 384개소, 민간유아원 38개소 등 1,374개소의 보육시설을 '새마을유아원'으로 통합하여 운영하게 되었다. 노동부에서는 1987년 12월 남녀고용평등법에 의해 직장탁아제도를 도입하였고 보건복지부에서는 1989년 9월 아동복지법시행령을 개정하여 보육시설의 설치근거를 마련하였으며 1990년 1월에는 아동복지법시행규칙을 개정하여 보육시설의 설치기준과 운영방법 등을 규정한 '탁아시설의 설치 · 운영규정'으로 사업을 추진하였다. 그러나 급격히 늘어난 여성의 사회참여와 핵가족화에 따라 보육에 대한 수요는 급증하고, 기존 보육시설로는 늘어난 보육아동 수를 감당할 수 없었으며, 기능 또한 미흡하여 취업여성의 자녀양육문제는 커다란 사회적 문제로 대두되었다. 또한 보육 관련 사업이 여러 부처에서 각각 운영되므로 정부의 비효율적 투자는 재정적 결손과 체계적이고 효율적인 보육사업의 운영에 어려움을 초래하게 되었다.

3) 보육사업의 확대, 발전 단계

1991년 1월에 영유아보육법이 제정, 공포되었고 8월에는 시행령 및 시행규칙이 제정되면서 주관부서가 보건복지부로 일원화되었고 종전의 단순한 '탁아' 사업에서 보호와 교육이 통합된 '보육' 사업으로 확대, 발전되었다. 이에 보건복지부는 아동복지법을, 내무부와 교육부에서는 유아교육진흥법을, 노동부에서는 남녀고용평등법으로 주관부서를 정비하였으나 보육의 욕구는 날로 높아지고 그 수요를 충족할 수 없는 한계에 이르자 내무부, 교육부, 보건복지부는 새마을유아원을 1993년까지 교육법에 의한 유치원이나 보육시설로 전환하도록 합의함으로써 보육정책이 새롭게 발전할 수 있는 계기를 마련하게 되었다. 이후 10여 차례의 법령 개정과 보육시설 확충계획으로 늘어나는 보육수요에 대응하고 질적 향상을 위해 부단히 노력해왔지만 보다 나은 보육을 위한 지속적인 논란과 지적은 끊이지 않았다. 이에 최근

(2004년 1월)에 영유아보육법의 전면 개정안이 공포되었고 다양한 보육서비스와 질적 수준 향상, 보육의 공적 책임이 강화되기에 이르렀다.

보육시설 이용 아동의 수는 해마다 늘어나 보육대상 연령 아동(6세 미만) 약 350만 명의 25%인 898,533명(04년 6월)과 영아(0~2세)의 14.4%, 유아(3~5세)의 33.7%가 시설을 이용하고 있는 것으로 나타났고(보육사업 안내, 2005) 1990년 말 1,919개이던 보육시설의 48,000명 보육아동은 25,319개 보육시설의 898,533명으로 늘어났다.

〈표 2-1〉 보육시설 및 보육아동 현황

구분	계	국·공립 보육시설	민간보육시설				직장 보육시설	가정 보육시설
			소계	법인	법인 외	개인		
시설 수 (개소)	25,319 (100)	1,344 (5.3)	14,145 (55.9)	1,651 (6.5)	813 (3.2)	11,681 (46.1)	234 (0.9)	9,596 (37.9)
아동 수 (명)	898,533 (100)	106,485 (11.9)	671,362 (74.7)	142,717 (15.9)	39,655 (4.4)	488,990 (54.4)	11,113 (1.2)	109,573 (12.2)
종사자 수 (명)	106,574 (100)	11,142 (10.5)	73,510 (69.0)	15,786 (14.8)	4,483 (4.2)	53,241 (50.0)	1,719 (1.6)	20,203 (19.0)

자료: 보육통계(2004년 6월).

특히 우리나라 여성의 취업률은 97년 이후 49% 수준에서 정체되고 있으며, 고학력 여성의 경제활동 참가율은 56.6%로 OECD 회원국(평균 78.4%) 중 최하위 수준에 머무르고 있다(OECD, 2003. 통계 on-line). 또한 25~34세 연령층은 연령의 상승에 따라 M커브를 그리며 하향 재진입 혹은 고학력 여성의 노동시장 이탈현상이 지속되고 있는데, 이러한 현상은 결혼 후 여성에게 출산과 육아에 대한 부담이 크게 작용하기 때문으로 생각된다.

현재 영유아 보육업무는 2004년 6월 12일 정부조직법의 개정에 따라 보건복지부에서 여성부(이후 여성가족부)로 이관되었으며, 2004년 1월 29일 영유아보육법이 전문 개정되고 시행(2005. 1. 30)에 따라 보육서비스의 질적 향상, 보육의 공공성 강화를 위한 획기적 발전의 계기를 마련하였다(여성가족부, 2005).

4) 영유아보육법 제정 전후의 주요 정책 비교

영유아보육법 제정 전 우리나라 보육사업의 발전과정은 〈표 2-2〉와 같다.

〈표 2-2〉 우리나라 보육사업의 발전과정

시행일	내용	관련 근거	비고
1962~1981	• 복지부 주관으로 탁아사업 실시(어린이집 691개소 설치 · 운영)	아동복리법	
1981.4.13	• '아동복리법'을 '아동복지법'으로 전문 개정	아동복지법	법률 제3438호
1982 이후	• '어린이집' 691개소를 '새마을유아원'으로 흡수 · 운영 −법 제정 · 장학지도: 교육부 −시설 운영 · 행정지도: 내무부 −보건의료: 보건사회부	유아교육진흥법	
1987.12.4	• '직장탁아제' 도입	남녀고용평등법	
1989.9.19	• 탁아사업 실시근거 부활	아동복지법 시행령	
1990.1.15	• 탁아시설의 설치 · 운영근거 마련	탁아시설의 설치 · 운영규정	
1991.1.14	• '영유아보육법' 제정 · 공포(법률에 의한 보육사업 실시) −보육사업을 보건복지부로 일원화 −종전 단순 '탁아'에서 보호와 교육을 통합한 '보육'으로 기능 확대	영유아보육법	
1991.8.1	• '영유아보육법 시행령' 제정 · 공포	영유아보육법 시행령	
1991.8.8	• '영유아보육법 시행규칙' 제정 · 공포	영유아보육법 시행규칙	
1991.8.26	• '탁아시설의 설치 · 운영규정' 폐지	탁아시설의 설치 · 운영규정	

영유아보육법령의 변경 전후 주요 정책을 비교한 내용은 〈표 2-3〉과 같다.

〈표 2-3〉 영유아보육법령의 변경 전후 주요 정책 비교

개정일	변경 전	변경 후
'97. 8.22	• 사회복지사업법 부칙 제9조제4항 –직장 및 민간보육시설 설치인가제	• 신고제로 완화(시행: '98. 7. 1)
'97.12.24	〈신설〉	• 초등학교 취학 직전 1년 유아의 무상보육 실시 근거 마련
'99. 2.8	• 제11조 민간 및 직장보육시설 휴지 · 폐지 시 승인제 • 제24조 보육료 한도를 보건복지부 장관이 정하고 시 · 군 · 구에서 승인	• 신고제 • 시 · 도지사가 자율적으로 결정
'04. 1.29	• 영유아보육법 전면 개정 〈신설〉 –중앙 및 지자체에 보육위원회 설치 –국 · 공립, 민간, 직장, 가정보육시설로 유형화 〈신설〉 –국 · 공립 외 보육시설의 설치신고제 –직장보육시설 의무사업장은 직장보육시설 공동 설치 또는 보육수당 지급 가능 –보육교사 2등급 체계 〈신설〉 〈신설〉 –보육비용의 보호자 부담 원칙	• 전면 개정(시행: '05. 1. 30) –국무총리 소속하에 보육정책조정위원회 신설 –보육정책위원회 설치 –법인, 부모협동보육시설 별도 유형화 –보육시설 수급계획 등 보육계획 수립 · 시행 –인가제로 환원 –지역 보육시설과 위탁계약 체결도 가능하도록 추가 –보육교사를 3등급 체계로 하고 교사의 자격검정 및 자격증을 교부 –국 · 공립 및 법인보육시설 등은 영아 · 장애아 등 취약보육을 우선 실시 –보육시설 평가인증 실시 –보육에 대한 국가 및 지자체의 책임 강화, 차등보육료 지원제도 실시 법적 근거 마련 –보육시설장의 업무정지, 보육교사의 자격정지 또는 취소 규정 마련
'04. 3.11	• 영유아 보육사무를 보건복지부에서 관장(정부조직법 부칙 개정)	• 여성부(이후 여성가족부)로 이관(시행: '04. 6. 12)
'04. 12.31	• '04. 1. 29. 개정 법률상 보건복지부 관련 규정을 여성부로 변경 • 도서 · 벽지 등 보육시설에 시설 설치기준 및 종사자 배치기준 완화 적용	• 일부 개정(시행: '05. 1. 30) • 농어촌 지역 추가

자료: 여성가족부(2005). 보육사업 안내.

5) 개정된 영유아보육법의 주요 내용

보육사업 수행에 필요한 사항과 국가 및 지방자치단체의 지원에 관한 세부사항을 정함으로써 영유아를 건강한 사회성원으로 육성하고 보호자의 경제적, 사회적 활동을 원활하게 하고자 영유아보육법의 개정이 10여 차례 이루어졌다.

2005년 1월 29일 개정된 영유아보육법의 주요 내용은 〈표 2-4〉와 같다.

〈표 2-4〉 개정된 영유아보육법의 주요 내용

분야	개정 내용
총칙	• 보육정책의 규정 강화 및 신설 • 보육정보센터장 및 전문요원의 자격 강화 보육시설
설치	• 보육시설 종류의 다양화 • 보육 계획의 수립 시행 신설 • 국 · 공립 보육시설 외 보육시설설치제도 전환(신고제→인가제) • 직장보육시설 설치기준 강화 보육시설
종사자	• 보육시설 종사자 배치기준 및 임면 강화 • 보육시설 설치운영 결격사유 신설 • 보육시설 근무 결격사유 신설 • 보육시설장 및 교육교사 자격체계 전환(2급→3급) • 보육 관련 교과목 및 학점 강화(보육실습 포함 11과목: 보육교사 1급→보육실습 포함 12과목: 보육교사 2급) • 교육훈련시설지정제로 전환 • 자격증 교부(자격인정→자격증) 및 보수교육 신설 보육시설
운영	• 보육시설의 운영기준 강화 및 명칭 통일(놀이방, 어린이집→어린이집) • 국 · 공립보육시설의 운영위탁 신설 및 보육시설 운영위원회 신설 • 표준보육과정령을 별도로 둠 • 보육시설평가인증제 신설
건강, 영양 및 안전	• 건강관리규정 추가(영유아→영유아, 종사자)
비용	• 지원비용 증가(보육교사 인건비, 교재교구비, 교육훈련비용, 취약 보육실 시비, 차량운영비 등)
지도 및 감독	• 시정 또는 변경 명령 신설 • 보육시설의 폐쇄 명령 강화 • 보육시설장의 업무정지기준 신설 • 보육교사의 자격정지 및 자격취소 신설
보칙, 벌칙	• 과태료 신설

2. 외국의 보육사업

1) 미국

(1) 보육제도

미국의 보육제도나 이념의 정착된 배경은 유럽의 전통이나 영향에 의하여 출발하였다. 또한 보육이념이나 제도의 보육체계가 그다지 조직적이지 않고 보육현황에 대한 국가적인 자료도 부족한 편이었다. 이것은 연방 정부법이 아닌 주 정부의 법에 의해 보육제도가 시행된 까닭도 있지만 개인주의와 가족의 사생활을 지나치게 존중하는 미국의 사회적 분위기로 인해 자녀양육문제를 개별 가족의 문제로 여기고 사회가 책임을 공유할 필요성을 크게 느끼지 않았기 때문이기도 하다. 미국의 보육제도 정착이 이루어질 당시 사회적 배경을 보면 영국으로부터 건너온 청교도들은 가족의 중요성을 강조하며, 가족이 노예와 아동을 사회화하는 책임을 지도록 하였다. 그러나 최근 10년 들어 국가적으로 보육의 문제가 중요하다는 것을 인식하기 시작함으로써 많은 보육제도의 개선이 이루어지고 있다.

직장을 다니는 가족을 돕고 그런 가정에서 자라는 아동의 발달에 대해 관심을 갖기 시작하면서 아동보육문제를 사회정책의 중요한 문제로 다루게 되었다. 예를 들어, 1996년에 아동보육의 문제가 근로가족의 복지에 핵심 요인이 된다는 것을 인식하여 연방복지개혁법안(Personal Responsibility and Work Opportunity Reconciliation Act: PRWORA)에서 아동보육에 관한 많은 내용을 다루었다.

미국에서 보육의 전통적 목적은 가난하고 문제가 있고 학대가 일어나는 가족의 자녀를 일시적으로 낮시간 동안 돌보아 주는 것으로 시작하였으나, 현재에 이르러 보육의 목적은 첫째, 아동을 보호해 주는 아동복지 서비스로서의 보육, 둘째, 조기교육으로서의 보육, 셋째, 직업을 가진 부모를 위한 지원 체계로서의 보육기능을 띠고 있다.

한편 미국은 주마다 보육의 질을 통제하기 위한 각 법규나 기준이 다양한 편이지만 관련 법규를 문서화한 주 정부의 보육면허규정집 등에는 법적 책임의 소재, 프로그램, 보육의 범위, 유아-교사 간 직원의 비율, 화재, 설비, 건강, 안전, 영양, 행정 및 기타 특수영역을 거의 공통적으로 포함하고 있다. 이러한 보육시설은 각기 연방 정부, 주 정부, 사립단체, 개인, 공동모금 등 다양한 재원에 의해 운영된다. 미국의 보육시설은 교육과 보호의 기능을 통합한 교육·복지성에서 일원화하여 관장하고 있으나 쉽게 구분하기 어려운 다원적인 특징을 갖고 있다(양옥승, 1995).

미국에서는 독일의 프뢰벨 사상과 유치원의 도입 등이 부모가 아동양육에 직접적인 책임을 갖게 하는 배경이 되었다. 특히 1880년대에 이르러 프뢰벨 주의자들에게 많은 자선유치원을 세우게 함으로써 도시 아동들의 어려움을 덜며, 아울러 도시의 빈곤문제를 해결할 수 있다고 믿었다. 듀이의 철학이 크게 영향을 미치고 경험주의적 교육사상이 미국교육 전반에 절대적 영향을 미쳤을 때 유아원이 도입되고 유치원 또한 확장되었다. 1935년 사회보장법과 함께 보육에 대한 당시의 사회적 요구를 수용하게 되었으며, 1980년대 학교개혁의 분위기를 업고 보육의 전문화와 질적 향상을 위한 노력을 지속적으로 하고 있다. 여성을 고용하는 미국의 정책은 계속 장려하고 있는 편인데, 이는 연방 보육정책에서 제시하고 있다.

현대에 이르러서는 보육의 목적이 과거의 전통적인 목적에서 나아가 좀 더 다양하게 나타나는데, 빈민구호나 보상교육이 아닌 중산층의 조기교육 욕구와 가정의 노동권리를 지원해 준다는 의미를 가지고 있다. 부모가 모두 직업을 갖는 추세에서 가족의 관심을 수용하는 사회정책으로서의 보육을 말한다. 최근 들어 영유아가 있는 가족을 위해 출산휴가 혹은 육아휴가를 쓸 수 있도록 제도화하고 있으며, 세제혜택(소득세로 냈던 세금에서 자녀보육을 위해 일부분을 돌려주는 방식) 등을 통해 간접적으로 보육료를 지원하는 방법을 사용하기도 한다(조성연 외, 2004).

미국의 보육역사는 시버와 카트라이트(Seaver & Cartwright, 1996)가 도입한 네 시기로 나눌 수 있다.

첫째, 자선의 시기(1828~1900년대)는 인정 많은 자선가가 가난한 아동들을 위해 보육서비스를 제공하던 시기다. 이때는 아동을 보호하고 보살피기를 원하던 많은 기부자들의 노력이 지역사회를 중심으로 이루어졌으며, 유아를 위한 보호개념의 보육이 시작되었고, 비교적 자유로운 형태였다. 미국 최초의 보육시설(day nursery)은 1838년에 해일(Hale)에 의해 보스턴에서 시작되었으며, 그는 선원가족의 맞벌이나 미망인 자녀를 위해 서비스를 제공한 것이었다.

둘째, 사회복지의 시기(1920~1940년대)는 보육시설의 적합성과 보육수준에 대한 기준과 규정의 근간이 세워지게 되었다. 즉, 자선단체의 기부에서 주 정부를 통한 복지의 형태로 퍼져 나가게 되었다.

WPA는 경제공황을 극복하는 하나의 대책으로 긴급보육시설(emergency day care)을 국가부담으로 증설하게 되었고, 1935년 사회보호법과 함께 당시 보육에 대한 사회적 요구를 수용하게 되었다. WPA에 의하여 공공자금을 보육시설 확장에 처음으로 쓰기 시작하였는데, 이는 간호사, 요리사, 실직교사 등에게 직장을 제공하기 위한 것이었다. 1937년까지 1,900개의 보육시설이 생겨 4만여 명의 아동을 돌보았으며, 학교에 설치된 보육시설이 학교 수업시간에 따라 움직이게 됨으로써 교사들이 보육시설에서 일하게 되었으며, 취학 전 유아교육이 중점적으로 이루어졌다. 1938~1941년 사이에 WPA가 끝나면서 보육시설 수는 감소하게 되었다(양옥승 외, 2004).

셋째, 연방정부의 시기(제2차 세계 대전~1970년대)는 랜함 법에 준한 기금이 없어지면서 보육시설 3,000여 개소가 폐쇄되었다. 따라서 1950~1965년까지의 보육사업은 문제의 가정을 위한 사업과 빈민들을 위한 사업에 머무르게 되었으나 맞벌이 여성이 지속적으로 증가하면서 보육시설을 이용하거나 친지들에게 보육을 맡기게 되었다. 1965년에 이르러 연방 정부의 긍정적 인식전환으로 헤드스타트 프로젝트(Head Start Project)가 실행되었는데, 헤드스타트는 저소득층 자녀들을 위한 연방 정부의 종합적인 프로그램으로 모든 아동에게 교육의 중요성을 인식시켰다. 특히 교육적 보육에 의한 정부의 지원 가능성을 실현시킨 점이나 다각적인 연방프로그램을 통해 공적 지원을 가능하게 했다는 점을 볼 때 헤드스타트 프로젝트의 의의는 크다고 할 수 있다. 1970년대에는 백악관의 아동에 대한 회의에서 미국인 가정이 당면한 가장 심각한 문제로 보육시설문제를 선정하였으며, 1975년에 사회보호법이 제정되면서 보육은 정부 사회사업의 일부가 되었다.

넷째, 다양성의 시기(1980년대 이후)는 주 정부와 민간에 의해 운영하는 방향으로 전환되는 등 보육사업 분야에 새로운 전기를 맞이하였다. 따라서 연방 정부 대신 주 정부가 보육사업에 주도권을 갖게 되었다. 이에 따라 주마다 보육에 대한 규제가 다양해졌으며, 지역적 특성이 고려되면서 보육프로그램이 가정과 유사하게 운영되었다. 또한 부모들이 정부로부터 보육과 관련하여 세금 혜택을 받았으며, 직장보육시설과 방과 후 보육시설이 계속 증가하게 되었다. 결국 자선의 목적으로 시작되었던 보육은 정부 차원의 사업으로 발전되었다가 다시 주 정부의 책임 사업으로 전환된 것이다(Seaver & Cartwright, 1996).

(2) 보육현황

미국의 보육시설은 영리추구기관이 많은데, 이 시설들은 대부분 '체인' 방식으로 운영되고 있다. 이는 사업체의 본부에서 각 주에 보육시설을 설치하여 동일한 프로그램을 제공하는 것으로 대표적인 것이 킨더-케어(Kinder-Care)센터다. 미국의 보육형태는 가정에서 보육하는 가정보육(family care)과 유아원에서 보육하는 시설보육(center care)의 두 가지로 나누어진다. 가정보육은 양육자의 집에 아이를 맡기는 경우와 양육자가 아동의 집으로 방문하여 보육하는 경우, 신고된 놀이방에서 보육교사가 보육하는 경우를 포함하는데 영아일수록 가정보육 이용률이 높은 편이다. 또한 시설보육은 사립 어린이집, 국·공립 어린이집, 직장보육시설, 부모협력 유아원 등에서 이루어진다. 부모협력 유아원은 학부모가 직접 재정을 관할하는 시설이다. 또한 소득수준이 낮은 가족은 비형식적인 보육형태를 많이 이용하고 소득수준이 높은 가족은 기관중심 보육시설을 이용하기 쉬울 것 같지만, 매사추세츠 주에서는 다른 주보다 소득수준이 낮은 가족의 영유아들이 기관중심 보육시설을 많이 이용하고 있으며, 캘리포니아 주와 매사추세츠 주 둘 다 소득수준이 높은 가족에서는 부모가 영유아들을 양육하는 경우가 많았다.

주마다 이렇게 다른 것은 부모의 직업 패턴, 보육시설의 수, 가족구조, 양육 가치관, 아동보육정책 등과 같은 요인이 서로 다르게 얽혀 있기 때문이다. 그래서 미국의 보육제도는 연방 정부보다는 주 정부 수준에서 그 주 안에 있는 가족들에게 적절한 아동 보육 형태를 선택할 수 있도록 지원해 주는 정책들을 자치적으로 펼쳐 나가고 있다.

미국의 영유아보육의 형태를 구분하면 다음과 같다.

- 기관중심보육(center-based child care): child care centers, Head Start, preschool, prekindergarten, before-or-after-school program 등 기관에서 이루어지는 보육형태를 말한다.
- 가정보육(family child care): 친척이 아닌 타인이 자신의 집에서 여러 명의 유아를 돌보는 보육형태를 말한다.
- 보모(baby-sitter 또는 nanny): 보육을 맡는 유아의 집에서 친척이 아닌 타인이 유아를 돌보아 주는 보육형태를 말한다.
- 친척보육(relative care): 친척이 자신의 집이나 유아의 집에서 영유아를 돌보아 주는 보육형태를 말한다.
- 부모보육(parent care): 부모가 일을 하면서도 직접 자신의 집에서 자녀를 돌보는 경우를 말한다.

2) 영국

(1) 보육제도

영국의 보육상황은 비교적 안정적으로 초기에는 각 가정의 사적인 문제로 간주하였으나 노동당 집권 이후 급속한 변화를 거쳐 국가차원의 복지서비스로 전환되었다.

1816년 로버트 오웬(Robert Owen)은 자신의 방적공장 직원들의 자녀를 위해 처음으로 유아학교를 세워 스스로 말을 할 수 있고 걷기 시작하면서부터 취학 전까지 다닐 수 있었다. 친절하고 따뜻한 아동중심 기관이었으며, 교육내용으로는 지리, 옥외 자유놀이, 노래, 무용, 행진 등으로 방과 후 아동을 위한 프로그램도 수립하여 영아에게는 무료로 제공하였으며 고용인들을 위한 복지프로그램도 다양하게 개발되었다.

산업혁명과 제1차, 제2차 세계 대전으로 노동력이 필요하게 되었고, 기혼여성의 취업이 증가하면서 대리양육이 증가하게 되었다. 그러나 제2차 세계 대전 이후에 여성노동력의 수요가 다시 감소되므로 영유아보육 또한 이전 수준으로 돌아가게 되었다(양옥승, 1998).

영국의 보육사업은 1989년의 아동법과 정부의 보육정책 아래 보육전문기구를 통한 지원을 바탕으로 이루어지고 있다. 보육 법규는 아동법의 일부분이며, 대리양육으로서 보육서비스의 질을 중시하고 있다.

1980년 후반과 1990년 초반에 영국의 보육은 많은 변화를 가져왔는데, 이는 사회적 경기의 활성화와 출산율 저하로 인한 경제인구 유입의 감소가 영향을 미쳤기 때문이다.

영국은 보육정책 측면과 보육서비스 측면으로 나누어 정책을 시행하고 있는데 보육정책 측면은 정책 수립, 보육사업의 우선순위, 보육정책의 평가 및 진단, 정책 실행 등이며, 보육서비스 측면은 보육시설 운영, 보육서비스 확대 공급 촉진, 보육서비스에 대한 세부규칙 제정, 보육서비스 지원 및 감독, 타 정부 지원과의 협력체계 구성, 보육정보 상담시설 설치 등이다.

영국의 보육시설은 기혼여성의 취업이 증가하면서 자녀 양육태도가 변화하고 있지만 여전히 자녀양육문제는 여성들의 책임으로 간주되고 있다. 정부의 공보육서비스는 주로 저소득 가정이나 문제를 겪는 가정을 우선 지원하며 취업모들의 자녀는 사적인 보육시설이나 직장보육시설에 맡기고 있으나 자발적이고 영리를 목적으로 하는 사립기관이 보육서비스를 주도하고 있는 실정이다.

21세기로 진입하면서 영국 정부는 보육문제에 좀 더 적극적으로 나서고 있어 불과 몇 년 사이에 보육제도가 급속히 개선되고 정부의 투자도 늘리면서 중장기 계획을 가지고 아동과 가족을 위한 복지서비스를 진행하고 있다. 보육료에 대한 지원도 한부모가족과 19세 미만의 학생 부모 지원 외에 취업모의 세금을 감면하거나 대학 또는 여타 기관에서 교육을 받고 있는 부모들에게는 보육료를 지원하는 등의 계획을 실행하고 있다(조성연 외, 2004).

(2) 보육현황

영국의 노동시장은 시간제 직종이 많고 여성 취업률도 다른 나라에 비해 낮은 편이므로 시간을 융통성 있게 활용할 수 있는 다양한 보육형태가 발달되어 있다.

영국의 보육은 교육 · 기술부(Department for Education and Skills)와 노동연금부(Department for Work and Pension)에서 아동과 가족을 위해 프로젝트 형태로

실행하게 되는데 1998년 이후 정비된 슈어스타트(Sure Start)가 대표적 프로그램이다. 이 프로그램은 모든 아동이 보육시설을 이용할 수 있도록 돕고, 영유아들의 건강과 교육, 정서 발달을 개선하며, 부모가 취업할 수 있도록 지원해 준다. 현재의 계획은 2006년까지 적어도 25만 개의 보육장소를 마련하고, 필요한 곳에 아동센터를 설치하여 지역 프로그램을 실시할 수 있도록 계획되어 있다(조성연 외, 2004).

영국의 보육기관으로는 '데이케어 트러스트(Daycare Trust)' 라는 국립단체와 '옵스테드(Ofsted: the Office for Standards in Education)' 라는 정부 기관이 있다. 'Daycare Trust' 는 0~14세까지의 모든 아동이 적절한 보육료로 양질의 보육혜택을 받을 수 있도록 돕는 역할을 하고 부모, 사업체, 보육종사자, 보육정책자들에게 정보를 제공하는 일을 하고 있다. Ofsted는 보육시설을 인가하고 관리하는 역할을 담당한다. 보육의 질을 관리하기 위해 2001년부터 Ofsted에서는 보육시설 종사자의 자격, 역할, 교사 대 아동의 비율, 집단 크기, 학습활동, 물리적 환경, 안전, 건강, 음식 등 14가지 측면에 대해 기준을 설정해 두고 보육의 질을 관리하고 있다. 보육시설이 Ofsted에 등록을 하고 Ofsted의 점검을 받도록 하는 것은 '영국의 아동법(Children Act)' 에 규정되어 있다. Ofsted에서는 보육시설들이 이 기준을 잘 지키고 보육환경이 개선되도록 계도하는 역할을 담당한다. 대부분의 보육형태가 이 기관의 관리를 받지만 보모(nanny)는 이 기준에 의해 규제되지는 않는다.

영국에서 실시되고 있는 8세 이하의 영유아를 위한 보육 유형은 다음과 같다.

- 차일드마인더스(childminders): 영유아가 보육교사의 집으로 가서 주로 시간당 보육료를 내고 보육하는 형태다.
- 탁아소(creches: day nursery): 0~5세 영유아를 보육하는 기관으로 평일, 주간에 주로 종일제 보육을 제공하며 직장이나 구립 또는 민간시설 등 다양한 유형이 있다.
- 유아원(early education and nursery classes, nursery school): 학기 단위로 학교 수업처럼 운영되며, 초등학교 안에 설치되기도 한다.
- 가정보육모(nanny): 특정 자격규제는 없으나 대부분 양성기관에서 훈련 후 발급되는 자격증으로 활동에 임한다. 보육모는 유아의 집에 방문해서 유아를 돌

보아 주는 형태다.

- 플레이그룹(playgroups, pre-schools): 2~5세의 유아를 대상으로 하며 주로 놀이활동 중심으로 운영된다.
- 3, 4세용 시간제 보육(free part-time places for 3 and 4 year olds): 학교나 탁아소, 차일드마인더스 등에서 시간제로 운영하는 형태이며 지역에 따라 차이가 있지만 4세 유아들은 무료로 운영된다.
- 키즈클럽(kid' s club 또는 out-of school care): 방과후 초등학생에게 놀이와 양육을 제공하는 것으로, 부모가 직장에 다니거나 학교 가기 전 시간(breakfast club) 또는 방과후 시간(after school club), 공휴일 등에 이용할 수 있다.

3) 프랑스

(1) 보육제도

프랑스의 보육제도는 시골 출신의 유모가 도시의 아이들을 돌보아 주는 유모제도에서 기원되었다. 영유아를 위한 보육기관은 1770년 Oberlin에 의한 것으로 직장여성들의 자녀를 돌보기 위해 설립된 것이 시초가 되었는데 당시 보육시설의 목적은 자선과 구빈사업의 성격이었다.

프랑스의 보육제도는 국가가 관리 지원하는 공립 보육체제이며, 교육과 보육으로 통합되어 있다. 즉, 재정적 지원이나 보육정책 수립은 중앙 정부에서 하고 있으며, 보육시설 설립이나 운영에 관한 관리 감독은 지방 정부에서 맡고 있다.

18세기 루소의 영향으로 보육의 전환점을 맞아 1846년 14개의 보육시설이 보육시설연합회를 결성하여 저소득층 부모들의 호응을 얻게 되었고 직장보육시설이 설립되기도 하였다. 그러나 큰 성장을 가져오지 못한 체 1875년 이후 아동의 사망률이 증가하면서 침체되었다가 20세기 초에 접어들면서 공립 및 민간보육시설의 지원이 이루어졌으며, 1950년대 이후 여성의 사회참여율 증가와 인구 증가를 위한 정책과 더불어 보육시설의 양적, 질적 발전을 가져왔다. 일하는 여성이 자녀를 출산하면 출산 전후 16주 동안 100% 급여는 받으면서 출산휴가를 받을 수 있고 자녀의 연령이 만 3세가 될 때까지 부모 중 한 사람이 부모휴가를 받을 수도 있다. 부모

휴가는 육아를 위한 휴가제도로서 한 자녀에 대해서는 무급휴가지만 둘 이상의 자녀가 있을 때는 고정액(매월 340유로, 약 44만 2천 원)을 받을 수도 있고 3년 동안 아이를 돌볼 탁아모에 대한 비용 중 일부를 지원받기도 한다. 2004년 이후 출생아에 대해서는 '신생아 환영 수당' 을 받으며, 보육을 위해 퇴직하는 여성에게는 사회보장기금에서 매월 생활비를 지원받는다(조성연 외, 2004).

(2) 보육현황

프랑스는 오래 전부터 인구문제와 노동력문제를 위한 정책적 배려로 보육에 개입하고 공공재원을 지원하였다. 따라서 보육제도와 기관이 잘 구축되어 있으며, 정부가 지원하기 때문에 저소득 가족들뿐만 아니라 일반 가족도 모두 이용할 수 있다. 그러므로 보육시설은 보편적으로 이용되고 있으며, 교육제도와 통합되어 있다. 뿐만 아니라 자녀양육을 유모에게 맡기는 것이 일반화되어 있어 유모에 대한 법적 규제도 만들어져 있다. 그러나 당시는 빈민구제사업을 위해 자선단체가 유아보호소를 설립하여 운영하였고 그 후 초등학교 무상교육제도가 생기면서 유아보호소가 교육기관에 통합되어 명칭도 모성학교로 바뀌게 되었다. 프랑스의 영유아 보육시설 유형은 다음과 같다.

- 모성학교(école maternelle): 국가나 지방정부의 재정으로 보호와 교육을 통합하여 운영하는 공립기관으로 3~5세 프랑스의 유아들이 거의 모두 다니고 있으며 8시간 정도로 운영되며 보육료는 무료다.
- 집단보육(crèche collective): 주로 맞벌이 자녀의 2개월~3세 미만 영유아를 기관 등에서 집단으로 보호하고 교육하는 형태를 말하며 거의 하루 종일, 1년 내내 개방된다.
- 가정보육(crèche familiale): 자격을 갖춘 보육교사가 자기 집에서 최대 3명까지 보육하는 형태를 말하는데 우리나라의 가정보육과 비슷하다.
- 소규모 보육(mini crèche): 집단보육의 형태와 달리 기관의 성격을 적게 띠며 소규모로 운영되는 보육형태를 말한다.
- 부모협동보육(crèches parentales): 부모들에 의해서 결성되고 운영되는 소

규모 공동보육시설을 말하며, 부모들이 자격 있는 교사를 채용하여 영유아를 담당하게 한다.

- 시간제 보육(halte garderies): 부모들이 일시적으로 몇 시간씩 영유아를 맡길 수 있도록 시에서 운영하는 기관으로 보통 쇼핑이나 병원진료, 개인 약속, 봉사활동 등을 위해 시간제로 이용하는 보육형태다.

4) 스웨덴

(1) 보육제도

스웨덴의 보육제도는 부모와 국가가 공동으로 아동의 양육을 책임져야 하는 정책으로 정착되어 왔다. 보육행정은 중앙 정부와 지방 정부가 맡고 있으며, 1980년대 이후로 보육시설의 많은 업무와 관리감독, 권한이 중앙 정부에서 지방 정부로 옮겨졌다. 공동육아의 역사는 19세기 후반 산업이 발전하면서 도시 저소득층 영유아 및 초등학생을 돌보아 주기 위해 생겨난 탁아소(creche)와 작업쉼터(work shelter)에 근간을 두고 있다. 이 기관들은 주로 개인이나 자선단체가 운영하였으며, 정부는 1940년대부터 보조금을 지원하기 시작했고 1960년대 들어서 여성 노동력의 필요성 증가에 따른 보육수요의 급증으로 국가에서 보육위원회를 구성하여 보육체제를 정비하였다. 1770년대와 1980년대 들어 출산율과 취업여성이 늘어나면서 보육시설에 대한 수요를 충족시키기 위해 1990년대 들어 보육시설을 대폭 증가시켰고 현재 보육시설은 일상생활의 한 부분으로 자리 잡고 있다(조성연 외, 2004).

공인숙(2002)은 스웨덴 보육제도의 시대적 변천에 따른 특징을 다음과 같이 설명하고 있다.

- 빈민 고아 대상 아동보육기(17세기): 산업화로 인해 부모의 양육이 줄어들면서 아동양육의 책임이 가정에서 사회로 확대되었다. 이로 인해 17세기 중반부터 빈민 고아를 위한 고아원이 설립되었으며, 빈민 아동들은 보호를 받기 시작했다.

- **비적출아중심의 아동보육기**(18세기~20세기 초): 산업화에 따라 비적출아동이 증가하게 되어 여러 가지 사회적 문제가 발생하게 되었다. 이를 해결하기 위해 국가에서는 1778년에 미확인모에 관한 법을 제정하였고 아이를 입양하거나 보육원에서 아동을 양육하는 것을 허용하였다. 이 시기의 보육정책은 입양을 통해 고아나 비적출아동으로 인한 사회적 문제를 해결하는 데 초점이 맞추어 졌기에 보육환경은 매우 열악한 편이었다.
- **민간보육시설기**(1930년대): 1932년에 사회민주당이 집권하면서 복지정책의 하나로 보육제도를 정비하여 보육교사의 자격을 강화하고 국가보조금을 지급하므로 보육시설의 질적 향상을 가져왔다. 또한 유아를 위한 종일제 유아학교가 개설되어 체계적인 집단프로그램이 제공되기도 하였다. 그러나 정부는 보호와 교육의 개념을 분리하여 유치원을 지지하는 반면 탁아프로그램을 등한시 하기도 하였다.
- **보편주의적 아동보육제도 도입기**(1940~1972년대): 국가는 경제성장에 따른 노동력 확보를 위해 공적지원을 확대하므로 보육을 책임지게 되었고 취업여성의 저출산 현상을 극복하기 위해 1948년에 전체 아동을 대상으로 양육비를 지원하였다. 1955년에는 출산수당이 지급되었으며, 1960년에는 '아동복지법'을 개정하여 아동복지에 대한 공적 지원의 체계를 갖추게 되었다.
- **보편주의적 아동보육제도 확충기**(1973년 이후): 취업여성의 증가로 인해 1973년에 '취학전교육법'이 제정되어 공립보육시설이 양적으로 확충되었으며, 1777년에는 12세 아동까지 대상이 확대되었다. 1975년 실행된 보육시설 운영에 관한 법률에 따라 유치원이 보육소에 통합되어 일원화되었으나 1982년 사회사업법에 흡수되었고 1980년대에 들어와서 중앙집권적 보육제도의 변화를 원하자, 국가는 보조와 평가를 담당하는 법을 제정하여 지방자치단체들의 보조금이 지급되는 등 많은 변화가 일어났다. 또한 스웨덴의 보육제도는 1996년에 유아교육 업무가 교육과학부로 이관되어 교육과 보호를 통합한 'Edu-care' 개념의 정책을 펴고 있으며, 정부는 공립보육시설의 운영비와 민간보육시설의 인건비 지원 등 다양한 보육지원이 이루어지고 있으며 질적 보육을 위한 관리 감독이 철저하게 이루어지고 있다. 스웨덴의 보육제도는 맞벌

이 부부를 위한 유급 휴가제도가 있어 어머니뿐 아니라 아버지도 육아를 위해 유급 휴가를 받을 수 있다.

(2) 보육현황

스웨덴의 보육제도는 사회복지정책의 핵심사업으로 중앙정부가 아동보육의 목적을 제시하면 각 지방에서 그것을 구체적으로 실현할 수 있도록 하므로 가족과 아동의 욕구를 동시에 충족시킬 수 있는 사회보장제도로서의 역할을 담당하고 영유아의 건강한 성장발달을 돕는 데 목적을 두고 있다.

1996년 이후 대부분의 어린이들이 보육시설을 이용함에 따라 교육적 측면을 강화하였고, 보육을 사회부에서 교육부로 이관하여 관리하게 되었으며, 보육관련법도 교육법에서 다루고 있다.

스웨덴의 보육비용은 중앙 정부가 일부 지원하며, 세금과 부모가 내는 보육료로 운영되었으나 2003년부터 '유아원의 보편화' 제도를 실시하여 모든 4~5세 유아들이 자발적으로 유아원을 다닐 수 있도록 하고 보육료는 무료로 하고 있다.

현재 스웨덴의 공립보육시설은 1~12세까지 이용할 수 있으며, 그 형태는 다음과 같다.

- 유아학교(pre-school): 부모가 직장이나 학교를 다니는 경우에 유아들을 돌보아 주는 곳으로 만 1세 이후 대부분 다니게 되는데 1년 내내 운영되며 오전 7시 전후부터 오후 5시까지 종일반으로 운영되나 부모의 출퇴근시간에 따라 다양하다. 한 반에 15~20명 정도의 유아들을 세 명의 교사가 돌보게 되는데 보육료는 가족의 소득에 따라 다르게 책정된다.
- 가정보육시설(family daycare home): 유아학교보다는 작은 집단을 원하거나 집근처에 유아학교가 없는 소도시에서 주로 운영되며 때로는 방과후 초등학생들이 이용하기도 한다. 운영시간은 부모의 직장이나 사정에 따라 조정될 수 있으며 보육료는 유아학교와 동일한 수준이다.
- 개방유치원(open preschool): 비취업 부모가 보육교사와 함께 아이들을 데리고 집단활동을 하는 것으로 사회복지서비스나 모자보건서비스와 같은 공공단

체의 협력으로 장소와 시간도 활동에 따라 융통성 있게 운영할 수 있으며 경비는 대부분 무료다.

- 시간제 유치원(part time preschool): 하루 3시간 정도의 과정으로 오전반과 오후반으로 운영되며, 한 반의 정원은 약 20명이다.
- 놀이센터(leisure-time centre): 아동이 방과 후나 공휴일에 부모가 보육을 하지 못하는 경우 아동의 학습이나 놀이활동을 통해 학교생활을 보충할 수 있도록 운영되는 곳이다. 1년 내내 운영되며, 부모의 스케줄에 맞추어야 하기 때문에 운영시간은 다양하고, 보육료는 부모의 소득에 따라 다르다. 최근에는 국가가 정책적으로 이 시설을 초등학교와 협력하도록 유도하고 있으며 아침이나 간식 등 간단한 식사도 제공된다.
- 개방여가활동시설(open leisure-time activites): 놀이센터와 가정보육시설에 갈 수 없는 10~12세 어린이들이 여가활동을 즐길 수 있는 곳이다.

5) 일본

(1) 보육제도

일본의 보육제도는 1875년 초등학교가 의무교육이 되면서 아동들이 수업할 수 있도록 함께 온 어린 동생을 돌보아 주는 시설을 제공한 것이 시초라 할 수 있다. 일본의 보육소는 민간시설로부터 시작이 되었는데 1898년 노구치는 프뢰벨의 가르침을 실천하는 길은 슬럼가의 아동을 위한 보육이라는 생각으로 동경에 '후바타 유치원' 이라는 보육소를 설립하였다(いちばんがせ やすこ, 2001). 일본은 공보육제도는 상당히 일찍부터 사회 전반에 걸쳐 여성복지, 가족복지정책과 맞물려 시행되고 있다. 근대화에 따른 산업 발달로 기혼여성들이 견직공장이나 염색, 방적공장 등에 취업을 하게 되었고 취업모들이 안심하고 일할 수 있도록 공장 안에 직장보육시설을 개설하면서 그 수가 급격하게 증가하게 되었으며 1904년부터 보육시설을 보육소로 개칭하여 지금까지 사용하고 있다. 1947년에 아동복지법이 제정되어 유아를 위한 보육이 법적으로 정비되었고 유치원과 보육소로 이원화되었으나 1960년대 이후 본격적으로 정비되어 기혼여성의 취업 증가로 인한 출산률 감소와 취업시간

의 다양화, 유아교육에 대한 의식변화 등을 이유로 보육소의 양적 · 질적 향상에 주력하였다.

일본의 유아교육기관 중 유치원은 문부성이 관장하고 보육소는 후생성이 관장하고 있는데 문부성은 교육재정 확보, 교육과정의 기준 설정, 교육에 관한 법률 입안 등의 역할을 맡고 있다. 1990년대에 들어서면서 출산율 저하에 따른 대책으로 보육제도를 강화하여 보육확충, 출산 아동 수당 지급 등 각종 정책을 실시하게 되었다. 또한 정부는 후생, 문교, 건설, 노동성 등 4개 부처와 협의하에 아동양육 지원에 관한 '엔젤플랜(Angel Plan)'을 실시하게 되었고 1999년부터는 '신엔젤플랜(new Angel Plan)'을 실시하게 되었다. 엔젤플랜이 보육원의 수를 늘리고 질을 향상시키면서 가족지원정책을 마련하였다면, 신엔젤플랜은 다양한 형태의 보육의 수요에 의한 욕구 충족을 위해 다양한 형태의 보육시설들, 즉 야간보육, 휴일보육, 영아보육, 장애아보육, 연장보육 등과 같은 탄력적 보육시설 운영과 교육, 주택상담, 모자보건 등 종합적인 보육시책을 제시하였다. 엔젤플랜과 신엔젤플랜은 자녀를 안심하고 키울 수 있는 환경을 조성하기 위한 것으로 보육시설이 그 중추적 역할을 담당하고 있다.

(2) 보육현황

일본의 보육시설은 '아동복지법'에 규정하고 있으며, 법적 기준에 의해 인가 보육소와 비인가 보육소로 구분된다. 인가 보육소는 60인 이상의 보육소와 20인 이상의 소규모 보육소가 있으며, 공립이 56%로 사립보다 많다. 인가 보육소의 경우 사립은 사회복지법인이나 적십자사 등 공익법인이 설립주체가 되기 때문에 영리를 목적으로 개인이 설립하는 사립의 개념과는 다르다(홍금자, 2003).

일본의 보육시설 현황을 살펴보면 다음과 같다.

- **유치원**: 3세부터 취학 전 아동들을 대상으로 국 · 공립유치원과 사립유치원이 있으며, 사립유치원이 70~80%를 차지하고 있다.
- **보육소**: 3세까지의 영아가 이용하는 것이 원칙이며, 규모가 큰 시설은 유치원을 겸하여 5세까지 보육할 수 있다. 단, 부모 모두가 직장을 갖거나 공부를 하

므로 자녀양육을 해 줄 사람이 없을 경우만 입소가 가능하다. 오전 7시 30분경 시작하여 저녁 7시경에 마치는데, 1세 전의 아동은 오후 5시까지 보육이 가능하며, 직장에서는 근무시간을 1시간 단축해 주어야 할 의무가 있다.

- 가정적 소수 보육소: 후생노동성의 2000년 4월 조사에 따르면 전국의 보육소 이용 아동 수는 178만 8천 명이며, 인가 보육소의 입소를 기다리고 있는 아동 수는 3만 3천 명으로 대부분이 도시에 집중되어 있다. 이러한 대기 아동들을 위해 마련한 것이 '가정적 보육사업' 인데 지바현의 이치하라시는 보육시설 이용 일반인들 중에서 보육자를 공모하여 가정적 보육사업을 시책사업으로 출범시켰다(일본대사관 송보문화원, 2002).
- 병아 보육소: 보육소에 다니는 아동이 질병 후 회복기에 있을 때 안정을 취하거나 휴식이 필요한 때 맡기는 곳이다. 보통 집단보육이 가능한 곳을 이용하게 된다.
- 아동관: 아동복지법에 의한 후생시설로 심신의 건강과 정서를 함양시키는 것을 목적으로 하는 지역적 보육기관이다. 방과후 아동반이 운영되기도 하며, 0~3세 아동과 어머니들의 동아리 활동이 지원되기도 하다.
- 가족지원센터: 간호나 육아 지원을 하고 싶은 사람과 받고 싶은 사람들로 이루어진 회원조직으로 위급한 상황이나 시간연장보육을 위해 가족지원센터가 각 구에 설치되어 있다.

제3장 보육의 유형

1. 운영주체에 따른 분류

영유아보육법 제2장 제10조에 의하면 우리나라 보육시설의 종류는 국 · 공립 보육시설, 법인보육시설, 직장보육시설, 가정보육시설, 부모협동 보육시설, 민간보육시설 등으로 구분하고 있다.

영유아보육법에 규정된 보육시설을 구체적으로 살펴보면 다음과 같다.

1) 국 · 공립 보육시설

국가와 지방자치단체가 설치 · 운영(위탁운영 포함)하는 시설로서 지역주민 자녀를 보육아동 정원의 50% 이상 보육하는 시설을 말한다. 규모는 상시 영유아 11인 이상을 보육하며, 명칭은 '○○어린이집' 으로 한다. 보육시설의 설치는 국가 및 지방자치단체의 장이 신고절차 없이 직접 설치하되, 보육수요 및 기존시설 설치현황 등을 감안한 보육아동 수급계획 등을 사전 수립해야 한다. 지방자치단체 외의 각급 정부기관은 지방자치단체의 수급계획이 반영될 수 있도록 관할 시 · 군 · 구청장과 협의해야 한다. 가능한 한 농어촌 지역, 저소득층 밀집 지역 등의 취약지역과 보육시설이 부족한 지역에 우선적으로 설치하는 등 지역별로 균형 있게 배치되도록 해야 한다.

2) 법인보육시설 및 민간보육시설

법인, 단체 또는 개인이 설치 · 운영하는 시설로서 직장보육시설, 가정보육시설 또는 부모협동 보육시설이 아닌 시설을 말한다. 규모는 영유아 21인 이상으로 보육해야 하며, 명칭은 '○○어린이집' 으로 한다. 설치는 관할 시장, 군수 또는 구청장에게 사전에 인가를 신청해야 한다. 따라서 지역보육수요와 보육시설의 공급현황 등을 감안하여 지역별로 균형 있게 배치되도록 해야 한다.

3) 직장보육시설

사업주가 사업장의 근로자를 위하여 단독 또는 공동으로 사업장 내 또는 그에 준하는 인근지역과 사원주택 등 사업자 근로자 밀집 거주 지역에 설치 · 운영하는 시설이다. 보육아동 정원의 1/3 이상이 동 사업장 근로자 자녀이어야 한다. 규모는 상시 영유아 5인 이상을 보육해야 하며, 명칭은 '○○어린이집' 으로 한다. 사업주가 사업장의 근로자들의 자녀보육을 위하여 영유아보육법 시행령 제20조 제1항에 의거하여 '상시 여성근로자 300인 또는 근로자 500인 이상을 고용하고 있는 사업장' 은 직장보육시설을 설치해야 한다. 의무사업장의 사업주가 직장보육시설을 단독으로 설치하기 어려운 경우에는 사업주 공동으로 직장보육시설을 설치 · 운영하거나, 지역의 보육시설과 위탁계약을 체결하여 근로자의 자녀의 보육을 지원하거나 또는 근로자에게 보육수당을 지급해야 한다. 단독 또는 사업주 공동으로 직장보육시설을 설치하거나, 지역의 보육시설과 위탁계약을 체결한 사업주는 그 보육시설의 운영 및 수탁 보육 중인 영유아의 보육에 필요한 비용의 100분의 50 이상을 보조해야 한다.

4) 가정보육시설

개인이 가정 또는 그에 준하는 곳에 설치 · 운영하는 시설을 말하며, 영유아 5인 이상 20인 이하를 보육하고 명칭은 '○○어린이집'으로 한다. 명칭 사용에 있어서는 유치원, 학원 등 유사기관으로 오인하지 않도록 해야 한다. 설치 및 운영은 관할 시장, 군수 또는 구청장에게 사전에 인가를 신청해야 한다.

5) 부모협동 보육시설

보육아동을 둔 보호자 15인 이상이 상호 출자하여 공동으로 보육시설을 설치 · 운영할 것을 약정함으로써 그 효력이 발생하며, 출자는 조합원의 약정에 따라 금전 기타 재산 또는 노무로 할 수 있다. 상시 영유아 11인 이상을 보육해야 하며, 명칭은 '○○어린이집'으로 한다. 조합원은 아동보육의 필요성이 없게 되거나 기타 조합계약으로 정하는 시기에 탈퇴할 수 있으며, 출자금은 탈퇴 당시 조합의 재산 상태 및 지분에 의한다. 보육시설 운영에 관한 통상 사무는 시설장이 전임하며, 주요 사항은 조합원 과반수 이상의 찬성으로 결정한다. 조합원이 최대한 보육과정 및 의사결정에 참여하여 소기의 설립목적을 달성하도록 노력해야 한다.

설치는 관할 시장, 군수 또는 구청장에게 사전에 인가를 신청해야 한다.

영유아보육법에 따른 보육시설유형은 〈표 3-1〉과 같다.

〈표 3-1〉 보육시설의 유형

구분	명칭	설립주체	설치방법	규모
국 · 공립 보육시설	어린이집	국가 · 지방자치단체		영유아 11인 이상
법인 · 민간보육시설	어린이집	법인, 단체, 개인	인가	영유아 21인 이상
직장보육시설	어린이집	사업장의 사업주	인가	영유아 5인 이상
가정보육시설	어린이집 · 놀이방	개인	인가	영유아 5~20인 이하
부모협동 보육시설	어린이집	15인 이상 보호자 조합	인가	영유아 11인 이상

2. 보육대상에 따른 유형

보육대상 아동의 연령과 장애아의 참여에 따라 보육유형을 구분할 수도 있다.

1) 영유아보육

일반 보육시설은 특별한 장애가 없는 영유아를 보육하는 시설로서 대상 영유아의 연령에 따라 다시 세분화될 수 있다. 즉, 2세까지의 영아전담 보육시설, 2세에서 6세 이하의 취학 전 유아를 대상으로 하는 보육시설 그리고 초등학생을 대상으로 방과후에 보육하는 시설 등이다.

2) 장애아보육

신체 또는 정서적 장애나 사회적으로 결손된 영유아를 주요 대상으로 하여 보육하는 시설 형태를 말한다. 영유아보육법 제26조에 의하면 장애아보육을 우선적으로 실시하도록 규정하고 있다.

3) 통합보육

장애를 가지고 있지 않은 일반 영유아와 장애를 가지고 있는 영유아를 같은 시설에서 함께 보육하는 형태를 말한다. 이러한 통합교육은 특수아는 물론 일반아에게도 많은 장점을 주기 때문에 최근 강조되고 있는 보육형태라고 할 수 있다.

3. 보육시간에 따른 유형

보육시간에 따른 보육유형은 종일제 보육, 반일제 보육, 시간제 보육, 방과후 보육 등으로 구분된다.

1) 종일제 보육

우리나라의 보육시설 중 가장 일반화된 보육형태를 말하며, 보통 오전 7시 30분부터 오후 7시 30분까지의 보육을 원칙으로 하는 형태다. 주로 맞벌이 부부의 자녀들이 많이 이용하고 있다.

2) 반일제 보육

보통 아침 9시부터 오후 1시까지 운영되는 형태를 말하며, 취업부모로 인해 보육하고자 하는 것보다 주로 부모 중 한 부모는 가정에 있는 경우가 많다. 따라서 다양한 보육프로그램을 이용하기 위한 경우 반일제 보육을 많이 이용한다. 보육프로그램은 영유아의 발달적 요구를 충족시키기 위한 활동들로 주로 구성된다.

3) 시간제 보육

하루의 일부분 또는 필요한 때는 언제나 아동을 돌보아 주는 시설이다. 부모의 요구에 따라 필요한 시간만큼만 보육을 제공하는데, 대개 부모에게 긴급한 사정이 생겼을 때 시간제로 아동을 돌보아 준다.

종일제 보육을 실시하는 보육시설에서 시간제 보육을 병행하기도 하지만 공연장이나 백화점 등에서 이루어지기도 한다. 또는 개인 보육자에게 일부 시간을 맡기는 경우도 있다.

4) 방과후 보육

초등학생을 대상으로 보육시설에서 방과후 보육서비스를 제공하는 보육유형으로 초등학교 등교 전과 하교 후에 보육시설에서 부모를 대신해 보살펴 주는 형태다. 취업부모의 자녀나 한부모가족의 자녀를 위해 운영되며, 주로 사회복지관이나 어린이집에서 보육이 이루어진다. 전문 교사가 숙제를 지도하고 다양한 활동을 계획하며 소년단원활동, 스포츠, 춤, 음악과 같은 과외활동을 한다. 일반적으로 비구조화된 가정과 같은 분위기를 갖추도록 하여 구조화된 학교교실과는 다른 환경을 제공한다.

5) 24시간 보육

24시간 동안 운영되는 보육프로그램으로 직원은 24시간 보육을 위해서 교대로 근무한다. 잠자리와 식사가 포함되며, 일반적으로 보호적 보육이 제공된다. 24시간 보육은 특별한 도움을 필요로 하는 아동 또는 야근이나 밤늦게 일하는 부모나 밤에 직장을 가진 부모를 위해서 기관이나 가정에서 24시간 개방하는 보육이다. 직원들은 대개 8시간씩 교대로 근무한다. 낮에는 보육프로그램을 운영하지만 야간에는 주로 보호에만 치중한다.

4. 보육장소에 따른 유형

보육이 이루어지는 장소에 따라 가정중심 보육과 시설중심 보육으로 분류할 수 있다. 가정중심 보육은 보육장소가 가정이며, 시설중심 보육은 시설에서 보육이 이루어지는 방식이다.

1) 가정중심 보육

가정중심 보육이란 시설이 아닌 가정에서 보육이 이루어지는 것으로 시설중심 보육에 비해 보육대상의 수가 적고 보육 대상의 연령도 낮은 편이다. 이때 가정이란 보육대상의 집일 수도 있고 보육자의 집일 수도 있다. 보육대상 영유아의 집에서 보육이 이루어지는 형태를 자기 집 보육이라 하고 보육자의 집에서 보육이 행해지는 것을 가정보육이라고 한다.

(1) 자기 집 보육

영유아가 자기 집에서 자신의 가족이나 타인에 의해 보육되는 형태를 자기 집 보육이라 하며, 다음과 같은 장단점을 지닌다(조성연 외, 2004).

〈표 3-2〉 자기 집 보육의 장단점

장점	단점
• 보육대상이 낯선 환경이 아닌 자신의 집에서 보육되므로 정서적 안정감을 가질 수 있다. • 형제와 함께 보육될 수 있다. • 부모와 영유아가 보육장소로 이동하는 불편을 덜 수 있다. • 부모가 보육자를 선택할 수 있다. • 부모가 자신의 편의에 따라 보육시간을 조절할 수 있다. • 보육자 대 아동 비율이 낮으므로 개별아동의 욕구나 흥미에 대한 고려가 가능하다.	• 보육자에게 사정이 생길 경우 갑자기 대체할 사람을 구하기 어렵다. • 부모가 보육자의 행동을 감독, 평가하기 어렵다. • 다른 영유아들과 상호작용할 기회가 제한된다. • 교재 · 교구나 놀잇감이 부족하다. • 보육자는 보육을 위한 전문적 지식이나 기술을 갖추지 못한 경우가 많다. • 보육대상을 단순히 보호하는 데 그치는 경우가 많다.

(2) 가정보육

가정보육은 보육교사의 집에서 소수의 영유아에게 보육프로그램을 제공하는 보육유형이다. 이는 타가정보육 혹은 보육자 가정보육을 의미하며, '놀이방' 이라는 명칭이 더 자주 사용된다. 가정보육의 장단점은 다음과 같다.

〈표 3-3〉 가정보육의 장단점

장점	단점
• 자기 집과 유사한 분위기에서 보육되므로 영유아가 편안함을 느낄 수 있다. • 형제를 함께 보육하는 것이 가능하다. • 혼합연령 집단인 경우가 대부분이므로 다양한 연령층과 상호작용할 수 있다.	• 시설중심 보육에 비해 보육공간이 제한되어 있다. • 시설중심 보육에 비해 영유아가 체계적이고 계획적인 보육경험을 제공받지 못할 수 있다.

장점	단점
• 대부분 자기 집 근처에서 보육되므로 부모가 자녀를 맡기고 데려오기에 편리하다. • 자기 집 보육에 비해 교재 · 교구, 놀잇감이 충분하다. • 시설중심 보육에 비해 부모가 보육시간을 융통성 있게 조절할 수 있다. • 시설중심 보육에 비해 개별아동의 욕구를 고려할 수 있으며, 보육프로그램의 일과 운영에 융통성이 있다.	• 시설중심 보육과 비교하여 시설 · 설비 및 교재 · 교구, 놀잇감이 다양하지 않다. • 시설중심 보육에 비해 건강 및 영양관리가 체계적이지 않다. • 시설중심 보육에 비해 보육교사의 전문적 지식이 부족한 경우가 있다.

2) 시설중심 보육

시설중심 보육은 가정이 아닌 시설에서 보육이 이루어지는 형태로 '어린이집' 이라고 명명되며, 우리나라에서 가장 보편적으로 행해지는 보육유형이다. 우리나라의 보육시설은 종일제 운영을 원칙으로 하며, 공휴일을 제외하고 연중 계속 운영된다. 시설중심 보육은 다음과 같은 장단점을 가진다(이재연, 1992).

〈표 3-4〉 시설중심 보육의 장단점

장점	단점
• 정식으로 인정을 받았고 관련 관청의 허가와 감독을 받는다. • 운영시간이 일정하므로 안정성이 있다. • 전문적 훈련을 받은 교사를 채용한다. • 아동이 안정된 장소에서 일상적인 경험을 한다. • 아이들에게 교육적 기회를 제공한다. • 충분한 교구와 자료를 갖춘 안정된 환경에서 다른 아이들과 같이 놀 수 있는 기회를 많이 가지게 된다.	• 아동의 개인적 특성을 살릴 수 있는 융통성이 적다. • 한 사람의 교사가 아니라 여러 사람의 교사가 돌보므로 교사-아동 간의 상호작용이 적다. • 아동당 공간이 적다. • 많은 수의 아동이 보육되므로 아동들이 교사와 다른 아동의 질병과 전염병에 노출되어 있다.

제4장 보육의 사상적 기초

영유아보육은 어린이에 대한 관점, 보육의 가치 및 중요성, 시대적 보육의 방향 등에 기초해야 한다. 따라서 이 장에서는 주요 학자들을 세기별로 나누어 그들의 보육(educare)에 대한 사상을 살펴보고자 한다. 각 사상가의 생애, 사상, 영유아보육의 시사점에 대하여 살펴봄으로써 우리나라 영유아보육의 기본 방향과 철학의 정립에 도움이 되고자 한다.

1. 고대~16세기의 사상

영유아보육에 대한 교육적 필요성을 주장한 학자는 지금으로부터 약 2,500년 전인 고대 희랍시대에도 있었다. Socrates, Platon 및 Aristoteles 등은 국가 경영을 위해 개인에게 내재된 정의감, 이데아, 영혼, 건전한 습관을 지니게 하거나 건강한 신체의 발육을 위해 어린 시절부터 교육이 필요하다고 주장하였다(Hildebrand, 1991). 이들은 교육이 개인의 발전보다는 국가나 민족의 번영을 위한 도구임을 강조하였다.

플라톤은 스승 소크라테스의 정신을 이어받아 이성을 중시하고 이성에 의한 통치를 위해 이성을 함양하는 교육이 이루어져야 한다고 주장했다. 그리고 그의 저서 『국가론(Republic)』에서 유아들을 강제로 교육시켜서는 안 되며, 각각의 타고난 능력에 따라 놀이를 통해서 가르쳐야 한다고 놀이의 중요성을 언급했다.

실재론자였던 아리스토텔레스는 영유아기 보육이 이후의 성장에 영향을 미친다는 점을 들어 영유아기 보육을 중요시했으며, 국가가 이를 담당해야 한다고 믿었다. 아리스토텔레스는 처음 7세까지는 가정에서 보육을 하고 그 후에 공보육을 해야 한다고 주장하였다. 플라톤과 아리스토텔레스는 국가의 목적을 위한 영유아보육을 주장했지만 아동을 독립된 인격체로 본 것은 아니었다. 또한 영유아보육의 가장 중요한 장소로 가정을 들었고 어머니가 자녀보호와 교육의 중심이 되어야 한다고 보았다(이순형 외, 2005).

그러나 이러한 영유아 보육에 대한 관심조차 고대 희랍국가가 멸망한 로마시대에서부터 중세에 이르기까지는 사라지게 되었다. 이는 로마가 기독교를 국교로 인정하면서 모든 국가활동의 근본을 국민에게 기독교 정신을 교회를 통해 갖도록 하고, 그 외의 어떤 활동도 세속적인 것으로 인정하려 하였기 때문이었다. 즉, 인간은 태어나면서 원죄를 가지고 태어나며, 이 죄에서 벗어나기 위해서는 종교를 통한 구원 이외에는 기독교 정신에 어긋나는 것이기 때문에 어린 아동을 대상으로 하는 교육활동이 죄악시되었다.

중세에는 인간은 태어날 때 이미 완전하게 만들어져서 출생한다는 전성설(Preformation)이 지배적이었다. 즉, 아기는 성인과 동일하나 크기만 작을 뿐이라고 생각하여 젖먹이 시기만 지나면 작은 성인으로 취급함으로써 아동의 존재는 무시되었다. 아동기의 개념이 존재하지 않았으므로 소수의 상류층 자녀만이 교육의 혜택을 받을 수 있었으며, 종교교육과 부모, 도제에 의한 교육이 전부였고 주요 교수법은 반복이라고 할 수 있다. 종교적 교리에 의해 인간을 악한 존재로 보았으므로 아동들은 지시와 체벌, 혹독한 교정의 대상이었다(Nourot, 1997).

2. 17~18세기의 사상

1) 코메니우스

(1) 생애

Comenius(1592~1670)

코메니우스(Johann Amos Comenius, 1592~1670)는 '근대교육의 아버지' 라 불리는 감각적 실학주의 교육사상가다. 그는 1592년 3월 28일 보헤미아(Bohemeia, 지금의 체코의 서부지방)의 모라비아(Moravia) 주 니브니츠(Nivnitz)에서 제분업자의 아들로 태어났다. 그의 아버지 마틴(M. Comenius)은 모라비아동포교단(Moravian Brethren)의 독실한 신자였다.

코메니우스는 16세에 모라비아에서 가장 우수한 문법학교인 프레라우 학교에 입학하여 라틴어를 배우며 학문의 넓은 세계와의 접촉을 가질 기회를 얻게 되었고, 19세에는 낫소(Nassau)의 헤르보른 대학에서 신학과 철학을 수학하였다. 헤르보른 대학에서는 저명한 교수인 알슈테트(J. H. Alsted)와 피셔(J. Fisher) 등을 만나게 되어 범지학사상의 기초를 다지게 되었다.

1616년 코메니우스는 성직자로서 안수를 받은 후 풀네크(Fulnek) 시 교회의 담임목사이자 학교교장에 임명되었고, 이 지방 시장의 딸과 결혼하였다. 그러나 30년전쟁의 발발로 부인과 두 자녀마저 잃고 말았다. 더욱이 1624년에는 독일 황제 페디난트 II세(Ferdinand)로부터 신교도라는 이유로 추방당하게 되자 24인의 동지와 함께 보헤미아의 북부로 피신하였다.

그는 1631년 『언어의 문』, 1632년 『대교수학』, 1633년 『어학입문지침』과 『자연철학강요』를 출판하였다.

1641년 그는 영국 의회의 초빙을 받고 범지학교사상과 교육의 개혁을 실현하기 위하여 영국으로 건너갔으나 시민혁명 등으로 정국이 불안정하게 되어 1642년 영국을 떠나 스웨덴으로 향했다. 그는 이곳에 6년간 체류하면서 1647년 『최신언어교수법』을 완성하였다.

1650년 헝가리로부터 위탁을 받아 사로스 파타크(Saros Patak)에 가서 1654년까지 학교개혁자로서 가장 중요하고 수확이 많은 시기를 보냈다. 이때 사로스 파타크 학교개혁의 원리와 강령을 기술한 『범지학교』(1650), 언어의 문을 극대화한 『유희학교』(1654), 서양 세계 최고 직관 교재인 『세계도회』(1653~1665) 등을 집필하였다.

1654년 7월 그는 사로스 파타크를 떠나 다시 리사(Lissa)에 돌아와 교단의 지도와 감독 그리고 정치적 공작에 부심하였다. 그는 1656년 암스테르담(Amsterdam)으로 옮겨와 정치적 암약을 계속하면서 1657년 『코메니우스의 교육학 전집』을 간행하였다.

그는 완성하지 못한 범지체계의 저술을 계속하여 1662년에는 제2권인 『파나우기나(Panaugina)』를 탈고하고 제3권도 착수하였으나 완성하지 못한 채 1670년 11월 암스테르담에서 78세로 일생을 마쳤다.

(2) 교육론

① 교육목적

코메니우스는 사람은 세 가지 종류의 삶과 거처를 가진다고 하였다. 첫째는 어머니의 배(태내의 삶), 둘째는 지구(지상의 삶), 셋째는 하늘나라(천국에서의 삶)를 말한다. 첫 번째에서 두 번째로는 출산에 의하여 통과하고, 두 번째에서 세 번째는 죽음과 부활에 의해서 통과하며, 세 번째에서는 더 이상 이동하지 않고 영원히 머무르게 된다고 하였다. 또한 첫 번째의 삶은 두 번째의 삶을 준비하는 것이며, 두 번째의 삶은 세 번째의 삶을 준비하고, 세 번째의 삶은 그 자체로 영원하다고 하면서 영원한 삶을 살기 위해서는 두 번째의 삶에서 생명, 운명, 감각, 지각요소를 잘 발달시키는 것이 교육의 목적이 되어야 한다고 하였다.

② 교육내용

코메니우스가 제시한 범교육의 모든 것은 인간이 본래부터 내재하고 있는 지성, 덕성, 신앙의 세 가지 속성을 육성하기 위한 교육이다. 자연세계의 모든 것은 인간을 위하여 창조된 피조물로서 지식과 덕의 실천과 신앙의 성장과 밀접히 관계되어 있고 이는 온전한 지식의 모체가 된다. 그러므로 자연은 하나님의 지혜의 학교가

〈표 4-1〉 코메니우스의 교육내용

구분	내용
지식교육	『대교수학』에서 인간이 인지할 수 있는 지식의 분야를 형이상학, 자연과학, 천문학, 지리학, 물리학, 수학, 연대학, 역사, 산술, 기하학, 통계학, 기계학, 화학, 변증학, 문법, 수사학, 시학, 문학, 음악, 경제학, 정치학, 윤리학, 철학, 종교 등으로 분류하고 이들을 크게 인문과학과 자연과학으로 구분하였다. 이 중 인간생활에 실제적으로 영향을 줄 수 있는 자연과학을 더욱 강조하였는데, 그 이유는 자연과학에서는 모든 사물과 인간과 환경과의 관계를 보다 정확하게 이해하는 방법을 찾을 수 있기 때문이라고 하였다. 한편 코메니우스는 언어교육에 있어서 특히 모국어의 교육을 강조하였다. 언어는 다른 사람과의 의사소통과 상호관계를 위한 가장 효과적인 도구가 되기 때문이며, 언어 없이는 사물의 존재를 이해할 수 없기 때문이라고 하였다. 그리고 모든 지식의 전 영역은 통합되어 학습되어야 하고 일상생활에 활용될 수 있어야 한다고 주장하였다.
도덕교육	도덕교육은 인간의 본래적인 덕성의 부패를 예방하고 동시에 생활환경에서 실천적 덕목을 겸비하여 보호하는 일과 관련되어 있다. 코메니우스는 인간이 겸비하여 실천해야 할 덕목으로 지적인 성숙인 신중성, 외적인 환경에 대한 절제, 내면세계의 제어인 강인성, 타인에 대한 존경과 사회적 정의를 들고 있다. 이러한 덕목은 좋은 모범과 실천을 통하여 이루어지는데, 덕목들의 참된 설명과 표현은 성서가 제시하고 있고 도덕적 생활의 참된 원형은 예수 그리스도에서 발견할 수 있으므로 성서야말로 최적의 도덕교과서라고 하였다.
종교교육	인간은 마음속에 종교의 심성인 신앙이 내재되어 있어, 신을 발견하며 그에게 경배하는 속성을 가지고 있다. 따라서 모든 사람은 하나님의 진리를 알며 그 뜻을 발견하기 위하여 마음속에 내재하고 있는 경건의 씨, 즉 경건성을 배양해야 한다고 하였다. 코메니우스는 경건성을 배양하기 위한 일차적 자원을 하나님에 대한 지식과 인간을 향한 하나님의 사랑을 발견할 수 있는 성서에 두었다. 또한 성서는 모든 학문과 기술과 예술의 종합이며, 인간의 공동생활과 번영, 나아가서 국가의 평화를 유지할 수 있는 모든 지혜를 포함하고 있다고 하였다.
건강교육	코메니우스는 어머니 자신이 경건한 마음을 가지고 모유수유와 일상생활을 통하여 자녀의 바른 습관 형성을 위해 노력해야 한다고 하였다. 그리고 유아의 건강을 위하여 유아에게 놀이의 즐거움과 기쁨, 활발히 뛰어다니고 노는 활동을 장려하였다. 또한 집단놀이를 통한 정신의 건전한 발달을 강조하였고 안전한 놀이 장소의 필요성을 주장하였다.

되고 모든 사람을 위한 낙원의 학교가 된다.

하나님의 지혜의 학교에는 자연과 성서와 이성의 책 등 세 가지의 교과서가 있다고 하고, 인간은 이 모든 것을 수용하여 이해할 수 있는 실제적 도구이자 장치인 감각, 이성, 신앙의 독특한 기능을 부여받았다고 하고, 교육내용으로 지식교육, 도덕교육, 종교교육, 건강교육을 제시하였다.

③ 교육방법

코메니우스는 모든 사람이 모든 것을 배워서 활용할 수 있도록 하기 위해서는 효율적으로 전달하게 하는 방법이 절대적으로 요청된다고 보고 새로운 교육의 방법을 제시하는 데 전력하였다. 그는 『대교수학』에서는 자연의 원리인 질서의 개념을 근간으로 한 교수방법론을, 그리고 『분석교수법』에서는 귀납적 방법과 체계적인 논리를 중심으로 하는 교수방법론을 체계화하였다.

코메니우스는 자연이야말로 교수-학습방법의 반석이 되기 때문에 자연이 교수법의 기반이 될 수 있다고 확신하였다. 그는 자연의 원리를 교수방법으로 활용해야 할 이유를 다음과 같이 설명하고 있다. 첫째, 자연의 모든 분야에서 자연을 지탱하는 사물의 정신적인 질서가 교수방법의 기초가 될 때 인간의 마음을 향상시키며 개발할 수 있는 완전한 지도원리가 될 수 있고 둘째, 자연은 그 본래적 질서와 함께 인간의 성장과 발달에 직접적인 관계가 있는 시간의 진행과정을 제시해 주고 있으며 셋째, 자연의 원리는 인간의 마음속에 자연의 세계를 직접 소개하는 데 활용될 수 있고 넷째, 자연은 하나님의 합리적인 계획과 일치하며 모든 사물들의 조화 속에 심오한 의미가 담겨져 있기 때문이라고 하였다.

한편 『분석교수학』에서는 제1부에 최신 언어교수법을, 제2부에 ① 일반교수법 ② 지식을 심어 주는 방법, 신중성을 가르치는 방법, 일의 방법, 언어의 방법 등에 관한 특별교수법 ③ 신속하게, 즐겁게, 철저하게 가르치는 방법에 관한 것을 기술하고 있다.

(3) 영유아보육의 시사점

코메니우스의 교육사상 중 오늘날 영유아보육을 위한 시사점을 살펴보면 다음과 같다.

① 조기교육의 강조

코메니우스는 사람이 자기 자녀의 행복을 마음에 두며, 정부와 교회 지도자들이 인류의 복지를 소중이 여긴다면 때가 늦기 전에 하늘나라에 어린 나무를 심어야 한다고 주장하면서 조기교육을 강조하였다.

② 영유아보육의 내용 및 방법 제시

코메니우스는 지식교육, 덕성교육, 종교교육의 구체적 교육내용을 다음과 같이 제시하였다.

1. 지식교육

① 형이상학의 기초개념: 보고 듣기는 하지만 정확하게 분별하지 못하므로 존재, 비존재 그리고 상태의 긍정, 부정 등의 개념, 즉 형이상학의 기초를 학습하게 한다.
② 자연학: 6년간 자연과학의 기초인 물, 흙, 공기, 불, 비, 눈, 서리, 돌, 쇠, 나무, 풀, 새, 물고기, 소 등과 몸의 각 부분 명칭과 용도 등을 알게 한다.
③ 광학의 기초: 빛, 어둠, 그림자를 구별하고 이름을 알며 흰색, 검정색, 빨강색 등을 구별할 수 있는 능력을 육성한다.
④ 천문학의 초보: 하늘, 태양, 달, 별의 의미와 매일 뜨고 지는 것에 관한 것을 가르친다.
⑤ 지리학의 초보: 자라는 고장의 상황에 따라 산, 계곡, 평원, 강, 촌락, 성, 도시 등의 본질을 가르친다.
⑥ 연대학의 기초: 시간, 날, 주일, 년, 여름, 겨울 그리고 어제, 그저께, 내일, 모레 등을 알게 한다.
⑦ 역사의 기초: 생활 속의 사건들과 관련하여 사건과 사건의 진행과정을 상기하고 보고하게 한다.

⑧ 산술의 씨: 많고 적음, 열까지 세기, 간단한 덧셈을 할 수 있는 능력을 기른다.
⑨ 기하학의 초보: 크다와 작다, 길다와 짧다, 넓다와 좁다, 두껍다와 얇다, 선, 교차선, 동그라미의 의미를 알고 자로 사물을 측정해 본다.
⑩ 통계학의 초보: 손이나 저울로 물건의 어림 중량을 알게 한다.
⑪ 기계학의 훈련: 손으로 무엇인가를 행하도록 가르쳐 주어 창조적인 자기실현을 하도록 한다.
⑫ 사고의 기술: 어린이와의 대화는 질문과 답으로 진행됨을 알고 대화의 습관을 갖게 한다.
⑬ 문법: 모국어를 정확하게 말하게 한다.
⑭ 수사학: 가족의 대화에 나타난 언어의 표현을 모방하거나 손짓, 몸짓을 보고 배우고 대화에서 가장 적합한 어조를 구사하게 한다.
⑮ 시: 도덕적 교훈이 담긴 시를 외워 시에 관한 이해를 돕는다.
⑯ 음악의 기초: 매일 예배 속에서 쉬운 찬송가와 시편을 외우게 한다.
⑰ 가정경제 운영의 초보: 가족성원의 호칭, 가족의 여러 부분과 가정의 집기 등의 명칭을 알게 한다.
⑱ 정치학의 초보: 국회의원, 장관, 재판관 등의 명칭을 알게 한다.

2. 덕성교육

① 절제 ② 청결 ③ 경외 ④ 순종 ⑤ 진실 ⑥ 정의 ⑦ 사랑 ⑧ 무위 ⑨ 말하기 ⑩ 인내심 ⑪ 친절 ⑫ 예법

3. 종교교육 강조

코메니우스는 인간의 궁극적인 목적을 신과의 합일에서 찾았다. 유아교육에 있어서 종교교육을 매우 중요시하였는데, 종교교육의 방법은 가정에서의 생활과 지도에 의하여 이루어진다. 유아가 6세가 될 때까지 신의 존재, 신의 가호, 신의 축복, 신에 의한 벌, 신에 대한 두려움과 애정, 신에 대한 복종, 신과의 합일 등을 마음에 깊이 새겨 주어야 한다고 하였다.

2) 루소

(1) 생애

Rousseau(1712~1778)

루소(Jean Jacques Rousseau, 1712~1778)는 1712년 스위스의 제네바에서 시계공의 아들로 태어났다. 어머니는 루소를 낳은 지 10일 만에 세상을 떠났고 고모에게서 자랐다.

그 후 1722년 루소는 랑바르세 목사에게서 유년시절을 보낸다. 목사의 가르침은 그의 신관과 자연종교관 형성에 바탕이 되었고 사보이(Savoy) 시골의 아름다운 경치는 낭만적인 성격 형성과 함께 후일 그의 정치, 종교, 교육, 철학에 깊은 영향을 미쳤다.

친척집을 전전하던 루소는 성품이 비뚤어지고 나쁜 습관에 빠져들기도 했으나 1728년 바랑 부인(Madame de Warens)을 만나 좋은 환경에서 자신의 사상적 성숙을 이루어 나갔다.

그 후 1740년에는 리옹에서의 가정교사 경험을 바탕으로 『생트마리의 교육안』을 발간하였다. 1755년에는 『인간 불평등론』을 집필하였고, 1762년에는 루소의 대표작인 『에밀(Emile ou de l' education)』과 『사회계약론(Du Contract Social)』을 발간하였다.

『에밀』은 루소 사상의 총체라고 할 수 있다. 이 책에서 루소는 어린이에게 어린이다운 삶을 살 수 있는 권리를 보장해 주어야 한다는 것과 노동과 교육의 관계의 중요성에 대한 것을 일관되게 주장하였다. 이 책은 새로운 인간 형성의 이념에 관한 탐구서로서 인간을 '자연인' 으로 성장토록 돕는 교육방법을 제시하고 있다. 『사회계약론』은 사회개혁에 관한 내용을 담고 있는 책으로서 문명비평서이며 이상사회건설을 위한 지침서다.

1762년 6월 프랑스 정부는 『에밀』이 위험한 사상을 담고 있다고 판단하여 루소를 체포하기로 결정하였다. 그리고 고향인 스위스 제네바 정부도 『에밀』과 『사회계약론』의 판매금지 처분을 내렸다. 루소는 이곳저곳으로 도피처를 옮겼고 1762년 영국으로 피신하였다. 그러나 그곳에서도 그를 돕는 사람들이 의심을 받게 되었고 병도 악화되어 1770년에 파리로 돌아가게 되었다. 이러한 피신생활과정 속에서도 그는 자서전인 『참회록』과 『고독한 산책자의 몽상』 등을 집필하였다. 그 후 루소는 66세의 나이로 1778년 7월 2일 파란만장한 생을 마감하였다.

(2) 교육론

① 교육목적

루소는 아동교육의 목적을 아동의 본성 개발로 규정하고, 환경과 인위적인 제한과 훈련에서 벗어나 아동이 자유롭게 성장하고 발달할 수 있도록 돕는 데 두었다. 그리하여 그는 아동교육의 목적을 아동의 자연성 개발과 인위적인 제한으로부터 아동을 보호하는 데 두었다(김동일, 1990).

루소는 아동교육을 인위적인 과정이 아니라 자연적인 과정으로 본다. 그는 교육의 목적을 외부의 강요가 아니라 내적 발달을, 지식의 획득이 아니라 자연의 능력을 신장하는 데 두었다.

루소 아동교육의 목적은 크게 두 가지로 나누어 볼 수 있다. 그 하나는 개인중심적 입장이고 다른 하나는 사회중심적 입장이다. 루소는 아동의 본성 개발을 통한 인격의 완성과 사회적 시민의 양성을 교육목적으로 삼았다. 그리하여 인격적 완성과 조화로운 인간육성을 목적으로, 개인의 천부적인 능력과 재능의 신장과 함께 자신을 희생할 줄 아는 조화로운 사회적 존재로 육성하는 데 그의 아동교육의 목적을 두었다.

② 교육내용

루소의 교육내용을 발달 단계에 따라 나누어 살펴보면 〈표 4-2〉와 같다.

〈표 4-2〉 발달 단계에 따른 교육내용

교육적 시기 \ 사항	사회발전 단계 비교	지적 발달	심신상태	체육교육	감정도덕 교육	지능교육	정치 교육	종교 교육
유아기 (infancy, 0~5세)	동물시기 (the amimal) 가정 교육과 체육교육 (습관과 정서 훈련의 시기)	• 획일적 감정	• 약소, 무지, 욕망이 작아짐 • 순연한 감각적 감정(쾌락, 고통) • 기억력, 상상력, 판단력, 이성이 없음 • 도덕적 행위 없음 • 따사로운 자연의 애정이 가득한 가정=인간 형성 첫걸음	• 사지의 자유로운 운동 • 단련(고통이 작다) • 신체적 교육 가장 필요	• 알지 못한 것에 대한 공포를 없앰 • 분노하거나 슬픈 감정이 제멋대로 생기지 않게 함 • 감각을 통한 인지 가능, 사물과 관련하여 단어를 가르침 • 노래를 통한 오락	• 감가에 의한 정열적, 찬 것, 부드러운 것, 무겁고 가벼운 것 형태가 큰 것, 그 외에 다른 일체 성질을 판단하는 것을 배움 • 거리의 판단(원근) 교육 • 언어교육(모국어)		
아동기 (childhood, 6~12세)	야만시기 (the savage) 감각교육	• 감각적 행동 • 처벌을 금함 • 만지고, 부수는 행동은 지적 호기심이므로 말리지 말 것 • 지적 훈련을 늦춘 것은 사고하고 정상적 능력을 다지기 위해서임	• 욕망의 증대 • 감각기관 성숙 • 이성의 판단이 있음 • 판단력, 기억력, 상상력이 조금 생김 • 도덕적 행위를 못함	• 자유로운 운동 • 단련 • 감각기관의 훈련 • 끊임없는 활동놀이 • 노동=인간 형성의 일부 (식물대비, 농업)	• 경쟁심, 질투, 허영이 생김을 막을 수 있음 • 암흑에 대한 공포심 없앰 • 악덕을 범하지 않게 함 • 외관에 따라 인간을 판단 말라 • 관대, 인내, 강직한 덕을 가짐	• 문장, 지리, 역사, 어학을 가르치지 말 것 • 가장 간단한 작곡 음악교육 • 독서를 하지 말 것 • 실험물리학 • 간단한 관찰교육 • 정확한 화술 • 소유의 관념인 농업교육 • 자연물묘사 그림, 관찰		
소년기 (boyhood, 13~15세) 중간교육 시기	농부시기 (the famer) 로빈슨 크루소 이성과 수공(手工) 교육	• 지적 발달 시기 • 이(異)성의 정열이 솟기 전이므로 학습하기 좋음 (유용성과 지적 훈련)	• 이성(異性)에 눈뜸 • 호기심 발동 • 지적 세계 분리 불가 • 감성적 대상에 흥미를 가짐	• 육체의 연마와 정신의 단련이 다른 것에 대해 휴양이 되도록 함 • recreation 활동 필요	• 사회적 덕은 갖지 않지만 자기 자신에 대한 넓은 덕은 이미 가지고 있음 • 양심=신성한 본능, 지적, 자유적 존재의 확실한 지도자	• 사회관계를 연구하게 함 • 인간을 연구하는 역사교육 • 외국어 고전을 읽게 함 • 우화, 역사, 사회 사회인교육 • 맘에 드는 독서 권장 • 라틴어 문법교육 • 언어와 문학교육 • 수학교육 역사, 문학 분야의 고전		• 교리문답이 아닌 근본적 진리와 관련된 종교의식 깨우침 • 특정 종교의식을 가르치지 말 것

〈계속〉

사항 교육적 시기	사회발전 단계 비교	지적 발달	심신상태	체육교육	감정도덕 교육	지능교육	정치 교육	종교 교육
청년기 (adole- scence, 16~20세) 고등교육 도덕 본격적 교육	초기 사회인 (the incipient) 합리적 사 고의 시기 감성교육	영적(soul) 시기 (도덕성, 사회성, 심미 훈련시기)	• 자기애에서 정욕이 발동 • 도덕적 생활이 시작 • 신체적 변화가 심함	• 신체는 그만큼 많은 운동을 필요로 하지 않음	• 정욕발동의 시기 • 호기심이 생기고 상상력을 기름 • 자조심을 기름 • 연민, 자비, 친절, 은혜 등의 감정 생김 • 사회 속의 인간의 부패, 타락	• 결혼의 관계 • 지식교육을 함 (22세)	• 처세술을 가르침 • 전 사회 조직 묘사해 보임	• 17세 이후의 종교교육(자연종교)
성인기 (21~22세)	사회인 (social man) 성인기 성교육		• 혼약기(22세) • 결혼기		• 절제와 극기 (22세) • 부부간의 애정과 의무		• 나라의 풍습(분위기)을 익힘 • 시민적 관계연구	

자료: 김동일(1999).

③ 교육방법

루소의 교육은 합자연의 원리, 소극적 교육과 자연활동의 원리, 생활교육의 원리, 직관교육의 원리, 사회생활의 원리 등에 기초를 두고 있다. 따라서 교육방법에 있어서 언어나 교과서에 의한 교육을 배제하고 자연 속에서 사물과 경험을 통한 교육방법을 중시하였다. 교과중심 교육방법에서 탈피하여 실물중심, 생활중심의 교육방법을 주장하였다.

루소의 교육방법은 유아 스스로의 노력에 의한 자연현상의 관찰과 아동의 자발적 자기활동을 통한 개별적 학습방법으로 요약할 수 있다.

루소는 유아기의 교육방법은 무엇보다 구체적이어야 한다고 주장하면서 신체의 안전과 감각 발달을 위한 풍부한 감각적 경험과 욕구충족을 중요한 교육의 방법으로 강조하였다.

아동기에는 소극적 교육을 통하여 적극적 결과를 가져오는 방법을 주장하였다. 이 시기의 중요 교육방법으로 루소가 제시하고 있는 것은 시간을 아끼고 시간을 적절하게 안배하도록 돕는 방법이다. 또한 누구의 간섭도 배제한 자유로운 선택을 허용하는 교육방법을 주장하였다.

그리고 소년기에는 호기심과 흥미를 통한 교육방법을 주장하였다. 교사는 학습자의 호기심을 유발하고 학습자 스스로 해답을 찾아 나가도록 하는 교육방법을 제시하였다. 호기심은 정신력을 발달시킨다고 하면서 알고 싶은 욕망과 해답의 유용성을 자극하는 발견학습을 이 시기의 교육방법으로 강조하였다.

(3) 영유아보육의 시사점

① 교육목적의 측면

루소는 아동과 환경에 대한 깊은 숙고와 통찰을 통하여 아동을 인위적인 제한에서 해방시켜 자유롭게 성장, 발달할 수 있도록 돕는 데 교육의 목적을 두었다.

그리하여 그는 자연주의 사상으로부터 교육목적의 개념을 도출해 내었고 아동은 어른의 축소판이라는 개념을 최초로 부정하였다. 루소는 아동을 불완전한 성인으로서 정의하지 않고 아동은 이미 그 속에 완전성을 가졌다고 보았다. 그러므로 루소는 교육목적을 아동에게 자유를 부여하여 본질적으로 주어져 있는 천부적 자연스러운 성장 발달을 이루어 나갈 수 있도록 돕는 데 교육의 목적을 두었다.

루소는 아동의 천부적 소질이 그대로 성장 발달하도록 놓아 두는 교육을 강조하였다. 이러한 루소의 주관적 자연주의 교육관은 후일 아동중심주의를 강조하는 진보주의 교육에 많은 영향을 미쳤다.

루소의 『에밀』은 단순히 아동중심의 차원을 뛰어넘어 인간개조와 사회개조사상에 영향을 미쳐 후일 프랑스 혁명의 밑바탕이 되었다.

② 내용의 측면

루소 아동교육의 내용은 자연과 관련된 것으로 교사가 제시하는 것이 아니라 아동이 필요로 하고 흥미로워하는 것이 교육의 내용이 된다. 따라서 루소의 교육사상에서는 아동이 중심이 되고 교육과정은 교과서가 아니라 자연과 사물이 중심이 된다. 교재가 주된 학습이 내용이 되는 것이 아니라 아동이 직접 사물과 접해 보는 경험이 교육의 내용이 된다.

이와 같은 루소의 자연주의 교육은 진보주의의 발전에 기여하였고 전통주의 교육에서 진보주의 현대교육으로 이행하는 데 초석이 되었다. 루소의 아동중심 교육과 생활중심 교육은 활동중심 교육과 경험중심 교육에 지대한 영향을 미쳤다.

요컨대, 루소의 자연주의 교육은 교육내용적 측면에서 볼 때 아동의 자연적 요구에 일치하는 교육내용의 선정이라는 중요한 명제를 제시하였다.

③ 교육방법의 측면

루소의 교육방법은 사물을 통한 자신의 경험에서 얻어지는 자율적 훈련, 지적 호기심 자극을 통한 자발성의 원리, 아동 자신이 스스로 탐구하는 독립탐구의 원리, 직접적인 경험을 통한 노작의 원리 등으로 나타나고 있다.

『에밀』에 나타난 자연을 통한 교육, 소극적 방법과 발달 단계에 적합한 구체적 교육방법, 노동을 통한 생활중심의 교육방법, 개인차에 기초를 둔 교육방법 등은 오늘날의 아동교육에 있어서 중요한 시사점을 제시하고 있다.

3) 오웬

(1) 생애

Owen(1771~1853)

오웬(Robert Owen, 1771~1853)은 1771년 영국 북웨일즈에서 출생하였다. 초등교육 외의 정식 교육을 받지 못하였으나 20세 때 랭커셔 방직공장의 지배인이 되었다. 1789년에 '맨체스터 문학 · 철학협회 회원이 되어 성격형성 및 종교문제 등에 대한 견해를 넓혔다. 1800년에 결혼하여 스코틀랜드의 실업가이자 그의 장인인 데일로부터 영국 제일의 방직공장인 뉴라나크(New Lanak)를 물려받아 경영하였고, 1816년에는 신성격형성학원(New Institution of the Formation of Character)을 설립하여 2~6세의 유아를 대상으로 교육을 실시하였다.

1820년 『라나크 주에 대한 보고』에서 오웬은 합리적으로 계획화된 공동체 사회조직을 제시하였다. 빈곤 노동자의 근본적인 성격 개선 및 항구적인 생산적 고용과 주민을 위한 의식주 해결 및 자녀의 양육과 교육을 위한 시설에 대해서도 서술하였다. 오웬은 모든 아동에 대한 무상의 국민교육을 실시할 것을 강조하였다.

1825년 미국 인디애나 주로 건너가서 뉴하모니 평등촌를 설립하고 사회주의 운동을 전개하였다. 1834년에는 영국 최초의 노동조합이라고 할 수 있는 대노동조합(Grand National Union)을 결성하여 사회주의 사상운동 및 노작활동을 하였고, 1858년 고향인 뉴타운에서 88세로 생을 마감하였다.

(2) 교육론

① 교육목적

오웬의 유아교육론은 성격형성론에 잘 나타나 있다. 그는 사회의 조화와 발전은 ① 인간성 ② 사회 ③ 인간과 사회와의 관련성이라는 세 가지 측면을 통해 이루어진다고 하였다. 그 가운데서 인간과 사회환경과의 관련성, 즉 인간성에 미치는 환경의 영향에 대한 지식을 특히 강조하였다. 오웬은 인간 형성에 있어서 교육의 중요성과 가능성에 대해 강조하면서 성격 형성을 위한 좋은 교육환경을 역설하였다.

오웬은 태어나면서부터의 차이와 다양함에 유의하는 것이 교육의 출발점이 되어야 한다고 하였다. 그는 각 유아의 개성을 존중하는 교육을 강조하였고 이를 위하여 이동을 잘 관찰하는 것이 매우 중요하다고 하였다.

그리고 인간의 성격은 천성과 외부환경과의 관계 속에서 형성된다고 하였다. 이 형성의 과정은 유기적인 발전양식을 지닌 것으로 개성의 계속적인 변화와 발전을 촉진하여 항상적인 진보를 가능하게 하는 것이어야 한다고 하였다. 제1의 창조인 천성을 가장 잘 성숙시켜 최고의 것을 지닐 수 있게 하기 위해서는 제2의 창조인 개선된 환경의 설치가 중요하다고 주장하였다.

오웬이 성격 형성에 있어서 특히 강조한 것은 유아기의 제2의 창조다. 오웬은 영유아기에 형성된 성격은 개인에게 있어서뿐만 아니라 사회에 있어서도 유익함과 동시에 영속적인 것이 된다고 하고, 천성과 훌륭한 환경 아래에서 지적 · 도덕적 · 신체적인 조화로운 발달을 강조하였다.

오웬에 의하면 인간의 선악은 조기에 습득되고 기질과 성향은 2세까지 거의 형성되며, 많은 영속적인 인상은 생후 6개월에서 1년 사이에 형성된다. 그러므로 교육을 받지 못한 영유아는 소년 및 청년기까지 성격 형성에 손상을 입게 된다고 하였다.

오웬은 유아기는 유연성이 풍부한 시기로 성격 형성에 있어서 매우 중요한 시기이기 때문에 성격 형성을 위한 훈련이나 교육을 조직적으로 실시해야 한다고 하였다.

위의 교육사상을 기초하여 성격형성학원에서 목표로 한 교육의 목적은 다음과 같다.

첫째, 합리적으로 생각하고 행동하는 심신이 모두 건강한 아동을 육성한다.

둘째, 영국 국민 교육사상을 모범적으로 실천한다.

셋째, 사회의 가치 있는 성원으로 육성한다.

넷째, 노동자인 부모들의 잘못된 교육으로부터 벗어나도록 돕고 아동들에게 의식주에 관한 쾌적한 생활을 제공한다.

② 교육내용 및 방법

'신 성격형성학원' 은 공장부지의 중앙에 위치하였고 전방에는 놀이장과 운동장이 있었다. 유아학교는 1~4세 유아를 위한 통풍이 좋은 방, 4~6세아를 위한 그림 · 동물 · 지도 등이 준비되어 있는 방과 유희실을 교실로써 사용하였고 부모의 참관이 허용되었다.

'신 성격형성학원' 의 유아학교 제1반(제1준비반)은 1~3세 유아를 수용하여 주간에 보육하고 야간에는 가정으로 돌아간다. 이 학급에서는 놀이와 레크리에이션이 주된 교육내용이었다. 유아학교 제2반(제2준비반)은 3~5세의 아동을 기숙제로 수용한다. 유희와 레크리에이션이 주 활동이고 제1반에 비하여 산책이 많이 포함되었다. 두 반의 정원은 30~50명이었다. 그 위에 초등학교에 해당하는 6~10세아 학급, 노동자 자녀를 위한 야간학교인 10~15세, 15~20세, 20~25세의 성인 학급으로 연결되었다. 오늘날의 사회교육이나 성인강좌라고 할 수 있다.

'신 성격형성학원' 의 교육방법은 상벌의 폐지와 무질책 · 무징벌로 개방적 분위기 속에서 각자의 개성을 발달시키는 방법이 사용되었다. 4~10세의 아동은 더 어린아이들을 돌보도록 하였고 힘을 합하여 서로의 행복을 지향하였다. 여기에서 오웬의 사회주의 사상을 기초로 한 집단보육사상을 볼 수 있다. 오웬의 '신 성격형성학원' 에서는 놀이, 레크리에이션 외에 2세 이상은 무용, 4세 이상은 음악, 군사훈련, 지도읽기와 자연의 사물이나 동물의 탐구를 목표로 하는 지리와 자연사의 기초

학습을 하였고 5~6세가 되면 노래가 도입되었다.

'신 성격형성학원' 교육내용에서 주목되는 것은 5~7세의 아동의 교육에 작업, 실습이라는 생산노동이 들어 있다는 점이다. 일이든지 작업이든지 손쉽고 가벼운 것에서부터 점차 난이도가 높은 쪽으로 나아가는 순차적인 방법을 사용하였다.

(3) 영유아보육의 시사점

오웬의 교육사상은 성격형성론으로 특징지어진다. 그의 성격형성론은 다음과 같은 두 가지 방향으로 전개되었다.

하나는 인간 천성에 의한 교육가능성이고 다른 하나는 환경을 통한 성격 형성이다. 오웬은 유아의 조화로운 발달을 위하여 지적 · 도덕적 · 신체적 · 미적 교육내용을 도입하였고 적극적인 인간교육에 의한 사회개혁을 추구하였다.

그가 이상으로 하는 사회는 경쟁과 불화가 없는 사회로 만인에게 행복과 복리를 가져다주는 사회였다. 그 실험으로서의 '신 성격형성학원'은 지역주민의 생활개선과 일체가 되는 것이었다.

오웬의 유아학교는 성격형성론에서 도출된 것이고 동시에 산업혁명에서 수반되는 보육시설의 보급이라는 시대적인 요청에 의한 것이었다. 유아학교는 당시의 노동자 계급의 열악한 가정교육상황에서 취학 전 아동에 대한 가정교육의 대체기능을 담당하고 있었고 이것은 단순한 보육시설 이상의 의미를 지니고 있었다.

오웬의 유아학교는 프뢰벨의 유치원보다 24년이나 앞선 것으로 서적, 특정 종교 등 기성의 지식체계가 배제되었고, 아동의 관찰과 발견, 사고와 논증 등의 활동이 중시되었다. 또 계통적이고 합리적인 교육활동과 아동의 자유로운 활동이 무엇보다도 중시되었다. 상벌, 경쟁 등 교육 외적인 강제를 강요하지 않았고 아동의 생활현실과 결합된 또래 아동들의 지적 흥미를 유발하는 집단보육이 이루어졌다.

'신 성격형성학원' 유아학교는 단지 교육과 지도를 위한 공간만이 아니라 아동의 생활과 깊이 연결되어 있었다. 즉, 노동자나 공동생활자로서의 생활방식을 포함한 인간 형성의 장이었던 것이다.

오웬의 사상과 교육 실천은 독창성이 결여되고 체계가 서 있지 않았다고 비판을 받기도 하였지만 첫째, 국민교육을 제창하여 빈민계층의 자녀에게 무상으로 교육을 실시한 점 둘째, 교육은 전 인격적 성격 형성에 힘써야 한다는 점 셋째, 생산 및 노동과 결합된 생활과 직결된 교육이 되어야 한다는 점 넷째, 상벌을 폐지한 점과 교육이 평화의 수단이 되어야 한다는 점 다섯째, 서적중심의 교육이 아닌 실물 또는 직관교육이 되어야 한다는 점은 현대교육에 공헌한 바가 크다.

3. 18~19세기의 사상

1) 오베르랑

(1) 생애

Oberlin(1740~1826)

오베르랑(Johann Friedrich Oberlin, 1740~1826)은 1740년 독일의 슈트라스부르그에서 태어났다. 그는 15세 때에 슈트라스부르그 대학에 입학하여 신학과 철학을 전공하고 23세에 철학박사 학위를 받았다. 1972년 대학을 졸업하고 목사가 되기까지 3년 동안 가정교사로서 교육적 경험을 쌓았다. 그 후 1767년 목사로 임명되었고 그 다음 해에 슈트라스부르그 대학 교수의 딸과 결혼하였다. 그의 부인은 후일 오베르랑의 유아보호시설에서 교사로 활동하였다.

오베르랑의 부임지였던 스타인타르는 돌이 많은 토양, 농업에 적합하지 못한 기후로 생활수준이 낮았다. 그리하여 오베르랑은 주민들의 생활조건 향상에 힘썼다. 그는 목장을 만들고 방적공장을 설립하여 산업의 발전을 도모하였다. 주민들의 교육조건도 매우 열악하여 그들이 사용하는 언어는 표준 프랑스어와는 거리가 멀었고 그들의 교양 없는 행동은 경제적 발전과 선교에 있어서 커다란 방해가 되었다. 그 지역 학교는 한 곳밖에 없었고 시설과 설비는 매우 빈약하였다. 그리하여 그는 학교를 설립키로 결심하고 1769년 사회사업과 학교개혁의 일환으로 영유아보호시설을 설립하였다.

오베르랑은 경제적 · 사회적 · 문화적 발전을 가져오기 위해서는 7세가 되어서 비로소 교육을 시작하는 것은 불충분하다고 생각하고 취학 전 교육을 체계화하기 시작했다.

오베르랑은 원래 투쟁적인 성격을 가진 사람으로 어릴 때는 군인이 되고자 하였으나 목사가 더 많은 선행을 할 수 있다고 믿게 되어 목사가 되었다. 그리하여 그는 프랑스 혁명 당시에도 교회 속에서 낡은 질서와 싸웠다. 그의 이러한 태도는 혁명에 비협조적이라는 비판을 받게 되어 목사직을 박탈당하기도 하였다. 그러나 그는 1795년 목사직에 복귀하였고, 1818년에는 당시에 프랑스 최고 훈장을 받았다. 오베르랑은 1826년 86세로 생애를 마감하였다.

(2) 교육론

① 유아보호시설의 설립 동기 및 교육목표

오베르랑이 유아보호시설을 설립하게 된 직접적 계기는 1769년 인근의 유아들을 모아 편물을 가르치고 있었던 반제트(Sara Banzet)를 만난 것이었다. 오베르랑은 유아들을 위해 넓은 방을 임대하고 반제트를 교사로 초빙하였다. 그곳에서는 3~6세까지의 유아를 보호하면서 편물을 가르쳤다. 이러한 이유로 이 시설은 '편물학교'라고 불렀다. 유럽 최초로 설립된 이 시설도 미약한 설비와 일손의 부족 등으로 처음에는 주 1~2회, 뒤에는 월 10회로 운영되었다.

오베르랑은 이 시설을 설립하게 된 동기를 첫째, 유아들이 방임되어 좋지 못한 것들을 배우고 나태한 인간이 되는 것을 예방하고 둘째, 사투리가 섞인 방언을 사용하여 프랑스인에게 차별을 받게 될 뿐만 아니라 설교와 찬미가를 올바로 이해할 수 없는 것을 막기 위해서라고 하였다.

오베르랑이 교사들에게 부과한 사명을 통해 그의 교육목표를 알 수 있다.

첫째, 아동의 마음속에 종교적인 감정을 발달시켜 신에 대한 사랑, 부모, 교사, 은인에 대한 존경과 감사, 이웃에 대한 사랑을 키울 것.

둘째, 아동들이 질서와 노동을 사랑하고 청결, 예의바름, 선행, 정직 등을 몸에 익히도록 이끌 것.

셋째, 종교적인 짧은 가사와 격언을 가르치고 이야기를 반복하여 듣게 하여 유아들의 기억력을 단련할 것.

넷째, 프랑스어를 습득시켜 불명확한 방언들을 근절할 것.

다섯째, 노래지도를 하여 아동들이 교회에서 예배 때에 노래를 부를 수 있도록 할 것.

여섯째, 산책 때 식물의 특색을 가르치고 특히 독성이 있는 식물은 주의시킬 것.

일곱째, 이야기를 하거나 수업을 하고 있는 동안 아동들에게 연령과 능력에 따라 수공 노동을 시킬 것.

② 교육내용

오베르랑이 유아보호시설에서 실시한 교육내용은 크게 세 가지로 나누어 볼 수 있다.

첫째, 종교, 도덕교육으로 도덕적인 이야기, 기도, 찬송가, 신·구약성서 중의 이야기를 주요 내용으로 하였다.

둘째, 지적 교육으로는 방언을 없애기 위한 회화 연습, 동판화에 의한 박물 학습, 색채 감각의 훈련, 나무 조각이나 돌을 사용하여 지시하는 것 만들기 등을 그 내용으로 하였다.

셋째, 수공노동은 주로 양모, 목면, 아마, 비단 등의 소재 분류하기, 여러 가지 물체를 색과 형태에 따라 분류하기와 편물 등을 교육하였다.

③ 교육방법

오베르랑은 유아들이 이해하기 곤란한 것들을 가르칠 때 가능한 한 그들의 직관에 호소하는 직관적 방법을 사용하였다. 또 그는 자신이 고안한 채색 동판화나 그림 등을 교육에 사용하였다. 그리고 아동들이 즐거운 분위기 속에서 보낼 수 있도록 산책과 유희를 중시하였다.

(3) 유아보호시설의 의의

18세기 후반 영국을 시작으로 하여 유럽 각지에서 일어났던 산업혁명은 많은 노동자들을 장시간의 노동과 저임금, 빈곤 등의 비참한 상태에 빠지게 하였고 기계의 개량은 실업의 위험을 고조시켰다. 그리하여 부인과 어린이들까지 저임금을 받고 일하지 않으면 안 되었다. 대부분의 부모들은 자기 아이의 얼굴을 볼 시간이 없을 정도까지 이르렀고 가정은 완전히 파괴되어 버렸다. 게다가 빈곤을 덜기 위해 유소년기에서부터 공장에서 일하는 어린이가 증가하였다. 유아들은 때로 하루에 14시간도 노동하였고 일을 마치면 술, 담배, 외설, 도박 등으로 휴식을 한다는 보도도 있었다. 이러한 유아들의 비참한 상태를 극복하기 위하여 오베르랑은 유아보호시설을 설립하여 종교교육, 도덕교육, 초등교육, 수공노동, 신체훈련 등을 실시하였다.

이 시설은 유아들을 여러 종류의 위험으로부터 보호하였고 유아의 정신적 · 신체적 · 지적 제능력을 발달시켰다. 특히 종교 · 도덕교육을 중시함으로써 교회와 국가의 질서 유지에 공헌하였다. 그리고 부모과 형제자매로부터 유아를 돌보는 일을 맡아 줌으로써 그들을 일과 학교에 전념할 수 있도록 하였고 유아기 때부터 일하지 않을 수 없었던 유아들을 위해 초등학교의 역할을 대신하였다.

오베르랑이 설립한 유아보호시설에서 종교 · 도덕교육을 중시한 점, 유아 단계에서 이미 수공노동을 도입하여 장래의 노동자를 육성하는 역할을 수행한 점, 초등수준의 교육을 실시한 점 등은 이후 산업혁명기 교육의 모델이 되었다.

2) 페스탈로치

(1) 생애

Pestalozzi(1746~1827)

페스탈로치(Johann Heinrich Pestalozzi, 1746~1827)는 1746년 스위스의 취리히(Zurich)에서 태어났다. 6세 때 아버지가 세상을 떠나고 어머니로부터 많은 가르침을 받았다. 가족들은 모두 독실한 기독교 신자로서 성실, 근면하고 경건심이 강하였다. 페스탈로치는 특히 목사인 조부로부터 신앙에 관한 가르침을 받았고 이는 그의 신관을 형성케 하는 데 기여하였다.

그는 취리히 대학에서 신학을 공부하면서 사회개조에

큰 관심을 가졌고, 그 후 가난한 민중을 돕기 위해 법학을 공부하였다. 23세가 된 1769년에는 7년 연상인 안나(Anna)와 결혼하였다.

페스탈로치는 루소의 『에밀』을 읽고 크게 감명받았으며, 에밀에서 읽었던 루소의 교육이상을 아들 야곱에게 실현하려고 노력하였다. 이것이 바로 페스탈로치가 어린이를 연구하게 된 계기가 되었다. 1774년에는 노이호프(Neuhof)에서 빈민아동과 고아를 모아 교육하였다. 장애아를 포함하여 30여 명의 아이들과 함께 생활하였으나 경제적 어려움으로 1780년 문을 닫게 되었다.

1780년에는 『은자의 황혼』과 교육소설 『린하르트와 겔트루트(Linhard and Gertrud)』를 1781년에 집필하기 시작하여 1787년 완성하였다. 1798년 슈탄슈트(Stanz)에 고아원을 세워 헌신적으로 고아를 돌보았으나 전쟁의 심화로 고아원을 야전병원으로 사용케 되어 1799년 폐쇄되었다. 1799년 부르크도로프(Burgdorf)의 한 학교에 부임하였고 1800년 부르크도르프의 고성을 대여받아 자신의 교육이상을 실현시킬 수 있게 되었으나 시 당국의 사정으로 성을 비우게 되었다.

1804년 부르크도르프의 학교를 뮌휀무흐제(Munchenbuchsee)로 옮겼고, 이페르톤(Yverdon)에서 실험학교를 설립하였다. 이 학교의 명성은 높아 갔고 페스탈로치의 교수법을 배우기 위해 유럽 각국과 미국의 많은 교육가들이 방문하였다. 그러나 내분으로 경영이 어려워져 문을 닫게 되었다.

1825년 노이호프로 돌아와 『백조의 노래』를 저술하였고, 1827년 82세의 나이로 삶을 마감하였다.

(2) 교육론

① 교육목적

페스탈로치는 완전한 인격 실현에 의해 인간적 생활을 영위하도록 돕는 데 교육의 목적을 두었다. 그는 교육의 궁극적 목적을 학습의 완성에 두지 않고 생활의 준비에 두었다. 생활의 힘이 될 때 가치가 있다고 보았다. 페스탈로치는 지식은 세계에 대한 추상적 체계가 아닌, 그리하여 지식의 획득보다 총제적 힘의 증가에 교육의 역점을 두었다.

그는 인간은 자유와 독립을 획득할 권리를 평등하게 부여받은 존재로 교육에 의해 지적 자유를 누리고 도덕적으로 자율의 생활을 영위할 수 있다고 하였다. 자유와 독립, 자율의 권리를 평등하게 부여받았으므로 교육을 통해 이 권리를 평등하게 누릴 수 있도록 해야 한다고 하였다.

페스탈로치는 교육의 목적을 개인적 요구와 사회적 요구를 만족시키는 데 두고 다음의 다섯 가지를 제시하였다.

첫째, 하나님이 각자에게 부여한 능력 개발

둘째, 여러 능력의 조화적 개발에 의한 인격도야

셋째, 각자가 하나님이 맡기신 몫을 하면서 개성을 실현하는 일

넷째, 각자가 그 삶으로 사회의 바람직한 일꾼이 되는 일

다섯째, 궁극적으로 인류의 완성을 위하여 믿음, 소망, 사랑을 실천하는 일을 할 수 있는 인간으로 육성해야 한다.

또 페스탈로치는 잠재력을 개발하는 것을 심정력(가슴), 정신력(머리), 신체력(손)의 세 가지 능력의 조화로운 발달을 통해 교육의 목표로 삼았다. 심정력은 인간의 감정을 대표하는 종교심의 육성을 말하고, 정신력은 지성이나 지적인 활동을 대표하는 사고력과 판단력의 도야를 말하며, 신체력은 신체적인 제기능을 훈련시키는 것을 말한다. 이 세 가지 능력은 서로가 조화를 이루어야 한다고 하면서 페스탈로치는 그중 심정력의 발달을 매우 중요시하였다. 특히 유아기에 있어서 풍성한 심정력의 육성을 강조하였다.

그 당시 어린이들은 어른의 축소판으로 생각되었고 개인이 가지고 있는 소질, 능력, 잠재력을 인정받지 못하였으나 페스탈로치는 개인차를 인식하고 각 개인이 가지고 있는 특성을 개발하는 것에 교육의 목적을 두었다.

② 교육내용

페스탈로치의 교육사상에서 교육내용은 가정교육이 주를 이루고 있다. 그는 조화롭고 온전한 인간 형성을 위해서는 가정의 정서적 분위기가 도덕적, 종교적 감각으로 승화되고 융합되어야 한다고 하였다. 어머니의 모성애는 교육자의 원동력으로 유아교육은 모성애를 매개로 하여 어머니의 도움에 의해서 달성된다고 하였다.

페스탈로치는 가정교육의 내용으로 다음의 세 가지를 제시하였다.

첫째, 질서에 관한 교육내용이다. 일상생활에서의 질서의 관계, 가족구성원 간에는 도덕질서가 있어야 한다고 보았다.

둘째, 감정, 정서에 관한 내용이다. 순수한 심정(사랑 · 믿음 · 순종 · 신뢰심)이 먼저 어버이와 자녀 간에 발생하고 이것이 하나님께로 향하고, 다시 내려와 이웃에 퍼져 나가는데, 이들 감정들이 도덕교육의 터전이 된다고 하였다.

셋째, 기초교육에 관한 내용이다. 종래의 기초교육은 소위 3R' s와 함께 도덕교육과 실제교육(사랑하기 · 일하기)을 기초교육의 내용으로 중시하였다. 실제교육이란 생활의 경제면 · 노동면에 대한 소양과 관심을 기르는 일이다.

다음으로 페스탈로치는 일반적 교육내용을 다음과 같이 세 가지로 나누었다.

첫째, 신체적 독립과 기술력 도야를 위한 교육내용이다. 신체독립은 유아가 탄생 후 손을 움직이고 손에 의해 사물을 인식하려는 것에서 시작된다. 이러한 신체적 독립은 자유롭고 자발적인 노력에 기초하여야 한다고 하였다. 그리고 기술적 도야는 수공업 위주의 직업에 대한 준비와 기술에 관한 것으로 페스탈로치는 이를 매우 중시하였다.

둘째, 지적 독립과 정신력 독립을 위한 교육내용이다. 지적 독립이란 '사고습관'의 형성을 의미한다고 하였다(팽영일, 2000). 수, 형태, 언어라는 요소로 유아는 관찰을 통한 자극이 출발되어 사고력이 싹트고 점차 지적 독립으로 나간다고 보았다. 페스탈로치의 이러한 지적 독립과 정신력 도야를 위한 교육내용으로 수, 형태, 언어를 제시하였다.

셋째, 도덕적 독립과 심정력 도야를 위한 교육내용이다. 도덕적 독립이란 신을 인식하고 신과의 관계 속에서 발현되는 것이라고 하였다. 어머니가 자녀의 육체적 욕구를 충족시켜 주는 것은 도덕적 감각을 일깨워 주는 바탕이 되고, 이것은 교육적 인간관계 발달로 이어진다고 하면서 이것을 교육의 내용으로 할 것을 주장하였다.

③ 교육방법

페스탈로치의 교육방법을 정신력 도야 방법, 심정력 도야 방법, 기술력 도야 방법으로 나누어 살펴보면 다음과 같다.

첫째, 정신력 도야 방법은 유아에게 쉬운 것에서부터 어려운 것으로, 가까운 곳에서부터 차츰 먼 곳으로, 저차원에서 고차원으로 가르쳐야 한다는 것이다. 또한 사고력의 도야는 외적 사물의 직관이 주는 인상에서 출발해야 한다고 하면서 이를 교육의 출발점으로 삼을 것을 주장하였다. 직관은 내적 감관과 외적 감관에 직접으로 접촉토록 하는 방법을 사용하였다. 그는 명확한 개념을 얻는 길은 ① 물건을 수(數)에 의하여 분류하고 ② 형(形)을 눈으로 파악하고 ③ 언어에 의하여 그 물체를 기억하는 것이라고 하였다. 페스탈로치의 교수방법은 첫째, 아동에게 사물은 시각을 통하여 직접적으로 파악해 가르치고 둘째, 물체에 대한 형체, 척도, 비례를 알게 하고 셋째, 물체의 이름을 알게 해야 한다고 하였다. 다시 말하여 첫째, 직관적 사물을 다른 개체와 명료하게 구별하여 정확하게 지각케 하고 둘째, 사물의 현상, 색체, 경중, 맛 등의 성질을 명확히 하여 사물의 개념을 파악케 하고 셋째, 사물의 성질을 정의하고 그 성질을 언어로 표현토록 하는 방법을 사용하였다.

둘째, 페스탈로치는 교육에 있어서 심정력 도야를 가장 중요하게 생각하였다. 페스탈로치는 그리브스에게 보낸 유아교육에 관한 편지에서 어린이 장래에 가장 결정적인 영향을 미치는 것은 가슴이라고 말하고 싶다고 하였다. 심정력 도야 교육을 위하여 어머니는 특별한 배려를 해야 하며, 유아의 내면에 깃든 양심의 소리에 귀 기울이도록 해야 한다고 하였다.

셋째, 페스탈로치는 셈에 대한 기초교육을 실시할 때 유아들에게 그들이 놀고 있는 방의 한 모서리에서 다른 모서리까지의 거리를 유아들의 발걸음으로 세어서 그 길이를 알도록 또한 창문을 셀 때나 실을 감을 때에도 실패바퀴의 감는 수를 세어서 셈 연습을 하게 하였다. 이와 같이 그는 생활 속에서의 경험과 노작을 통한 기술력 도야의 방법을 교육방법으로 사용하였다.

(3) 영유아보육의 시사점

첫째, 노작과 수공훈련을 통한 생활중심 교육을 강조하였다. 페스탈로치는 노작과 수공훈련을 중시하였다. 그러나 이러한 것이 노동과 생산에만 초점을 둔 것이 아니라 궁극적으로는 도덕적 함양을 통한 올바른 인간교육에 두었다. 페스탈로치는 손발의 노동을 통해서 덕성을 함양하고 의지를 단결하여 생활을 영위해 나갈 수 있는 인격체로 육성하는 생활중심의 교육에 역점을 두었다.

둘째, 가정교육의 중요성을 강조하였다. 페스탈로치는 가정은 도덕의 학교라고 하였다. 그는 가정교육 속에 정서적 분위기가 도덕적, 종교적 감각으로 승화되고 융합되어야 한다고 하였다. 가정교육을 통해서 유아들은 부모의 삶 자체를 보고 배우며 깨닫는다고 하였다. 인간의 윤리와 도덕이 땅에 떨어진 오늘날 가정교육에 대한 강조는 커다란 시사점을 주고 있다.

셋째, 모성의 회복에 대한 일깨움을 들 수 있다. 페스탈로치는 가정을 교육의 장이며, 교육의 출발점으로 보고 어머니를 교사로 본다. 그는 모성을 인간 형성의 근원이며, 사회 건설의 본질로 본다. 모유수유와 어머니에 의한 양육이 점점 줄고 있고 보육기관에 자녀를 맡기는 것으로 어머니의 역할을 다한 것으로 보는 오늘날의 현실에서 모성회복은 큰 의의를 갖는다고 할 수 있다.

넷째, 자유와 평등정신의 강조를 들 수 있다. 페스탈로치 교육사상은 사회개조사상이 중심을 이루고 있다. 모든 인간은 어떠한 사회적 계층에 속하는 신이 준 존엄성이 있기 때문에 누구나 인간답게 살 권리가 있다고 하면서 평등한 교육의 기회가 주어져야 한다고 주장하였다. 이러한 자유와 평등정신을 사회정의의 실현 보다 나은 사회로의 개조를 위한 바탕이 된다고 보았다. 페스탈로치의 자유와 평등의 사상은 민주교육을 실천하는 데 여러 가지 시사점을 제시해 주고 있다.

3) 프뢰벨

(1) 생애

Froebel(1782~1852)

프뢰벨(Friedrich Wilhelm August Froebel, 1782~1852)은 1782년 독일 튜링겐 오버바이스바하(Oberweisbach)에서 출생하였다. 아버지는 교회의 목사였고, 어머니는 그가 태어난 후 9개월째에 세상을 떠났다. 4세 때 계모를 맞이하였으나 가정의 따스한 보살핌도 받아 보지 못하고 영유아기를 보냈다.

프뢰벨이 10세 때 외삼촌 호프만이 그의 집에 잠시 머

물렀다. 외삼촌은 프뢰벨이 계모와의 관계에서 어려움이 있다는 것을 알고 프뢰벨을 자기 집에 데려가겠다고 청했고, 프뢰벨의 아버지는 그 청을 받아들였다. 그리하여 프뢰벨은 외삼촌집으로 가게 되었고 그곳에서 안정과 평화를 얻게 되었다.

그 후 1797년 그는 비츠(Witz)라는 산림관의 제자로 들어갔다. 2년간의 견습기관을 끝내고 예나(Jena) 대학에 입학하여 수학, 산수, 대수기하, 광물학, 박물학, 물리, 화학, 재정학, 수목재배, 임업, 건축학, 측량술 등의 강의를 들었다. 재학 2년째 되던 해 경제적 이유로 대학을 그만두고 아버지 밑으로 들어갔다. 그러나 얼마 후 부친이 사망하였다. 그는 다시 아버지 집을 떠나 산림서기, 농업서기로 일했다. 그 후 장래에 대해 여러 가지로 생각한 끝에 결국 건축기사가 되기로 결심하였다.

그런데 우연한 기회에 친구의 소개로 초등학교 교장이었던 그루너(G. A. Gruner)를 만나 그 학교의 교사가 되었다. 1805년 23세 때 이페르톤으로 가 페스탈로치를 방문하였다. 이것이 그에게 커다란 영향을 주었고, 1806년 다시 페스탈로치를 방문하여 그곳에서 2년 정도를 보내게 되었다.

1811년 다시 괴팅겐 대학에 입학하였고, 그 후 봐이스(Weiss) 교수를 만나 1812년 베를린 대학으로 옮겼다. 그는 봐이스 교수 아래서 광물학, 결정학, 물리학을 연구하였다. 그런데 나폴레옹의 군대가 침입하였고 그는 조국 독일을 위해 의용군에 참가하였다. 1814년 나폴레옹의 실각으로 평화가 찾아왔고 의용군은 해산되었다. 같은 해 8월 봐이트 교수의 요청으로 베를린 대학의 광물학 조교가 되었다.

그 무렵 형이 병사하여 조카의 교육을 맡기로 결심하였다. 1816년 프뢰벨은 그리스하임(Gnesheim)에 일반독일교육소(Die allgemeinen deutschen Erziehung anstalt)를 열었다. 이듬해 이 교육소를 카일하우(Keilhau)로 옮겨 카일하우 학원으로 발전시켰다. 프뢰벨은 1818년 36세 때 빌헬름 미네를 아내로 맞이하였다. 카일하우 학원은 한때 60명의 학생이 재학하였으나 내분과 정부의 부당한 간섭 등으로 쇠퇴하기 시작하였다.

1826년에는 카일하우에서의 교육적 경험을 바탕으로 『인간교육(Menschenerziehung)』을 간행하고 1834년 부르크도르프에서 보습학교(Leben-fortbldung)의 공동설립자가 되었다.

프뢰벨은 1837년 블랑켄부르그에 '어린이 · 청소년을 위한 노작 욕구 보호학교' 를 설립하였다. 학교 설립과 교육에 필요한 자금은 후원금으로 충당하였다. 이 후원금은 곧 유명해졌으며, 사립학교 설립의 시초가 되었다. 프뢰벨은 어린이 교육을 새롭게 하기 위하여 1840년 '일반 독일 킨더가르텐(Allgemeiner deutscher Kindergarten)' 을 설립했다.

1844년에는 어머니들을 교육하기 위해 『어머니의 노래와 애무의 노래』를 간행하였다.

그 후 1851년 그의 유치원은 정부당국으로부터 폐쇄되었으나 학계의 여론과 끈질긴 노력으로 폐쇄 조치가 해제되었다. 그러나 해제된 것을 보지 못하고 1852년 72세의 나이로 세상을 떠났다.

(2) 교육론

프뢰벨은 교육 자체보다도 어린이들이 어린이로서, 어린이답게 자라나도록 돕는 것이 중요하다고 하였다. 그리고 그는 어린이 본연의 형태, 즉 지연성이 교육과 함께 중시되어야 한다고 주장하였다. 프뢰벨의 교육목적, 내용, 방법에 대해 살펴보면 다음과 같다.

① 교육목적

프뢰벨은 인간은 태어날 때부터 신으로부터 받은 무한한 가능성을 소유하고 있는 존재로 보았고 이 무한한 가능성을 '신성' 이라고 부르고 그것을 인간의 본질로 보았다. 인간 내면에는 끊임없이 창조하고 일하고 표현하는 힘이 내재되어 있다고 하였다.

프뢰벨은 인간의 본질인 '신성' 을 발휘시키는 것이 곧 교육의 힘이라고 하고 신과 인간 사이의 생명의 통일을 자각하게 하는 데 교육의 목적을 두었다.

그는 유아의 활동을 창조적이고 자기계시적인 것으로 보고 있다. 프뢰벨의 교육관은 인간을 통해 그리고 인간과 그 자신과의 관계, 외부 세계와의 관계를 통해 모든 것을 설명하려 하였다. 그리고 인간의 본질인 신성을 유아에게서 본 것이 프뢰벨의 독자적인 교육관이라 할 수 있다. 다시 말해서 신과의 관계를 인식시키고 창조적 자기표현을 통하여 유아의 천부적 잠재 능력을 개발시키는 데 유아교육의 목적을 두었던 것이다.

② 교육내용

프뢰벨은 종교, 자연, 수학, 언어, 예술을 인간이 갖추어야 할 기본적인 것으로 보고 교육의 주요 내용으로 삼았다.

- 종교교육: 프뢰벨은 종교를 중요한 교육내용으로 삼았다. 그는 종교를 인간이 신과 합일하려고 하는 노력으로 보고 종교교육은 신과의 합일이 방해되는 경우에 그것을 회복하기 위한 수단과 방법을 제시하는 것이라고 하였다.

  프뢰벨은 교육을 통해 인간이 신의 아들로서 자신을 더욱 명확하게 인식하고 이 인식에 따라서 행동하고 생활한다면 그것이야말로 그리스도의 종교에 합당할 것이라고 하였다.
- 자연과학과 수학: 프뢰벨은 종교가 표현하고 있는 것들이 자연을 나타내고 있고 자연이 표현하고 있다고 하였다.

  그은 자연의 여러 형태의 개별성과 다양성, 모든 자연의 내면적인 직관 그리고 모든 물질과 힘을 하나의 통일체로 보았다. 둥근 입체적인 형태는 자연의 전체를 형성하고 있고 이것이 바로 가장 보편적인 최초의 그리고 최후의 자연의 형태로서 나타나는 것이라고 하였다.

  수학은 인간이 소유할 수 있는 자연으로서 인간정신에 내재하고 있다고 하였다. 그러므로 수학은 외적인 현상으로서 실제로 거기 있는 자연보다도 한층 더 완전하게, 한층 더 통일적으로 인간 자신에 의하여 인식될 수 있는 자연이라고 하였다.

  수학이 정신적인 것의 작용과 본질의 인식을 위하여 그리고 인간의 사고의 법칙과 감각의 법칙의 인식을 위하여 유익한 것이라고 보고 수학과 인간과의 관계에 대해 주목하였다.

  인간교육은 완전한 것이 아니며, 인간의 정신과 수학과의 관계는 인간의 심정과 종교처럼 나누어질 수 없다고 하고 교육내용으로 중시하였다.
- 언어: 프뢰벨은 인간의 완전한 언어는 인간의 내면의 본질과 결부하면서 부단

히 인간을 표현하는 것으로 가장 활발하게 움직이면서 자기의 구석구석까지도 표현하도록 해야 한다고 하였다. 언어 속에는 인간의 본질과 함께 자연의 본질도 나타나 있다고 하고, 언어는 인간의 내적인 세계와 외적인 세계 전체의 묘사이므로 매우 중요하다고 하였다. 프뢰벨은 유아에게 언어를 가르칠 경우 상황과 사물 자체를 현실적인 직관으로 좀 더 깊게 결부시켜 유아의 행동과 행위를 언어에 결부시켜 줄 것을 강조하였다. 기호나 문자에 의한 언어의 외면화에 이르기 시작하면 인간은 유아기에서 소년기로 나아가게 된다고 하였다. 그는 쓰기는 자발적 행동과 자유행동을 의식하는 최초의 주요 행동이라고 하고 말하기, 읽기, 쓰기는 자기의식성의 가능성을 일깨워 주는 것으로 이 세 가지는 필수적 교육내용이 되어야 한다고 주장하였다.

- **예술**: 프뢰벨은 예술을 인간 내면 자체의 표현으로 보았다. 프뢰벨은 예술이 내적인 생명 자체를 본래적으로 형성한다고 하면서 예술이 외적인 표현으로 나타날 때는 반드시 재료나 소재 등 여러 가지 다른 표현방법을 통해서 나타나게 된다고 하였다. 다양한 표현방법으로 신체적 움직임인 운동 그리고 노래, 색채의 표현에 의한 그림, 형태화에 의한 공간적 표현으로서의 조형, 운문에 의한 표현 등을 들 수 있다. 프뢰벨 이러한 다양한 표현을 돕는 교육내용을 주장하였다.

③ 교육방법

프뢰벨의 사상은 성선설에 기초하고 있다. 따라서 그는 유아의 선성과 신성을 돕는 방법을 교육방법으로 제시한다. 그의 교육방법을 놀이, 노작, 은물을 중심으로 살펴보면 다음과 같다.

1. 놀이

프뢰벨은 "놀이는 이 시기의 인간 발달에 있어서 최고의 단계다. 왜냐하면 놀이(Spiel)라는 독일어는 이미 그 말 속에 아동이 자기 내면을 스스로 자유롭게 표현하는 것, 자기의 내면적인 본질의 필요와 요구에 따라 내면을 외면으로 표현한 것이기 때문이다. 놀이는 이 시기의 아동의 가장 순수한 정신적인 생산이고 동시에 또 인간생활 전체의 모범이라고 해야 할 것이다. 나아가 놀이는 인간 및 모든 사물의 내면 깊은 곳에 감추어져 있는 자연적인 생활의 모범이다. 그 때문에 놀이는 그 자체가 기쁨이고 자유이며, 만족이고 평정이며, 나아가 외계와 평화다. 놀이는 모든 선의 원천이다. 그렇기 때문에 신체가 피로해질 때까지 묵묵히 안정적으로 잘 노는 아이는 반드시 성장 중에 있고, 희생적으로 타인의 안녕과 행복을 바라고, 자신의 행복도 증진하는 침착하고 끈기 있는 유능한 사람이 되도록 한다."고 하였다(팽영일, 2000).

2. 창조적 자발적 활동으로서의 노작

프뢰벨은 근로정신이나 생산활동은 어릴 때부터 교육되어야 한다고 생각하였다. 그는 생명 자체를 활동, 노작, 창조로 보았다(김동일, 2002). 인간의 생산적인 활동을 정신적인 것으로 보고 교육활동을 노작(Arbeit)을 통해 이루려고 하였다.

3. 은물

프뢰벨은 유아 스스로가 창의적으로 학습할 수 있는 교구를 고안하였다. 그것이 은물(Gabe)이다. 유아의 본래적인 창조적 충동을 육성, 발전시킬 목적으로 만들어진 것이므로 기본적인 형태의 것으로 단순한 것 그리고 그중에서 다양성에 맞는 기본적인 제요소를 포함하고 있는 것을 고안하였다. 이러한 입장에서 프뢰벨이 창안한 은물은 모두 기하학적인 형태로 이루어져 있다.

제1가베는 보드라운 실로 감싼 5cm의 공 12개로 구성되어 있다. 공에는 20cm 길이의 끈(같은 색)이 달려 있는 공 6개와 끈이 없는 공 6개로 되어 있다. 또 이 공은 빨강, 노랑, 파랑, 주황, 초록, 보라의 여섯 가지 색깔로 이루어져 있다.

제2가베는 목재로 된 지름 5cm의 구와 원기둥, 한 변의 길이가 5cm인 정육면체로 구성되어 있다. 이외에도 회전놀이 때 사용하는 기둥 2개와 틀 그리고 보 1개, 긴 막대가 들어 있는 하나의 상자로 되어 있다.

제3가베는 제2가베의 정육면체와 같은 5cm 정육면체를 가로, 세로, 위아래로 각 한 번씩 잘라서 만든 2.5cm 정육면체 8개로 되어 있다.

제4가베는 제2가베의 정육면체 형태를 가로로 한 번, 위아래로 세 번 잘라서 나타난 직육면체 8개로 구성되어 있다.

제5가베는 제3가베와 제4가베에서 사용한 5cm 정육면체를 가로, 세로, 높이 모두 2.5cm 늘린 7.5cm 정육면체다. 이것을 먼저 가로, 세로, 높이를 2번씩 잘라(3등분) 2.5cm의 작은 정육면체 27개를 만든다. 그 다음에는 그중 3개의 정육면체의 2분의 1크기가 되는 6개의 큰 삼각기둥을 만들고, 또 다른 3개는 양쪽 대각선으로 잘라 작은 정육면체의 4분의 1크기가 되는 작은 삼각기둥을 만든다. 이렇게 하여 제5가베는 나머지 작은 정육면체 21개와 합쳐서 모두 39개의 작은 부분으로 구성된다.

제6가베는 제3, 4, 5가베와 같이 쌓을 수 있는 나무로서 4종류이지만 모두 상호 관련성이 있다. 제6가베는 제4가베를 발전시킨 것이며, 제5가베와 같은 7.5cm로 된 정육면체다. 이것을 가로, 세로, 위아래로 잘라 높이 12.5cm, 길이 5cm, 폭2.5cm의 직육면체로 나누었다.

제7가베는 형태를 구성하는 최대의 요소인 면을 나타낸 가베다. 정사각형, 정삼각형, 직각이등변삼각형, 직각부등변삼각형, 둔각이등변삼각형, 원, 반원, 마름모의 여덟 가지로 구성되어 있다.

제8가베는 정육면체와 면을 모서리와 선으로 나타내고 있다. 면은 넓이는 있고 두께가 없는 것이지만, 선은 길이는 있지만 나비는 없는 것이기 때문에 막대에 의해서 나타낸다.

제9가베는 사물의 성질을 보다 구체적으로 나타내 주는 곡선으로 만들어진 것이다. 곡선은 구부러진 선을 말한다. 종류는 세 가지 크기의 원과 원을 반으로 나눈 세 가지 반원으로 모두 여섯 가지이며, 나무로 만들어져 있다.

제10가베는 입체를 구성하는 최초의 요소이자 그 이상으로 분해될 수 없는 점을 나타내는 교구다. 수학에서는 점이란 연필 끝으로 종이에 찍은 것과 같은 것으로서 위치만 있을 뿐 크기가 없다. 그러나 교구로서 형체가 없는 것을 다룰 수 없기 때문에 제10가베에서는 추상적 점을 입자로 구체화했다.

(3) 영유아보육의 시사점

프뢰벨 교육사상은 영유아교육을 비롯한 교육 전반에 지대한 영향을 미쳤다. 그가 설립한 세계 최초의 유치원은 전 세계로 퍼져 나갔고 오늘날까지 각국에서 나름의 발전을 이루어 가고 있다.

프뢰벨 유아교육사상이 현대교육에 기여한 점을 네 가지로 제시하면 다음과 같다.

첫째, 아동중심 교육사상을 들 수 있다. 프뢰벨은 유아를 창조적, 자발적, 활동적 생명을 가진 주체로 보고 그들의 창조적 활동을 자발적으로 전개시켜 나가도록 돕는 아동중심의 교육을 실시하므로 각 유아의 개성을 존중하는 교육을 실시하였다.

둘째, 놀이의 교육적 가치와 생활중심 교육이다. 프뢰벨은 놀이나 생활로, 유아의 정신세계의 표현으로 놀이 속에서 유아의 생활전체를 발견하였다. 프뢰벨은 흥미를 중심으로 즐거우면서도 일상생활에서 필요한 것을 자연스럽게 습득하도록 하였다.

셋째, 활동중심 교육이다. 프뢰벨은 정원활동과 같은 노작을 통한 직접적인 활동에 의하여 교육이 이루어져야 한다고 주장하였다. 이러한 구체적 활동중심의 교육은 유아교육에 있어서 아무리 강조해도 지나치지 않을 것이다.

넷째, 사회성의 존중에 기초한 협동교육의 강조다. 사회성 발달은 현대 민주주의 사회구성원들에게는 기본적으로 요청되는 자질이다. 따라서 프뢰벨 교육은 유아교육에 있어 협동교육을 강조하였다. 이러한 프뢰벨의 교육사상은 예술교육운동, 노작교육운동, 몬테소리 교육 등에 영향을 주었다.

4. 19~20세기의 사상

1) 듀이

(1) 생애

듀이(John Dewey, 1859~1952)는 1859년 미국의 벌링톤(Burlington)에서 태어났다.

Dewey(1859~1952)

15세 때에 고등학교를 졸업하고 버몬트 대학에서 희랍어, 라틴어, 수학, 자연과학을 배웠다. 생리학은 영국의 다윈주의자 학슬리의 교과서를 가지고 배웠는데, 이것은 후일 듀이 사상에 커다란 영향을 주었다.

졸업 후 펜실베이니아(Pennsylvania) 주 오일 시(Oil city)의 고등학교에서 2년간 교직생활을 하였고 초등학교 교사로도 재임하다가 1882년 존스홉킨스 대학에 진학하였다. 거기서 그의 철학 및 교육이론에 깊은 영향을 준 저명한 교수들의 지도를 받게 되었다. 1884년 존스홉킨스 대학에서 철학박사 학위를 받았고 1888년부터 1889년까지 1년간 미네소타 대학의 철학교수로 재직하였다. 1894년 시카고 대학의 철학주임교수로 초빙되어 철학, 심리학, 교육학부의 부장이 되었다. 1896년에는 듀이학교를 설립하고 운영하기 시작하였다.

그는 1930년 71세의 노령으로 정년퇴직하여 명예교수가 될 때까지 26년간 교단에서 혹은 저서를 통하여 그의 철학인 프래그머티즘(pragmatism)을 논하고 이에 근거한 신교육이론을 폈다. 1916년에는 『민주주의와 교육(Democracy and Education)』을 출간하였고 1920년에는 『철학의 개조(Reconstruction in philosophy)』, 1938년에는 『경험과 교육(Experience and Eduction)』을 간행하였다. 1952년 92세의 일기로 생을 마칠 때까지 50권의 저서와 750편이 넘는 논문을 발표하였다.

(2) 교육론

① 교육목적

듀이는 교육은 경험의 계속적인 개조로써 생각되어야 하며, 교육의 과정과 목표는 별개의 것이 아니고 동일한 것이어야 한다고 주장하였다. 듀이에게 있어서 교육은 곧 생활의 과정이다. 교육은 성장생활을 위한 준비 또는 장래를 위한 준비가 아니며, 생활 그 자체라고 하였다. 따라서 듀이는 교육의 목적은 생활 속에서의 성장을 돕는 것이 된다.

교육의 목적은 첫째, 교육을 받을 개인이 선천적으로 지니고 있는 본능과 후천적으로 습득한 습관을 기초로 하여 세워져야 하고 둘째, 교육목적은 교육을 받을 아동과 교사가 공동으로 협의하여 정해져야 한다. 셋째, 궁극적인 교육목적 제시를 경계해야 하는데, 궁극적인 목적은 현재의 개개인의 활동을 구속할 뿐 아니라 지성을 활용한 이론과 실제가 통합되는 실천적인 교육목적을 설정할 수 없게 하기 때문이라고 하였다.

듀이는 경험을 통한 끝없는 성장과정 그 자체를 교육의 목적으로 하였고 사회적 지성 개발을 통한 민주시민 양성을 교육의 목표로 하였다.

듀이는 유아교육에 있어서 교육의 목표는 첫째, 유아의 활동과 요구에 내재된 것이어야 하고 둘째, 개개 아동의 발달수준과 흥미가 반영되어야 하며 셋째, 아동의 활동이나 생활을 안내하는 방향으로 기술되어야 한다. 그리고 마지막으로 생각을 가지고 행동하는 지적인 측면에 대한 고려가 있어야 한다고 주장하였다. 요컨대, 듀이는 성장 외에 따로 교육목적이 있을 수 없다고 단정하였다.

② 교육내용

듀이는 교육의 내용을 3단계로 나누어 제시하였다.

제1단계의 교육내용은 '행동하는 방법에 대한 지식'으로 예를 들면 걷기, 말하기, 읽기, 쓰기, 계산하기, 자전거 타기, 상품 팔기, 기계조작 등의 행동하는 방법에 관한 지식이다. 제1단계의 교육내용이 행동에 의해서 학습할 수 있도록 조직되어야 한다. 이때 교육내용으로서의 놀이와 일은 학습자의 지성적인 성장이라는 교육목적을 분명히 의식할 수 있도록 조직되어야 한다고 하였다.

제2단계의 교육내용은 학습자의 지성적 능력이 더욱 체계화되어 학습자가 실제 삶을 살아가는 데에 유용성을 가져올 수 있도록 하는 것과 관련된 내용이다.

제2단계의 교육내용은 제1단계의 교육내용에서 제시되었던 놀이와 일을 공간적 차원과 시간적 차원으로 그 의미를 확대·심화시키는 것이다. 공간적 차원과 시간적 차원에서 고려되어야 할 대상은 자연과 인간이며, 자연과 인간에 대한 구체적 교육내용으로는 지리와 역사를 예로 제시하였다. 지리와 역사가 학습자의 지성을 개발하고 심화시키는 것이라는 점을 교육에 적용해 볼 때, 지리와 역사는 좁은 개인적 행위나 단순한 기계적 숙련에 그치지 않고 활동에다 배경과 전망, 지성적 안목을 부여해 주는 교육내용이 된다는 의미다.

제3단계의 교육내용은 제2단계의 자료가 합리적으로 또는 논리적으로 조직된 상태를 의미한다. 이때의 교육내용은 학습자의 지성이 질적으로 어느 정도 성장한 상태에서 수용될 수 있는 단계가 된다.

듀이는 제3단계의 교육내용으로서 과학을 제시하고 있다. 과학은 가장 특징적인 형식의 지식에 대한 이름이며, 과학은 그 정도에 따라서 학습의 완벽한 결과를 나타내 주기 때문이라고 하였다.

유아교육에 있어서 교육내용 선정과 관련한 듀이의 견해를 요약해 보면 다음과 같다.

첫째, 교육내용의 출발점은 아동 자신이며, 이것이 교과나 지식과 연결되어야 함.

둘째, 지적인 요소가 개입된 경험.

셋째, 사고하는 것을 배우는 내용.

넷째, 인간과 가정을 중심으로 한 사회적 활동.

다섯째, 현재의 경험에서 출발하여 능동적 학습이 되도록 나선형으로 조직하는 것이 바람직함.

여섯째, 유치원 교육내용은 발달적, 문화적, 지식차원에서 선정되어야 함.

일곱 번째, 과정과 결과를 중시함.

여덟 번째, 통합적으로 운영되어야 함 등이다.

③ 교육방법

듀이의 단계별 교육방법과 교수-학습방법에 대해서 살펴보면 다음과 같다.

1. 단계별 교육방법

듀이는 교육내용과 교수방법은 서로 관련되어야 한다고 주장하였다. 교육방법도 교사중심의 교육방법보다는 학습자중심의 교육방법이 되어야 함을 강조하면서 단계별 교육방법을 제시하였다.

① 사고의 경험 단계: 사고는 학습자의 경험으로부터 출발될 수 있도록 해야 한다. 학습자의 지성 개발은 사고와 경험을 분리시키지 않고 서로 연결시켜 줄 때 실제적인 효과를 거둘 수 있기 때문에 사고와 경험과의 밀접한 관련 속에

서 나타날 수 있도록 조건을 만들어 주어야 하며, 사고가 경험의 세계와 서로 통합적인 관계를 지닐 수 있도록 해야 한다.

② 자료의 사고 단계: 학습자가 사고의 자료를 활용할 줄 알도록 교육방법의 기술을 전개해야 한다. 교육자는 어려운 문제가 학습자의 사고를 좌절시키지 않도록 세심한 주의를 기울여야 한다고 하고 그렇게 될 때 학습자의 지성적 능력은 길러질 수 있다.

③ 관념의 형성 단계: 자료에 대한 사고를 통해서 얻어진 관념이란 암시, 추리, 가정, 추측된 의미, 시험적 설명들을 의미한다. 단순한 관찰이나 회상은 문제를 명료화시켜 주고 규명할 수는 있지만 어려운 문제를 직접적으로 해결할 수는 없다. 그러므로 학습자에게는 관념의 형성이 필요하게 된다.

듀이는 학습자가 자료만 가지고 새로운 문제를 해결할 수 없기 때문에 자료에 대한 창조적인 사고가 요구된다고 하면서 또한 자료에 대한 창조적 사고를 통해서 학습자가 진정한 하나의 관념을 형성할 수 있도록 돕는 방법을 사용할 것을 주장하였다.

④ 관념의 검증 단계: 관념은 문제해결을 위한 하나의 예상에 불과하므로 학습자는 실제로 실천적 행동을 통하여 관념을 검증해 보아야 한다. 듀이는 관념으로 정립된 사상에 대해서도 그 검증의 중요성에 대하여 "사상은 한낱 시험적인 것일 뿐이다. 사상은 암시나 시사에 지나지 않는다. 사상은 실제 경험의 장면에 적용될 때까지는 충분한 의의와 현실성을 지니지 못한다. 오직 적용만이 사상을 검증하고 검증만이 의의와 현실성을 부여해 준다(조옥희 외, 1996)." 라고 지적하고 있다.

이와 같은 관념의 검증에 대한 교육방법의 과정을 현장교육에 적용시키려면 학습자가 관념을 직접 검증해 볼 수 있는 교육적 환경을 조성해 주어야 한다.

2. 교수-학습방법

듀이는 영유아 교수-학습방법의 유의점을 다음과 같이 주장하였다.

첫째, 유아의 본성에 알맞은 것으로서 둘째 아동의 흥미를 존중하고 셋째, 교육의 내용과 목적이 분리되어서는 안 되며 넷째, 개개 아동의 능력과 속도에 맞춰 개별화된 방법을 적응하여야 한다. 다섯째, 유아의 자발적인 자기표현을 중시하고 여섯째, 교사와 유아가 능동적으로 상호작용하도록 하며 일곱째, 교육목표 내용과 그리고 방법이 통합적으로 운영되도록 해야 한다.

(3) 영유아보육의 시사점

첫째, 반성적 사고와 경험의 재구성을 통한 교육이다. 듀이는 유아의 흥미와 욕구 그리고 발달 단계를 고려하여 성장 단계에 알맞은 지적 능력이 개발되도록 교육 활동을 구성하였다. 그는 유아 스스로가 실제적 경험적 탐색과정을 통하여 지식을 획득케 하고 하나의 경험이 다른 경험과 연결되어 자유롭게 활용되도록 함으로써 자신들의 행동이 지적 경향으로 나아갈 수 있도록 해야 한다고 주장하면서 반성적 경험을 교육방법으로 활용하였다. 반성적 사고와 경험의 재구성을 통하여 유아의 창의성과 지성을 기르도록 한 점은 오늘날 유아교육에 시사하는 바가 매우 크다.

둘째, 아동중심 교육이다. 듀이는 아동이 교육의 중심이 되어야 하고 아동 자체가 교육의 목적이며, 아동의 성장과 발달을 도모하는 것이 되어야 한다고 주장하였다. 아동중심 교육은 모든 교육의 중심에 아동이 있고 아동의 개성을 신장시키며, 외부로부터의 훈련이 아닌 아동 내면의 잠재된 능력을 개발시켜 주는 교육이다. 과거 성인중심의 교육에서 이러한 교육은 하나의 커다란 개혁이었고 오늘날 아동중심 교육의 토대가 되었다.

셋째, 생활중심 교육이다. 듀이는 교육내용을 실제 삶을 영위하는 데 이용할 수 있는 내용으로 할 것을 주장하였다. 그에 의하면 교육은 생활의 필요에 의한다. 과거의 전통적 교육이 지나치게 지식중심의 교육을 강조하여 실생활과는 동떨어진 지식의 습득에 중점을 두어 학교의 우등생이 사회의 열등생을 만들어 내는 결과를 낳았다. 이러한 측면에서 볼 때 생활중심 교육을 강조한 듀이의 교육사상은 시사하는 바가 크다.

넷째, 사회기능으로서의 교육이다. 사회변화의 과정과 교육의 과정은 서로 관련되어 작용한다. 듀이는 사회구조와 기능에 있어서의 모든 개선의 결과는 인간에게 교육적인 자원을 제공해 주고 정상적인 사회적 과정에 진입하기 위한 보다 나은 기회를 준다고 하였다.

듀이는 교육내용이 학습자로 하여금 사회적 관심을 불러일으킬 수 있는 현재의 사회적 생활로 구성할 것을 주장하였다. 그리하여 사회적 과정은 다시 보다 나은 교육적 조건을 제공하도록 해야 한다고 주장하였다.

2) 몬테소리

(1) 생애

Montessori(1870~1952)

몬테소리(Maria Montessori, 1870~1952)는 1870년 이탈리아 앙코나(Ancona) 지역에 있는 키아라발레(Chiaravalle)에서 태어났다. 몬테소리는 처음에 수학공부를 시작했으나 후에 로마 대학에서 의학을 전공하여 1896년 이탈리아 최초의 여성 의학박사가 되었다.

로마 대학을 졸업한 후 1898년까지의 2년 동안 대학부속 정신병원에서 조수로 일했고, 1899년부터 로마에 신설된 국립 정상학교에서 일하면서 정신지체아 지도에 전념했다. 몬테소리는 정신지체아의 문제는 의학적인 문제라기보다는 교육적인 문제라는 결론을 내리고 정신지체아를 위한 교육시설의 필요성을 호소하였다. 1899년 몬테소리 주장은 열매를 맺어 공립정신지체아학교가 설립되었다. 그 후 그녀는 1901년까지 2년간 정신지체아 교육을 위하여 심혈을 기울였다. 몬테소리는 정신지체아에게 유효한 지도법은 정상아동에게도 적용할 수 있을 것이라고 확신하였다.

1901년 정신지체아학교를 사임하고 로마 대학에 재입학하여 실험심리학과 교육학을 연구하였다. 분트(Wundt)의 심리학 연구에 몰두했으며, 교육학에서는 주로 페스탈로치, 프뢰벨에 관해서 연구했고 당시 이탈리아 새 교육의 대표자 세르지(Sergi)에게서도 큰 영향을 받았다. 철학과를 졸업한 후에는 대학에서 강의를 하는 한편 병원을 개업했다.

그 시절에 로마 빈민촌 개선을 위해 1907년에 산 로렌조(San Lorenzo)에 건설된 아파트 부속시설로서 교육시설이 세워졌는데, 시설의 책임자로 의사이며 대학교수였던 몬테소리가 선임되었다. 몬테소리는 그 시설들을 '어린이집(Csda dei Bambini)' 이란 이름을 붙였고 그녀의 독특한 교육법(Montessori method)을 적용하였다. '어린이집' 은 부모가 맞벌이를 하고 있는 아파트 주민 자녀 중 3~7세의 유아 50명을 수용하였다.

그 후 약 20년간 세계 곳곳을 다니며 강연하였고 그 결과 세계적인 몬테소리 운동이 일기 시작하여 여러 곳에 어린이집이 개설되었다. 미국, 영국, 독일, 네덜란드에는 몬테소리협회가 설립되었고 1913년에는 미국에서 제1회 국제회의를 개최하게 되었다. 1919년에는 런던에서 국제훈련과정이 개최되었고 1929년에는 덴마크에 국제몬테소리협회(Association Montessori Internationale: AMI)가 창설되어 몬테소리가 회장직을 맡았다.

제2차 세계 대전 중 그녀는 인도에서 활동을 하였으며, 이때 간디(Gandhi), 네루(Nehru), 타골(Tagore) 등으로부터 지원을 받아 인도 각지에서 교원양성과정을 개설하였다. 제2차 세계 대전이 끝난 후 1947년 이탈리아 정부의 초청으로 귀국하였고 1949년에는 네덜란드로 이주하였다. 말년에 몬테소리는 아들 마리아 몬테소리와 함께 네덜란드를 중심으로 하여 교육운동을 전개하였고 1949년부터 3년 동안 노벨평화상 후보에 오르기도 했다. 1952년에 네덜란드 노르드벡 안 제이(Nordwijk aan Zee)에서 81세로 위대한 생애를 마감하였다.

몬테소리의 주요 저서로는 『어린이집에 적용된 과학적 교육법(II Metodo della pedagogia scientifica applicata all' educazione infantile nelle Case dei Bambini)』『어린이의 비밀(II segreto dell' infanzia)』『초등학교에 있어서의 자동교육(L' autoeducazione-nelle scuole elementari)』『어린이의 정신-흡수정신(La mente del bambino-mente assorbente)』『어린이의 발견(La scoperta del bambino)』『교육과 평화(Educazione e pace)』『인간의 형성(Formazione dell' unovo)』『유년기부터 사춘기까지(Dall' infanzia all' adolescenza)』 등이 있다.

(2) 교육론

① 교육목적

몬테소리의 교육목적을 첫째, 생명의 자기 발전과 자유인 육성 둘째, 문화의 적응과 창조 셋째, 우주적 사명감 인식과 공동의 선 실현의 세 측면으로 나누어 설명하면 다음과 같다.

1. 생명의 자기 발전과 자유인 육성

몬테소리는 유아가 일상의 모든 것을 처리할 수 있도록 돕는 데 교육의 목적을 두었다. 그러한 교육의 목적을 설정하게 된 것은 유아가 이미 자신의 성장과 발전을 독립적으로 이루어 갈 수 있는 모든 가능성을 지닌 존재이기 때문이다. 다시 말해서 몬테소리 교육에서는 유아의 능동적 정신을 교육의 출발점으로 삼고 생명의 자기 발전을 돕는 데 목적을 두고 있다.

또한 몬테소리 교육에서는 유아를 진정한 자유인으로 육성하는 데 목적을 두고 있다. 몬테소리는 유아의 천부적 본성을 지적이며 창조적이고 활동이라고 보기 때문에 유아 본래의 천성이 일탈되지 않고 그대로 신장할 수 있도록 돕는 데 교육의 일차적 목표를 둔다. 몬테소리는 이러한 유아의 본래적 천성이 왜곡됨이 없이 발달된 어린이를 정상화된 어린이(Normalized child)라고 하였다.

2. 문화의 적응과 창조

몬테소리는 유아를 둘러싸고 있는 문화에 적응할 수 있는 능력의 육성을 강조하였다. 인간은 문화를 이루고 그 문화 속에서 살아가는 존재며, 동시에 새로운 문화를 창조하는 존재다. 몬테소리는 신의 대리인으로서 새로운 위대한 문화를 이루어 나가는 과업을 수행하는 존재로 보았다. 그리하여 몬테소리는 유아를 둘러싸고 있는 문화에 적응할 수 있는 능력과 새로운 문화를 창조할 수 있는 능력을 기르는 데 교육의 목적을 두었다.

3. 우주적 사명감 인식과 공동의 선 실현

몬테소리 교육에서는 우주 안에 존재하는 모든 생명체들은 자신의 위치와 사명감을 완수함으로써 조화롭고 평화로운 세계를 실현할 수 있는 인간으로 육성하는 데 목적을 두었다. 자연을 사랑한다는 것은 자연 속에 존재하는 모든 생명체를 사랑한다는 것으로 자신을 받아들이고 다른 사람과 더불어 공동체의 선을 위해서 존재할 수 있는 능력을 의미한다. 몬테소리는 모든 생명들은 상호의존적이며, 상호보완적으로 협력하면서 공동의 선을 지향한다고 하였다.

② 교육내용

몬테소리 교육사상은 인격존중의 정신을 바탕으로 하고 있으며, 이를 달성하기 위하여 교육과정을 일상생활교육, 감각훈련, 언어교육, 수학교육, 문화교육의 다섯 가지 영역으로 분류하고 있다. 유아기를 '감각의 시기' 라고 한 몬테소리는 감각훈련이 가장 중요하다고 전제하고 실제생활훈련을 주로 하는 교육과정을 구성하였다. AMI 교육과정이론에서 각 영역을 살펴보면 다음과 같다.

1. 일상생활교육

일상생활교육의 내용은 첫째, 기본적 운동능력을 길러 주변 환경에 대한 배려의 자세와 태도를 기르는 내용인 환경에의 배려 둘째, 자기 자신을 위한 배려 셋째, 사회의 적응을 돕기 위한 자신을 위한 배려 넷째, 운동의 조정과 분석의 내용으로 분류할 수 있다.

① 환경에 대한 배려: 교실에서 자신들의 환경을 보호하고 관리하도록 배우는 활동들로 구성되어 있다. 이러한 학습을 위한 활동으로는 걷기, 의자 운반하기, 물건 운반하기, 먼지 털기, 쓸기, 곡식 붓기, 물 따르기, 다림질하기, 테이블 씻기, 타월 짜기, 빵 부스러기 모으기, 차 대접하기, 식탁의 준비 등의 내용을 교육한다.

② 자신에 대한 배려: 유아가 자신을 보호하고 관심을 가지도록 하는 활동들이 포함되어 있다. 거울보기, 옷 입고 벗기, 구두 신기, 손 씻기, 코 풀고 닦기, 구두 닦기 등의 내용을 교육한다.

③ 사회에의 적응: 다른 사람과 교제할 때 좋은 선택을 할 수 있는 기회로서 적절한 사회적 반응을 학습하게 한다. 학급에서 활동의 제시는 유아가 사회적 활동에 참여하는 동안 행동을 교정하기 위해 가르치기보다는 유아 자신을 위해 좋은 선택을 할 수 있는 능력이 증가될 때까지 강조하여 학습한다. 교육내용은 문 열고 닫기, 악수하기, 위험한 물건 주고받기, 양보와 고마움 표시하기, 미안함과 실례 표시하기 등의 활동이 있다.

④ 운동의 조절과 분석: 모든 일상생활연습은 활동의 조절과 분석이라고 할 수 있다. 교육내용으로는 선 따라 걷기, 정숙의 연습 등이 있다.

2. 감각교육

감각교육의 목적은 유아들이 감각기관을 통해서 받아들인 다양한 인상들을 분류하는 것을 돕는 데 있다. 이 같은 목적을 달성하기 위하여 몬테소리는 시각 · 촉각 · 청각 · 미각 · 후각의 다섯 종류의 감각교구를 고안하여 사용하였다.
시각교육은 집어넣기 원기둥, 분홍탑, 갈색계단, 빨간 막대, 색원기둥, 색판 1 · 2 · 3, 삼각형 상자, 육각형 상자 大, 小, 파타고라스카드 등이 있으며, 촉각교육은 촉각판, 촉각판 맞추기, 천 맞추기, 중량판, 곡물 분류하기, 비닐주머니, 온각병, 온각판 등이 있다. 청각교육에는 잡음통, 음감벨 등이 있고, 미각교육에는 미각병, 후각교육에는 후각통 등의 내용이 있다.

3. 언어교육

몬테소리에 의하면 언어란 인간의 의사, 감정, 정서를 전달하는 것으로 말이나 글, 얼굴표정, 몸짓, 음악, 춤, 그림, 연극, 율동, 시각적 부호 등으로 나타나며, 의사소통의 상징이라고 한다. 언어 발달은 2~8세 이전에 가장 빠르게 이루어지기 때문에 교육학적으로나 신경학적으로 6세까지가 언어교육이 가장 적절한 시기라고 제안했다. 또한 아동은 읽기보다는 쓰기를 먼저 성취하며, 4세 정도면 쓰기가 가능하다고 믿었다(Montessori, 1988).
언어교육의 직접 목적은 모국어를 정확하게 이해하고 표현할 수 있는 기본 능력을 육성하는 데 있고 간접적인 목적은 모국어를 존중하는 태도를 기르고 문화의 전승과 창조의 힘을 발달시키며 사고력, 이해력의 증진을 통한 논리적, 과학적인 사고의 확립에 있다.

4. 수교육

수교육은 유아들에게 지적 발달을 자극하기 위하여 논리적으로 사물을 생각하는 힘을 몸에 익히도록 하는 데 의의가 있다. 좀 더 직접적인 목적은 유아가 생활경험을 통하여 수와 양을 논리적으로 학습할 수 있도록 돕는 데 있다.
몬테소리는 유아들의 사고력이 구체적인 개념에서 추상적인 개념으로 옮겨가도록 여러 가지의 교구를 고안하여 사용하였다. 예를 들면, 물건을 헤아리는 수세기활동과 같은 구체적 조작적 활동을 통하여 양과 숫자를 연관하여 수개념을 육성하도록 하였다.

5. 문화교육

문화란 자연에 손을 대어 보다 가치 있는 것으로 변화하도록 하는 활동이다. 몬테소리는 3~6세까지의 이 시기에 문화를 용이하게 획득할 수 있는 자연의 성숙이 있다고 한다면 그것을 이용해야 한다고 하였다. 다시 말해서 문화를 쉽게 흡수할 수 있는 3~6세까지의 시기를 충분히 이용하여 민족이나 사회의 복잡한 문화를 교육할 것을 주장하였다. 몬테소리 문화교육은 지리, 역사, 생물, 미술, 과학, 음악 등의 여러 영역을 포함하고 있다. 이러한 학습을 통해 유아가 사회 속의 한 인간으로서 받아들여야 할 모든 양식, 습관, 예술, 문학, 삶의 형태 등을 이해할 수 있는 자세와 태도, 능력 등을 기르는 데 목적이 있다.

③ 교육방법

몬테소리는 육체적 존재인 동시에 영적인 존재인 유아의 무한한 가능성을 발견하고 유아의 잠재된 가능성과 능동성 그리고 천부적 경향성을 키워 나갈 수 있는 방법으로 전통적 교육에서 사용하지 않는 자신만의 과학적 교육방법을 사용하였다. 여기서는 몬테소리 교육방법을 자발적 활동의 부여와 집중작업, 준비된 환경의 제공, 자유의 부여로 나누어 살펴보고자 한다.

1. 자발적 활동을 통한 집중작업

몬테소리는 일탈상태로부터 정상상태로의 환경을 위해서는 유아에게 집중할 수 있는 자발적 활동을 부여해야 한다고 하였다. 몬테소리가 교구를 제작하여 유아들이 자발적인 작업활동을 하게 한 것은 바로 이 때문이다. 교구를 통한 자기활동은 몬테소리 교육의 핵심으로써 이는 유아에게 자발적인 활동의 동기를 부여하여 유아가 본래 소유하고 있는 성장 에너지를 정상적 성장법칙에로 향하도록 하기 위함이다. 그는 유아가 스스로 몰두하여 자신의 성장 에너지를 집중시킬 수 있는 교구를 만들어 사용하였다. 교구를 사용하여 스스로 선택한 작업을 하는 과정을 통하여 유아의 잠재된 무한한 가능성이 신장, 발달되어 스스로의 인격을 형성해 나갈 수 있는 방법을 연구, 적용하였다. 작업 그리고 작업을 통한 주의력의 발달은 정상화를 가져오기 위한 열쇠로서 몬테소리 교육에 있어서 핵심적인 입지를 차지한다.

2. '준비된 환경'의 제공

환경에 대한 몬테소리의 생각은 '어린이집'의 설치보다는 훨씬 광범위한 인간생명연구에 바탕을 두고 있다. 그는 환경과 생명의 근본적인 관계에서 환경을 설명한다. 그에게 있어서 인간은 생물학적인 인간이요, 지적 생활을 영위하는 인간이요, 우주적 질서와 조화하는 인간이다.

생물학적인 존재로서의 인간에게는 자연과학적인 생물 에너지와 생명유지를 위한 최저 필요조건인 자연환경이 필요하고, 지적 생활을 영위하는 존재로서의 인간에게는 인간만의 고유한 환경이 필요하며, 호르메(Horme) · 성운(Nebulae) · 므네메(Moneme) 등의 우주적 힘을 소유한 존재로서의 인간에게는 우주라는 환경이 필요하다.

출생에서 3세경까지는 흡수정신에 의해 자신을 창조해 가지만 후기에 몬테소리는 "인간어 형성되고 안정되는 것은 환경과의 상호작용을 통해서다."라고 하였다.

3. 자유의 부여

몬테소리 교육은 유아의 선천적 자기 발전에의 충동이 잘 발로될 수 있도록 돕는 것이고 이를 위해서 자유는 필수적인 것이 된다. 그러므로 몬테소리 교육에서는 유아가 자유로운 인격체로 발달하려는 것을 돕기 위한 방법이 제공된다.

자유로운 인격체로의 발달을 돕기 위해서는 유아의 내면적 욕구에 부응하는 자유가 부여되어야 한다. 따라서 몬테소리의 '준비된 환경'은 유아의 본성에 적합한 환경이고 이는 곧 유아의 자발적 자기현시가 가능하도록 배려된 자유로운 환경이다. '준비된 환경'은 정신이 활동하고 있는 아동의 성장 단계에 알맞은 환경이다. 이것은 또한 개개인의 요구에 적합한 환경으로 유아의 민감성에 반응하는 반응적 환경이다. 또한 몬테소리 교육에는 자유의 부여를 통한 개별성이 특히 존중된다. 이와 같이 몬테소리 교육에서는 개별적 존재로서 유아의 자발적 자기현시가 가능하도록 배려된 자유가 몬테소리 교육목적 달성을 위한 중요한 하나의 교육적 방법으로 활용된다. 자유부여를 통한 자율의 정신성 육성과 인격 완성의 한 방법으로서 자유를 적용하고 있는 것이다.

(3) 영유아보육의 시사점

첫째, 작업을 통한 활동중심 교육이다. 몬테소리는 작업(work)을 통한 주의력집중을 교육의 주요한 활동으로 하였다. 몬테소리는 작업이야말로 유아에게 자연스러운 것으로 유아의 발달에 중대한 영향을 미친다고 하였다. 이와 같은 작업을 통한 정상화의 촉진과정과 방법을 과학적으로 규명하고 그것을 교육실천으로 구체화한 몬테소리의 노력은 오늘날 활동중심의 유아교육이라 하였고, 교구를 통한 자기활동과 자기교육(self-education)을 중시하는 유아중심의 자발적 교육에 크게 공헌하였다.

둘째, 일상생활교육의 강조와 교사－학부모 간의 상호관계의 강조다. 몬테소리 교육내용에서 일상생활교육은 많은 비중을 차지하고 있다. 몬테소리 교육에 대하여 혹독한 비판을 가한 킬패트릭(Kilpatrick)도 일상생활교육에 대하여 긍정적 평가를 내렸다. 또한 몬테소리는 교육은 교육기관에서만 이루어지는 것이 아니고 가정과 학교, 교사와 부모가 상호협조적으로 노력해야 한다는 것을 매우 중요시하였다.

이 점은 오늘날 학교가 지역사회의 교육·문화센터로서의 사명을 다해야 한다는 주장에 크게 영향을 주었고 유아교육이 부모와 연계하여 교육할 때 그 성과를 얻을 수 있다고 하는 오늘날의 여러 주장에 크게 기여하였다.

셋째, 생명존중과 공동체적 인간육성이다. 몬테소리는 인간을 생물학적, 지적, 우주적 존재로 보았다. 인간은 생물학적 존재에서 지적 존재로 나아가고 또 지적 존재는 우주적 질서에 부합하는 우주적 존재로 나아간다. 그 각각의 차원에서의 정상화가 이루어지면서 보다 크고 보다 넓은 차원에로 성장 발전해 나간다고 보았다.

따라서 몬테소리 교육은 한 개인의 개별적 성취만을 위한 교육 차원에 머무는 것이 아니다. 몬테소리 교육은 인간의 정신이 우주와 자연, 타인에 대한 배려와 존경심이라고 하는 다양하고 폭넓은 관계성에 대한 인식을 바탕으로 발전해 나간다.

몬테소리 교육에서는 개인적 이익을 초월하여 보편적인 공동의 선을 위하여 협력할 수 있는 정신성의 함양을 강조한다. 이기주의가 팽배한 오늘날의 교육에 몬테소리의 이와 같은 공동체적 인간 육성의 강조는 시사하는 바가 크다고 할 수 있다.

넷째, 새로운 문화 창조와 세계평화 구현이다. 몬테소리는 인간은 신의 대리인으로서 새롭고 위대한 문화를 창조해 나가야 한다고 주장하였다. 인간은 문화를 이루고 그 문화 속에 살아가는 존재이며 동시에 위대한 문화를 이루어 나가야 할 존재로 보았다.

몬테소리 교실에서는 자신이 속한 전통문화의 존중과 이해, 타문화에 대한 관심과 배려, 새로운 공동체 문화의 공유를 통한 평화교육이 실시되고 있다. 이와 같은 몬테소리 교육은 개인지향의 현대교육의 단점을 보완하고 세계평화를 실현할 수 있는 교육으로 세계화시대에 더욱 큰 의미를 갖는다.

제5장 영유아 발달과 보육프로그램

영유아의 발달 단계를 신생아기(출생~1개월), 영아기(생후 1~18개월), 걸음마기(생후 18~36개월), 유아기(만 3~5세)로 나누어 단계별 특징과 보육프로그램을 살펴보고자 한다.

1. 신생아기(0~1개월) 발달과 보육프로그램

1) 신생아기의 발달적 특징

(1) 신체 · 운동 발달

출생 후 언제까지를 신생아기로 보느냐는 학자마다 조금씩 다르다. 자른 탯줄이 배꼽에서 떨어지는 2주까지로 보는 학자(Snow, 1998)도 있으나, 일반적으로 출생 후 첫 4주 동안을 신생아기라고 한다(Bee, 1997).

신생아의 신장과 체중은 성과 인종에 따라 다소 차이가 있으나, 대체로 평균 신장은 약 50cm, 평균 체중은 3kg 정도다. 우리나라의 경우 신생아의 평균 신장은 남아 51.4cm, 여아 50.5cm 그리고 평균 체중은 남아 3.39kg, 여아 3.23kg, 흉위는 남아 33.1cm, 여아 32.7cm다(한국소아과학회, 1998).

출생 시 심장박동은 1분에 140회에 이를 만큼 빠르고 불규칙하며, 혈압은 생후 10일이 지나야 제대로 안정된다. 출생 후 대개 20~30초 이내에 첫 호흡을 시작하는데, 신생아의 호흡 수는 1분에 40~50회이고, 생후 일주일 동안은 불규칙하다.

신생아의 첫 배변인 태변은 생후 24~48시간 이내에 배설되며, 대부분의 신생아가 생후 24시간 이내에 소변을 본다. 또한 간 기능이 불완전하여 생후 2, 3일경에 피부와 눈동자가 노란색을 띠게 되는 생리적 황달현상을 보이게 되는데, 시간이 지나면 자연적으로 사라지게 된다(박성연 외, 1999).

신생아의 수면 상태는 깊은 수면, 불규칙 수면, 칭얼대기와 울기, 활동적인 각성, 졸음상태로 두 시간 간격으로 이 다섯 가지의 상태를 되풀이한다(Bee, 1997).

또한 신생아는 외부 자극에 대해 자동으로 반응하는 반사행동을 20가지 이상 가지고 있는데, 이것은 선천적이며 자동적이고 비의도적인 반응행동으로 생존적 가치를 지니고 있다. 이러한 반사운동은 성장과 학습을 통해서 점차 통제나 지시에 의한 운동으로 나타난다.

신생아들은 초기 발달 단계에서 감각 발달과 운동 발달이 급격히 이루어진다. 출생 후 36시간이 지나면 동공 반응을 할 수 있어 빛의 강도에 따라 눈을 깜빡거리고, 움직이는 빛을 따라 시선을 옮기며 따라갈 수 있다. 상당수의 신생아가 출생 직후 사시의 경향을 보이나 출생 후 1개월 정도가 지나면서 두 눈의 협응이 이루어진다. 신생아는 19cm 거리에서 가장 잘 볼 수 있다고 한다.

청각의 발달은 다른 감각기관보다 늦게 이루어져서 출생 후 3~4일이 지나면서 소리에 대한 반응이 나타나고, 생후 20일경만 되어도 어머니의 목소리와 다른 사람의 목소리를 구별할 수 있다.

그 밖에 신생아들은 설탕물과 같은 단맛에 대한 선호가 분명히 나타나며, 쓴맛에도 얼굴을 찡그리며 반응을 한다. 신생아의 후각은 발달되어 있어서 암모니아와 같은 강한 냄새를 맡게 되면 고개를 돌리며 몸을 움직인다. 통각은 시각이나 청각과 달리 자라면서 학습을 통해 느끼게 된다(양옥승 외, 1999).

〈표 5-1〉 신생아의 반사행동

반사행동	내용
찾기반사 (rooting reflex)	신생아가 뺨에 닿는 대상물을 향하여 입을 벌리고 고개를 돌리는 경향성이다.
빨기반사 (sucking reflex)	입이나 뺨이 어딘가에 닿으면 머리를 자극방향으로 향하고, 입도 자극하는 물체를 찾으려고 한다. 빨기반사의 비율과 강도에는 개인차가 심하다.
파악반사 (grasping reflex)	잡기반사 또는 Darwinian 반사라고도 하며, 원숭이 조상으로부터 받은 유산인 것처럼 보인다. 손바닥이나 손가락이 자극을 받으면 자극에 사용된 물건을 힘주어 잡는 반응을 보인다.
모로반사 (moro reflex)	경악반사(startle reflex)라고도 불린다. 갑자기 큰 소리가 나거나 머리의 위치가 갑작스럽게 변하면, 제일 먼저 팔과 다리를 벌리고 손가락을 펴며 마치 무엇을 껴안으려는 듯이 몸 쪽으로 팔과 다리를 움츠린다. 일반적으로 출생 후 3개월경에 사라지기 시작하여 출생 후 5개월경에 이르면 완전히 사라진다.
바빈스키반사 (Bavinski reflex)	Bavinski라는 사람이 1986년에 발견한 것으로, 발바닥을 긁으면 처음에는 다리를 움츠리고, 다음 발가락을 쫙 펴는 반사작용을 말한다. 이것은 출생 후에 곧 나타났다가 2~3개월이 지나서야 사라진다. 이러한 현상은 신생아의 중추신경계통 미분화에 기인하는 것으로 보인다.
수영반사 (swimming reflex)	배 부분을 수평으로 받쳐 주면 팔과 다리를 교대로 움직이며 입으로 숨을 쉬는데, 마치 수영하는 모습과 같이 움직이는 반사다.

신생아기의 반사행동을 정리하면 〈표 5-1〉과 같다.

(2) 인지 발달

생후 1개월 된 아기는 '감각운동기' 1단계에 있으며, 반사기(modification of reflexes)에 해당된다. 빨기반사, 파악반사 등의 반사반응이 나타난다. 이 단계의 도식은 환경에 대처하기 위한 보기, 잡기, 치기, 때리기와 같은 행동패턴도 포함한다. 최초의 도식은 타고난 반사들로 이루어지며, 가장 우세한 반사는 빨기반사다(전남련 외, 2004).

이런 반사적 행동을 되풀이하면서 점차 반사적 자극이 없을 때도 반사를 닮은 행동을 할 수 있고 이것이 지적 활동의 기초를 형성한다.

(3) 언어 발달

언어는 자기 자신이나 타인과 의사를 전달하는 주요한 수단이라고 할 수 있는데, 신생아는 자신의 의사를 표현하는 수단으로 주로 울음을 사용한다. 그러나 점차로 다양한 소리를 낼 수 있게 되면서, 다양한 소리로서 타인과의 의사소통을 할 수 있게 된다.

이 시기의 신생아들의 언어 발달을 촉진하기 위한 활동은 다음과 같다(전남련 외, 2004).

- 조용한 음악소리를 들려준다.
- 아기의 신호에 대한 반응을 말로 해 준다.
- 다양한 소리를 들려준다.
- 허밍으로 음을 들려주거나 노래를 불러 준다.
- 신생아와 접촉하는 모든 상황에서 대화를 하면서 상호작용한다.

(4) 사회 · 정서 발달

출생하면서부터 신생아들은 사회적 상호작용에 관심을 가지며, 신호에 반응해

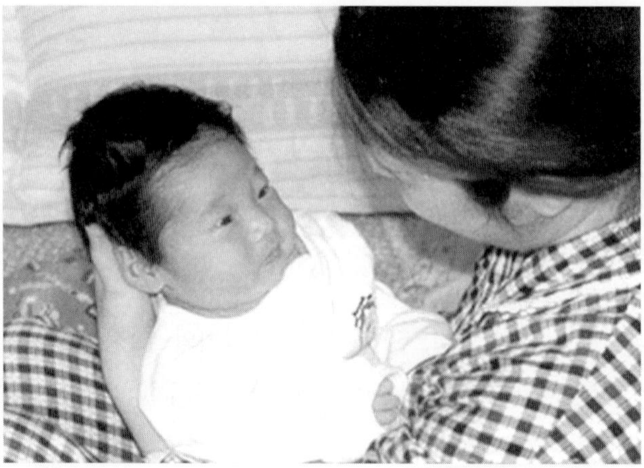

[그림 5-1] 양육자와 눈맞춤하는 신생아

주고, 껴안거나 흔들어 주거나 눈 맞추기 등으로 상호작용을 주고받으면서 안정감과 신뢰감 등 유대관계의 기초를 형성한다.

그러나 신생아는 스스로 이러한 감정을 발달시킬 수 없고, 다른 사람이 그들에게 대하는 태도로부터 이러한 감정을 발달시킨다. 따라서 주 양육자는 정서적 유대관계를 형성하고, 적절한 경험을 제공하는 역할을 해야 한다. 그리하여 형성된 안정감이나 신뢰감은 다른 사람과의 안정적 관계를 발달시키는 데 도움을 준다.

특히 중요한 것은 양육자의 지속적이고 일관성 있는 반응이며, 이때 신생아도 미소를 보내는데, 이것은 배냇 미소로 사회적 의미는 없으며, 무의식적으로 큰 소리에 반응하는 형태다.

2) 보육프로그램

신생아기 보육프로그램은 영아 개개인의 건강 상태와 발달특징에 맞는 애정 어린 보살핌이 주가 되어야 한다. 보육프로그램을 활동의 구체적인 예시들로 소개하고자 한다.

〈표 5-2〉 신생아를 위한 보육활동의 예-①

주제	쭉쭉이 날씬이	연 령	0~1개월
교육목표	다리 전체의 힘을 기를 수 있도록 한다.		
활동준비물	아기 요	소요시간	10분
활동방법	아기 기저귀를 갈아 준 후 다리를 쭉 뻗게 하는 놀이를 한다. ① 아기 요를 바닥에 편 후 아기를 눕힌다. ② "아가야, 우리 쭉쭉이 날씬이 한 번 해 보자." 등의 말과 함께 아기와 눈을 맞춘다. ③ 아기의 두 다리를 모아 붙인다. ④ 허벅지에서 아래로 내려와 발목 부분까지 연속적으로 지그시 눌러 준다. 이때 아기를 바라보며 미소 짓는 것이 좋고 계속해서 아기에게 노래하듯 말하는 방법도 좋다. ⑤ 아기의 기분을 살펴 즐거운 반응을 보이며 하고자 할 때는 몇 번 반복해 준다. ⑥ 놀이를 마친 후 요를 접어서 갠 후 제 위치에 놓는다.		

활동방법	★참고 • 두 다리를 모아 눌러 줄 때 아기가 기분 좋을 정도로 힘을 조정해야 한다. • 두 다리의 길이를 맞추어 보아 골반뼈의 이상 유무를 확인해 본다(탈골이 되어 있을 경우에는 두 다리의 길이가 다르다).

〈표 5-3〉 신생아를 위한 보육활동의 예-②

주제	쓰다듬어 주기	연 령	0~2개월
교육목표	사랑과 관심을 보여 주고, 안아주고, 편안하게 해 주고 소리 내서 얼러 주면 아기는 친근감과 사랑을 느끼게 된다.		
활동준비물	부드러운 담요, 말랑말랑한 깃털이나 솜으로 채운 봉제 제품	소요시간	10분
활동방법	① 아기를 쓰다듬어 줄 만한 다양한 물건을 준비한다. ② 아기를 쓰다듬어 줄 때는 부드럽게 콧노래를 불러 준다. ③ 콧노래를 부르면서 아기의 손가락, 발가락을 하나하나 쓰다듬어 준다. ④ 준비한 여러 가지 물건으로 아기의 손가락, 발가락을 하나씩 쓰다듬어 준다. ⑤ 아기의 모든 반응에 대응해 주어 상호적인 '대화'가 이루어지도록 한다. ★참고 배가 부르다는 즐거운 감정과 함께 아기가 사회적 접촉을 경험할 수 있도록 수유하는 시간을 이용하면 좋다.		

자료: 이정숙(2000).

2. 영아기(생후 1~18개월) 발달과 보육프로그램

1) 영아기의 발달적 특징

(1) 신체 · 운동 발달

Bailey와 Burton(1989)은 이 시기의 영아를 가리켜 '역동적인 영아(dynamic infant)' 라고 불렀으며, 인생에서 양적 · 질적인 변화가 가장 큰 시기라 할 수 있다.

우선 체중과 신장의 변화를 보면 출생 시의 평균 체중은 3.3kg이며, 5~6개월까지는 하루에 20~30g 정도씩 체중이 증가하다가 후반 6개월 동안은 하루에

10~20g으로 체중 증가 정도가 줄어든다. 보통 생후 3개월이 되면 출생 시 체중의 2배, 1년이면 3배, 3년이 되면 4배가 된다.

출생 시 신장은 약 50cm이며, 생후 1년에 1.5배인 75cm 정도가 되고, 그 후 유아기에는 1년에 7cm씩, 아동기에는 1년에 5.6cm씩 자란다.

또한 영아의 두뇌는 첫 1년 동안 성인 두뇌 무게의 66%까지 성장하므로 이 시기를 두뇌성장 급등기라고 한다. 점차 자의적인 운동이나 언어 및 인지적인 과정과 관련된 대뇌피질의 발달로 동체운동이나 뒤집기 등의 보다 복잡한 운동능력이 발달하고, 생후 6~15개월에는 두뇌 중 사고와 학습과정을 관장하는 부분의 발달이 이루어진다(박성연 외, 2001).

손의 통제는 눈과 손의 협응과정에서부터 시작되며, 다음과 같은 단계로 발달한다.

- 1단계: 어떤 물체를 보면 그것을 잡으려는 듯 무조건 손을 휘젓는다.
- 2단계: 3~5개월이 되면 사물을 눈으로 확인하고 이를 손으로 잡을 수 있게 된다.
- 3단계: 생후 5개월이 지나면 사물을 제대로 잡을 수 있다.

또한 영아들이 물건을 탐색하는 방법은 입으로 탐색하는 것에서부터 시작된다. 2개월경에는 손에 닿는 물건은 모두 입으로 가져가고, 3개월경에는 쥐어 준 물건을 오랫동안 응시하는 행동이 많으며, 6~10개월에는 사물을 뒤집고 찌르고 찢고 누르는 등의 행동을 하고 그런 행동으로 인한 결과를 탐색한다. 8~11개월에는 사물을 떨어뜨리거나 던지면서 그것이 떨어지는 모습이나 소리를 듣는 데 열중한다. 그리고 생후 1년경이 되면 상호작용을 하기 위해 다른 사람에게 물건을 내밀 수 있다.

이동행동은 생후 3주면 90%의 아기들이 엎드린 자세에서 턱이 보일 정도로 머리를 들 수 있고, 2개월 반경에는 표면에 서 45° 정도 들어올릴 수 있다. 등을 대고 누운 자세에서 옆으로 뒤집는 것은 약 4개월 반이면 가능하고, 6~7개월이면 혼자서 앉을 수 있다. 7개월경이 되면 배를 바닥에 대고 팔다리를 이용해 이동할 수 있고, 8개월 반에는 손과 무릎으로 길 수 있다. 8~10개월에는 가구를 잡고 서기 시작하며, 12개월경이면 첫 걸음을 걷기 시작한다. 보통 8개월이면 초보적인 형태의 달리기가 가능하고, 보다 균형 잡힌 모습의 달리기는 24개월이 지나야 가능하다.

초기에는 걷기가 불안정하여 어떤 사물을 넘거나 너무 빨리 걸을 때는 쓰러질 것처럼 불안정해 보이다가 점차로 걷기능력이 발달 · 조절되어 안정된다.

자조행동도 영아기에 발달하는데, 이는 성숙요인뿐만 아니라 부모의 역할과 같은 환경요인의 영향을 받으므로 개인차가 크다. 12~18개월 정도가 되면 양말이나 신발 등을 벗는 데 관심이 많고, 20개월이면 위 겉옷을 벗을 수 있으며, 3세경이면 도움 없이 옷을 입고 벗을 수 있다. 대소변의 통제능력은 대소변 조절과 관련된 괄약근이 발달하는 15~18개월이 지나야 가능하고 대변 가리기, 낮 동안 소변 가리기, 밤 동안 소변 가리기의 순서로 이루어진다. 음식을 가져다가 입에 넣는 행동은 7~8개월에 이루어져서, 숟가락이나 포크를 주먹으로 잡고 먹을 수 있다. 2세가 되면 흘리지 않고 스스로 숟가락과 컵을 잘 사용할 수 있고, 먹은 그릇을 정해진 자리에 가져다 놓을 수 있으며, 음식을 수저로 다른 그릇에 옮길 수 있다(이영자 외, 2001).

(2) 인지 발달

Piaget에 의하면, 생후 2년까지의 영아는 신체적인 활동과 감각을 통해 정보를

〈표 5-4〉 Piaget의 감각운동기 하위 단계

단계	내용
1단계: 반사기 (출생~1개월)	주로 반사행동이 많음.
2단계: 1차순환반응기 (1~4개월)	자신의 신체를 중심으로 간단한 반복적인 행동을 함. (예: 엄지손가락을 반복해서 빠는 것)
3단계: 2차순환반응기 (4~8개월)	외부환경에 대해 반복적인 반응행동을 함. 자신의 행동으로 인한 결과에 관심이 큼. (예: 모빌을 발로 차고 결과를 보는 것)
4단계: 2차도식협응기 (8~12개월)	어떤 목표에 도달하기 위해 의도적으로 행동을 연결함. (예: 물건을 빼앗기 위해 상대의 손을 때림)
5단계: 3차순환반응기 (12~18개월)	활발한 실험을 통해 의도적으로 여러 결과를 유도해 봄. (예: 여러 가지 새로운 방법으로 사물의 특성을 탐구함)
6단계: 정신적 결합기 (18개월~2년)	정신적 표상능력, 지연모방, 대상영속성의 개념을 획득함.

자료: 김익균 외(2002).

조직함으로써 환경을 알게 되기 때문에 이 시기를 감각운동기(sensori-moter period)라고 부른다. 감각운동기는 6개의 하위 단계로 나누어지며, 각 단계마다 각기 다른 인지적 발달을 보인다.

(3) 언어 발달

생후 11~12개월까지의 언어 발달은 언어 이전의 단계라고 부르며 12개월의 가장 기본적인 의사소통수단은 '울음' 이다.

2~3개월경이면 '분화된' 울음이 나타나므로 울음소리의 음색과 정도에 따라 양육자는 적절히 대처해야 한다.

3개월이면 '아아' '오오' 등 모음을 반복하는 목울림소리(cooing)가 나타나고, 4개월이면 모음 비슷한 소리가 자음과 섞여서 나타나기 시작한다.

6~7개월경에는 모음에 자음을 연합한 단음절의 소리를 내는 옹알이가 나타나며, 영아는 옹알이 하는 것을 매우 즐긴다. 이때 양육자가 영아의 옹알이에 반응하여 같이 소리내어 주면 격려가 되어 더욱 즐겁게 자주 발성을 하게 된다. 나중에는 옹알이에 억양이 나타나 '마마' '바바' 등 두 음절의 소리를 낸다.

[그림 5-2] 영아기에는 책을 놀잇감처럼 접하게 한다

10개월경에는 자곤(jargon)이 출현하는데, 이는 옹알이가 대화처럼 길게 연결되어 일어나는 것으로 억양이 있고 몸짓이나 눈맞춤이 있다.

11~12개월이면 영아는 '엄마' '맘마' 등의 한 단어로 첫말을 시작한다. 그리고 생후 16~18개월부터는 새로운 단어를 학습하는 속도가 급속하게 빨라져 16개월에 평균 50개의 단어를 말하다가, 24개월이 되면 6배 이상 증가된 어휘 수를 갖게 된다.

12~18개월경에 영아는 한 단어와 몸짓을 혼합하여 문장처럼 사용하는 일어문(一語文)의 시기를 지나게 되는데, 이때부터 문법을 이해한다고 본다.

또한 이 시기 영아는 책읽기를 좋아한다. 영아에게 소리내어 읽어 주기는 언어 발달을 촉진하는 활동으로, 그림 속에 있는 사물을 지적하고 이름을 말해 주는 것은 생후 1년 동안의 영아에게 바람직하다.

생후 1년이 되면 영아는 종이나 칠판에 끼적거릴 준비가 되어 있다. 쓰기 발달에 있어서의 끼적거리기는 음성언어 발달에 있어서의 옹알이와 비교할 수 있다.

(4) 사회 · 정서 발달

영아기 동안에 이루어지는 중요한 정서 발달은 정서가 분화되고, 2차 정서가 출현하며, 아울러 정서의 조절능력도 발달해 가기 시작한다는 것이다.

싫어함 · 혐오의 정서와 슬픔의 정서는 출생에서부터 3개월 사이에 분화되고, 즐거움 · 환희의 정서는 2~7개월에, 놀람의 정서는 3~6개월에, 분노 정서는 4~7개월에, 경계심 · 두려움은 4~9개월에 그리고 심한 분노는 7~18개월에 각각 분화된다(Srouf, Cooper, & DeHart, 1992).

- **기쁨**: 아는 얼굴을 알아채고 웃음으로 표현하는 것은 3개월경이 되어야 분명하게 나타나는데, 이때는 배를 간지럽게 하거나 장난스러운 행동 등의 아주 적극적인 자극에 의해서만 웃게 된다. 그러나 12개월경이 되면 사소한 일에도 많이 웃으며, 생후 1년 반경이면 친숙한 사람과 상호작용할 때 더 자주 웃고 다른 사람과 사회적인 관계를 갖기 위해 의도적으로 미소를 짓게 된다(Berk, 1994).
- **분노**: 신생아 때부터 나타나는 고통스러움에 대한 일반적인 반응으로서 보통 울음으로 표현된다. 그러나 분노의 표현이 보다 명확하게 분화하는 것은 4~7개

월경이다. 이때 영아들은 자신의 행동이 좌절되는 상황에서 분노를 느끼기 때문에 장소를 이동해 움직일 수 있는 6개월 이후부터 분노의 표현은 더욱 빈번해지고 영아기 동안 계속 증가한다. 보통 생후 첫 1년 이전에는 신체적인 제약이나 속박이 있는 상황에서 분노 표현이 많으나, 2세가 되면 자아의식이나 독립의 욕구 때문에 어른의 요구에 대해 심한 분노나 저항을 나타낸다. 어린 영아는 울음이나 몸부림으로 분노를 표현하지만 1세경에는 발 구르기나 차기, 물건을 던지거나 부수어 버리는 행동을 한다. 2세가 되면 '싫어' '안 돼' 등의 언어와 함께 밀치고 깨물고 때리는 등 과격하고 공격적인 행동으로 표현한다(박성연 외, 1999).

- **불안과 두려움:** 불안과 두려움은 7~8개월경에 명확해지고 낯선 사람에 대한 두려움인 낯가림은 생후 12개월경에 가장 심하게 나타난다. 생후 8~9개월경에 흔하게 나타나는 어머니와의 분리불안(separation anxiety) 역시 12개월경에 절정에 이르며, 생후 2년이 가까워오면서 점차 사라진다. 영아기 사회 · 정서 발달에서 결정적인 경험은 애착의 발달이다. 생의 초기 어머니와의 정서적 유대는 이후 모든 사회적 관계의 근원으로서 전 생애에 걸쳐 지속된다.

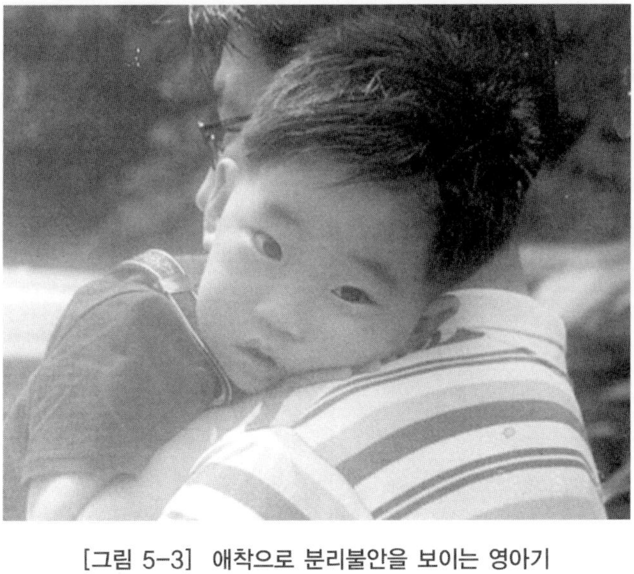

[그림 5-3] 애착으로 분리불안을 보이는 영아기

생후 2, 3개월경에는 완전히 자기중심적이다. 자신의 감각적 경험과 신체 움직임을 통하여 자아를 인식하기 시작한다. 양육자가 영아에게 접근하면 바라보기, 눈 접촉, 울기, 미소짓기 등의 미분화된 사회적 반응을 통하여 상호작용을 한다.

4개월부터는 타인의 정서를 인식하고 적절히 반응할 수 있고 자기에게 친숙한 사람을 따르기 시작하면서 사회적 이해를 발달시킨다. 영아의 신호와 지향반응은 부모 또는 양육자와 애착을 형성시킨다. 애착 대상과 항상 함께 있고 노는 것을 즐기며, 그가 떠나면 싫어하고 우울한 반응을 나타낸다.

생후 6~8개월이 되면 자기를 돌보는 사람과 긴밀한 정서적 유대관계를 발달시키고, 낯선 사람에 대한 두려움인 낯가림과 어머니와의 분리불안이 나타나며, 이러한 것들은 영아가 애착관계를 형성했다는 표시가 된다. 낯가림과 분리불안은 6~8개월경부터 나타나기 시작해서 15개월까지 계속 증가하다가 18~24개월경이 되면 거의 사라진다. 한편 영아기에도 양육자 및 또래와의 상호작용이 이루어지고 사회성 발달을 위한 기초가 형성된다. 8~12개월 영아들은 걷기 시작하고 이동이 자유로워지면서 주변의 다른 영아들에게도 접근한다. 서로 장난감을 잡았다 놓았다 하며, '까꿍놀이' 같은 게임을 하기도 한다. 양육자의 뒤를 졸졸 따라다니며, 모방이 매우 활발하다.

2) 보육프로그램

(1) 목표 및 내용

영아기의 발달적 특성과 관련한 보육목표와 구체적인 내용을 정리하면 다음과 같다.

〈표 5-5〉 영아기의 보육목표 및 내용

목표	내용
1. 신체 발달과 조절능력을 기른다.	• 혼자 서기 • 신체를 조절하여 이동하기 • 도움을 받아 계단 오르내리기 • 물체 위로 기어오르기 • 두 발로 점프하기 • 걸으면서 물체를 밀고 잡아당기기 • 큰 구슬 구멍에 끈으로 꿰기 • 물건 집어 올리기 • 뒤로 걷기 • 크레용을 움켜잡고 긁적거리기 • 손가락으로 가리키기 • 그림책의 책장 넘기기 • 양손에 물건 쥐고 서로 부딪히기
2. 건강한 생활습관을 갖는다.	• 스스로 먹고 마시는 시도하기 • 정해진 시간과 장소에서 음식 먹기 시도하기 • 숟가락 사용하기 • 두 손으로 컵 들고 물 마시기 • 대소변 의사가 있을 때 표현하기 • 도움 받아 손 씻고 이 닦기 • 놀이와 식사 후 휴식하기 • 규칙적 수면 취하기 • 놀잇감 정리에 관심 갖기
3. 자신에 대하여 긍정적인 자아개념을 갖고 정서적 안정감을 갖는다.	• 기쁨, 즐거움, 슬픔, 화남, 불안, 두려움, 애정, 거부 등의 감정 표현하기 • 다른 사람의 초보적 정서 알기 • 독립된 사람으로서 자기를 인식하기 • 자신에 대하여 긍정적으로 생각하기 • 거울 속의 자신과 놀기 • 자신의 신체 부분 명칭과 해당 부분 알기

〈계속〉

4. 기본적인 언어능력과 의사소통하는 능력을 기른다.	• 반복 음절로 구성되는 음 소리내기 • 성인의 말 흉내내기 • 여러 가지 소리를 모방하여 따라하기 • 사물의 명칭 익히기 • 자신과 관련된 어휘, 기본 생활과 관련된 어휘 이해하기 • '나' 사용하기 • 친숙한 어휘 반복하여 사용하기 • 한 단어로 의사 표현하기 • 간단한 지시나 질문 이해하고 반응하기 • 손짓과 몸짓으로 의사 전달하기
5. 창의적 사고 및 표현능력을 기른다.	• 음악 듣고 몸 흔들기 • 음악 듣고 곡조 흥얼거리기 • 음악에 흥겹게 몸으로 반응하기 • 크레용으로 마음대로 긁적거리기
6. 호기심과 사고능력을 증진시킨다.	• 감각을 사용하여 환경을 탐색하기 • 주변 세계에 대해 호기심 갖기 • 여러 가지 물체의 형태, 색깔, 질감 등을 경험하기 • 소리를 듣고 소리 나는 물체 찾기 • 여러 가지 물체의 변화와 움직임 관찰하기 • 타인의 행동, 동물의 행동 등 모방하기 • 자신과 사물을 대상으로 가상적 행동하기 • 대상영속성 개념 형성하기 • 공간관계에 관심 갖기 • 크고 작음을 비교하기 • 같은 모양, 같은 색 짝 맞추기
7. 다른 사람에 대하여 긍정적인 감정을 갖고 상호작용할 수 있는 사회적 능력을 기른다.	• 양육자와 안정된 애착 형성하기 • 성인에 대하여 신뢰감을 형성하기 • 아는 사람에 대하여 애정 표현하기 • 인사나 고마움 표시하기 • 또래와 어울리기 • 성인의 도움 받아들이기 • 어른의 승인, 비승인 인식하기 • 다른 친구 방해하기 않기 • 성인의 요청이나 지시 따르기

자료: 김두범(2004).

(2) 보육계획

18개월 미만의 영아에게 가장 중요한 것은 보육프로그램에 생리적, 정서적 리듬이 일관성 있게 반복되어야 한다는 것이다. 따라서 교사는 일과가 시작되는 아침 등원 시에 영아의 얼굴 표정과 몸의 움직임을 통해 건강상태를 체크하는 일이 중요하며, 부모로부터 밤 시간에 있었던 영아 관련 사항을 정확히 알아보아야 한다. 영아의 일과는 생리적인 시간표인 수유, 배변, 낮잠 등 함께 신체운동적인 시간표인 일광욕하기, 체조하기, 기어가고 움직이기 등의 활동하기 등을 통합적으로 고려하여 구성하고 운영하나, 각 영아의 신체적 리듬에 따라 융통성을 가져야 할 것이다. 이 시기 영아를 위한 보육계획의 예를 제시하면 다음과 같다.

〈표 5-6〉 1세 영아의 연간 보육계획 예시

월	주제	소주제	관련 행사(견학)
3월	어린이집 생활 1	• 어린이집 적응하기 1 • 어린이집 적응하기 2 • 부모와 헤어지기 • 우리반, 우리 선생님 • 친구들과 친숙해지기	부모 면담
4월	어린이집 생활 2	• 낮잠 자기 • 활동실 외 다른 장소 둘러보기 • 실외놀이공간 탐색하기 • 배변의사 표현하기	신체검사
5월	여러 가지 놀잇감	• 내가 좋아하는 놀잇감 1 • 내가 좋아하는 놀잇감 2 • 여러 가지 색의 놀잇감 • 여러 가지 모양의 놀잇감 • 안전하게 놀기	공원 나들이
6월	동물	• 어린이집에서 기르는 동물 • 내가 좋아하는 동물 • 동물흉내놀이 1 • 동물흉내놀이 2	동물원 나들이

〈계속〉

7월	여름	• 여름 날씨 • 씻기놀이 • 재미있는 물놀이 1 • 재미있는 물놀이 2	물놀이 다녀오기
8월	배변 훈련	• 배변의사 표현하기 • 변기 사용하기 1 • 변기 사용하기 2 • 손 씻기 • 깨끗해요	
9월	나	• 내 이름 • 내 얼굴 • 내 몸 • 내가 좋아하는 것	가족 산행 대회
10월	가족	• 나의 엄마, 아빠 • 나의 가족 • 엄마, 아빠 사랑해요 • 엄마, 아빠 흉내놀이 1 • 엄마, 아빠 흉내놀이 2	나들이–유원지
11월	탈것	• 여러 가지 탈것 • 자동차놀이 1 • 자동차놀이 2 • 안전하게 타고 내리기	
12월	겨울	• 추워요 • 따뜻하게 지내기 • 눈(크리스마스) • 신나는 겨울놀이	산타 잔치
1월	친구 여러 가지 색	• 우리는 2살이에요 • 내 친구 • 친구와 함께 놀기 • 여러 가지 색 1 • 여러 가지 색 2	
2월	형, 언니	• 혼자서 해 보기 • 달라졌어요 • 도울 수 있어요 • 형님 반이 되어요	

〈표 5-7〉 1세 영아의 월간 보육계획 예시

영역 \ 주		1주	2주	3주	4주
등원 및 맞이하기		반갑게 인사하기	선생님과 인사하기	부모님께 손 흔들기, 물건 가져오기	부모님과 인사하기, 선생님 무릎에 앉아 책 보기
실내자유놀이	언어 영역	까꿍놀이 해 보기, 소리 나는 그림책, 안녕 말해 보기	음식 그림 보기, 자기이름 말하기, 모빌 보기	느낌이나 요구에 대해 말해 보기, 사진 보고 엄마, 아빠 찾기	인형과 이야기하기, 책 보기
	창의 영역	마음대로 긁적거리기, 스펀지 블록놀이, 인형 안고 다니기	퍼펫 인형놀이, 블록 나르기, 악기소리 듣기	인형 업어 주기, 노래 부르며 긁적거리기, 블록 무너뜨리기	밀가루 점토 주무르고 만지기, 낮잠놀이
	탐색 영역	교실 둘러보기, 거울 보기, 주머니 속 물건 꺼내기	자기 얼굴 보기, 서랍장 열기, 소리상자 흔들기, 어항물고기 보기	까꿍놀이, 촉감책: 느껴 보아요	똑같은 놀잇감 찾기, 잃어버린 인형 찾기
	신체 영역	손가락으로 가리키기, 놀이집 속에 기어가기, 경사면 오르기	끌차 끌기, 교사 손잡고 돌기, 작은 물건 잡기	공 넣기, 장난감 꿰기	스펀지 매트에 올라가기, 낮은 장애물 건너기
실외 자유놀이		스펀지 공 굴리기	소리 나는 장난감 끌기	음악소리에 몸 흔들기	흔들말 타기
점심 및 낮잠		밥 먹기 전 손 깨끗이 씻기	이불 꼭 덮고 자기	잠자리 알기	모차르트의 자장가
기본생활습관		엄마와 울지 않고 헤어지기		선생님과 인사하기	

자료: 인천삼성어린이집(2004).

〈표 5-8〉 8~12개월 영아의 주간 보육계획 예시

교육목표		사물을 구별할 수 있는 능력을 기른다.				연령	8~12개월
생활	요일	월	화	수	목	금	토
	소주제	여러 가지 모양	여러 가지 모양	색깔의 다양성	감각의 다양성	크기 · 소리의 다양성	
탐구생활	수	탑 쌓기	같은 모양 카드놀이	색깔의 분류	젓가락 꼬치놀이	같은 크기 모여라	탑 쌓기
	탐구	그림책에서 모양 찾기	같은 모양 찾기(○,△)	같은 색의 모양 찾기	물놀이	같은 크기의 상자 쌓기	그림책에서 모양 찾기
	조작	블록 쌓기	모양 맞추기	사인펜 색 뚜껑놀이	티슈 꺼내기	뚜껑을 찾아주세요	뚜껑을 찾아주세요
건강생활	대근육활동	서 있기	기차놀이 (네모난 놀잇감 이용)	모래놀이	물풍선 눌러보기	동작 따라하기	
	실외놀이	여러 모양의 돌 관찰	성냥갑 열기 (구슬, 단추)	감각 매트	이 손에서 저 손으로 옮기기	원통줄놀이	모래놀이
	게임	신문지 구멍 통과하기	색깔 주물럭 놀이	빨대로 음료수 빨기	상자에 장난간 담아 끌기	전화놀이	신문지 구멍 통과하기
표현생활	미술	얼굴 퍼즐 맞추기	손도장 및 발도장 찍기	창호지 염색	신문지 길게 찢기 놀이	폐품을 이용한 공 만들기	
	음률 · 음악 신체표현	아기 주변의 여러 가지 소리들 날 따라 해 봐 (악기놀이)	유리잔 연주하기 둘 다 멈추기	색 곡물 딸랑이 발가락이 좋아요	찰찰이 흔들기 피펫 인형	냄비 심벌즈 놀이 소리를 찾아라	색 곡물 딸랑이
언어생활	이야기 나누기	내 몸의 모양들	내가 알고 있는 모양	우리들이 좋아하는 색깔	어떤 색이 될까요?	느낌이 달라요	
	동화 동시	동화-모양나라 이야기	동시-꿀	동시-사인펜	동화-빨강버섯, 노랑버섯	촌장개구리와 커다란 배	모양나라 이야기
	낱말카드	의성어-멍멍	야옹 야옹	까꿍 까꿍	음메 음메	맘마 맘마	
사회생활	예절바른 생활	혼자 먹어요 (숟가락을 이용)	누구세요? (노크놀이)	'안녕' 인사를 잘해요	혼자 컵으로 마시기	옷 입기 (양말 벗기)	
	집단생활	바퀴 자동차	장난감이나 물건 주고받기	공 굴리기	알아맞히기	비밀의 손	공 굴리기
	다른사람 관계알기	쓰다듬어 주기	나누기 놀이	친구들과 베개 휘두르기	공 굴려 주고받기	따라하기	알아맞히기

〈표 5-9〉 12~18개월 영아의 일일 보육계획 실시

목표	눈앞에서 없어진 물건 찾기	연 령	12~18개월
시간	활동주제	활동내용	준비물
~9:30	등원/실내 자유선택활동	• 영아의 건강을 확인하며 기분상태를 체크해 본다. 등원과 함께 자유선택활동을 하게 한다.	
9:30~10:00	간식	• 이유식(편식을 예방하고 스스로 먹을 수 있는 기회를 제공) • 분유+우유(100ml+100ml)	
10:00~10:10	기저귀 갈기	• 영아의 배변상태를 체크한다.	• 기저귀, 분, 물수건
10:10~11:00	자유놀이	• 물건찾기놀이	• 장난감, 영아의 소지품
11:00~12:00	수면	• 낮잠(조용한 음악을 틀어 주어 잠이 들도록 유도)	• 조용한 음악
12:00~12:10	기저귀 갈기	• 영아의 배변상태를 체크한다.	• 기저귀, 분, 물수건
12:10~13:00	점심	• 이유식	
13:00~15:00	수면	• 낮잠	
15:00~15:10	기저귀 갈기	• 영아의 배변상태를 체크한다.	• 기저귀, 분, 물수건
15:10~15:40	간식	• 이유식 분유+이유식(100ml+100ml)	
15:40~17:00	자유놀이	• 산책하기	
17:00~17:10	기저귀 갈기	• 영아의 배변상태를 체크한다.	
17:10~18:00	목욕 및 귀가지도	• 목욕을 해 준 뒤 자유시간을 주어 귀가 지도 한다.	

(3) 교사의 역할

하루의 대부분을 어린이집에서 생활하는 영아에게 교사는 엄마와 같은 특별한 사람이다. 특히 인생의 과정에서 생존기에 속하는 0~12개월의 영아로서는 가정과 다른 어린이집 환경에 적응한다는 것이 무척 어려운 일일 수 있다. 이에 따라 교사는 영아의 신체적, 심리적 상태를 고려하여 가정과 같은 어린이집(교실) 환경, 엄마와 같은 교사가 되도록 많은 노력을 기울여야 할 것이다. 그러기 위해서는 따뜻하고 안정되며, 충분히 움직일 수 있는 교실공간을 제공해야 하는 일이 중요하다. 그러나 그보다 더 중요한 것은 영아의 출생과정, 기질, 가정 양육방식, 가족 구성, 선호성 등을 파악하여 영아의 개별적 특성과 요구를 수용하고 이에 적합한 상호작용

을 하는 일이다.

이에 적합한 교사의 역할을 영아의 월령별 발달에 따라 정리하면 다음과 같다.

〈표 5-10〉 영아의 월령에 따른 교사역할

월령	교사의 역할
0~3개월	• 신생아의 건강상태 체크(apgar test) • 청결과 보온 유지, 혈액순환 마사지 • 일광욕을 통한 오감 경험, 다양한 소리 들려주기 • 리듬 있는 동작과 노래 불러 주기 • 아기와 얼굴 맞대고 이야기하기, 영아와 표정, 눈빛, 말 주고받기 • 숙면 시에는 조용하게 해 주고 깨어 있는 시간에는 반드시 옆에 있기 • 아기 표정, 움직임 통해 기분, 감정 살펴보기 • 기본적 욕구 만족시키기(울음 분별)
4~6개월	• 뒤집기할 때 몸 돌려주거나 팔 빼 주기 • 거울을 통해 자기 모습 보여 주기 • 다양한 감각을 사용해 볼 수 있도록 도와주기 • 입으로 탐색하는 것을 막지 않기(안전 고려) • 여러 가지 소리 들려주기 • 영아가 내는 소리에 반응, 대꾸하기 • 신속하고 일관된 태도로 안심시켜 주기 • 영아에게 주된 교사를 배정하여 유대감 키우기 • 영아 행동을 세심하게 관찰하기
7~8개월	• 기어가기 활동을 충분히 하도록 해 주기 • 손가락활동 기회를 많이 주기, 안전에 유의하기 • 새로운 놀잇감 통해 변별력 키우기 • 일상활동에서 말을 많이 해 주기, 놀잇감을 말로 소개해 주기 • 옹알이활동에 적극 대화해 주기 • 나들이활동을 통해 주변을 친숙하게 하기 • 교사가 자리를 뜰 때는 반드시 알려주기 • 여럿이 놀 수 있도록 해 주기
9~12개월	• 걸을 수 있는 환경을 마련해 주기 • 손을 사용할 수 있는 활동을 준비해 주기 • 신체를 자유롭게 이동, 탐색하도록 도와주기

9~12개월	• 영아가 하는 말에 적극 반응해 주기 • 초기 긁적거리기를 마음껏 하도록 해 주기 • 안정 애착 형성하기
12~18개월	• 영아와 일대일 얼굴을 마주보며 말하고 영아의 반응에 적극적으로 상호작용하기 • 영아에게 탐색할 수 있는 환경과 놀잇감을 제공하기 • 다양한 방법으로 영아의 놀이 참여를 유도하고 적절한 방법으로 상호작용하기 • 영아가 이룬 작은 성취에도 칭찬과 격려를 해 주어 영아로 하여금 자신이 능력 있다고 느낄 수 있도록 돕기 • 건강, 위생, 안전, 영양관리에 주의하기

3. 걸음마기(18~36개월 미만) 발달과 보육프로그램

1) 걸음마기의 발달적 특징

(1) 신체 · 운동 발달

이 시기의 영유아는 마음대로 이동할 수 있는 능력이 발달되어 있기 때문에 움직임이나 이동성에서 보다 유연하고 안정된다. 24개월 영유아는 대근육 조절이 비교적 발달되어 어깨 너머로 공 던지기, 세발자전거의 페달 밟기, 한 발로 1초 동안 서 있기, 잽싸게 뛰거나 의자에서 뛰어내리기, 계단 오르기, 두 발로 점프하기, 달리기, 매달리기, 난간 잡고 계단 오르기, 공 차기 등이 가능하고 신체조절능력이 발달하여 발끝으로 걷고 한 발로 껑충 뛸 수 있다. 그러나 아직도 대근육 조절이 불완전하여 자주 넘어지고 달리기에 있어 멈추는 것에 어려움을 보이나 차차 경사진 곳도 달릴 수 있게 된다. 공 차기 또한 공을 발로 차거나 던지는 것이 가능하지만 목표물을 맞히는 것이 어렵다.

소근육조절능력은 정확하지는 않으나 가위질, 긁적거리기 등의 행동을 하려고 애쓰며 차차 발달되어 간다. 눈과 손의 협응 또한 정확해져서 손을 뻗쳐 물건을 쥐는 것이 보다 안정적이 되고, 간단한 퍼즐이 가능하며, 구슬 꿰기, 블록 쌓기 등도

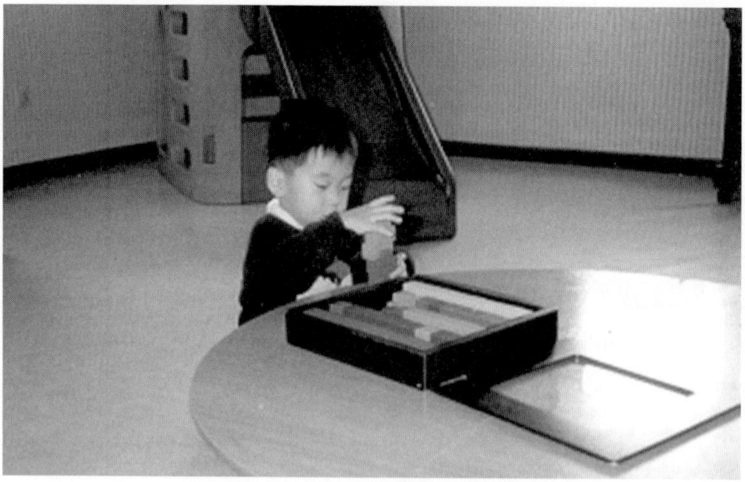

[그림 5-4] 블록 쌓기를 통한 협응력의 발달

할 수 있다.

또한 이 시기 영유아들은 쥐기에서 보다 더 세련된 통제력이 발달하나, 손에 쥐고 있던 사물을 놓는 것에는 어려움을 가지므로 종종 던지는 것처럼 보인다. 18개월이 지나면 소근육운동이 좀 더 발달하여 숟가락이나 포크를 주먹 쥐고 잡을 수 있고, 24개월이 되면 흘리지 않고 혼자서 숟가락과 컵을 사용할 수 있을 정도의 손가락과 손목의 통제력이 증가한다.

또한 이때 영유아는 양손을 모두 사용할 수 있지만, 특히 어느 한쪽을 보다 우세하게 사용하는 경향이 나타나므로 영유아 자신이 선호하는 손을 사용할 수 있도록 허용하는 것이 좋다.

자조행동 중 옷을 입고 벗는 기술은 대부분 18~36개월에 발달하기 때문에 3세경이면 75%의 유아들이 특별히 어려운 것이 아니라면 도움 없이 옷을 입고 벗을 수 있다(Snow, 1998). 그러나 옷을 입는 것보다는 벗는 것이 더 쉽기 때문에 만 2, 3세의 영유아들은 양말이나 신발 등을 벗는 것에 더 많은 관심을 보인다. 그리고 혼자서 먹을 수 있고, 약간 흘리지만 음료를 따를 수 있고, 식사 후에 스스로 양치질을 할 수 있다(이영자 외, 2001).

15~18개월이면 대소변 통제에 필요한 조절근육이 발달되고, 24개월 이후부터

는 반항이 줄어들고 보다 더 협조적이 되므로 대소변 훈련의 적기라고 할 수 있다. 특히 2세가 되면 대소변 의사표시를 정확히 할 수 있고 소변을 참을 수도 있게 된다. 그러나 놀이에 열중하게 되면 자신의 배설욕구를 적절히 조절할 수 없기 때문에 교사는 의도적으로 일정한 간격을 두고 용변을 시키거나 주의를 환기시켜야 한다. 또한 의사표현이 없더라도 용변을 원하는 것처럼 보일 때는 미리 변기에 앉혀 주도록 한다.

(2) 인지 발달

이 시기는 감각운동기를 막 벗어나 전조작기 중 전개념기에 속하는 시기다. 아직 추상적인 사고를 다룰 수는 없으나, 상징적 표상능력이 급속도로 발달하고 자신의 세계에 대해 광범위한 영역의 지식을 구성하고 조직하기 시작한다.

물건을 분류하고 양(조금, 없다, 크다), 수(더 많음), 공간(위, 아래, 뒤, 앞), 시간(지금, 곧) 등의 개념에 대해 제한적이기는 하지만 사고의 발달이 시작된다.

또한 상징적 놀이는 가작화(make-believe)에 의해서 무한한 상상의 세계를 펼치며, 사회 · 정서 발달에 효과를 갖는다. 인형을 실제 사람인 양 여기고 네모난 상자를 배라고 하면서 목욕물에서 논다. 이 시기 영유아들은 언어의 사용을 통해 상징

[그림 5-5] 소꿉놀이를 통한 일상생활 모방

적 사고의 범위를 확대시킨다. 표상기술을 사용하여 '현재' '여기' 에 제한받지 않고 과거와 미래의 사건을 표현해낼 수 있다.

또한 모델의 행동을 관찰하고 그 모델이 눈앞에서 사라져도 그 행동을 모방하는 '지연 모방' 이 가능하다. 이것은 이미지(image, 심상)에 의한 사고가 가능하기 때문이며, 오랜 시간 동안 모델의 행동을 상징적 형태로 유지시킬 수 있다. 부모가 수저를 사용하는 것을 보고 나서 몇 달 후에 수저를 사용하려는 시도를 하게 되는데, 지연모방은 일상의 문제를 해결하는 능력을 확대시킨다(양옥승 외, 2004).

이 시기의 영유아들은 호기심이 많기 때문에 무엇이 소리를 나게 하는지, 물건들이 무엇으로 만들어졌는지 그리고 움직임들이 어떻게 일어나는지를 발견하기 위해 탐색을 한다. 탐색의 과정에서 초보적인 관찰, 질문, 조작, 분류 그리고 측정의 활동을 사용할 수 있다.

소유한 사물들에 관한 물리적인 지식들을 계속 형성해 가며, 연관성에 관한 논리 · 수학적 지식을 형성하고, 언어와 사회규칙과 가치에 관한 임의적인 사회적 지식도 형성하게 된다.

(3) 언어 발달

걸음마기는 이동능력의 향상으로 이동이 가능해지는 시기다. 이와 더불어 언어 발달 또한 급속히 이루어지는 특징을 보인다.

언어의 '폭발적 팽창기(namaing explosion)' 라 불릴 만큼 새로운 단어를 학습하는 속도가 빨라져 2세 정도가 되면 약 300개의 단어를 사용할 수 있게 된다.

이 시기부터는 두 단어를 조합하여 문장을 만드는 '전보식 언어' 형태를 구사하며, "이게 뭐냐?" 처럼 사물의 명칭을 묻는 말을 자주 사용한다. 이어문을 사용하면서 의사소통이 되어 가지만 타인의 입장에서 생각하고 느끼는 추론 능력이 부족하므로 자기중심적 언어가 지배적이다.

읽기 발달에 있어 이 시기의 영유아들도 책을 좋아하는데, 특히 책은 다양한 언어 유형을 담고 있기 때문에 영아에게 자주 읽어 주는 것이 좋다. 이 시기 영유아는 언어와 그림에서 상징을 인식하게 되어, 처음에는 혼자 책장을 넘길 수 있게 되면서 그림책 보기를 즐기다가 조금 성장하면서 그림책에서 이미 알고 있는 그림들을

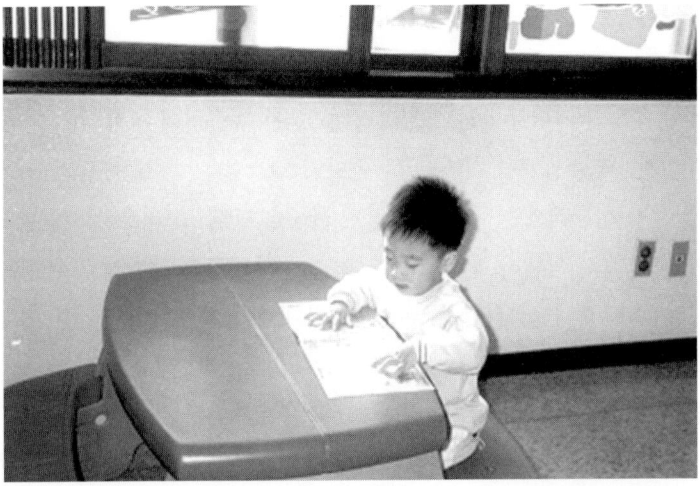

[그림 5-6] 영아에게 좋은 그림책은 많은 것을 경험하게 한다

가리키며 나름대로 내용을 표현하려고 한다.

또한 책 읽는 것을 듣고 그림책을 보는 등의 경험을 통하여 영아는 자신의 생각을 말로 표현하는 연습을 하게 된다. 따라서 영유아에게 적절한 그림책을 제공하여 많이 읽어 주고 연필, 크레용, 매직 등 다양한 필기도구와 종이를 준비해 두어 영아가 끼적거리기나, 선 긋기 등의 쓰기 기초활동도 경험하도록 한다.

(4) 사회 · 정서 발달

이 시기의 영유아들은 양육자에 대한 의존성은 여전히 나타내면서도 자기주장적이며, 자신을 독립적인 존재로 인식하는 등의 독립심이 발달하게 된다. 이러한 자아의 존재에 대한 의식의 확립은 사회인지적 경험의 통합된 부분이 된다. 2세경이 되면 영유아들은 자신 있게 걷고 말하고 탐색하기 때문에 자신의 능력에 대한 자신감으로 성인으로부터 독립을 주장하는 고집과 반항의 상황을 자주 보인다. '안돼' '싫어' 등의 말을 자주 사용하여 고집을 부리고 떼를 쓰는데, 이 시기를 가리켜 '구제불능 두 살(terrible twos)' 이라고 하기도 한다. 이때 영유아들은 자신의 요구와 양육자의 요구 사이에 균형을 이루는 것을 학습하게 되며, 양육자는 이 시기 영유아의 독립심을 수용하면서 영유아와의 정서적 유대와 안정감을 제공해야 한다(Wilson, 1987).

또한 이 시기 영유아들은 자신에 대한 긍정적인 감정과 부정적인 감정을 동시에 느끼면서 계속적인 자아개념의 형성과정에 있다. 독립심이 조금씩 나타나서 옷 입기, 신발 신기, 먹고 목욕하기 등 일상생활의 일들을 어른 도움 없이 자기가 하고 싶어 하고 혼자 성공리에 수행하지 못하면 짜증을 낸다. 그러므로 걸음마기 영유아들은 과제를 스스로 선택하고 성취할 수 있도록 장려하는 정서적 지원을 필요로 하며, 이 과정에서 느끼는 성취감은 긍정적 자아개념을 발달시킨다.

그리고 강한 자기중심성으로 인해 영유아들은 자신이 사용한 단어의 정확한 의미를 모든 사람들이 이해한다고 추측하고, 타인이 같은 단어나 경험에 다른 의미를 부여하는 것을 인식하지 못한다. 여전히 나누어 갖는 것, 공유하는 것에 어려움을 가지기 때문에 자신의 것과 타인의 것에 대한 정확한 구분이 어렵고 모두 소유하려 한다. 그러나 점차 타인의 정서를 인식하고 타인들도 감정을 가지고 있다는 것은 이해하기 시작하여 타인에게 관심을 표현하고 도움을 청할 수도 있으며, 타인을 도울 수 있는 이타심이 발달한다. 또한 상상력의 발달로 공포심이 나타나며, 큰 소리와 같은 청각적인 것, 어두운 곳, 새로운 환경 등을 특히 무서워하고 시각적인 것(예: 개, 고양이)에 대한 공포도 증가한다.

2) 보육프로그램

(1) 목표 및 내용

걸음마기는 동작활동이 매우 급성장하는 시기이므로 또래나 성인과 함께 몸을 움직이며 즐거운 시간을 보낼 수 있도록 배려하며, 주변 세계를 탐색해 볼 수 있는 안전한 환경을 제공해야 한다. 또한 건강한 생활습관과 함께 긍정적이고 안정된 정서를 갖도록 배려해야 한다.

구체적인 보육프로그램의 목표와 내용은 다음과 같다.

〈표 5-11〉 걸음마기 영유아의 보육목표 및 내용

목표	내용
1. 신체 발달과 조절능력을 기른다.	• 대 · 소근육을 사용하여 기본적인 신체 동작하기 • 매트 위에서 구르기 • 신체 각 부분 기능 발달시키기 • 감각과 신체 부분의 협응력 기르기
2. 건강한 생활습관을 갖는다.	• 건강한 식습관 기르기 • 규칙적인 배변습관 기르기 • 적당한 휴식과 수면하기 • 몸과 치아 청결습관 기르기 • 놀잇감, 시설을 안전하게 사용하기 • 자기 물건 잘 간수하기 • 위험한 상황 파악하기
3. 긍정적인 자아개념을 갖고 정서적 안정감을 갖는다.	• 독립된 사람으로서 자기를 인식하기 • 자신에 대하여 긍정적으로 생각하기 • 자신의 감정과 욕구를 표현하기 • 자기가 하는 일에 대해 만족감과 즐거움 갖기
4. 기초적인 언어능력과 의사소통능력을 기른다.	• 주변의 소리를 정확히 듣기 • 소리를 정확히 발음하기 • 사물의 명칭 익히기 • 새로운 말이나 단어 익히기 • 다른 사람의 이야기 듣기 • 짧은 문장으로 말해 보기 • 간단한 지시에 따라 행동해 보기 • 사회적 언어를 사용하기 • 언어적, 비언어적 의사소통능력 기르기 • 어른에게 존대어 사용하기
5. 창의적 표현력을 기른다.	• 그림으로 표현해 보기 • 아름다운 그림, 사진, 풍경 감상하기 • 몸으로 표현해 보기 • 간단한 음과 소리로 표현해 보기 • 다양한 소리와 음악 듣기 • 모방놀이나 상상놀이로 표현해 보기 • 보고 들은 것 흉내내기

〈계속〉

6. 호기심을 가지고 주변 세계를 탐색함으로써 사고능력을 증진시킨다.	• 감각을 사용하여 환경을 탐색하기 • 주변 세계에 호기심 갖기 • 여러 가지 물체의 형태, 색깔, 질감 등을 경험하기 • 여러 가지 물체의 변화와 움직임 관찰하기 • 모방하는 능력 기르기 • 사물의 위아래, 앞뒤, 안팎 구별하기 • 양육자와 안정된 애착 형성하기
7. 타인에 대해 긍정적인 감정을 갖고 상호작용할 수 있는 사회적 능력을 기른다.	• 친숙한 사람에게 애정 표현하기 • 성인의 요청이나 지시에 따르기 • 일과에 적응하기 • 또래에 관심가지기 • 적절한 방법으로 감정 표현하기 • 약속에 대해서 알기

(2) 보육계획

보육계획은 장기 계획과 단기 계획으로 구분할 수 있다. 장기 계획은 보육프로그램이 지향하는 목적과 철학이 기초되어야 하고 명문화되어 수시로 참고할 수 있어야 하며, 이러한 장기 계획에 기초하여 연간, 월간, 주간, 일일 계획을 수립해야 한다.

① 연간 보육계획

걸음마기 영유아를 위한 연간 보육계획을 수립할 때는 영유아들의 발달적 특성, 발달수준, 흥미와 경험 등을 고려하여 계획해야 한다. 연간 보육계획안의 주제를 교사가 자연스럽게 일과 속에서 교육활동을 진행할 때 하나의 참고할 기준으로 삼는 것이 좋으며, 영유아에게 친숙하고 단순한 내용이 좋다. 연간의 주제가 정해지면 각 주제별로 다루어질 내용을 선정한다.

또한 연간 계획은 교사중심의 계획이 되기보다 영유아들의 흥미와 발달수준, 어린이집의 특성을 고려하여 융통성 있게 계획되어야 하며, 어디까지나 예상의 계획이므로 실시기간이나 소주제의 내용은 영유아의 흥미와 발달에 맞추어 수정이나 변경하며 융통성 있게 진행시킬 수 있다.

특히 연령이 어릴수록 부모와 떨어져 보육시설에서 생활하는 데 적응하는 기간이 많이 소요되므로 새로운 환경에 처음 접할 때 점진적인 적응을 돕기 위해서는 부모의 충분히 협의해야 효율적이다.

다음은 걸음마기 영유아를 위한 연간 보육계획안의 예다.

〈표 5-12〉 걸음마기 영유아의 연간 보육계획 예시

월	주제	주	교육활동 내용
3월	즐거운 우리 어린이집	1	어린이 집에 왔어요
		2	우리 반이에요
		3	친구와 사이좋게 지내요
		4	어린이 집에서 지킬 일
		5	안전하게 놀아요
4월	봄	1	씨앗과 나무를 심어요
		2	따뜻해졌어요
		3	봄에 피는 꽃
		4	봄 동물 · 곤충
5월	나 · 우리 가족 · 동네	1	나의 몸과 마음
		2	감사해요
		3	우리 가족
		4	우리 동네
		5	여러 가지 직업
6월	교통	1	여름 생활의 변화
		2	교통기관의 발달
		3	육상교통
		4	해상 · 항공교통
7월	여름생활	1	여름 생활의 변화
		2	이만큼 자랐어요
		3	모양 · 소리
		4	숫자 · 색깔
8월	건강한 생활 · 올림픽	1	여행을 떠나요 I
		2	여행을 떠나요 II
		3	환경보호
		4	병원놀이
		5	올림픽이 궁금해요

월	주제	주	교육활동 내용
9월	우리나라 · 세계 여러 나라	1	우리나라 I
		2	우리나라 II
		3	세계 여러 나라
		4	한가위
10월	동물	1	동물의 종류
		2	집에서 기르는 동물
		3	야생 동물
		4	공룡
11월	가을 · 기계와 도구 · 지구와 우주	1	가을 I
		2	가을 II
		3	추수감사
		4	기계와 도구
		5	지구와 우주
12월	겨울 생활	1	겨울이 왔어요
		2	겨울철 놀이와 안전
		3	성탄절 · 이웃사랑
		4	불과 우리 생활
1월	새해	1	새해가 되었어요
		2	이만큼 자랐어요
		3	모양 · 소리
		4	숫자 · 색깔
		5	민속놀이
2월	성장	1	설날
		2	혼자서 할 수 있어요
		3 4	형 · 언니가 되어요

자료: 대구시 보육정보센터(2005).

② 월 · 주간 보육계획

월간 · 주간 보육계획안은 연간 보육계획안에 기초를 두고 그 목표를 달성하기 위해 주제별로 놀이활동 및 기본생활습관 활동 등을 월 단위 또는 주 단위로 구체적으로 계획하는 것을 말한다. 영유아는 발달 속도가 개인마다 차이가 있고, 끊임없는 반복을 통해 발달과업을 성취하는 특성을 갖고 있다. 따라서 구체적인 보육내용을 계획할 때에는 무엇보다도 영유아의 발달에 적합한 활동인가를 우선으로 고려해야 하며, 이 외에 영유아의 흥미, 계절적 특성과 보육시설의 환경을 고려해야 한다. 보육계획은 일주일 단위로 주간 활동을 계획하여 진행하는 것이 더 적합하며, 이러한 주간 계획은 일주일 동안의 준비사항이나 활동계획의 윤곽이 제시되기 때문에 준비사항을 완전하게 하는 데 도움을 준다. 주간 계획에는 개별, 소집단활동이 포함되며, 대집단활동을 최소화하고 대근육활동이 실내 · 외에서 함께 계획되며, 각 활동이 건강, 사회, 표현, 탐구, 언어영역을 골고루 포함하고 있는지를 고려한다.

영유아의 보육계획은 주간 계획이라든지, 일일 계획을 세우는 것보다는 필요한 보육활동을 추가하며, 메모 같은 것으로 기록하여 영유아들의 건강상태, 흥미 또는 욕구, 발달상태 등을 보아 가면서 융통성 있게 하루의 생활이나 놀이에 대처해 가야 한다.

〈표 5-13〉 24개월 영아 주간 보육계획 예시

<table>
<tr><td colspan="2">주 제</td><td colspan="6">야생동물</td></tr>
<tr><td colspan="2">목 표</td><td colspan="6">야생동물의 종류에 대해 알고, 우리 주변의 동물과 다른 점을 안다.</td></tr>
<tr><td colspan="2">활 동</td><td>10/25(월)</td><td>10/26(화)</td><td>10/27(수)</td><td>10/28(목)</td><td>10/29(금)</td><td>10/30(토)</td></tr>
<tr><td rowspan="3">대·소집단활동</td><td>이야기 나누기</td><td colspan="6">• 야생동물은 어떤 동물일까?
• 집에서 기르는 동물과 기를 수 없는 동물책 보기</td></tr>
<tr><td>책보기 언어</td><td colspan="6">• 동화: 아기 원숭이의 꿈, 사자와 생쥐</td></tr>
<tr><td>신체 음률</td><td colspan="6">• 노래: 기린이랑 사슴이랑
• 신체: 친구와 함께 공 나르기</td></tr>
<tr><td colspan="2">음악감상</td><td colspan="6">• 헨리만치니 '아기코끼리의 걸음마'</td></tr>
<tr><td rowspan="2">자유선택</td><td>조형</td><td colspan="6">• 동물인형 만들기 • 동물 펜던트 만들기 조작</td></tr>
<tr><td>조작</td><td colspan="6">• 펀치 뚫기</td></tr>
<tr><td colspan="2">전이활동</td><td colspan="6">• 손유희: 딩동 박수</td></tr>
<tr><td colspan="2">기본생활습관</td><td colspan="6">• 교실에서 뛰어다니지 않아요</td></tr>
</table>

자료: 대구시 보육정보센터(2004).

③ 일일 보육계획

일과란 영유아가 하루 동안 시간을 어떻게 보낼 것인가에 대한 내용으로, 이는 영유아가 정해진 시간을 보다 적절하게 활용할 수 있는 기본 틀을 제시해 준다. 잘 계획한 하루 일과는 영유아에게 심리적인 안정감을 갖게 하며, 보다 다양하고 질 높은 경험을 하게 한다. 영유아반의 일과는 어느 정도 예측할 수 있는 시간표에 의하여 운영하되, 개개인의 욕구를 고려하고 특별한 상황에 따라 융통성 있게 조절하도록 한다. 특히 사전에 부모를 통하여 영유아 개개인의 생리적인 시간표(예: 배변시간, 낮잠시간, 먹는 음식의 양 등)를 파악하여 일과계획과 운영에 반영하여야 한다. 잘 계획된 하루 일과는 매일 반복되는 경험이나 활동의 순서를 예견하고 기대할 수 있기 때문에 영유아가 안정감 있게 하루를 지낼 수 있게 한다.

걸음마기 영유아를 위한 일과 계획의 기본 원리는 다음과 같다.

첫째, 하루 일과는 영유아의 개인적 요구, 영유아 집단의 요구, 교사의 목표, 교육기관의 정책 등을 반영하면서 이들 간의 균형을 맞출 수 있어야 한다.

둘째, 하루 일과는 연간 계획에서 월별 주제를 기초로 하여 계획하고 운영해야 한다. 영유아의 발달과 흥미를 중심으로 일과 순서를 정하고 일일계획을 세워서 각 활동 시간대에 이루어질 활동에 대한 계획이 있어야 한다.

셋째, 사전에 영유아의 배변시간이나 낮잠시간 등의 생리적 시간표를 파악하여 일과 계획 및 운영에 참고한다.

넷째, 하루 일과는 일상적 생활, 놀이시간, 정리정돈, 간식, 낮잠, 집단활동, 실외놀이 등을 포함하되 영유아 개개인에게 맞게 융통성 있게 계획해야 한다.

다섯째, 교육활동과 일상적 생활을 구분하지 않도록 하고 신체적 욕구 충족을 위한 활동과 일상생활 속에서 놀이를 중심으로 한 활동을 함께 운영하도록 한다.

여섯째, 조용한 활동과 동적 활동, 개인활동과 집단활동, 실내놀이와 실외놀이 등이 다양하고 균형 있게 계획되도록 한다.

일곱째, 교사와 영유아, 영유아와 영유아, 영유아와 교구 등 여러 유형의 상호작용이 일어날 수 있도록 계획하되 계획을 효과적으로 수행하기 위해서는 활동을 수행해 본 후 평가하고 재조정해야 한다.

여덟째, 오전의 교사와 오후의 교사가 자연스럽게 전이되도록 계획하여야 한다.

아홉째, 영유아들이 처음 적응하는 시기에는 가능한 한 일과를 간단히 계획해야 한다.

〈표 5-14〉 걸음마기 영유아의 일과 운영 예시

시간	활동	활동내용
8:00~9:00	등원 및 건강 관찰	• 밝은 미소로 영아를 맞이하고 영아의 건강상태를 살피고 관찰한다. • 영아의 소지품 및 일일연락장을 확인 · 정리한다. • 영아는 놀잇감을 가지고 자유롭게 놀이한다.
9:00~10:00	아기체조 및 자유놀이	• 음악이나 VTR 화면 등에 맞추어 보육교사와 영아들이 함께 체조한다. • 교사가 준비한 놀이활동이나 탐색활동은 자유롭게 한다. • 교사와의 상호작용, 또래와의 접촉, 혼자놀이 등의 활동을 한다.
10:00~10:30	오전 간식 정리정돈 및 화장실가기	• 놀잇감 치우기에 참여시킨다. • 손을 스스로 씻게 하고 간식 준비를 한다. • 포크나 손을 사용하여 스스로 먹게 한다. • 뒷정리(자신의 간식그릇을 개수대에 갖다 둠)를 하게 한다. • 영아의 능력에 맞추어 기저귀를 갈아 주거나 영아용 변기를 사용하게 한다.
10:30~12:00	산책 및 실외놀이	• 교사가 준비한 실외놀이활동을 하거나 보육시설 주변을 산책한다. • 영아들이 자유롭게 움직이도록 하고, 다치지 않도록 주의깊게 관찰한다.
12:00~13:00	점심 및 화장실 가기	• 손을 스스로 씻게 한다. • 숟가락과 포크를 사용하여 스스로 먹게 한다. • 뒷정리(자신의 점심그릇을 개수대에 갖다 둠)를 하게 한다. • 영아용 변기를 사용하거나 화장실에 다녀오게 한다. • 칫솔을 사용하게 하고, 이 닦기를 도와준다.
13:30~15:30	낮잠	• 낮잠 준비 및 낮잠, 자장가나 조용한 음악을 들려준다.
15:30~16:00	정리 정돈 및 화장실 가기 오후 간식	• 낮잠에서 깨어나는 영아별로 침구 정리정돈에 참여시킨다. • 영아용 변기를 사용하게 하거나 화장실에 다녀오게 한다. • 포크나 손을 사용하여 스스로 먹게 한다. • 뒷정리(자신의 간식그릇을 싱크대에 갖다 둠)를 하게 한다.
16:00~17:30	자유놀이	• 교사가 준비한 놀이활동이나 탐색활동을 자유롭게 한다. • 교사와의 상호작용, 또래와의 접촉, 혼자놀이 등의 활동을 한다.
17:30~귀가	귀가 준비 및 귀가	• 놀잇감 치우기에 참여시킨다. • 영아의 귀가를 준비(소지품 챙기기, 얼굴 씻기고 옷 입히기)시키고, 일일연락장과 가정통신문을 챙긴다. • 보호자와 대화하고 영아와 귀가 인사를 나눈다.

자료: 대구시 보육정보센터(2005).

(3) 교사의 역할

걸음마기 영유아를 대상으로 교육하는 교사는 다른 연령을 교육하는 교사에 비해 영유아에게 안정감을 주고, 교사와의 애착관계를 형성하는 등의 더 많은 역할을 수행해야 한다. 영유아에게는 가정에서 생활하는 것처럼 영아를 돌보아 주는 양육자의 역할을 하여야 하며 영유아의 발달을 도울 수 있는 교육자의 역할을 동시에 수행해야 한다. 이를 위해서는 영유아의 발달과 흥미에 부응한 교육활동을 계획하고 실시해야 한다. 또한 이 시기의 영유아는 흥미의 지속시간이 매우 짧으므로 영아의 변화된 요구와 흥미에도 민감하게 반응하는 융통성 있는 능력이 요구된다. 이 시기 영아는 자율성과 독립성이 발달되지만 아직도 많은 부분을 성인에게 의존하는 시기다.

적절한 교사의 역할을 제시하면 다음과 같다.

- 기본적인 자조행동의 발달이 시작되는 시기이므로 스스로 옷 입고 벗기, 혼자서 먹기 등의 기본 활동을 계획한다.
- 대소변 가리기 훈련에 필요한 발달적 준비가 완성되므로 교사는 너무 엄격하거나 혹은 너무 느슨하지 않게 적절한 정도로 대소변 훈련을 계획한다. 예를 들어, 영유아가 배설 욕구를 표시할 수 있도록 도울 수 있고, 영유아가 놀이에 몰입해 있을 때는 배설시간에 맞추어 변기에 앉혀 줄 수 있다.
- 주 양육자에 대한 분리불안이나 낯가림의 현상이 현저히 사라지고 탐색활동이 증가하는 등 뚜렷하게 애착현상이 소멸되어 간다. 따라서 교사는 영아가 불안해할 때 말을 해 주거나 미소를 보이는 등의 원거리 상호작용을 지속함으로써 영아가 심리적인 안정감을 갖고 탐색활동을 할 수 있도록 도와주어야 한다.
- 상상력의 발달로 인해 낯가림과는 다른 형태의 공포심이 출현하므로 교사는 가상놀이나 합리적인 설명 등의 방법을 사용하여 상상력을 억누르지 않으면서 공포심이 긍정적인 형태로 표출되도록 한다.
- 영유아가 보이는 타인과의 정서적 공유 욕구를 인정하고, 이때 교사는 개별영유아와 심리적인 공감을 나눌 수 있도록 해야 한다.

- 영유아의 자율성 발달을 해치지 않으면서 영유아가 스스로 정서를 조절할 수 있도록 한다.
- 걸음마기는 언어 발달이 가장 급속도로 진행되는 시기이므로 교사는 이 시기에 풍부한 언어자료를 제공하고 올바른 언어적 모델이 되어야 한다. 교사는 천천히 말하고 문법적으로 간단하고 짧은 문장을 쓰고 단순화시킨 말, 구체적인 말을 쓰는 것이 좋다. 또한 영유아의 말을 반복하여 다시 명확하게 들려주고 그 말을 확장하여 좀 더 길고 문법적으로 정확한 문장을 제시해 주는 것이 좋다.
- 이 시기는 자신의 조작적 행동으로 인한 결과에 관심이 많다. 따라서 교사는 영유아가 직접 물체를 조작하고 실험적 행동을 경험하여 스스로 인과관계를 배울 수 있는 활동을 계획해야 한다.

4. 유아기(만 3~5세) 발달과 보육

1) 유아기의 발달적 특징

(1) 신체 · 운동 발달

유아기는 에너지, 열정, 호기심의 시기라고 표현할 만큼 내 · 외적인 성장이 빠른 시기로, 신장은 매년 평균 5~7cm 정도 자라며, 체중은 2~3kg 정도 증가한다.

만 3세 아동은 걷고 뛰고 발로 차기를 할 수 있으며, 두 발 모아 20cm 정도 점프하기, 발 교대로 계단 오르기, 한 발로 균형 잡기, 큰 공 잡기, 능숙하게 자전거나 자동차의 페달 밟기 등을 할 수 있다. 크고 장애물이 없는 공간, 기어 오르기용 구조물, 바퀴 달린 놀잇감, 교통표지판, 장애물 코스, 공 등을 제공해 줌으로써 대근육 운동을 연습할 수 있는 기회를 많이 주어야 한다.

소근육도 발달하여 만 3세가 되면 엄지와 집게로 물건을 집을 수 있고, 가위로 선 따라 오리기, 구슬 꿰기, 바느질, 카드, 퍼즐, 작은 블록 등의 조작놀이도 즐거워한다. 또한 종이, 연필, 콜라주 재료, 풀, 점토 등의 다양한 재료를 활용하여 창의적인 작품을 만들 수 있으므로 유아의 흥미를 자극할 수 있는 다양한 놀잇감을 준비한다.

[그림 5-7] 체육활동을 통한 대 · 소근육의 발달

자조행동에 있어 3세 유아는 숟가락으로 정확하고 쉽게 음식을 먹을 수 있고 스스로 입고 벗을 수 있다는 것을 자랑스러워한다.

만 4세 유아는 대근육운동이 더욱 향상되어 손을 어깨 위로 올려 돌릴 수 있고, 한 발로 뛰거나 5초 이상 한 발로 서 있을 수 있으며, 발을 바꾸면서 계단을 내려올 수 있다. 소근육운동도 발달하여 한 손으로 선을 따라 가위로 오릴 수 있고, 다른 한 손으로는 책장을 넘길 수도 있다.

조작 기능이 향상되어 작은 못 박기, 인형 옷 입히기, 신발 끈 매기, 다른 용기에 물 따르기, 양치질하기 등이 가능해진다.

만 5세 유아는 대 · 소근육 기능이 더욱 정교화되고 세련되어 두발 자전거를 탈 수 있고 줄넘기를 하기 시작한다. 오른쪽과 왼쪽 개념 구별을 배우며, 신발 끈 매기 등의 자조기술에서 자아충족감을 갖는다. 조작능력이 발달하여 10~15개 조각의 퍼즐을 맞출 수 있다.

(2) 인지 발달

유아기는 Piaget의 전 조작기에 해당되므로 만 3세 유아는 실제와 환상을 구별하지 못하며, 아직 타인의 감정을 이해하는 데 어려움을 느끼는 자기중심적 사고특성을 보인다. 만 3세 유아들은 책을 보며 그림을 설명하거나 가족과 관계된 것에 대해 말하는 것을 좋아하고 성인의 생활을 흉내내며 가상놀이하는 것을 즐긴다. 또한 놀이를 통해서 물체를 상징적으로 사용하게 되는데 예를 들어, 나무 블록을 '트럭' 이라고도 하고 '집' 이라고도 한다. 이러한 놀이를 통하여 유아들은 사물의 이름을 배우고 물건을 세는 방법 등 기초지식을 습득한다(조성연 외, 2004). 자신의 이름, 연령, 성별을 인식하고 색깔을 구별할 수 있으며, 과거와 미래를 알고 어제와 내일을 안다.

만 4세가 되면 암기력이 좋아지고 매일 일어나는 사건들의 순서를 이해하게 된다. 또한 사물이 어떻게 자라고 어떻게 운행되는 것인지 앞뒤 상황에 맞추어 이야기하기를 좋아하고, 비가 오는 그림을 보면 우산을 써야 한다고 말하는 등 상황에 따라서 무엇을 해야 하는지 제대로 이해하고 있다. 관찰력도 발달하여 다른 그림 찾기나 숨은 그림 찾기를 잘할 수 있다.

[그림 5-8] 호기심과 탐색활동이 증가하는 유아기

만 5세가 되면 주의집중 시간이 약 20~25분 정도로 증가하며, 세부적인 부분과 실제적인 것에 관심을 가지며, 보다 확장된 역할놀이의 특성을 보인다. 또한 달력과 시간을 볼 수 있게 되고 돈의 단위를 인식하고, 저금의 개념을 이해할 수 있다. 새로운 것을 알고 싶어 하여 "왜?"라는 질문이 폭발적으로 증가한다.

(3) 언어 발달

만 3세가 지나면 언어에 보다 근접해 가며, 약 300~1,000개 정도의 어휘를 사용하고 문장의 기본 구조를 획득한다. 물어보는 것을 즐기는 시기로 3~4세 대화는 주로 정보교환이 특징이고, 말할 때 몸짓에 크게 의존한다. 운율을 맞춘 간단한 동시를 암송할 수 있다. 대부분의 경우 유아들은 대화의 주제가 변해도 따라갈 수 있고, 이야기가 10분보다 길어져도 앉아서 끝까지 들을 수 있다.

만 4세 유아는 어휘력이 4,000~6,000단어 정도로 확장되며, 추상적인 용어에 보다 관심을 가진다. 과장하는 말이나 유머를 많이 사용하며, 보통 4~5개의 단어로 구성된 문장을 사용한다. 다른 사람들이 알아듣기 쉽게 거의 언제나 분명하게 말을 하고, 시제를 올바르게 사용하기 시작한다. 듣는 사람에 따라 말하는 고조와

[그림 5-9] 관찰기록을 통한 언어활동

문장 구조를 조정하여 이야기할 수 있다. 또한 간단한 노래나 운율이 있는 동시를 외워서 부를 수 있다. 대부분의 글씨를 읽을 수 있고, 자신의 이름 등 자신에게 특별한 의미를 갖는 몇 개의 단어를 쓰기도 한다. 몇몇 유아들은 짧고 간단한 책을 혼자 읽기도 한다.

만 5세 유아는 5,000~8,000단어의 어휘를 사용하고 어려운 발음이 보다 명료하고 정확해지며, 문장도 완전해지고 복합적이 된다. 언어의 유창성이 증진되어 그림을 보면 이야기를 꾸며낼 수 있고, 유머를 이해하기 시작하여 농담과 수수께끼놀이를 즐긴다. 긴 문장을 어법에 맞게 구사할 수 있고 전화통화가 가능할 뿐만 아니라 간단한 메시지를 전달할 수도 있다.

(4) 사회 · 정서 발달

만 3세경이 되면 생후 1년 6개월부터 분화하기 시작한 2차정서가 거의 다 분화되어 성인에게 볼 수 있는 대부분의 정서가 나타난다. 그러므로 만 3세아는 그 표현에 있어 미숙할지 몰라도 성인이 느낄 수 있는 모든 정서와 감정을 느낄 수 있다. 이 시기 유아들은 자주 웃고 대부분 기분이 좋은 편이나 때때로 악몽을 꾸고 어둠, 괴물

[그림 5-10] 또래와의 놀이에 열중하는 유아

또는 불에 대한 두려움이 있다. 자신에 대하여 이야기하는 것을 좋아하고, 상처 입은 동물같이 자기보다 약한 존재나 어린 아기들을 향해 애정표현을 한다. 자신이 특별히 좋아하는 놀잇감이나 인형을 정해서 언제나 갖고 놀고 싶어 한다. 아직 물건을 서로 나누거나 차례를 지키는 데 어려움을 나타내므로 장난감으로 인한 분쟁이나 공격적인 행동이 나타나기도 한다. 이 시기 유아들은 간단한 게임을 할 수 있고, 짧은 기간 동안 대집단활동에 참여할 수 있다.

만 4세가 되면 동성의 친구를 더 선호하는 현상이 나타나기 시작한다. 그러나 놀이집단이 일정하지 않고 자꾸 변한다. 그리고 이 시기의 성역할 개념에 있어 옷이나 머리 모양 등 외형이 달라져도 여전히 같은 성임을 아는 성 항상성의 개념도 발달한다. 기분이 빨리 변하고 감정의 기복이 심한 만 4세 유아들은 웃다가도 갑자기 울며, 대부분의 시간 동안 활발하지만 삐치기도 잘하는 편이다. 자랑하기를 좋아하고, 과장하거나 꾸며낸 이야기를 하기 좋아한다. 다른 사람과 협력하여 놀이하는 것을 즐기며, 집단활동을 재미있어 한다. 그러나 여전히 자기중심적인 사고가 가끔 나타나서 순서에 대한 언급 없이 게임을 하게 되면 특별한 상황에서는 순서를 지키지 않아도 된다고 생각한다. 항상 상상의 친구가 주변에 있어서 이 친구와 대화하고 놀이하거나 무언가 흉내내며 놀기를 좋아한다. 한편 실제의 친구들과도 가까워져서 가장 친한 친구가 생긴다. 어른들의 인정을 받는 것 또한 중요하게 생각한다.

만 5세 유아는 또래 친구들과의 우정을 소중히 생각하고 특별히 친한 1~2명의 또래집단을 형성한다. 특히 또래와의 극놀이를 즐기며, 협동하여 잘 놀지만 한 명의 추방자를 선택하는 소집단을 형성하여 놀기도 한다. 비교적 자기통제력이 발달하여 잘 참는 편이나 간혹 극단적이고 열정적인 감정의 폭발이 있다. 아직 타인의 인정을 중요하게 생각하기 때문에 성인의 인정을 받기 위해 노력하고, 부모나 교사에게 칭찬을 받았을 때 자부심을 느낀다.

[그림 5-11] 자연학습을 위한 체험활동

2) 보육프로그램

(1) 목표 및 내용

만 3~5세 유아기는 연령별로 발달적 특성에 차이가 있으므로 각 연령에 적합한 개별 보육프로그램을 전제로 한다. 이 시기는 신체적 발달이 급격히 이루어지고 사회적 기술도 형성되는 시기이기 때문에 이러한 발달적 특성이 보육프로그램에 반영되어야 한다.

만 5세 유아의 보육프로그램에서는 발달 특성을 고려하여 또래들과 관계를 맺고 스스로 전개해 가며, 필요한 도움을 청할 줄 아는 능력을 키워 주는 것이 중요하다. 이를 위해 교사는 활동을 구성할 때 교사-유아 간의 상호작용뿐 아니라 유아-유아간의 상호작용도 활발하게 이루어질 수 있도록 계획해야 한다. 또한 소풍이나 견학 등 현장학습의 기회를 많이 제공해야 한다.

연령별 교육목표와 내용을 정리하면 다음과 같다.

〈표 5-15〉 3~5세 유아의 보육프로그램의 목표 및 내용

연령	목표	내용
3~4세	1. 신체조절능력과 안전한 생활습관을 기른다.	• 신체기관에 대해 관심 가지기 • 신체조절능력 기르기 • 감각기관과 운동기관 간 협응능력 기르기 • 규칙적인 생활하기 • 몸을 깨끗하게 하는 습관 기르기 • 사고예방에 필요한 지식 익히기
	2. 기본생활습관을 기르고 사회적 지식과 태도를 익힌다.	• 바람직한 생활습관 익히기 • 사회와 환경에 관심 가지기 • 나와 다른 사람과의 관계 이해하기 • 나와 타인에 대해 긍정적으로 생각하기 • 예절을 익히고 질서를 지켜 행동하기 • 사회현상에 대해 기본 개념 익히기 • 친구와 사이좋게 지내기
	3. 정서적 안정감과 심미감을 기른다.	• 자신의 감정과 욕구를 적절히 표현하는 태도 기르기 • 다른 사람의 생각과 감정표현을 존중하기 • 활동에 적극적으로 참여하기 • 교사와 애착 형성하기 • 노래, 그림 그리기, 미술활동, 신체표현을 통해 자신의 생각과 느낌을 표현하기 • 자연의 모습을 발견하고 아름다움을 감상할 수 있는 능력 기르기 • 감상(미술, 춤, 음악)을 통해 작품에 대한 느낌 가지기
	4. 기초적인 언어능력을 발달시킨다.	• 주변에 나는 소리에 관심 가지기 • 여러 낱말과 문장 이해하기 • 자신의 생각, 느낌을 언어로 표현하는 능력 기르기 • 정확한 발음과 목소리 조절하여 말하기 • 글자의 기초가 되는 모양 변별하기 • 쓰기 도구에 관심 가지고 바르게 사용하기 • 타인의 말 듣고 이해하기 • 새로운 단어에 관심 가지기 • 동화, 동시에 관심 가지기
	5. 합리적인 문제해결능력과 태도를 기른다.	• 물체에 대한 호기심 가지기 • 사물 간의 유사점과 차이점 알기 • 스스로 문제를 해결하는 능력 기르기

		• 물체를 다루고 적절한 도구를 조작할 수 있는 능력 기르기 • 동식물에 관심 가지기 • 수의 기초개념 알기 • 일대일 대응하기
5세	1. 몸과 마음이 건강하게 자랄 수 있는 경험을 가진다.	• 감각기관을 활용하기 • 신체를 인식하고 움직이기 • 이동운동하기 • 비이동운동하기 • 몸을 깨끗이 하기 • 신체활동에 참여하기 • 주변 깨끗이 하기
	2. 조작운동하기	• 안전하게 놀이하기 • 적절하게 옷 입기 • 바른 식생활하기 • 적절히 휴식하기 • 질병 예방하기 • 즐겁게 생활하기 • 안전하게 놀이하기 • 교통안전규칙 지키기 • 위험한 상황 알고 대처하기 • 환경오염이나 재해에 대비하기
	3. 기본생활습관을 기르고 다른 사람과 더불어 생활하는 태도를 가진다.	• 예절 바르게 생활하기 • 질서 지켜 생활하기 • 아껴서 생활하기 • 가족과 협력하기 • 감정과 욕구 조절하기 • 가족과 화목하게 지내기 • 나에 대해 긍정적으로 생각하기 • 주변지역에 관심 가지기 • 다른 사람을 이해하고 존중하기 • 경제생활에 관심 가지기 • 두레의 소중함을 알고 협력하기 • 직업에 관심 가지기 • 자기 일을 계획하고 실천하기 • 공공규칙을 이해하고 지키기

		• 환경보전에 관심 가지기 • 우리나라의 상징과 전통에 관심 가지기 • 통일에 관심 가지기 • 세계 여러 나라와 문화에 관심 가지기
	4. 생각과 느낌을 창의적으로 표현하는 경험을 가진다.	• 소리, 형태, 움직임 탐색하기 • 여러 가지 소리 만들기 • 리듬악기 만들기 • 노래 부르기 • 만들기와 꾸미기 • 그림 그리기 • 예술적 표현 존중하기 • 동작으로, 통합적으로, 극놀이로 표현하기 • 음악, 춤, 극놀이 감상하기 • 전통예술에 친숙하기 • 자연과 사물 및 조형작품 감상하기
5세	5. 바르게 언어를 사용하는 경험을 가진다.	• 바르게 발음하여 말하기 • 낱말과 문장 말하기 • 경험, 생각, 느낌 말하기 • 상황에 맞게 말하기 • 바른 태도로 말하기 • 말과 글의 관계 알기 • 글자에 관심 가지기 • 쓰기에 관심 가지기 • 책에 관심 가지기 • 읽어 주는 글을 이해하기
	6. 일상생활에 대해 스스로 궁리하는 태도를 가진다.	• 우리 몸, 물, 자연현상, 물체와 물질 탐색하기 • 주변상황에 관심을 가지고 탐색하기 • 도구와 기계에 대해 관심 가지기 • 기초적인 통계와 관련된 경험하기 • 시간에 대해 기초개념 알기 • 공간과 도형의 기초개념 알기 • 독특하게 생각하기 • 다양하게 생각하기

자료: 김창복 외(2004).

(2) 보육계획

① 연간 보육계획

일반적으로 만 3~5세의 연간 보육계획은 유치원 교육과정에 의거한 생활주제 중심으로 계획하지만, 유치원과 그 운영시간에 차이가 나므로 이에 대한 배려를 충분히 고려한 연간 계획을 작성해야 한다. 주제를 선정할 때에는 어린이집의 지리적 위치와 지역적 특성을 반영하고, 유아의 발달적 특성과 흥미, 계절의 변화, 문화적 배경을 고려하여 선정한다. 뿐만 아니라 이 시기 유아를 위해 연령에 적합한 견학 및 소풍 등의 야외학습 경험을 계획하되, 이러한 행사를 연간 주제와 관련지어 계획한다.

만 3~5세 유아를 위한 연령별 연간 보육계획안의 예시를 제시하면 다음과 같다.

〈표 5-16〉 만 3세 유아의 연간 보육계획안 예시

기간	주제	다루어질 내용	교육행사
3월 1주~3월 5주 (5주간)	어린이집과 생활	• 나는 ○○반이에요 • 어린이집은 재미있어요 I • 어린이집은 재미있어요 II • 약속을 지켜 안전하게 놀아요 I • 약속을 지켜 안전하게 놀아요 II	• 오리엔테이션
4월 1주~4월 2주 (2주간)	봄	• 꽃들이 아름다워요 • 봄에 볼 수 있어요	• 꽃씨 심기 • 봄 동산 견학 • 학부모 면담
4월 3주~5월 3주 (5주간)	나 · 가족 친구	• 나의 몸을 살펴보아요 • 나는 가족을 사랑해요 • 나는 선생님을 사랑해요 • 내가 좋아하는 것이 있어요 • 친구가 좋아하는 것이 있어요	• 어린이날 행사
5월 4주~6월 4주 (5주간)	동물	• 내가 좋아하는 동물이 있어요 • 움직임과 소리가 달라요 I • 움직임과 소리가 달라요 II • 동물을 잘 보살펴 주어요 • 지금은 살지 않은 동물이에요(공룡)	• 동물원 견학

〈계속〉

6월 5주~7월 4주 (5주간)	건강한 생활	• 즐겁게 혼자 해요 I • 즐겁게 혼자 해요 II • 즐겁게 혼자 해요 III • 우리가 먹는 음식이에요 I • 우리가 먹는 음식이에요 II	• 뮤지컬 관람
8월 1주~8월 4주 (4주간)	여름	• 물놀이 I • 물놀이 II • 산 · 바다 • 여행이 좋아요	• 물놀이 • 수족관 견학
9월 1주~10월 1주 (6주간)	탈것	• 여러 가지 탈것이 있어요 I • 여러 가지 탈것이 있어요 II • 여러 가지 탈것이 있어요 III • 탈 것의 모양을 알아보아요 • 추석이에요 • 지켜야 할 약속이 있어요	• 주유소 견학 • 교통정보센터 견학
10월 2주~11월 1주 (4주간)	가을	• 가을이 되었어요 • 산과 들이 변했어요 • 과일과 채소들이 많아요 • 가을벌레	• 가을동산 견학 • 운동회
11월 2주~11월 4주 (3주간)	우리 나라	• 우리나라를 나타내는 것이 있어요 • 옛날 옛날에는… • 전통놀이는 재미있어요	• 박물관 견학
12월 1주~12월 5주 (5주간)	겨울	• 추워요 • 겨울준비 • 겨울철 놀이를 즐겨요 • 성탄절 • 새해가 되었어요	• 성탄 행사
1월 1주~12월 5주 (5주간)	우리 동네	• 어린이집 동네를 돌아보아요 • 내가 사는 동네를 알아보아요 • 고마운 분들이 있어요 • 가게 놀이를 해요 • 미장원/병원놀이를 해요	• 동네 둘러보기 • 우체국 견학
2월 2주~2월 4주 (3주간)	형 · 언니가 되었어요	• 형 · 언니가 되었어요 I • 형 · 언니가 되었어요 II • 난 할 수 있어요	• 형님반 견학

자료: 대구시 보육정보센터(2005).

〈표 5-17〉 만 4세 유아의 연간 보육계획안 예시

기간	주제	다루어질 내용	교육행사
3월 1주~3월 5주 (5주간)	즐거운 어린이집	• 나는 ○○반 입니다 • 어린이집의 하루는 즐거워요 • 약속을 지켜 안전하게 놀아요 • 서로 돕는 우리반 친구들	• 입소식 • 신입원아 • 오리엔테이션
4월 1주~4월 4주 (4주간)	봄	• 봄이 왔어요 • 꽃들이 피어요 • 싹이 났어요 • 벌레들이 나와요	• 봄동산 견학 • 꽃가게 견학
5월 1주~5월 4주 (4주간)	사랑하는 사람들	• 나는 소중해요 • 내 몸을 살펴보아요 • 우리를 도와주시는 분들이 있어요 • 여기는 즐거운 우리집입니다 • 우리 가족은 소중해요	• 어린이날 행사 • 어버이날 선물 만들기 • 가족 축제 • 어린이집 주변 돌아보기
6월 1주~6월 5주 (5주간)	동물	• 동물원에 갔어요 • 내가 좋아하는 동물이 있어요 • 동물들과 친구 해요 • 지금은 살지 않는 동물이 있어요 • 깨끗하고 건강한 생활을 해요	• 동물원 견학
7월 1주~7월 4주 (4주간)	건강한 생활	• 운동을 하면 건강해져요 • 운동 경기는 즐거워요 • 여름은 더워요 • 건강한 여름을 보내요	• 병원 견학(건강검진) • 정수장 견학
8월 1주~8월 4주 (4주간)	여름	• 물놀이는 즐거워요 I • 물놀이는 즐거워요 II • 여행을 다녀왔어요 I • 여행을 다녀왔어요 II	• 물놀이 • 아이스크림 가게놀이
9월 1주~9월 5주 (5주간)	여러 가지 교통수단	• 여러 가지 탈것이 있어요 I • 여러 가지 탈것이 있어요 II • 교통안전을 지켜요 • 신나는 교통놀이 • 추석이에요	• 교통센터 견학 • 교통놀이

〈계속〉

10월 1주~10월 4주 (4주간)	우리나라	• 우리나라를 나타내는 것들이 있어요 I • 우리나라를 나타내는 것들이 있어요 II • 우리나라는 아름다워요 • 가을의 변화를 느껴 보아요	• 민속촌 박물관 견학 • 전통놀이 한마당
11월 1주~11월 2주 (2주간)	세계 여러 나라	• 세계 여러 나라에 대해 알아보아요 I • 세계 여러 나라에 대해 알아보아요 II	• 세계민속 박물관 견학
11월 3주~11월 4주 (2주간)	지구와 환경	• 지구가 아파요 • 살기 좋은 지구	• 과학공원 견학 • 수목원 견학 (환경친화적 생태공원)
12월 1주~12월 5주 (5주간)	겨울	• 겨울이왔어요 • 고마운 불, 무서운 불 • 따뜻한 사랑은 나누어요 • 눈이 내려요 • 겨울철 놀이는 즐거워요	• 눈썰매장놀이 • 작은 음악회 • 소방서 견학
1월 1주~1월 4주 (4주간)	기계와 정보통신	• 새해가 되었어요 • 여러 종류의 기계들이 있어요 • 우리에게 즐거움을 주는 기계가 있어요 • 컴퓨터에 대해 알아보아요 • 전화에 대해 알아보아요	• 전자랜드 견학
2월 1주~2월 4주 (4주간)	즐거웠던 어린이집 생활	• 즐거웠던 ○○반 생활 I • 즐거웠던 ○○반 생활 II • 형님반에 갑니다	• 형님반 견학 • 수료식

자료: 대구시 보육정보센터(2005).

〈표 5-18〉 만 5세 유아의 연간 보육계획안 예시

월	단원	주	주제	교육행사
3	즐거운 어린이집	1	나는 ○○반 입니다	• 신입원아 오리엔테이션 • 원내 환경 돌아보기 • 1학기 어린이 • 신체발육 측정
		2	어린이집의 하루는 즐거워요!	
		3	우리 반에서의 약속	
		4	우리 반에서의 즐거운 하루	
		5	내가 할 수 있어요	
4	초록빛 세상	1	봄의 향기	• 꽃씨 뿌리기 • 봄 동산 견학 • 건강검진
		2	싹이 났어요	
		3	초록빛 산과 들	
		4	봄나들이(봄 소풍)	
5	특별한 사람 특별한 날들	1	어린이날	• 어린이날 축하행사 • 사랑의 편지 쓰기 • 카네이션 만들기
		2	사랑하는 가족	
		3	우리 선생님	
		4	좋은 이웃들	
6	쑥쑥 자란다	1	깨끗하게 건강하게 생활해요	• 동물원 견학 • 병원놀이 • 캠프
		2	건강한 나는 키도 쑥쑥	
		3	운동경기는 즐거워요	
		4	뛰고, 넘고, 구르고!	
		5	편하고 안전하게	
7	신나는 여름	1	여름풍경	• 수영장(물놀이) • 요리실습
		2	장마와 태풍-여름의 특징	
		3	시원한 놀이	
		4	여름 여행을 떠나요	
8	푸른 산 푸른 바다	1	신나는 여름놀이	• 곤충채집 • 가족신문 만들기
		2	물놀이를 해 보자	
		3	산과 바다로	
		4	여름에 했던 일	
9	높은 하늘	1	가을을 느껴요	• 2학기 어린이 신체발육 측정 • 민속촌이나 박물관 견학 • 송편 빚기 및 한가위 • 민속놀이
		2	새콤 달콤 맛있는 과일	
		3	낙엽과 단풍	
		4	한가위 주식	
		5	가을소풍	

〈계속〉

<table>
<tr><td rowspan="4">10</td><td rowspan="4">세계와
우주</td><td>1</td><td>우리나라 대한민국</td><td rowspan="4">• 가을동산 나들이
• 운동회</td></tr>
<tr><td>2</td><td>먼나라 이웃나라</td></tr>
<tr><td>3</td><td>가고 싶은 우주</td></tr>
<tr><td>4</td><td>여러 가지 탈것</td></tr>
<tr><td rowspan="5">11</td><td rowspan="5">기계와
정보통신</td><td>1</td><td rowspan="2">우리 생활에 필요한 기계와 도구</td><td rowspan="5">• 소방서 견학
• 크리스마스 행사
• 신입생 모집 및 추천기간</td></tr>
<tr><td>2</td></tr>
<tr><td>3</td><td rowspan="2">신나는 정보바다: 컴퓨터와 인터넷, 전화기와 핸드폰</td></tr>
<tr><td>4</td></tr>
<tr><td>5</td><td>우리 반 신문을 만들어요!</td></tr>
<tr><td rowspan="4">12</td><td rowspan="4">얼음꽁꽁
겨울</td><td>1</td><td>겨울이 왔어요</td><td rowspan="4">• 소방서 견학
• 크리스마스 행사
• 신입생 모집 및 추천기간</td></tr>
<tr><td>2</td><td>불조심</td></tr>
<tr><td>3</td><td>크리스마스</td></tr>
<tr><td>4</td><td>신나는 겨울</td></tr>
<tr><td rowspan="4">1</td><td rowspan="4">우리 것
우리 문화</td><td>1</td><td>희망찬 새해</td><td rowspan="4">• 예절교육</td></tr>
<tr><td>2</td><td>우리는 한민족</td></tr>
<tr><td>3</td><td>예의바른 어린이</td></tr>
<tr><td>4</td><td>재미있는 민속놀이</td></tr>
<tr><td rowspan="4">2</td><td rowspan="4">의젓해졌어요</td><td>1</td><td>설날을 기다려요!</td><td rowspan="4">• 졸업 여행
• 초등학교에 가요
• 졸업식</td></tr>
<tr><td>2</td><td>의젓한 나</td></tr>
<tr><td>3</td><td>초등학교에 가려면</td></tr>
<tr><td>4</td><td>즐거웠던 어린이집</td></tr>
</table>

자료: 대구시 보육정보센터(2005).

② 월간 · 주간 보육계획

월간 계획은 연간 계획을 토대로 하여 한 달간의 교육내용을 실천하기 위한 구체적인 지도방법을 계획한 것으로, 여기서 선정된 소주제를 중심으로 주간 보육계획안을 작성한다.

만 3, 4, 5세 유아를 위한 주간 보육계획안을 작성할 때는 다음의 몇 가지를 유의해야 한다.

첫째, 다양한 집단구성(개별활동, 소집단활동, 대집단활동)으로 활동을 계획한다.

둘째, 교사가 적극적으로 상호작용해야 하는 활동과 유아 스스로의 탐색 · 조작으로 충분히 놀이할 수 있는 활동이 균형 있게 계획되어야 한다.

셋째, 기본생활습관 및 자조기술과 관련된 내용이 포함되어야 한다.

각 연령에 따른 주간 보육계획안의 예시는 다음과 같다.

〈표 5-19〉 만 3세 유아의 주간 보육계획안 예시

12월 첫째 주

주제		계절 Ⅳ-겨울		생활주제		겨울이 왔어요!
목표		계절의 변화를 느끼고 겨울의 특징에 대해 알 수 있다.				
생활 \ 요일		월(6일)	화(7일)	수(8일)	목(9일)	금(10일)
언어생활	이야기 나누기	추워졌어요	따뜻하게 입어요	인형극을 보러가요	겨울을 준비해요	겨울에 먹는 음식
	동화	위, 아래 이야기	잃어버린 장갑	개구쟁이 토끼	눈송이 이야기	하얀 얼음 나라
	쓰기	한글나라〉 ㅌ 따라 쓰기 숫자나라〉 수가 더 많은 쪽을 색칠해요				
표현생활	음악	새 노래〉 하얀 나라 음악 감상〉 비발디 '사계' - 겨울				
	미술	그리기〉 눈꽃송이 꾸미기 만들기〉 장갑				
건강생활	중간놀이	장갑 짝 찾아 돌아오기				
	체육	곡선을 따라 걸어 보아요				
사회생활	기본생활	예절생활 - 어른께 존대말 쓰기				
	환경교육	나뭇잎이 떨어진 나무를 관찰해요.				
탐구생활	과학실험	자석과 전기 - 달라붙는 색종이				
식 단		계란동그랑땡 꼬마 깍두기 땅콩조림 북어미역국	피망쥐채볶음 돈육김치볶음 콩단백조림 어묵매운탕	자장라이스 햇님단무지 군만두	카레떡볶이 케첩감자볶음 김구이 소고기무국	전통잡채 맛김치 땅콩멸치조림 들깨시래기국
준비물		기본생활습관표		원복, 운동화		

자료: 세윤 어린이집(2004).

〈표 5-20〉 만 4세 유아의 주간 보육계획안 예시

11월 29일~12월 03일

생활주제		겨울		주제	겨울생활	
목표	겨울철 날씨의 변화를 느끼고 날씨의 변화에 따른 자연과 옷차림의 변화에 관심을 가진다.					
환경구성	겨울과 관련된 사진이나 그림자료					
자유 선택활동	언어 역할놀이 쌓기 과학	겨울 하면 생각나는 것 군고구마 장수 얼음집 만들기 재미있는 얼음실험 I		조 형 조 작 컴 퓨 터 바깥놀이	양초 그림 눈 모양 오리기 인터넷 캐럴 만들기 겨울 물 관찰하기	
영역별 활동/날짜		월(29)	화(30)	수(01)	목(02)	금(03)
기본생활습관		먼저 인사하기 – 어서 오십시오. 안녕히 가십시오 절제 – 갖고 있는 물건 또 사지 않기 인성 – 친구에게 양보하기				
이야기 나누기		겨울이 왔어요!	겨울의 변화	우리나라는 어디 있나요	레지오 프로젝트	동물들의 겨울잠
건강	신체활동 게임	민속놀이 – 팽이치기				
	안전 · 건강	소방대피 훈련 – 사전경고 없이 훈련실시(하던 일 멈추고 대피하기)				
사회	개인생활	양말을 꼭 신고 다녀요				
	집단생활	창의성 프로그램 – 만약 겨울이 계속된다면…				
표현	음률	새 노래 – 멋진 눈사람, 감상 – 홍겨운 대장장이 타악기 – 합주(작은별)				
	조형	겨울잠을 자는 친구들, 남극의 펭귄들				
언어	듣기 말하기	동화 – 눈송이, 동화 – 북극으로 가는 기차				
	동시, 언어생활 지도	동시 – 발자국, 언어생활 지도 – 빨래집게				
탐구	수 · 과학 자연체험	수 · 과학 – 재미있는 얼음실험 자연체험 – 여과놀이				
부모교육		(익수안전) 수건으로 준비운동 해 보세요				
성교육		나의 성장 변화				
현장학습 · 행사		애국조례, 체육	김장하기			
모둠활동			종이접기 – 장갑 접기	동화구연 – 마음씨 착한 곰돌이	과학 – 풍선 자동차	국악 – 북과 소고를 이용한 작품

자료: 한림유치원(2004).

〈표 5-21〉 만 5세 유아의 주간 보육계획안 예시 6월 21일~7월 3일

<table>
<tr><td colspan="2">단원</td><td colspan="3">특별한 사람, 특별한 날들</td><td colspan="2">주제</td><td>뛰고, 넘고, 구르고</td></tr>
<tr><td colspan="2">교육목표</td><td colspan="6">다양한 운동경기를 해 봄으로써 신체의 유연성과 민첩성을 기른다.</td></tr>
<tr><td rowspan="6">실내
자유선택
활동</td><td>언어영역</td><td colspan="6">빨래집게 글자</td></tr>
<tr><td>수영역</td><td colspan="6">바나나 껍질과 바나나</td></tr>
<tr><td>과학영역</td><td colspan="6">균형-오뚝이, 낙하산놀이</td></tr>
<tr><td>조작영역</td><td colspan="6">운동경기 퍼즐, 그림자 찾기</td></tr>
<tr><td>역할영역</td><td colspan="6">운동경기 중계</td></tr>
<tr><td>쌓기영역</td><td colspan="6">종이 벽돌로 장애물 만들기</td></tr>
<tr><td colspan="2">요일
구분</td><td>월(21/28)</td><td>화(22/29)</td><td>수(23/30)</td><td>목(24/1)</td><td>금(25/2)</td><td>토(26/3)</td></tr>
<tr><td rowspan="6">대그룹
활동</td><td>이야기
나누기</td><td colspan="2">• 내 맘대로 움직여요
• 몸을 움직여 보세요</td><td colspan="3">• 운동경기를 재미있게 하려면?
• 올림픽놀이</td><td rowspan="6">-동 시-
줄넘기
하나, 두울, 셋, 넷…
다람쥐 뛰고
토끼 뛰고
강아지 뛰고
깡충깡충
송아지 뛰고
망아지 뛰고
깡충깡충
잘도 넘는다
깡충깡충
잘도 넘는다.</td></tr>
<tr><td>음률 놀이
및
신체 표현</td><td colspan="5">나는 할 수 있어요!</td></tr>
<tr><td>미술</td><td colspan="2">재미있는 얼굴 표정
만들어요!</td><td colspan="3">키친타월로 물들여 아빠 넥타이 만들기
다양한 행동 그림 그리기</td></tr>
<tr><td>실외놀이
활동</td><td colspan="5">꼬불꼬불 뛰기</td></tr>
<tr><td>게임</td><td colspan="5">무지개 연으로 공치기</td></tr>
<tr><td>동시</td><td colspan="5">줄넘기</td></tr>
</table>

자료: 대구시 보육정보센터(2004).

(3) 교사의 역할

만 3~5세 유아기는 환경에 대한 탐색의 욕구와 활동이 왕성할 때이므로 보육시설에서의 하루일과 운영 시 정적인 활동과 동적인 활동, 개인활동과 소집단활동, 실내놀이와 실외놀이, 일상적인 생리적 활동과 교육활동 등이 균형 있게 실시되어야 한다. 유아의 발달수준을 고려한 개별적 교육과정을 전개하는 것이 중요하므로 유아의 연령이나 발달수준에 따른 차이를 바탕으로 각 집단에 맞는 활동을 제공해야 한다. 3세의 경우는 집단활동보다 개별적인 학습활동을 중심으로 하면서 점차

적으로 소집단활동을 늘려 나가도록 한다. 매일의 활동은 일과표를 참고하되 융통성 있게 실시한다.

구체적인 교사의 역할을 제시하면 다음과 같다.

- 유아의 요구에 반응하고 유아 개개인과 관계를 맺어 상호작용함으로써 유아가 편안함과 안정감을 느낄 수 있도록 한다.
- 다양한 정보를 얻을 수 있도록 교재, 교구와 교수매체를 활용하되 가능한 한 구체적이고 직접적인 경험을 주는 실물자료를 사용한다.
- 놀이중심으로 보육활동을 하도록 하되 발표, 토의, 관찰, 실험, 조사, 견학 등 유아들이 직접 참여할 수 있는 다양한 수업방법을 활용한다.
- 유아의 행동유형, 발달상황을 측정하고 평가하여 새로운 계획에 반영할 수 있도록 한다. 유아기는 자아중심적이고 한 번에 여러 가지 측면을 동시에 고려하지 못하는 전조작기 사고특성을 가지고 있으므로, 교사는 모든 활동에서 이를 항상 유념해야 하고 유아를 평가할 때 성인의 시각에서 판단하는 오류를 범하지 말아야 한다.
- 유아들과의 상호작용을 통해 도움과 조언, 신뢰감을 주어야 하며, 바람직한 언어 사용, 태도를 보여 주어 유아들에게 바람직한 모델이 되어야 한다. 이때 유아에게 긍정적으로 지지하는 태도와 언어로 상호작용한다.
- 의도적으로 개별적으로 상호작용하여 유아의 요구에 반응하는 시간을 마련하고 유아에게 여러 가지 측면에서 다양한 자극과 격려를 한다.
- 유아기는 평생 동안 각 개인 앞에 놓인 과업을 성취하는 데 필요한 자신감을 확보해야 하는 중요한 시기다. 따라서 지나친 학습을 강요하여 유아의 자존감이 손상되지 않도록 하는 것이 중요하다. 따라서 유아의 능력수준에 맞는 활동을 통해 많은 칭찬과 자신감을 경험하도록 계획해야 한다.
- 유아기는 성 항상성 개념이 발달하고, 동성의 성역할을 배우는 시기다. 자아개념, 동성의 친구, 전통적인 성역할 개념에 맞는 장난감이나 놀이활동에 대한 선호가 강하다. 그러므로 교사는 유아가 양성성을 발달시키도록 하되 자신의 성역할을 배우는 것도 중요한 발달과업임을 주지해야 한다.

• 확산적 질문을 통해 유아의 호기심과 학습동기를 유발하고 창의적인 사고를 촉진한다.

비계설정과 관련한 교사의 언어와 행동

• 민감하고 반응을 유도하는 진정한 대화하기
• 유아의 주도권 촉진하기
• 유아에게 좀 더 새로운 언어형태와 구조 모델을 보여 줌으로써 언어를 증진시키기
• 유아가 여러 가지 생각과 감정을 말로 표현하도록 권유하기
• 더 길고 더 정확한 코멘트 증진시키기
• 확산적 반응들을 유도하기
• 유아가 정보를 더 잘 이해하도록 말과 질문에서 특별한 단서 제공하기
(예: 무엇, 누구, 왜, 왜냐하면, 그래서, 그리고, 다음에는, ~를 제외하고, 만약 ~하면, 언제, 후에)
• 유아들이 관심을 갖는 주제에 대해 더 많이 알게 하는 생생한 듣기와 질문으로 자극하기
• 성인과 다른 유아들과 협동적인 대화 증가시키기

자료: Machado, J. H. (2003).

제6장 보육방법

1. 보육의 목표

보건복지부(1991)의 '영유아 보육프로그램'에서는 어린이집의 수탁 아동에게 기본적인 욕구를 충족시키고, 안전하고 건강하게 보호하며, 조화로운 발달을 촉진시킬 수 있는 교육을 한다는 목적하에 건강 · 안전 · 영양 · 교육의 네 부분으로 나누어 보육목표를 수립하였으며, 그 내용은 다음과 같다.

1) 건강

(1) 심신의 건강 유지를 위해 청결하고 쾌적한 환경을 제공한다.

- 놀이영역과 낮잠영역의 청결 상태를 점검 · 유지한다.
- 놀잇감 및 개인물품의 청결 상태를 점검 · 유지한다.
- 기저귀대의 청결 상태를 점검 · 유지한다.
- 쾌적한 실내환경을 유지한다.

(2) 아픈 유아와 심리적 결핍을 느끼는 유아에게 따뜻한 간호와 지지를 제공한다.

- 아픈 유아를 간호한다.
- 가족적인 분위기를 유지하여 심리적 결핍을 느끼지 않도록 한다.
- 애착 형성에 문제가 없도록 따뜻하게 보살핀다.

(3) 질병 예방에 필요한 일을 실천한다.

- 일일 건강검진을 실시한다.
- 정기적인 건강진단을 실시한다.
- 예방접종을 한다.

(4) 규칙적인 생활 및 건강습관에 대한 지도를 한다.

- 몸을 청결히 하는 습관을 갖도록 한다.
- 규칙적인 생활을 하도록 한다.

2) 안전

(1) 안전한 생활공간을 제공한다.

- 실내 · 외를 청결하게 한다.
- 건물 시설의 안전 상태를 유지한다.

(2) 안전한 설비 및 놀이기구를 제공한다.

- 실내 설비 및 놀이기구의 안전 상태를 수시로 점검한다.
- 실외 설비 및 놀이기구의 안전 상태를 수시로 점검한다.

(3) 사고 예방에 필요한 일을 실천한다.

- 화재사고의 예방과 안전에 유의한다.
- 교통사고의 예방과 안전에 유의한다.
- 기타 사고의 예방과 안전에 유의한다.

(4) 사고 발생에 대비한다.

- 사고 발생 시 적절한 응급처치를 하기 위해서 모든 구성원이 응급처치에 필요한 기술과 지식을 익힌다.
- 응급처치에 필요한 의료 물품을 비치한다.
- 사고에 대비하여 보험에 가입한다.

3) 영양

(1) 건강한 신체 발육을 위한 영양을 공급한다.

- 영양가 있는 다양한 음식을 제공한다.
- 아동의 기호에 적합한 음식을 제공한다.
- 알맞은 양의 식사와 간식을 규칙적으로 제공한다.
- 균형된 식사와 간식을 제공할 수 있는 식단을 제공한다.

(2) 식품을 위생적으로 관리한다.

- 음식을 청결하게 조리한다.
- 음식을 위생적으로 보관 · 저장한다.

(3) 바람직한 식습관 형성을 위한 지도를 한다.

- 식사 전에 손 씻는 습관을 기른다.
- 편식하지 않도록 지도한다.
- 자기가 먹은 그릇을 스스로 치우도록 한다.

4) 교육

어린이집 교육 및 목표는 영유아의 성장과 학습을 위해 요구되는 운동기술, 감각 · 지각 및 인지능력, 의사소통기술, 사회적 관계, 정의적 발달 등에 대한 능력과 기술의 증진을 도와주는 데 있다. 대부분의 교육목표 및 내용(특별히 한 연령에서 습득해야 될 몇 가지의 과제를 제외하고는)은 연령에 따른 난이도의 차이가 있을 뿐, 근본적인 개념은 영유아가 공통적으로 획득해 가야 될 항목들이다.

각 발달영역에 따른 자세한 교육목표는 다음과 같다.

(1) 신체 발달영역

- 조정능력을 기른다.
- 습관을 형성한다.

(2) 의사소통 및 언어 발달영역

- 다양한 물체의 소리나 말을 듣게 하여 여러 가지 소리가 있다는 것을 알고 언어에 대한 친숙한 느낌을 갖는다.
- 여러 가지 소리를 변별할 수 있는 능력을 기른다.
- 새로운 소리를 시도해 보고 정확한 발음을 익힌다.
- 다른 사람과 의사소통을 원활히 할 수 있는 능력과 태도를 기른다.
- 글자의 기초가 되는 여러 가지 낱말을 변별하는 능력을 기르고 자연스럽게 문자이해력을 기른다.

(3) 감각 지각 및 인지 발달영역

- 감각 기능을 발달시켜 주위 환경을 바르게 지각할 수 있는 능력을 기른다.
- 감각 · 운동 간의 협응능력을 기른다.
- 자유로운 활동의 선택과 호기심의 표현을 격려하여 스스로 탐색하는 능력과 태도를 기른다.
- 당면하는 문제를 적절히 해결할 수 있는 능력을 기른다.
- 구체적인 경험을 통해 자연현상에 대한 기본 개념을 익힌다.
- 논리적 · 수리적 사고의 기초능력을 기른다.
- 사회구성원으로서의 사회현상 및 기능에 대한 기본 개념을 안다.

(4) 사회적 상호작용 발달영역

- 낯익은 사람을 알아보고 적절히 표현한다.
- 타인과 관계를 맺는 데 필요한 예의 있는 태도를 기른다.
- 타인과 긍정적이고 적극적인 상호작용을 한다.
- 자신과 자기 일에 대한 주체성을 기른다.
- 문화적 자긍심을 갖는다.

(5) 정서적 안정감 및 인성 발달영역

- 격리불안을 적절히 해결한다.
- 자신에 대해 긍정적인 태도를 갖는다.
- 호기심을 가지고 새로운 것을 탐색한다.
- 스스로 활동을 선택하고 완성하려는 성취욕과 자신감을 기른다.
- 자연과 사물의 아름다움을 감상할 줄 안다.
- 노래와 음악을 감상하는 기회를 갖는다.
- 자신의 감정을 창의적으로 표현하는 능력과 태도를 기른다.

2. 보육내용 및 방법

1) 건강지도

(1) 영유아 건강지도의 의의

영유아기에는 심신의 급속한 성장과 발달이 왕성하게 일어나며, 이 시기의 성장과 발달이 일생 동안의 성장과 발달의 기초를 형성한다. 영유아의 건강을 돌보는 일은 과거에는 부모에게만 관심과 책임이 있었으나, 사회적인 변화로 인해 보육시설에서 보내는 시간이 많아졌기 때문에 부모뿐만 아니라 보육기관의 중요한 역할 중 하나가 되었다. 보육기관은 영유아의 건강을 보호하고 지속시키고 향상시킬 책임이 있으며, 이를 위한 교육적 활동을 제공해야 한다.

2004년 1월 개정 · 공포되어 2005년 1월 30일부터 시행된 영유아보육법에서는 '보육' 이라 함은 영유아를 건강하고 안전하게 보호 · 양육하고 영유아의 발달 특성에 적합한 교육을 제공하는 사회복지서비스를 말한다(제2조 2항)라고 정의하고 또한 영유아보육법 제5장을 '건강 · 영양 및 안전' 으로 구성하여 강조하고 있다.

제5장 건강 · 영양 및 안전

제31조(건강관리 및 응급조치)

① 보육시설의 장은 영유아와 보육시설 종사자에 대하여 정기적으로 건강진단을 실시하는 등 건강관리를 하여야 한다.

② 보육시설의 장은 영유아에게 질병 · 사고 또는 재해 등으로 인하여 위급상태가 발생한 경우 즉시 응급의료기관에 이송하여야 한다.

③ 제1항의 규정에 의한 건강진단 등에 관하여 필요한 사항은 여성가족부령으로 정한다.

제32조(치료 및 예방조치)

① 보육시설의 장은 제31조의 규정에 의한 건강진단 결과 질병에 감염되었거나 감염될 우려가 있는 영유아에 대하여 그 보호자와 협의하여 필요한 조치를 하여야 한다.

② 보육시설의 장은 제1항의 조치를 위하여 필요한 때에는 지역보건법 제7조 및 제10조의 규정에 의한 보건소 및 보건지소 그리고 의료법 제3조의 규정에 의한 의료기관에 협조를 구할 수 있다.

③ 제2항의 규정에 의하여 협조를 요청받은 보건소 · 보건지소 및 의료기관의 장은 적절한 조치를 취하여야 한다.

제33조(급식관리)

① 보육시설의 장은 영유아에게 여성가족부령이 정하는 바에 의하여 균형 있고 위생적이며 안전한 급식을 하여야 한다.

자료: 영유아보육법(2004년 1월 공포/2005년 1월 30일 시행)

세계보건기구(the World Health Organization: WHO)에 따르면 건강은 신체적, 정신적, 사회적 안녕의 상태나 질을 의미한다. 단순히 질병이 없거나 허약하지 않다는 의미를 넘어서 포괄적인 개념으로 정의된다(조성연 외, 2004). 신체적, 정신적, 사회적인 측면까지를 포함하여 각 개인의 역할과 임무를 효과적으로 잘 수행할 수 있는 최적의 상태라고 볼 수 있다.

특히 영유아기의 건강은 심신을 조화롭게 발달시켜 건전한 인간으로서의 토대를 마련한다는 점에서 건강한 상태를 유지하기 위해서는 주위환경이 아주 중요하므로 보육기관에서의 역할과 책임이 중요함을 알 수 있다.

보육시설에서 교사들이 기본적으로 알고 있어야 할 영유아의 건강관리 내용을 살펴보면 다음과 같다(윤애희 외, 2003 재인용).

- 앓는 영유아를 식별해내고 긴급할 때 적절한 행동을 취하는 일
- 영유아의 건강과 영유아 가족의 건강을 파악하기 위하여 부모를 만나는 일
- 건강 관련 프로그램 중에 영유아의 건강 평가를 도우며 건강에 관한 정보기록을 보관하는 일
- 영유아의 교육활동과 경험 속에서 건강에 관한 내용을 교육시키는 일
- 교육기관의 시설과 설비 및 교육의 진행 환경을 안전하고 건전하게 유지하는 일
- 부모나 건강 전문인과 영유아의 건강상담 시기를 결정하는 일
- 영유아와 보건 전문인을 연결시키는 일

〈표 6-1〉 연간 건강관리 계획의 예

월	주	내용	형태	대상
3	1	건초열과 결막염	자료 게시	학부모
	2	방역 의뢰	방역	건물 내외
	3	양호실 이용법	교사교육	교사
	4	정화조 청소	전문업체	
4	1	체질검사		학부모
	2	체격검사	간호사 실시	건물 내외
	3	구강검진, 불소도포	치과	교사
	4	잇몸궤양	자료 게시	
	5	물탱크 청소	전문업체	
	6	병리검사	한국건강관리협의회	신청자
5	1	뇌염 예방 접종 홍보	자료 게시	학부모
	2	다래끼	자료 게시	학부모
	3	양치질 교육	아동교육	만 4, 5, 6세
	4	방역 의뢰	방역	건물 내외
	5	시력검사	보건소	만 4, 5, 6세
9	1	수족구	자료 게시	학부모
	2	방역 의뢰	방역	건물 내외
	3			
	4			
10	1	불소도포	치과	충치 아동
	2	체격검사	반별 실시	전체원아
	3	독감예방 접종 홍보	자료 게시	학부모
	4	수두예방 접종 홍보	자료 게시	학부모
	5	물탱크청소	전문업체	
11	1	비뇨기 감염	자료 게시	학부모
	2			
	3			
	4			

월	주	내용	형태	대상
6	1	타박상	자료 게시	학부모
	2	전염병에 관하여	교사교육	교사
	3	영아반 체격검사	반별 실시	만 1, 2세
7	1	영아반 체격검사		
	2	이질		
	3	방역 의뢰		
	4			
8	1	직원 건강검진	병원 방문	교직원
	2	농가진	자료 게시	학부모
	3	방역의뢰	전문업체	건물 내외
	4	영아반 체격검사	반별 실시	만 1, 2세
12	1	영아반 체격검사	반별 실시	만 1, 2세
	2	안면 헤르페스	자료 게시	학부모
	3	방역 의뢰	방역	건물 내외
	4			
1	1	피부가 텄을 때	자료 게시	학부모
	2			
	3			
	4			
	5			
2	1	영아반 체격검사	반별 실시	만 1, 2세
	2	시력검사	안과 방문	취학반
	3	사마귀	자료 게시	학부모
	4			

자료: 김두범 외(2004).

(2) 영유아 건강지도의 내용

① 환경

영유아의 몸과 마음의 건강을 유지하기 위해서는 청결하고 쾌적한 환경 제공이 필요하다.

- **충분한 공간**: 공간이 좁으면 질병에 더 쉽게 전염되며, 공간이 물건과 사람으로 혼잡할 때 질서를 지키기 어렵다. 공간을 기능에 따라 구분함으로써 영유아가 안락하고 안전하게 생활할 수 있다. 또한 산책을 할 수 있는 공간도 필요하다.
- **쾌적한 실내 환경**: 움직임이 많은 생활공간이므로 환기를 통해 신선한 공기가 교실로 들어오도록 하며, 오염되지 않은 신선한 실외공기를 마실 수 있도록 산책이나 실외활동을 계획해 본다. 또한 실내온도와 습도, 채광을 적절하게 유지하고, 소음의 통제가 가능하도록 바닥에 카펫을 깔거나 천장과 벽은 방음재질로 부착한다.
- **청결**: 모든 시설과 설비를 깨끗하게 유지하기 위해서는 정기적으로 소독, 세척해야 한다.

② 신체건강

- **운동**: 운동은 다양한 방법으로 건강을 촉진한다. 영유아기는 체격이 급속도로 변화하는 시기인데, 운동은 균형 있는 신체적 성장을 돕는다. 몇몇 연구에서는 운동 발달이 잘 된 영유아가 학습 또한 용이하다는 사실과 영유아기는 기본운동기능의 학습이 절대적으로 요구되는 시기임을 말하고 있다.

  운동습관은 초기부터 형성되며, 영유아들은 안전한 놀이 환경에서 자유롭게 움직일 때 필요한 운동을 하게 된다. 구르기, 기기, 서기, 가구를 잡고 걷기와 같은 활동은 영아들에게 적절한 운동 형태이며, 걸음마기에는 계단 오르기, 달리기, 공 던지기 등이 적당하다.

  또한 유아기에는 안전에 유의하면서 대근육활동을 계속 계획해야 하는데, 달리기, 차기, 공 주고받기, 율동, 자전거 타기, 스키핑, 점핑, 기어오르기 등과 같은 운동형태가 적당하다.

- **질병**: 질병의 예방과 질병을 빨리 찾아내어 치료하는 것이 중요하다. 부모와 교사는 영유아의 상태를 잘 관찰하여 조기치료가 가능하도록 하는 것이 중요하며, 질병 예방에 필요한 일을 실천해야 한다.

첫째, 등원 후 영유아의 건강상태(유아의 안색, 발열, 몸의 불편함, 배변 상태 등)를 점검한다. 만약 영유아가 다음과 같은 특징을 보일 경우 부모에게 연락하여 병원으로 데리고 가거나 귀가 시 부모에게 알려 주어 전문가의 진단을 받을 수 있게 해야 한다.

- 평소와 달리 활동에 무관심하거나 나른해하고 무기력하다.
- 가려워하거나 피부에 발진, 상처 등이 발견된다.
- 고열, 열에 따른 행동이나 외모변화(예: 홍조된 얼굴, 충혈된 눈 등)가 나타난다.
- 잘 먹지 않거나 배가 아프다고 한다.
- 구토나 설사를 보이거나 귀에서 물이 흘러나온다.

둘째, 건강진단을 실시한다.

주변의 보건소나 의료기관에 의뢰해 건강진단을 정기적으로 실시한다. 부모가 겉으로 보아서는 알 수 없는 질병과 선천성 기형 등을 조기에 진단, 치료할 수도 있다.

정기적 검진에는 일반적으로 몸무게, 키, 가슴둘레, 머리둘레 등을 재어 영유아의 성장 발육 상황 등을 파악하는 체력검사와 시력과 청력검사, 치과, 이비인후과 검사 등이 포함된다. 진단 후 영유아의 건강상태를 부모에게 알려 주고 필요한 경우 부모와 기관이 협조하여 해결방안을 찾는다.

셋째, 예방접종을 한다.

보건복지부에서 제정한 예방접종이 적시에 이루어지도록 한다. 특히 영유아에게 전염성이 강한 결막염, 볼거리, 수두 등이 유행하는 시기에는 이를 빨리 발견하여 감염된 영유아를 격리해야 한다.

〈표 6-2〉 영유아의 예방접종 종류와 시기

시기	예방접종 종류
4주 이내	비씨지(결핵)
1개월	B형 간염
2개월	DPT, 경구용 소아마비, B형 간염
4개월	DPT, 경구용 소아마비
6개월	DPT, 경구용 소아마비, B형 간염
12개월	홍역, 볼거리, 풍진(MMR)
18개월	DPT 추가
만 4~6세	DPT, 경구용 소아마비 추가
12~24개월	일본뇌염 1, 2차 접종, 1년 후 3차 접종
만 6세, 만 12세	일본뇌염 추가 접종

③ 정신건강

정신건강은 정신병이 없는 상태만이 아니라 인간이 행복하고 원만하게 사회생활을 영위해 나갈 수 있는 정신적인 상태를 말한다.

신체와 정신은 서로 영향을 미친다. 신체의 모든 현상은 정신에 영향을 주고 정신적인 변화에도 신체는 반응을 한다. 정서적으로 불안한 환경이거나 많은 스트레스를 받게 되면 여러 가지 신체질환이나 정신질환에 걸릴 수 있다. 오늘날 비행문제, 학업 미성취, 약물남용, 폭력, 자살률 증가와 같은 아동의 정신상태는 국가적인 관심의 대상이 되고 있다. 그 근원을 유년기에서 발견할 수 있는 경우가 많으므로 유아의 정신건강은 매우 중요하다고 볼 수 있다.

특히 요즘 아이들은 예전보다 훨씬 더 많은 스트레스를 경험한다. 스트레스와 긴장은 다음과 같은 원인에 의해 야기될 수 있다(서영숙 외, 2004).

- 부모 모두가 직장에 다니는 경우
- 초기의 분리불안
- 부모의 이혼이나 별거 또는 한부모가정
- 지나친 자극과 과도한 스케줄

- 과도한 텔레비전 시청과 컴퓨터 게임, 오락
- 또래와 부모로부터의 압박감
- 가족구성원의 변경(예: 형제의 탄생이나 가족의 죽음)
- 보육기관에서의 친구관계
- 아동양육의 사고방식에 대한 갈등
- 빈약한 식사
- 이사 등으로 낯선 곳에서 생활하게 될 때

따라서 유아들이 신체적 · 정신적으로 편안한 환경에서 건강하게 살도록 부모와 교사의 특별한 관심과 배려가 요구된다. 신경질, 우울증, 위축, 계속되는 공격성, 파괴적인 행동은 초기에 알아차리고 도와주어야 한다. 교사는 유아의 행동을 관찰하고 평가하여 부모와의 상담, 교사 간의 토론 등을 통해 성공적인 행동을 할 수 있도록 지도하거나 전문가에게 상담할 수 있는 방법을 모색해야 한다.

2) 안전지도

(1) 영유아 안전지도의 의의

최근 선진국이나 중진국의 유아 사망의 가장 중요한 요인은 질병이나 전염병이 아니라 사고인 것으로 나타났다. 이것은 유아의 보호와 교육에서 안전관리가 얼마나 중요한가를 단적으로 말해 주는 증거라고 할 수 있다(임재택, 1998).

영유아들은 호기심이 많으며 행동이 순식간에 이루어지는 반면, 경험과 협응력이 부족하기 때문에 위험을 인식하지 못하는 경우가 있으므로 부모나 교사는 사고를 방지하기 위해 항상 주의를 기울여야 한다. 안전관리의 목적은 사람이나 사물에 잠재하는 위험요인을 조기에 발견하고 그것을 신속히 제거하여 사고나 재해를 미연에 방지하는 데 있다(임미혜, 2000). 안전사고가 발생한 경우에는 추후 사고를 예방할 수 있는 자세한 사고보고서를 작성해야 한다. 또한 미리 사고 발생 시 처리절차를 부모에게 안내하고, 응급처치 및 책임에 대한 부모 동의서를 받아두며, 영유아와 종사자를 위한 상해보험에 가입해 두어야 한다.

(2) 영유아 안전지도의 내용

① 보육시설에서의 안전지도

장난감과 비품들은 매일 점검해야 한다. 부러진 조각이나 예리한 모퉁이가 있는 장난감은 빨리 교체해야 하며, 작은 조각의 장난감들이 유아의 코, 귀, 등에 들어가지 않도록 주의 깊게 살펴보아야 한다. 또한 장난감과 교재를 두고 유아들이 다투는 것을 방지하기 위해 충분한 장난감을 비치한다.

보육시설의 실내외 환경에는 곳곳에 위험요소가 내재해 있다. 이를 정리하면 〈표 6-3〉과 같다.

〈표 6-3〉 보육시설의 환경적 위험요소

환경조건	잠재위험의 발견 및 제거
보육시설의 입지조건	• 교통사고의 가능성 • 익사사고의 가능성 • 추락사고의 가능성
보육시설의 유원장	• 돌, 유리조각, 요철, 망가진 시설물
화장실 및 세면대	• 보육교사가 감독할 수 있는 범위 내에 설치 • 출입문의 높이 및 손잡이 • 변기의 높이, 크기, 넘어질 위험성 • 미끄러질 위험성 • 세면대의 위치와 높이, 모서리 • 바닥의 재료 • 온수의 화상위험
실내설비	• 책상이나 의자의 면과 모서리 • 출입구의 손잡이 • 금속물의 돌출부분(옷걸이, 모자걸이) • 창문과 창살의 위험 • 난방기구의 설치 시 화재, 화상의 위험 • 전기의 위험 • 기타 약품 등의 위험
고정놀이기구	• 미끄럼틀, 그네, 구름다리 등의 위치 및 구조 • 놀이기구 사용법의 안전성
이동놀이기구	• 보관 장소, 파손 여부 검사, 사용방법, 구조

자료: 임미혜(2000).

보육교사는 사고의 위험 속에서 생활하고 있는 영유아들이 스스로 자신을 지킬 수 있는 능력과 기술을 갖출 수 있도록 안전교육을 실시할 수 있다.

- **보호**: 위험 가능성이 있는 요소들을 영유아들로부터 분리시켜 놓는 것을 뜻한다.
- **훈육**: 영유아들이 복종할 수 있도록 타당하고 엄격하게 가르치는 것을 뜻한다.
- **규칙**: 안전사고를 방지하기 위해 평소 주의해야 할 사항들을 교사와 유아가 약속한 것으로서, 영유아의 연령을 고려하여 몇 가지로 제한을 하고 영유아가 쉽게 기억할 수 있게 한다.

실내에서 지켜야 할 안전규칙은 다음과 같다.

- 실내에서는 걸어다닌다.
- 장난감과 비품들은 올바른 방법으로 사용한다.
- 장난감은 사용 후 제자리에 놓는다.
- 엎지른 것은 곧바로 닦는다.
- 다른 사람의 감정과 물건을 존중한다.

9세 미만의 아동 사망을 분석한 결과 우발사고의 빈도가 가장 높게 나왔으며, 주된 원인은 교통사고, 추락이나 화상, 중독, 놀이에 의한 사고 등 다양하다.

이와 같은 사고의 유형은 아동의 연령과 관련이 있다. 연령별 사고유형에 따른 안전지도를 도표화하면 〈표 6-4〉와 같다.

〈표 6-4〉 연령별 사고유형에 따른 안전지도

연령	발달상태	사고유형	안전지도
0~1세	• 물체를 움켜쥐며, 입에 넣는다. • 뒤집을 수 있다. • 기어다니며 주변을 탐색한다. • 손발의 놀림이 심하다. • 사물에 대한 호기심이 많다.	질식사고	• 우유는 반드시 안아서 먹인다. • 침대 매트리스나 요, 베개는 너무 푹신하지 않아야 한다. • 되도록 엎드려 재우지 않는다. • 끈, 비닐봉지 등에 의한 질식사고에 주의한다. • 삼킬 수 없을 정도의 큰 장난감을 주고 작은 조각이나 분리되는 장난감의 사용을 금한다. • 욕실에 잠시라도 혼자 두지 않는다. • 이물질(단추, 동전, 구슬 등)에 의한 질식에 주의한다.
		추락사고	• 유아의 침대는 반드시 보호대를 설치한다. • 소파나 탁자에 혼자 두지 않는다. • 계단이나 현관에 안전망이나 안전울타리를 설치한다. • 늘 성인이 보는 안전한 장소에 있게 한다.
		화상	• 목욕물의 온도를 점검한다. • 난로나 라디에이터 등 전열기구 앞에는 보호막을 설치한다. • 뜨거운 물이나 음식, 가구 가까이 두지 않는다.
		중독사고	• 약품이나 독성 물질을 가까이 두지 않는다. • 장난감은 유해한 독성이 없어서 빨 수 있는 것이어야 한다.
1~2세	• 걷고 기어오른다. • 공간에 대한 판단이 정확하지 않다. • 호기심이 많고 탐색하기 좋아한다. • 물건을 입에 넣는다.	추락사고	• 창문이나 베란다에는 반드시 안전대를 설치한다. • 계단에 혼자 두지 않는다. • 도로에 접한 문은 항상 닫아 둔다. • 층계 꼭대기의 문은 항상 닫아 둔다. • 실외놀이 시 감독한다. • 실내놀이 때도 추락 가능성이 있는 큰 놀이기구에 주의한다.
		중독사고	• 약품, 소독제 등은 따로 보관한다. • 화장품이나 청소도구, 세제는 유아의 손에 닿지 않는 곳에 둔다. • 장난감이나 놀이도구의 재질이 독성 물질을 포함한 것인지 점검한다.
2~4세	• 달리고 혼자 높은 곳을 오르내린다. • 모방행동을 한다. • 장롱이나 서랍을 열어 탐색행동을 한다.	중독사고	• 약품이나 위험한 물건은 잠금장치를 한다. • 소독용품이나 식물 재배용 비료를 따로 관리한다. • 무독성 미술 자료를 쓴다.

연령	발달상태	사고유형	안전지도
2~4세	• 공놀이를 하며 세발자전거를 탈 수 있다. • 물놀이를 즐긴다.		
4~6세	• 높은 곳에서 뛰어내리는 등의 모험적인 활동을 한다.	교통사고	• 교통규칙을 가르치고 지키도록 한다. • 교통사고의 위험성과 그 원인을 쉽게 설명한다. • 보행자의 안전규칙을 지킨다.
		추락사고	• 건축 장소나 공사장에서 놀지 않는다. • 엘리베이터의 안전한 사용을 설명하고 실천한다. • 지붕이나 옥상의 나무에 오르지 않는다.
	• 대근육활동을 즐긴다. • 모방행동이 확장된다. • 집 이외에 동네나 이웃까지 활동 범위가 확대된다. • 집단놀이에 흥미를 갖는다.	놀이사고	• 안전을 고려한 모방놀이를 한다. • 다른 아동과의 상호작용 시 공격적이거나 난폭한 행동은 금한다. • 칼, 가위, 스테이플러 등을 올바르게 사용한다. • 미끄럼틀, 정글짐 같이 높은 곳에서 뛰어내리지 않는다. • 모래놀이 중 모래를 상대방에게 뿌리지 않는다. • 스포츠와 관련된 기구의 안전한 상태를 점검하고 안전수칙을 교육한다.
		화재사고	• 가정에서의 화재 안전점검을 실시한다. • 화재 안전교육을 한다.

자료: 허혜경 외(2004).

② 가정에서의 안전지도

영유아의 안전교육은 이들을 책임지고 있는 가정과 보육기관이 상호 긴밀한 관련하에 충실하게 이루어져야 한다. 그러나 영유아와 아동에게 일어나는 사고의 과반수가 가정과 관련된 상황임을 고려할 때, 안전한 가정환경에 대한 안전의식과 교육이 필요하다.

한국소비자보호원(1996)이 전국의 7세 미만 미취학 아동 가정 356가구를 대상으로 안전실태를 조사한 결과에 의하면 가정 내 안전사고는 넘어짐(19.3%)이 가장 많았고, 그 다음으로 화상(16.1%), 베임(10.8%), 찔림(9%), 미끄러짐(8.7%), 충돌(5.5%)의 순으로 나타났다. 그 밖에 감전, 중독, 질식 등의 발생빈도는 적지만 상해의 정도는 훨씬 심각한 것으로 나타났다.

가정에서의 안전 환경을 위한 안전 점검표의 내용을 정리하면 〈표 6-5〉와 같다.

〈표 6-5〉 가정 내 환경의 안전 점검내용

장소	위험요소
창문, 베란다	• 창문 보호대나 난간 설치 • 창문 가까이 가구나 영유아의 시선을 끄는 물건을 두지 않기 • 문이나 창문에는 잠금장치 설치
방, 거실	• 타일이나 마룻바닥의 표면이 미끄럽지 않게 하기 • 난방기구나 선풍기에는 보호망 설치 • 어린이가 자고 있거나 혼자 있을 때는 에어컨, 선풍기, 난로 등을 켜지 않기 • 카펫이나 깔개는 발이 걸려서 넘어지지 않도록 구멍이 나면 즉시 보수하고 끝이 말리지 않도록 하기 • 전등은 바닥이나 탁자 위에 놓인 것보다 벽이나 천장에 고정된 것이 안전함 • 날카로운 물건이나 공구는 어린이의 손이 닿지 않는 곳에 두기 • 아동용 가구는 모서리가 둥글게 처리된 것을 선택 • 노끈, 철사, 가는 실, 비닐봉지를 가지고 놀지 않게 하기(질식 위험) • 사용하지 않는 콘센트는 뾰족한 것으로 찔러 감전되지 않도록 막아 놓기
주방	• 날카로운 물건은 유아의 손이 닿지 않는 곳에 두기 • 전기밥솥은 유아의 손에 닿지 않는 곳에 두고 취사 중일 때 유아가 접근하지 못하도록 하기(증기로 인한 화상 위험) • 의약품, 세제 등의 화학제품은 냉장고에 넣어 두지 않기 • 가스레인지 중간밸브 잠그기, 유아가 쉽게 조작하지 못하도록 하기 • 냉 · 온수기의 온수 사용은 어른이 도와주기(온수꼭지에 화상 위험)
화장실	• 미끄럼 방지 • 유아용 보조변기 받침대 설치 • 화장실 세척제나 세제는 유아의 손에 닿지 않는 곳에 보관하기 • 손이 젖은 상태에서 전기기구 만지지 않기 • 화장실 문의 잠금장치는 바깥에서도 열 수 있게 하기

(3) 사고 예방 및 대응

① 화상

화상은 열, 화학화품, 전기에 의해 손상을 받아 생기는데, 주로 보육기관의 점심시간 국물, 정수기의 더운물, 주전자의 뜨거운 물, 전기밥솥의 뜨거운 수증기로 인해 발생하는 경우가 많다.

화상은 그 정도에 관계없이 아무리 경미하더라도 흉터가 남을 수 있으므로 영유아들에게는 치명적이다. 따라서 화상이 발생하지 않도록 사전에 예방하는 것이 무엇보다 중요하다.

열에 의한 화상은 먼저 덴 부분을 흐르는 차가운 물에 식히고 물집이 터지지 않게 조심하고 소독된 거즈를 바르는 것이 좋다.

② 교통사고

교통사고는 우리나라 1~9세 유아의 주된 사망원인이다(통계청, 2003).

어린이 교통사고의 원인은 여러 가지이지만 그중 운전자의 부주의와 과속, 신호위반이 주요 요인이며, 상황판단의 미숙함, 위험대처 능력의 부족으로 자신의 보호가 어렵다는 어린이의 발달적 특성도 그 요인이 되고 있다. 통원버스에 의한 사고, 횡단보도 사고, 신호등 오인으로 인한 사고, 롤러스케이트나 자전거를 타다가 교통사고가 발생한다.

따라서 보육기관에서는 일상생활 훈련을 통한 반복적 지도와 사고 예방에 대한 집중적인 교육 및 교통공원, 시범학교 등의 현장교육을 강조되고 있다.

교통안전교육의 내용은 다음과 같다(전남련 외, 2004).

- 안전한 승차: 차례로 타고 내리기, 차 안에서 돌아다니지 않기, 안전띠(안전의자) 착용, 차 안에서 조용히 하기, 창밖으로 머리나 손을 내밀지 않기
- 보행자 안전: 신호등이 있는 횡단보도를 건널 때 안전지도, 신호등이 없는 횡단보도를 건널 때 안전지도, 어른도 없고 신호등도 없는 길을 건널 때 안전지도, 신호등이 없는 경우 육교와 지하도 이용하기, 좁은 골목길에서 넓은 길로 나갈 때 멈추어서 차가 오는지 확인하기, 세워 둔 차 근처에서는 놀지 않기

교통안전교육은 성인의 모범이 중요하다. 신호 지키기, 정해진 곳에 주차하기, 양보운전하기, 지정속도 지키기, 안전띠와 의자 착용하기 등의 모범을 보여 줌으로써 유아들이 안전하고 올바른 교통안전을 연습하도록 이끌 수 있다.

③ 유괴사고

귀가하는 유아를 유괴하여 부모에게 금품을 요구하거나 노동을 시켜 돈을 갈취하는 유괴사고도 끊이지 않고 일어나는 사고다. 가능하면 등·하교 시 집단으로 행동하고 혼자서 놀이터나 노상에서 놀지 않도록 주의하며, 다른 사람의 유혹에 빠지지 않도록 하는 교육을 실시한다. 구체적인 교육내용은 다음과 같다.

- 집에 혼자 있을 때는 문을 잠그고 함부로 열지 않도록 한다.
- 전화가 걸려 왔을 때 집에 혼자 있음을 상대방에게 말하지 않도록 한다.
- 낯선 사람이 주는 돈이나 과자를 부모의 허락 없이 받아먹지 않도록 한다.
- 외출할 때에는 부모에게 가는 곳을 알리고, 안전한 큰길로 다니며, 혼자 놀지 않는다.
- 집 주소, 살고 있는 동네, 집 전화번호, 부모의 이름과 직장, 전화번호를 항상 외우게 한다.
- 신고나 도움을 요청하기 위하여 '119'에 신고한다.

④ 기타 사고

그 외 보육시설과 가정, 동네에서 발생할 수 있는 사고의 형태는 〈표 6-6〉과 같다.

〈표 6-6〉 영유아의 사고 형태

사고 형태	장소
시설물에 의한 추락사고	창문, 베란다
부딪치는 사고 미끄러지는 사고 넘어지는 사고	교실이나 집 바닥/놀이터
끼이는 사고	문, 선풍기 등에 손이 끼임
교재교구 및 장난감에 의한 사고	장난감을 던지고 맞음
질식사고	침대, 푹신한 이불
감전사고	전기콘센트를 포크로 건드려 감전, 가정에서의 전기누전
엘리베이터 사고	신발 끈이나 옷자락이 발판 사이로 들어감

3) 영양지도

(1) 영유아 영양지도의 의의

영유아기의 균형 잡힌 영양 공급은 성장과 발달에 필수적인 요인이며, 성장 후 생의 전반에 걸쳐 건강상태를 좌우하는 기초가 된다.

이 시기에 충분한 영양 공급을 받지 못하고 결핍되면 신체적 성장뿐만 아니라 정서적 · 심리적 성장 발달에도 심각한 영향을 준다. 유아기의 영양실조는 뇌의 크기나 구성에 있어서 치명적인 손상을 가져오며, 중추신경계의 발달을 방해한다(Decker & Decker, 1992). 또한 이 시기에는 에너지나 다른 영양소를 저장해둘 여유가 없으므로 영양의 부족, 영양의 불균형, 영양섭취방법이 적절하지 않으면 그 반응이 심각하게 나타난다. 우리나라 취학 전 유아들은 칼슘 섭취가 부족하고 지방과 단백질, 인은 과잉 섭취하는 등 영양 불균형이 심각한 것으로 드러났다.

유아들에게는 영양의 양적인 측면뿐 아니라 유아의 신체요구에 맞는 영양이 공급되어야 한다. 특히 이 시기는 음식에 대한 감각(미각, 후각, 청각, 시각, 촉각 등)이 발달하므로 음식의 색과 모양, 냄새 등에 민감하게 변화하며, 그에 따라서 식욕이 영향을 받는다. 영유아기는 신체적 성장이 활발하고 식습관이 형성되는 시기이므로 이 시기에 형성된 음식과 식사에 대한 태도, 식습관은 성인까지 이어진다. 특히 영유아의 식습관 형성은 일방적인 가르침보다는 생활 속에서 주변사람들의 행동에 의해 더 많은 영향을 받으면서 자연스럽게 이루어진다.

최근 들어 여성 취업 인구의 증가와 핵가족현상 등의 이유로 보육시설에 대한 육아의존도는 갈수록 높아지고 있고, 영유아의 충분한 영양 섭취와 올바른 식습관 형성을 위한 보육기관과 보육교사의 역할은 한층 더 중요해졌다. 영유아의 영양교육의 목적은 영양에 대한 개념과 지식을 습득하고 올바른 식사습관을 형성하는 것이며, 이를 통해 유아의 현재와 미래의 건강을 증진시키는 데 있다(조경자 외, 2004).

(2) 영유아 영양지도의 내용

① 영아기의 영양지도

성장과 발달의 속도가 가장 빠른 영아기에는 무엇보다 영양 섭취가 중요하다.

생후 4개월경이 되면 체중은 출생 시보다 2배가 증가하며, 1세가 되면 3배로 증가한다. 신장은 1년 만에 1.5배로 자란다.

〈표 6-7〉 영아기의 영양권장량(제7차 개정)

연령(개월)	체중(kg)	신장(cm)	열량(kcal)	단백질(g)	비타민 A(mgRE)	비타민 D(mg)	비타민 E(mg α-TE)	비타민 C(mg)
0~4개월*	5.6	58	500	15(20)	350	5(10)	3	35(50)
5~11개월	9.3	73	750	20	350	10	4	35

연령(개월)	비타민 B_1(mg)	비타민 B_2(mg)	나이아신(mgNE)	비타민 B_6(mg)	엽산(mg)	칼슘(mg)	인(mg)	철(mg)	아연(mg)
0~4개월*	0.2(0.3)	0.3(0.4)	2(3)	0.1(0.2)	60(100)	200(300)	100(200)	2(6)	2(4)
5~11개월	0.4	0.5	5	0.4	70	300	300	8	4

*모유 영양아 기준권장량(괄호 안의 수치는 조제유 영양아 권장량)

자료: 한국영양학회(2000).

- 수유: 생후 6개월까지 영아는 모유나 조제유로 필요한 영양을 공급받는다. 모유는 영아가 성장·발달하는 데 가장 이상적인 영양소를 담고 있으며, 수유부의 연령, 출산횟수, 건강상태, 임신기간, 수유기간 등에 따라 모유의 조성은 달라진다.

WHO와 UNICEF는 전 세계적으로 모유수유를 권장하는 운동을 전개하여 출생 후 4~6개월까지는 모유를 먹일 것을 권장하고 있다.

모유수유는 다음 같은 장점을 가지고 있다.

- 양질의 단백질과 필수지방산을 이상적으로 함유하고 있으므로 이상적인 영양 공급원이다.
- 중추신경계의 성장과 발달에 중요한 타우린을 함유하고 있다.
- 질병 예방의 효과가 있다. 초유에는 면역성분과 기타 면역물질이 농축되어 있어 감염을 예방한다.
- 어머니와 영아의 정서적 유대를 조성한다. 어머니의 따뜻한 몸을 접촉함으로써 어머니-자녀 간의 유대가 강화된다.
- 수유부의 건강에 이롭다. 모유를 먹이는 어머니들은 심리적으로 만족을 느끼고 자궁수축이 자극되어 자연스러운 피임을 할 수 있다.
- 편리하고 경제적이다.

수유는 어머니의 영양 필요량을 증가시키므로 산모는 비타민, 무기질, 철분과 칼슘이 충분이 들어간 건강에 좋은 음식을 다양하게 섭취해야 한다. 수유기 동안 약물 및 환경오염 물질, 알코올, 흡연, 카페인, 바이러스 등 바람직하지 못한 물질이 모유에 함유되어 영아에게 이동될 수 있으므로 주의해야 한다.

모유영양이 바람직하지만 영아와 산모의 건강에 이상이 있어 모유영양이 불가능할 경우 인공유로 영양을 줄 수 있다. 안전하고 영양 있는 조제유를 준비하기 위해 고려해야 할 점은 다음과 같다.

첫째, 위생: 조제유를 타기 전에는 반드시 손을 깨끗하게 씻고 사용되는 모든 기구는 철저하게 소독하며, 분유를 탈 물은 반드시 끓인다.

둘째, 정확한 용량: 제품에 표시된 지시대로 정확하게 조제하는 것이 중요하다. 농도가 진하게 되면 소화불량이나 비만을 유발하고 농도가 묽으면 성장발육이 저해된다.

셋째, 온도: 손목 안쪽에 우유를 떨어뜨려서 약간 따뜻한 온도가 적절하며, 실온과 유사한 온도면 괜찮다.

생후 6~12개월부터는 일반우유를 먹을 수 있다. 적어도 2세 전까지는 저지방우유나 탈지유를 먹이지 않는다. 영아에게 칼로리는 너무 적고 단백질은 너무 많기 때문이다.

보육시설에서 우유를 먹일 때는 우유의 위생관리와 각 영아에 세심하게 주의를 기울여 사전에 부모와 상의하고 평소 먹는 우유의 양과 시간 간격 등을 알아두어야 한다.

〈표 6-8〉 월령에 따른 수유횟수와 양

월령	0~4개월	4~6개월	6~8개월	8~10개월	10~12개월
모유	1일 8회 이상	5회 이상	요구에 따라 5회 이상	요구에 따라	요구에 따라
조제유	5~10회	4~7회	3~4회	3~4회	3~4회
총 섭취량	470~990cc	720~1200cc	720~1200cc	470~990cc (일반우유 가능)	470~990cc (일반우유 가능)

자료: 임미혜(2000).

- 이유: 이유란 유즙 영양(모유, 조제유)이 일반식사를 통한 영양으로 대치되어 가는 점진적 과정으로서 영아에게 곡류, 채소, 과일 등 다른 음식으로 필요한 영양분을 보충해 주는 것을 말한다.

  이유는 보통 생후 4~6개월 사이에 시작한다. 이때까지는 고형식을 필요로 하지 않기 때문에 적정한 모유나 조제유를 섭취하면 대부분의 영양소를 충족할 수 있었다.

그렇지만 급속한 신체 발달로 필요한 영양소는 많아지는 데 비해 모유의 영양소는 감소되어 열량, 단백질, 철분, 비타민 등의 부족으로 영아의 필요 영양 요구량을 만족시킬 수 없다. 또한 음식을 빠는 것에서 씹는 것으로 자연스럽게 어른과 같은 식생활로 발전하기 위해, 새로운 맛과 질감의 음식을 경험하고 식기를 사용하는 기술을 익히도록 하기 위해 이유가 필요하다.

〈표 6-9〉 영아의 섭식운동 발달과 이유식의 형태

월령	섭식운동	식품의 형태
출생 후 3개월	• 반사작용이 나타난다. –젖 냄새를 맡거나 젖꼭지로 뺨을 자극하면 그 방향으로 고개를 돌린다. –젖꼭지나 손가락을 입 안에 넣으면 힘차게 빤다. –액체음식이 입 안에 들어오면 삼킨다. –젖꼭지를 입에 대면 빨기 위해 혀를 밖으로 내민다.	• 젖이나 젖병으로만 영양 공급이 가능하다. • 식품: 모유 또는 조제유
4~5개월	• 반사작용이 없어진다. • 손을 펼 수 있고 양손을 모아 물건을 잡는다.	• 이유를 시작한다. • 식품: 이유식도 젖병을 주로 이용하게 되지만 숟가락을 시도해도 된다.
6개월	• 앞니가 나기 시작하며, 씹는 운동이 나타난다. • 혀 앞에 있는 음식을 뒤로 보내 삼킨다. • 물건을 잡는 능력이 향상된다.	• 숟가락으로 먹이는 것이 가능하다. • 식품: 미음류(곡분, 거른 야채, 과일즙 등)
7개월	• 턱을 이용해 음식물을 부순다. • 입 안의 음식을 돌려가며 씹는 운동을 한다.	• 숟가락으로 잘 받아먹는다. • 식품: 죽류(걸죽하게 만든 곡류, 야채)
8~10개월	• 어금니가 나오기 시작하고, 씹는 운동이 더욱 발달하며, 혀 운동이 정교해지고, 삼킴 운동이 성숙된다. • 병을 잡을 수 있고, 엄지와 검지를 이용하여 물건을 잡을 수 있을 정도로 손동작이 발달한다.	• 젖병을 들고 혼자 먹을 수 있고, 컵으로 먹을 수 있게 된다. • 과자류를 직접 먹을 수 있다. • 식품: 부드러운 고형식(푹 삶은 육류)
11~12개월	• 깨물거나 씹는 능력이 향상된다. • 혼자서 먹는다. • 도움 없이 컵을 잡는다.	• 숟가락과 컵으로 스스로 먹게 된다. • 식품: 좀 더 강한 고형식
1~2세	• 뒷어금니만 제외하고 송곳니, 앞어금니 등 모든 젖니가 나온다. • 책장을 넘기고 낙서를 할 정도로 손동작이 정교해진다.	• 숟가락과 컵의 사용이 익숙해지므로 젖병의 사용은 단계적으로 중단한다.

자료: 구재옥 외(2002).

② 걸음마기의 영양지도

걸음마기가 시작되면 유아는 요구가 많고 활동적이 된다. 자신과 주변을 탐색하고 통제할 수 있게 되면서 성취감을 느끼고 독립적이게 된다.

영아기에 비해 성장률은 떨어지지만 1~3세 사이의 걸음마기 유아는 대개 1일 1,000~1,200kcal가 필요하다. 활동량에 따라 조금씩 변화가 있으므로 매일 다를 수 있으며, 개인차도 크다. 따라서 주간 단위로 균형 잡힌 식사를 하도록 한다.

이 시기의 유아는 독립성을 주장하기 위해 또는 단순히 피로하여 음식을 거부하는 경우도 있으므로 너무 많은 양의 음식을 먹게 하는 것보다는 영양이 풍부한 음식을 소량으로 자주 주어야 한다. 음식 섭취 사이의 시간 간격이 적절하고 유아가 지나치게 피곤해하지 않으며, 편안한 분위기라면 대부분의 유아는 잘 먹을 수 있다. 3회의 식사와 2회의 간식, 즉 아침, 오전 간식, 점심, 오후 간식, 저녁이 바람직한 음식을 먹는 횟수다.

〈표 6-10〉 만 2세 영아 식단의 예

오전 간식	오렌지	호두잣죽	브로콜리 크림스프	생과일 요구르트	두유 찐빵	짜먹는 요구르트 치즈
점심	흑미밥 냉이된장국 삼겹살야채볶음 모듬쌈채겉절이	녹두밥 쑥국 도라지강정 어묵조림	순두부찌개 조기구이 미나리무생채	기장밥 부추재첩국 모듬장조림 참나물무침	굴양념밥 콩나물김치국 면치마늘종볶음 배추김치	자장밥 계란국 오이무침
오후 간식	우유 콩시루떡	유산균음료 해물야채 미트볼	우유 엘레강스 애플도넛	단호박죽	쇠고기떡국	
열량, 단백질	638kcal, 13g	658kcal, 14g	666kcal, 16g	624kcal, 13g	646kcal, 12g	426kcal, 7g

- 영아 1~3세의 1일 에너지, 단백질 권장량은 1,200kcal, 25g(2000년도 7차 개정판)
- 어린이집의 총 섭취 에너지와 단백질은 600kcal, 10g이고 가감 10으로 하여 구성
- 칼슘과 단백질 섭취를 위해 1일 1회 이상 우유 급식

자료: 대구 보육정보센터(2004).

영아의 식사지도 지침은 다음과 같다.

- 의자에 앉아서 식사하도록 지도한다. 식탁에 올라가거나 음식을 던지는 등의 행동을 하지 못하게 하되, 벌은 주지 않는다.
- 음식에 호기심을 가지고 즐기게 한다. 음식에 손을 대고 손가락으로 먹어도 나무라지 않는다. 다음 단계로 영아는 숟가락을 이용하여 음식을 먹게 된다.
- 새로운 음식에 대해 거부감을 갖는 것은 당연하므로 음식을 강요하지 않는다.
- 영양가 있는 음식을 주되, 어떤 음식을 얼마만큼 먹든지 상관하지 않는다.
- 단것을 제한한다. 식사에 대한 보상으로 사탕을 주지 않는다.
- 즐거운 분위기에서 식사하는 방법과 식습관을 가르친다. 식탁을 싸움터로 만들지 않는다.

③ 유아기의 영양지도

이 시기의 많은 유아들은 보육기관에 다니므로 적어도 하루에 한 끼 이상의 식사나 간식을 가정 밖에서 먹게 된다. 따라서 보육기관은 가정과 더불어 충분한 영양을 섭취하도록 바람직한 식습관 형성을 도모할 책임을 가진다.

점심과 간식의 횟수는 보육시간이 4시간 이하인 경우 1회의 간식, 5~7시간인 경우 1회 점심과 오전, 오후 간식 각 1회씩, 8시간 이상인 경우 2회의 식사와 2회의 간식이 제공되는 것이 바람직하다.

일반적으로 보육시설에서는 점심식사와 오전, 오후 간식을 급식하게 된다. 간식은 정해진 시간보다 영유아들의 상황에 따라 유동적일 수도 있다. 또한 걸음마기 유아와 마찬가지로 다섯 개의 기초식품군으로부터 고르게 영양소를 섭취하도록 계획한다.

유아기에는 좋아하는 음식과 좋아하지 않는 음식을 강하게 보여 주기 시작하고 이러한 행동은 음식의 맛과 질감에 대한 신체반응능력이 증진되고 자신만의 의견을 표현함으로써 나타난다.

〈표 6-11〉 연령별 영양권장량(제7차 개정)

연령	체중 (kg)	신장 (cm)	열량 (kcal)	단백질 (g)	비타민 A (mgRE)	비타민 D (mg)	비타민 E (mg α-TE)	비타민 C (mg)
1~3세	14	92	1,200	25	350	10	5	40
4~6세	19	111	1,600	30	400	10	6	50

연령	비타민 B_1 (mg)	비타민 B_2 (mg)	나이아신 (mgNE)	비타민 B_6 (mg)	엽산 (mg)	칼슘 (mg)	인 (mg)	철 (mg)	아연 (mg)
1~3세	0.6	0.7	8	0.5	80	500	500	8	6
4~6세	0.8	1.0	11	0.6	100	600	600	9	8

자료: 한국영양학회(2000).

[그림 6-1] 유아기 식품구성탑

자료: 한국영양학회(2000).

• **유아의 식사관리**

–식사와 간식을 예정된 시간에 공급하여 합리적으로 일정한 식사 스케줄을 유지한다. 계획대로 하면 유아가 식사시간에 배가 고파서 음식을 좀 더 쉽게 받아들이게 된다. 3~4시간 간격으로 음식을 공급하는 것이 효과적이다.

-유아에게 억지로 먹도록 강요하지 않는다. 매 끼니마다 다양한 종류의 음식을 제공하여 먹고 싶은 것을 스스로 선택하게 한다.
-싫어하는 음식을 먹는 대가로 다른 음식을 주지 않는다.
-음식을 기분전환이나 유아를 달래기 위한 수단, 다른 행동에 대한 보상으로 제공해서는 안 된다.
-유아에게 새로운 음식을 소개할 때에는 최소한 한 입은 먹도록 한다. 특히 배가 고픈 시간에 새로운 음식을 소개한다.
-처음에 많은 양을 주지 말고 오히려 일상적으로 먹는 양보다 적게 주고, 유아가 더 요구하면 더 주도록 한다.
-새로운 음식을 받아들이는 데는 같이 먹는 사람들의 역할이 중요하다. 유아의 식품 선택에는 부모의 음식 기호가 큰 영향을 미친다.
-새로운 음식을 만드는 데에 유아가 참여하도록 한다.
-유아들은 음식의 온도, 맛, 질감 그리고 외관에 대해 매우 까다롭다. 차갑거나 뜨거운 것보다 실온 상태의 음식을 선호하며, 향이 강한 것을 싫어하고 염분이 약간 있으며 바삭바삭한 질감을 가진 음식을 선호한다.
-유아가 채소 먹기를 싫어하면 좋아하는 음식과 섞거나 또는 향이 좋고 영양가 있는 양념을 해서 제공한다.

[그림 6-2] 보육시설에서의 급 · 간식시간은 식생활 습관 형성에 중요하다

〈표 6-12〉 유아기 식단의 예

오전 간식	오렌지	호두잣죽	브로콜리 크림스프	생과일 요구르트	두유 찐빵	짜먹는 요구르트 치즈
점심	흑미밥 냉이된장국 삼겹살야채볶음 모듬쌈채겉절이	녹두밥 쑥국 도라지강정 어묵조림	콩밥 순두부찌개 조기구이 미나리무생채	기장밥 부추재첩국 모듬장조림 참나물무침	굴양념밥 콩나물김치국 멸치마늘종볶음 배추김치	자장밥 계란국 오이무침
오후 간식	우유 인절미	유산균음료 해물야채 미트볼	우유 엘레강스 애플도넛	단호박죽	쇠고기떡국	
열량, 단백질	738kcal, 23g	758kcal, 24g	766kcal, 26g	724kcal, 23g	746kcal, 22g	526kcal, 10g

• 유아 4~6세의 1일 에너지, 단백질 권장량은 1,600kcal, 30g(2000년도 7차 개정판)
• 어린이집의 총 섭취 에너지와 단백질은 800kcal, 15g이고 가감 10으로 하여 구성
• 칼슘과 단백질 섭취를 위해 1일 1회 이상 우유 급식

자료: 대구 보육정보센터(2004).

• 보육시설에서의 영양관리: 유아기의 균형 잡힌 영양 공급의 중요성을 고려할 때 유아들의 보육을 담당하는 보육기관에서의 급식은 영양적으로 균형을 이루어야 하며, 유아의 영양권장량을 충족시켜야 한다. 유아기에 형성된 식습관은 일생에 걸쳐 지속되므로 평생 건강을 위해서는 어려서부터 영양관리가 필요하다.

(3) 영양문제

① 성장장애

영유아의 신장과 체중이 자신의 월령 수에 따른 성장곡선에서 5백분의 수 미만을 나타내는 경우를 일반적으로 성장장애로 간주한다. 영유아에게 성장장애가 나타나는 가장 중요한 원인은 영양 결핍이다. 이 중 에너지와 단백질 결핍이 흔히 나타나며 그 외 철, 아연 등의 미량 영양소 결핍도 성장장애의 원인이 될 수 있다. 영유아에게 영양 결핍이 나타나는 경우는 다음과 같다.

- 영아의 모유섭취량이 부족한 경우: 약한 흡유력, 모유 수유횟수 감소 등
- 영아의 에너지 요구량이 증가하는 경우: 중추신경계 질환, 선천성 심장질환 등
- 모체의 유즙 생성량이 저하되거나 생성된 유즙의 배출이 잘 안 되는 경우: 식사, 질병, 피로, 스트레스, 불안, 흡연, 약물 등
- 이유 시작시기가 너무 늦어지는 경우

② 식욕부진

4세 전후의 시기에는 식욕부진이 일어나기 쉬우며, 3~4세경에는 자신의 독립성을 주장하거나 배가 고프지 않아 음식에 거부반응을 보일 수도 있다. 또한 유아가 피곤하거나, 지치거나, 병이 있거나, 낯선 환경에서도 식욕이 없을 수 있다. 또한 교사나 부모가 강제로 음식을 먹이려 하거나, 간식을 자주 주거나, 운동부진도 식욕부진의 원인이 될 수 있다.

식욕부진의 해결책으로는 유아에게 병이 있는지 체크를 하고, 식사시간은 30분 정도로 간식을 자주 주지 않고 충분한 운동을 통한 규칙적인 생활습관 속에서 식전의 공복감과 식사 시의 즐거움 그리고 식사 후의 만족감을 느낄 수 있도록 해 주는 것이다.

그리고 일시적으로 특정한 음식을 먹기를 거부하는 것은 흔한 일이기는 하나 부모나 교사가 지나치게 걱정하면 일생 동안 지속될 수도 있으며, 식욕이 떨어진 아이에게 억지로 무엇인가를 먹이려고 하는 것은 바람직하지 않다.

③ 비만

음식물을 너무 많이 섭취하거나 반대로 부족하면 몸 안에 저장지방으로 축적되어 비만이 된다. 표준 체중에서 10%를 초과하면 과체중, 20%를 초과하면 비만으로 간주한다.

비만은 유전, 과식, 편식, 부족한 활동량 등의 영향을 받으므로 건강한 식생활과 활동습관을 갖는 것이 비만 방지의 목표다.

〈표 6-13〉 유아기의 정서적 특징과 식행동 특성

연령	정서적 특징	식행동 특성
1~2세	• 낯선 것에 겁을 먹음 • 공유하려 하지 않음 • 지속적인 감독이 필요 • 호기심이 많음 • 자주 반항적임 • 주목받고 싶어 함	• 까다로운 식성 • 음식을 삼키지 않고 입에 물고 있음 • 식품 탐닉: 같은 음식을 먹으려고 고집
3세	• 모든 일에 동참하고 싶어 함 • 요구하기보다는 선택하게 하면 잘 따름 • 여전히 공유하려 하지 않음 • 자기 방식대로 하려는 태도가 다소 완강함	• 채소를 제외한 대부분의 식품을 먹음 • 배고프지 않을 때는 빈둥거리면서 식사함 • 음식을 어떤 형태로 줄 것을 제안함
4세	• 공유를 잘함 • 어른의 동의와 주의를 요구함 • 한계를 이해함 • 대부분의 경우 규칙을 따름 • 자기 방식이 완강함	• 먹으면서 말하기를 좋아함 • 싫어하는 음식과 좋아하는 음식을 구분 • 먹기 싫으면 울면서까지 거부함
5세	• 가족적 일상사에 도움을 주고 협조적임 • 자기 방식이 완강함 • 부모, 집과 가족에 집착	• 친숙한 음식을 좋아함 • 가족들이 싫어하는 음식을 자기가 싫어하는 음식으로 집착

자료: Wardlaw, G. M., & Kessel, M. (2002).

〈표 6-14〉 비만의 원인, 영향, 교정방법 및 관련 음식

비만의 원인	비만의 영향	교정방법	비만 예방 음식	비만 촉진 음식
• 과식 • 운동 부족 • 유전적 요인 • 병적 원인	• 성인비만이 될 가능성이 높다. • 고혈압, 지방간, 당뇨병 등 성인병에 걸릴 가능성이 높다. • 체형의 변화와 운동능력 저하로 심리적·정서적 문제가 생긴다.	• 매일 적당한 운동을 한다. • 영양적으로 균형 있는 식사를 한다. • 과식 등 나쁜 식습관을 고친다. • 비만이 왜 나쁜가에 대해 교육한다.	• 설탕이 적은 음식 • 기름기가 적은 음식 • 짜지 않은 음식 • 섬유질이 많은 음식(채소, 과일, 잡곡류, 콩류, 감자, 고구마)	• 설탕이 많은 음식(케이크, 과자) • 기름기 많은 음식(삼겹살, 튀김류) • 짠 음식(젓갈류, 가공 식품) • 섬유질이 적은 음식(쌀밥)

자료: 서영옥(2003).

④ 편식

편식은 음식에 대해 특별히 싫어하거나 좋아하는 상태를 말한다. 심하면 불균형적인 영양의 섭취로 인해 발육과 성장 및 영양상태가 나빠지고 성격상의 문제까지도 초래하여 신경질적으로 되기 쉽다.

다음에 해당하는 경우를 편식으로 본다.

- 일상의 식생활에서 설탕이 많이 든 음료나 과자류에 대한 기호가 강하여 다량 섭취함으로써 식사에 영향을 미치고 영양 섭취의 불균형을 초래하는 경우
- 특정 식품을 싫어하기보다 식품군별로 먹지 않거나 싫어하는 경우로, 예를 들어 생선 종류는 모두 싫어하며 먹지 않는 경우
- 식품 선호가 특정한 식품 종류에 편중되어 영양 섭취의 불균형이 초래되는 경우

편식의 원인은 병이나 특이체질인 경우를 제외하고는 가정의 환경에 기인한다. 가족의 편식, 무관심, 단 음식이나 음료의 과식, 과보호, 식사에 대한 강요 등이 원인이 된다. 유아기에는 식품에 대한 기호가 형성되는 시기이므로 다양한 음식을 경험하여 편식을 하지 않도록 예방하는 것이 중요하며, 유아가 안 먹는 것을 억지로 먹이기보다는 대체식품을 이용하고 조리법을 다양하게 하거나 식사환경의 변화 등

유아기 편식 예방을 위한 유의사항

- 이유를 단계적으로 진행한다.
- 이유식의 조미는 자극성 없이 담백해야 하며, 당분을 많이 주지 않도록 한다.
- 부모나 가족 모두 편식하지 않는다.
- 음식을 강제로 먹이지 않는다.
- 식사환경을 즐겁게 만든다.
- 유아가 싫어하는 음식의 조리법을 개선한다.
- 식사량은 적게 하면서도 영양 공급은 충분히 한다.

가족구성원이나 보육기관의 협력으로 편식을 서서히 교정하는 노력이 필요하다.

⑤ 빈혈

영아기에 철 결핍이 발생하는 원인으로는 불충분한 식품 섭취, 이유식품의 부적절한 이용, 빠른 신체 성장과 혈액량 증가로 인한 철 필요량의 급증 그리고 소화기 질환 및 감염으로 인한 출혈이나 혈액손실 등이 있다.

영아의 철 결핍성 빈혈은 우리나라를 비롯하여 전 세계적으로 매우 흔히 나타난다. 우리나라 영유아를 대상으로 한 철 결핍 발생빈도조사 결과는 [그림 6-3]과 같다.

빈혈에 걸리면 식욕 감소, 세균감염에 대한 저항력 약화, 소화기능 저하, 집중력 감소, 학습능력 저하 등의 증상이 나타난다. 특히 영유아기의 장기적인 철 부족은 성장 발달을 치명적으로 작용하여 정상아에 비해 지능지수나 행동발달지수가 낮게 나타나고, 이후에 철을 보충해 주더라도 이러한 상태가 지속될 수 있다.

철 결핍을 예방하기 위해서는 이유기의 영아에게 철이 충분히 함유된 식품(육류, 생선, 녹색채소 등)을 섭취하도록 하는 것이 중요하다. 시판되는 영아용 곡류제품에는 철이 강화되어 있으나 이의 체내 이용성은 낮으므로, 식사 시 비타민 C가 풍부

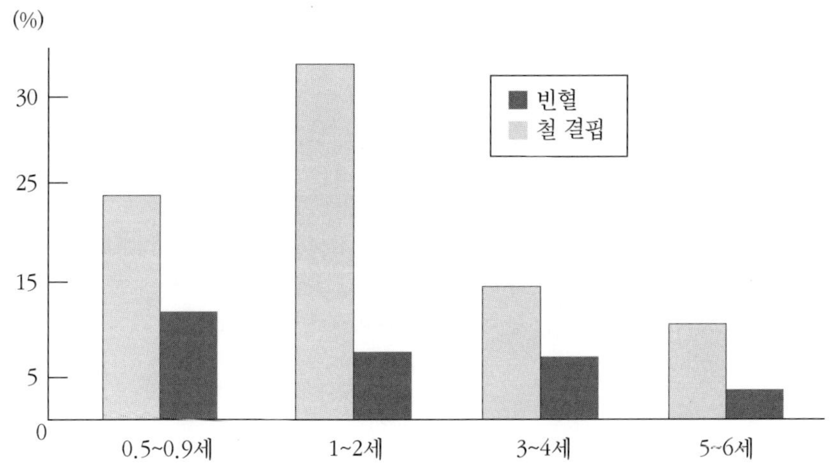

[그림 6-3] 영유아기의 철 결핍 및 빈혈발생 빈도

자료: 김순기(2000).

한 식품을 함께 섭취하는 등의 방법으로 철의 체내 흡수를 증가시킨다.

유아의 경우 이러한 식품들로부터 철 권장량이 충족되는 식사를 하기가 쉽지 않다. 그러나 권장량 이하를 섭취하는 경우에도 직접 철 결핍증을 나타내는 것은 아니다. 이는 개인마다 철을 흡수하고 이용하는 효율에 차이가 있기 때문이다. 그러나 지속적인 철 섭취 부족은 빈혈을 초래하게 되며, 특히 3세 이하의 유아에서 발생하기 쉽다. 우리나라 유아를 대상으로 한 빈혈이환율조사에 의하면 1.9~20.3%까지 큰 차이를 보이며, 저소득층 유아에서 이환율이 높다. 다른 음식은 먹지 않고 과량의 우유나 음료만을 섭취하는 유아에는 철 결핍에 의한 빈혈이 생길 수 있으며, 이러한 증상은 2~4세의 유아들에게서 흔히 나타난다.

⑥ 식품 알레르기

식품 알레르기는 단백질이나 큰 펩티드가 소장에서 흡수되어 인체의 면역체계에 의해 항원으로 인식될 때 발생한다. 영유아는 소화기관과 면역체계가 미숙하므로 알레르기 반응이 있을 수 있다.

알레르기 반응을 일으키는 음식은 달걀에 의한 것이 압도적이고 우유 및 대두가 3대 알레르기 식품으로 알려져 있다. 이외에 견과류, 쌀 외의 곡류, 생선, 조개, 감귤류, 닭고기 등이 있다. 알레르기 반응은 가려움에서부터 재채기, 콧물, 부종, 저혈압, 불규칙한 심장박동, 설사, 구토, 복통, 호흡곤란, 의식불명이 될 수도 있다. 그리고 식품, 방부제로 사용되는 아황산염, 식용색소와 같은 음식첨가물에 대해 신체가 이상반응을 나타내는 식품성 과민성도 있다.

유아가 특정 음식에 대한 과민반응이나 알레르기가 있다면 의사로부터 피해야 할 음식과 대체식품, 문제 발생 시 대처방법에 대해 처방을 받아야 한다. 보육기관에서는 유아의 섭식에 유의하며, 알레르기 반응을 일으키는 음식은 피해야 한다. 어느 경우에도 유아의 특별한 음식문제는 유아와 관련된 모든 성인이 다 알고 있어야 금기음식을 먹이는 일을 방지할 수 있다.

〈표 6-15〉 영유아에게 발생 가능한 대표적인 식품 알레르기

알레르기 종류	제한식품
우유 알레르기	우유, 요구르트, 아이스크림, 치즈, 크림, 버터, 분유
계란 알레르기	계란, 메추리알, 칠면조알, 거위 알
밀 알레르기	밀, 빵, 국수, 과자
대두 알레르기	대두, 두부, 두유
땅콩 알레르기	땅콩, 땅콩기름

⑦ 식품기호

유아는 약간 싫은 음식이라도 소량은 먹으며, 같은 식품이라도 조리법 여하에 따라 먹을 때도 있고 거부할 때도 있다. 이는 성인에게서도 있을 수 있는 일이므로 지나치게 걱정하거나 강제성을 띠어서는 안 된다.

발육과 건강에 있어 문제가 없을 경우에도 어떤 특정 식품을 싫어하여 기피하는 것을 방치해 두면 후에 편식으로 고정될 우려가 있기 때문에 편식 예방을 위한 개선 노력이 필요하다.

유아가 좋아하는 식품으로는 달걀, 가미된 우유, 요구르트, 소시지나 햄버거 등의 육류, 사과, 귤 등을 들 수 있다. 일반적으로 유아는 돼지고기를 싫어하나, 돼지고기를 원료로 해서 만든 햄, 소시지, 핫도그 등을 좋아한다. 유아가 싫어하는 식품은 냄새가 강한 채소, 매운 음식, 짠 음식 등이다. 미나리, 파, 양파, 쑥갓, 당근 등을 싫어하며 고추, 겨자가 많이 든 자극성 강한 음식을 싫어한다. 가시가 많거나 비린내가 심한 생선도 싫어한다.

식품 기호가 나타나는 시기는 자아의식이 발달하여 심리적으로 변동이 많은 3세 전후~7세까지에서 많이 보인다. 남아보다는 여아에게서 식품 기호의 발현이 많이 나타나며, 성격적으로 신경질적이며 과잉보호를 받은 유아에게 많이 나타난다. 유아기에는 지금까지 좋아하던 음식이 싫어지거나 싫어하던 음식을 좋아하게 되는 등 매우 유동적이다.

(4) 건강, 안전, 영양의 상호관계

건강, 안전, 영양은 서로 밀접한 관계를 맺고 있다. 특히 개인의 건강과 행복은 식습관에 따라 크게 달라진다. 예를 들어, 철분이 부족한 음식을 섭취한 유아 또는 철분을 흡수할 수 없는 질병을 가진 유아에게는 빈혈이 올 수 있다. 빈혈이 있는 유아는 식욕이 감퇴하고, 쉽게 피로를 느끼고, 주의집중능력이 부족하게 되어 안전에 영향을 준다. 그러므로 철분 섭취를 증가시켜야 하는데, 이때 유아들의 식욕이 감퇴될 수 있다. 유아의 건강 상태는 건강을 유지하고 회복하는 데 필요한 영양에 달려 있다.

또한 영양은 안전과 사고 예방에도 중요한 역할을 한다. 예를 들면, 아침을 거르거나 아주 조금만 먹는 사람은 저혈당이 될 수 있으며, 이것은 지각력을 저하시키고 순발력을 떨어뜨려서 쉽게 사고를 당하거나 부상을 입을 수 있다. 비만의 경우에도 사고의 위험이 매우 높다. 비만일 경우 활동이 둔하고 쉽게 피로를 느끼며, 특히 사고가 발생했을 때 순발력 있게 대처하지 못하기 때문이다(이기현 외, 2003).

이처럼, 건강, 안전, 영양은 상호연계하면서 통합적으로 이루어지므로 이에 대한 교육이 생활 속에서 이루어져야 한다.

4) 생활습관지도

(1) 섭식지도

영유아기는 성장 발육이 왕성하게 이루어지는 시기다. 식생활의 습관지도는 건강과 발달에 중대한 영향을 미칠 뿐만 아니라 성인이 된 후에도 부정적인 영향을 줄 수 있다. 따라서 올바른 식생활습관의 지도와 관리가 요구된다.

영유아기 섭식은 수유기로부터 보육시설에 입소하는 6개월경의 분유의존기, 이유식기, 유아식기로 나눌 수 있는데, 이를 단계로 구분하면 〈표 6-16〉과 같다.

〈표 6-16〉 영유아의 섭식

훈련 단계	6~14개월			15~23개월			24~35개월		
	6~8	9~11	12~14	15~17	18~20	21~23	24~27	28~31	32~35
분유의존기	—	—	—						
이유기		—	—	—					
유아식기				—	—	—	—	—	—

각 단계별 섭식지도의 내용을 살펴보면 다음과 같다.

① 6~14개월

- 두 손으로 컵을 잡는다.
- 손으로 음식을 잡고 먹으려고 한다.
- 떠 먹는 시늉을 하며, 컵으로 물을 마신다.

습관을 모방하게 되며, 8개월 무렵 스스로 무엇인가를 쥘 수 있을 때부터 숟가락 쥐기활동을 통해 먹기지도를 시작할 수 있다.

분유가 주된 먹거리이기는 하나, 9개월경부터는 이유를 병행해서 12개월경에는 이유식에 익숙해질 수 있도록 한다. 이 시기의 영아는 우유병을 혼자서 쥐고 먹을 수 있으나, 혼자서 이유식을 먹기에는 많이 서툴러 교사가 떠먹여 주어야 한다. 이 시기의 후반기에는 스스로 숟가락을 쥐려는 노력을 보이므로 시각적으로 매력 있는 가벼운 숟가락으로 콘플레이크 등을 떠먹는 활동을 함으로써 숟가락질에 익숙해질 수 있도록 한다.

② 15~23개월

- 음식물을 약간 흘리지만 숟가락을 사용한다.
- 컵이나 물그릇을 사용한다.
- 대부분의 음식을 혼자 먹는다.

이 시기 영아는 혼자서 숟가락을 쥘 수 있고, 컵을 쥐고 마실 수 있으며, 빨대로 마실 수 있게 된다. 생리적으로 젖먹이 때보다 식욕이 감소하며, 체중은 많이 늘지 않고 체격이 단단해지는 시기다. 먹지 않는다고 특별히 걱정할 필요는 없다. 오히려 무리하게 많이 먹이려고 하는 것이 먹는 것 자체를 싫어하게 만들 수가 있다.

③ 24~36개월

- 도움 없이 먹을 수 있다.
- 숟가락 사용이 가능하다.
- 마시기 위해 물을 따를 수 있다.

이 시기에는 양손을 사용하거나 도움 없이 먹기가 가능하며, 2세 후반 무렵부터는 혼자서 숟가락으로 먹을 수 있는 단계로까지 발달한다. 먹기를 단지 먹는 일로만 강조하지 말고 즐거운 일과의 하나가 되게 한다.

먹는 시간을 즐겁게 하는 것은 영아로 하여금 많이 먹도록 하자는 것이 아니라 영아의 식욕을 자연스럽게 돋우어 먹고 싶은 마음이 생기도록 하자는 것이다. 잘 먹지 않는 아이에게는 양을 적게 주고, 식욕이 없거나 편식을 하더라도 무리하게 먹이지 않도록 한다.

(2) 수면지도

충분한 수면과 휴식은 유아들이 건강을 유지하고 질병으로부터의 감염을 막을 수 있는 기본이 되는 동시에 성장, 발육에 반드시 필요하다.

놀이에 열중한 유아들은 종종 피곤한 것도 잊어버리고 놀이에 계속 열중하는 경향을 보이는데, 부모와 교사는 충분한 휴식과 수면을 할 수 있도록 도와주어야 한다.

신생아는 하루의 80%인 18~20시간을 자고, 2~3세 유아의 경우 12~15시간, 4~5세인 경우 10~12시간의 수면이 필요한 것으로 알려져 있다. 영아의 경우 오전 오후 1회씩, 유아의 경우는 오후 1~2시간 정도의 낮잠을 자게 하는 것이 좋다(허혜경 외, 2004). 그러나 낮잠을 싫어하는 경우에는 무리하게 강요하기보다는 잠 대신 휴식을 취하도록 도와준다. 또한 영유아의 발달과정 및 리듬에 맞게 연령과 개인적인 체질, 특성 등을 고려하여 적절한 지도하는 것이 바람직하다.

영유아의 수면 진행과정을 도표화하면 다음과 같다.

〈표 6-17〉 영유아의 수면 진행과정

낮잠횟수	1회 잠자는 시간	6~14개월			15~23개월			24~35개월		
		6~8	9~11	12~14	15~17	18~20	21~23	24~27	28~31	32~35
2회 낮잠기	90분									
1회 낮잠기	90~120분									

① 6~14개월

- 오전과 오후 두 번 낮잠을 잔다.
- 하루 중 총 2시간~2시간 30분가량 잔다.

하루 일과 중 낮잠을 2회 포함시키며, 잠자기에 지장을 초래하지 않도록 다른 학급과 조금 떨어진 곳에 학급을 배치한다. 또한 이 시기의 영아 중에는 입소 전 업혀서 재웠던 영아들이 많아 때로는 교사가 업어 주어야 할 경우도 있으므로, 교사는 포대기나 영아용 침대 혹은 자동흔들그네 등을 준비하여 잠을 재울 수 있도록 한다.

② 15~23개월

- 낮잠 횟수가 하루 두 번에서 한 번으로 줄어든다.

낮잠 횟수가 1번으로 줄면서 1회 수면량이 늘어 2~3시간 잠자기도 가능해진다. 보육시설에서 교사는 영아들이 충분히 잠을 잘 수 있도록 잠자기에 방해가 되는 환경을 제거하고, 신규 입소아나 몸이 좋지 않는 영아에게는 주의와 사랑으로 정서적인 안정을 돕는다.

교사는 잠자리를 일정하게 정해 놓고 영아가 혼자서 잠자리에 가서 잘 수 있도록 유도한다. 그러나 잠들기까지의 불안감을 덜어주기 위해 자장가를 불러 주거나, 잠시 곁에 있어 줄 필요가 있는 경우도 있다.

③ 24~36개월

- 하루 중 오후 한 번의 낮잠을 잔다.
- 1회 잠자는 시간량이 점차로 줄어든다.

이 시기의 영아들은 대개 이전 단계보다 잠자는 시간이 점차로 줄어든다. 또한 잠자기 전 자기 옷의 정리 및 자고 난 후 혼자서 화장실 가기도 가능해진다.

(3) 배변지도

대소변 가리기는 영아가 혼자서 걸음을 딛는 것 다음으로 큰 변화이고 신기함이라 할 수 있다. 영아가 대소변 가리기를 어떻게 지도받는가 하는 것은 영아의 성격 형성에 많은 영향을 끼치게 되므로 교사나 부모는 따뜻한 격려로서 심리적 · 정서적으로 무리가 가지 않게 자연스럽게 접근해야 한다.

개월 수에 따른 영아의 대소변 가리기를 단계로 나타내면 다음과 같다.

〈표 6-18〉 영아의 대소변 가리기 진행 단계

훈련 단계	6~14개월			15~23개월			24~35개월		
	6~8	9~11	12~14	15~17	18~20	21~23	24~27	28~31	32~35
기저귀 의존기	—	—	—						
기저귀 병행기				—	—	—			
탈기저귀							—	—	—

① 6~14개월

- 대변의 횟수가 줄고 변을 보는 시간이 대체로 일정해진다.
- 변기에 앉을 수 있다.

기저귀에 의존하는 시기다. 영아 개인별 대소변 가리기 리듬을 미리 알아 두면 적절한 시기에 기저귀를 갈아 줄 수 있다. 영아의 대소변 가리기 횟수나 양, 소변 가리기 상태에 더욱 관심을 가지고 관찰하고, 그 결과를 보육일지에 꼭 기록해 두어야 한다.

② 15~23개월

- 배변감을 느끼고 이를 적절히 표현할 수 있다.
- 대소변 가리기 지도가 가능하다.

이 시기가 되면 영아의 대소변 가리기 지도가 가능해진다. 개인차가 있으므로 일괄적으로 특정 개월에 대소변 가리기 지도를 시켜서는 안 되며, 가급적 비슷한 개월의 영아 중 다른 친구의 대소변 가리기 모습을 자연스럽게 보게 함으로써 영아 스스로 변기에 앉으려는 의도를 보일 때 실시하는 것이 가장 좋다고 할 수 있다.

대개 대변은 15개월 정도, 소변은 20개월 정도 되어야 가릴 수 있게 되므로 기저귀를 채우지 않은 상태에서 주의 깊게 살피거나 일정 시간(개인차가 있음)에 누게 하고, 특히 잠자기 전과 후에는 반드시 누게 한다. 용변을 보는 과정에서 안정감과 스스로 해내었다는 성취감 그리고 나의 배설물이라는 것에 대한 자신감을 가지게 한다.

③ 24~36개월

- 변기에서 대소변 가리기가 가능하다.
- 실수했을 때 성인의 도움을 청할 수 있다.
- 낮잠 자는 동안에도 기저귀가 필요 없게 된다.
- 잠자기 전후나 외출 전에 대소변 가리기 지도가 가능해진다.
- 배변 후 뒷처리를 익힐 수 있다.

이 시기의 영아는 기저귀를 차지 않고 생활이 가능하나, 다소 실수를 할 수 있으므로 여벌의 옷을 준비하는 것이 바람직하다. 대소변의 의사표시가 가능했던 영아들 중에도 일시적인 현상으로 실수를 할 수도 있는데, 그러한 경우는 다음과 같다.

- 지나치게 피로하거나 흥분한 경우
- 긴장하거나 놀이에 열중한 경우
- 동생의 출생으로 인한 일시적인 퇴행의 경우

- 화장실이 어둡거나 불결할 경우
- 화장실 변기가 집에서 사용하던 것과 다를 경우
- 혼자서 옷을 벗고 입기가 어려운 경우
- 벨트나 멜빵 등이 있어 옷을 쉽게 벗지 못할 경우

영아가 실수를 하였을 때에는 위와 같은 경우 중 어떤 경우인가를 파악한 후 야단치거나 놀리지 말고 너그럽게 대해 주고, 추후 면밀한 관찰을 하고 규칙적으로 화장실에 가도록 영아의 주의를 환기시켜 주어야 한다.

(4) 자조행동지도

영유아의 자조행동에는 손 씻기, 이 닦기, 양말 신고 벗기, 신발 신고 벗기, 옷 입고 벗기 등이 포함되는데, 이러한 활동들은 어느 순간에 갑자기 일어나는 것이 아니라 단계적으로 서서히 일어나므로 한꺼번에 너무 많은 것을 기대하는 것은 바람직하지 못하다.

월령별 자조행동의 발달 특성과 지도요령을 정리하면 〈표 6-19〉와 같다.

〈표 6-19〉 월령별 자조행동의 발달과 지도요령

월령	자조행동의 발달 특성	지도요령
6~14개월	옷을 입혀 줄 때 팔, 다리를 벌린다.	• 옷 입고 벗기: 이 시기의 옷 입고 벗기는 주로 교사의 도움에 전적으로 의존한다. 옷 입고 벗기가 가능한 한 즐거운 활동이 될 수 있도록 영아의 옷은 입고 벗기 쉬운 형으로 하는 것이 좋다. • 손 씻기: 손이 더러워지면 씻어야 한다는 것을 알려 준다. 교사가 주로 도와주는데, 손 씻는 과정을 영아에게 이야기로 들려주면서 스스로 손을 씻을 수 있는 과정을 익히게 해 주는 기회를 제공한다. • 코 풀기: 콧물이 나오면 닦아 주고 '흥' 하고 푸는 것도 알려 준다. • 이 닦기: 이 닦기가 아직 불가능하므로 교사는 식후에 물수건으로 입이나 얼굴 전체를 깨끗이 닦아 주며, 가제 손수건을 사용하여 잇몸도 닦아 준다.

월령	자조행동의 발달 특성	지도요령
15~23개월	양말을 벗는다. 모자를 벗는다. 머리에 모자를 올려놓는다. 도움을 받아 신발을 벗고 신는다. 큰 지퍼를 올렸다 내렸다 한다. 손을 부분적으로 씻고 닦는다.	• 옷 입고 벗기: 이 시기가 되면 영아들은 스스로 벗기가 가능해진다. 벗기가 쉬운 커다란 지퍼, 고무줄 바지 등으로 영아가 손쉽게 옷을 벗을 수 있도록 해 주는 것이 좋다. 낮잠 자고 난 후는 옷 입기를 지도할 수 있다. 이때 교사는 옷의 앞 뒤 구별을 정확하게 알려주고, 겉과 안을 구별하고, 겉으로 뒤집는 방법도 보여 준다. • 신 신고 벗기: 도움을 받아 신발을 벗고 시는 것이 가능하다. 이때 좌우 구별이 어려움을 줄 수도 있기 때문에 그림이나 표시등을 이용하여 알기 쉽도록 해 준다. 신기에 있어 신발 뒤축이 잘 들어가지 않아 밟아버리는 경우도 있으므로 뒤를 잡아 당겨 주거나 도움을 준다. • 손 씻기: 하루 일과 중 손을 씻는 기회가 많이 있으므로 이 시기쯤 되면 영아들은 완전하지는 않지만 부분적으로 비누로 씻고 헹구고 닦을 수 있게 된다. 영아가 혼자서 씻었으나 더러울 때는 교사와 함께 다시 한 번 씻는 것을 되풀이 하고, 손등이나 손가락 사이도 깨끗이 씻어야 함을 알려준다. 손 씻기가 영아들에게 즐거운 놀이가 되어 소맷부리를 적시거나 주위를 물로 젖게 하는 경우도 있으나 이때는 너무 야단치기보다는 다른 활동으로 유도해서 손 씻기를 마치게 하는 것이 좋다. • 이 닦기: 이 닦는 것을 흉내 내기는 하나 제대로 이루어지지는 않는다. 식후에는 물을 입에 머금고 토해내는 식으로 서서히 이 닦기에 습관화될 수 있도록 한다. • 코 풀기: 아직 스스로 콧물을 닦아내지는 못한다. 코를 풀 때도 소리만 내버리고 콧물은 나오지 않는다. 이때 교사는 한쪽씩 코를 눌러 주어 코 푸는 요령을 서서히 알려준다.
23~36개월	도와주면 바지를 내린다. 큰 단추를 푼다. 손을 씻는다. 도와주면 이를 닦을 수 있다.	• 옷 입고 벗기: 도움을 주면 옷 벗고 입기를 스스로 할 수 있게 된다. 교사는 영아가 입기 쉽도록 영아 쪽으로 옷을 펴거나 늘어놓고 스스로 입을 수 있도록 격려한다. 어깨 단추나 등지퍼 같이 힘든 부분은 교사가 도와준다. 가정에 연락해서 가능한 한 영아의 몸에 넉넉하며 입기 쉬운 옷을 입혀 보내도록 한다. • 이 닦기: 영아에게 부드러운 칫솔을 주어 가지고 놀게 하거

월령	자조행동의 발달 특성	지도요령
23~36개월	단추를 풀어주면 간단한 옷을 벗는다. 도와주면 바지를 끌어올린다. 도와주면 코를 닦는다. 옷에 달린 똑딱 단추를 푼다. 수건을 주면 도움 없이 손을 닦는다. 목욕 시 자신의 팔, 다리를 씻는다. 양말을 신는다.	나, 교사가 이를 닦는 동안 따라 해 보게 한다. 영아가 칫솔이나 이를 닦는 것에 익숙하게 되면 식후 하루에 2~3번 정도 닦게 한다. 처음에는 교사가 영아 뒤에 서거나 마주 보고 영아의 팔목을 잡고 도와준다. 때때로 치약을 사용해서 닦아보기도 한다. 마치고 나면 입안을 물로 헹구게 한다. • 손 씻기: 대체로 손 씻기가 완전하게 가능하다. 손 씻은 후 로션을 손에 짜주고 팔목을 회전해서 손 앞뒤에 바르는 것도 지도할 수 있다. • 머리 빗기: 낮잠 자고 난 후 머리가 헝클어졌을 때 교사가 빗겨주거나 스스로 빗어 보라고 한다. 다 끝나고 난 후에는 거울을 보여 주고 즐거움을 느낄 수 있도록 해 준다.

제7장 보육환경의 구성

보육시설의 물리적 환경은 그 안에서 생활하는 영유아들의 행동 및 발달에 직·간접적으로 영향을 미치는 요인이다. 영유아기는 인간의 발달 단계 중 그 어느 시기보다 성장이 빠르게 진행되며 하루 종일 많은 시간을 시설에서 보내야 하므로 심리적 정서적·신체적 발달을 위한 보육환경의 구성에 그 중요성이 있다고 본다.

1. 보육환경의 중요성과 원리

보육시설의 물리적 환경은 인간의 성장·발달에 대한 초기 경험의 중요성만큼 영유아의 성장과 발달에도 중요하다. 어떤 물리적 환경을 제공하느냐에 따라 그 속에서 생활하는 영유아의 인지 정서 및 행동에 크게 영향을 미친다.

물리적 환경과 영유아의 행동 간의 관련성에 대한 많은 연구 결과들이 보고되고 있다. 예를 들면, 일정한 공간을 사용하는 사람 수, 즉 밀집도가 높을 때 영유아의 공격성이 증가하고 교사들의 불만도 높다. 반대로 밀집도가 너무 낮아도 영유아들에 대한 교사의 감독이 소홀해지므로 오히려 사고가 더 많이 일어나기도 하며, 유아들이 배회하기도 하며(Jorde, 1982) 또한 제공되는 자료가 많으면 협동놀이와 나눠쓰기의 빈도가 높게 나타나고 자료가 적을수록 영유아들의 상호작용 빈도가 적고 갈등도 많아진다고 한다(Berk, 1997).

이처럼 물리적 환경은 보육의 목적을 달성할 수 있도록 계획된 공간을 의미하는데 환경 그 자체가 보육의 수단이 되므로 질적으로 우수한 보육서비스를 위해서는 물리적 환경을 계획하고 효율적으로 구성하는 것이 중요하다.

2. 보육환경 구성의 특성

보육현장에서 실질적인 보육이 이루어지는 보육공간은 보육의 질을 좌우하게 되는데, 양질의 보육공간은 다음과 같은 특성을 지녀야 한다.

첫째, 영유아의 발달을 도울 수 있는 적절한 공간이어야 한다. 즉, 보육공간은 영유아의 연령 및 발달수준을 고려하여 구성해야 하며, 양육과 관련된 개별적인 욕구를 더 많이 반영해 주어야 한다. 영유아들 간에는 개인별 성장의 차이가 크므로 이를 수용할 수 있는 공간이 되어야 한다. 특히 유아의 경우는 교육적 욕구를 충족시키기 위해 배려된 실험적 공간들을 보다 확장시켜 주어야 한다.

둘째, 성인과 영유아가 함께 생활할 수 있는 공간이어야 한다. 보육시설은 영유아뿐만 아니라 보육시설 종사자와 부모, 외부 사람들 등 여러 성인들이 함께 생활하는 공간이다. 그러므로 영유아들을 위한 시설 및 비품은 영유아의 신체 크기에 맞아야 함과 동시에 보육교사와 부모 및 관련인을 위해서도 이에 적합한 시설, 설비가 갖추어져야 한다.

셋째, 교육과 보호가 함께 이루어지는 공간이어야 한다. 어린이집에서의 보육은 부모들이 영유아를 안심하고 맡길 수 있는 건강, 영양, 안전 등 영유아의 보호적 측면과 인지 정서 행동발달을 도울 수 있는 교육적 측면을 가지고 있다. 교육과 보호의 비중은 영유아의 연령에 따라 다를 수 있는데 영아의 경우 수유나 기저귀 갈기 등의 생리적 활동에 대한 비중이 더 커야 하고, 유아의 경우는 놀이와 학습을 위한 교육공간의 비중이 더 커야 한다(이연숙, 1997: 104-105).

넷째, 지역사회와 밀접한 관계 속에 상호교류적 서비스가 제공되는 공간이어야 한다. 보육시설은 지역주민의 통합과 지역사회의 발전을 이루는 지역사회복지의 목적을 달성하기 위한 공공보육센터로서의 개방적 기능을 수행해야 한다. 특히 저소득층의 부모 및 가족들에게 영유아양육에 대한 전문적인 지식과 방법, 문화와 여가를 함께 즐길 수 있는 프로그램 등 포괄적인 서비스를 제공하는 공간이어야 한다.

3. 실내공간의 구성

1) 실내 기본시설

실내 기본시설은 주로 영유아의 보호와 교육이 이루어지는 공간으로 보육실(활동실), 실내놀이실(유희실), 출입구 및 현관, 사무실 및 교사실, 침실, 화장실 등이 있다. 영유아보육법시행규칙 [별표 1] 규정 중 '보육시설 내부의 마감재료' 에 관한 세부적인 사항은 건축법시행령 제61조 및 건축물의 피난 · 방화구조 등의 기준에 관한 규칙 제24조의 규정을 준용하며(건축부서에서 담당), '방염' 에 관한 구체적인 사항은 소방시설 설치유지 및 안전관리에 관한 법률 제12조 및 동법 시행령 제19조 내지 제20조의 규정에 의한다(소방관서에서 담당).

(1) 보육실(활동실)

보육실은 영유아들이 하루 일과 중 가장 많은 시간을 보내는 곳으로 보육공간 중 가장 핵심적이고 중요한 공간이다. 가능한 1층에 두는 것이 좋으며, 화장실과 실내놀이터를 가까이 두어 영유아의 생리적인 욕구 처리와 놀이활동이 원활하게 이루어질 수 있도록 하는 것이 좋다. 또한 창문은 채광이 좋아야 하며, 블라인드나 커튼을 설치해 직사광선의 강도를 조절할 수 있어야 한다. 특히 영유아들의 활동이 교사의 시야에서 잘 관찰될 수 있게 구석진 공간이 없어야 하며 교구 및 장난감은 영유아들이 손쉽게 사용하고 정리할 수 있도록 손이 닿을 수 있는 낮은 곳에 배치해야 한다.

보육실은 다양한 활동영역 또는 흥미영역으로 구성할 수 있다. 흥미영역의 구성은 보육목표, 프로그램의 형태, 영유아의 발달수준과 흥미 등에 따라 달라질 수 있으며, 계절 및 행사나 절기 등에 따라 변화를 주어야 한다.

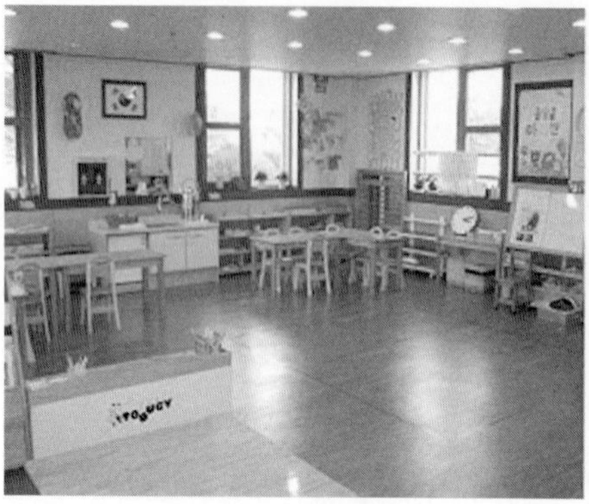

[그림 7-1] 보육실 A

[그림 7-2] 보육실 B

[그림 7-3] 보육실 C

(2) 실내놀이실(율동실)

실내놀이실은 영유아들이 자유롭게 놀이할 수 있을 정도로 공간이 충분해야 한다. 주로 대근육활동을 하는 집단놀이나 동적인 놀이가 이루어지는 곳으로 간단한 운동이나 평균대, 미끄럼틀, 매트볼 풀 등의 놀이기구를 이용하는 활동뿐만 아니라 음률, 미디어를 통한 다양한 활동을 할 수 있는 공간으로 이용할 수 있다. 유희실 안 또는 가까운 곳에 물을 마시거나 손을 씻을 수 있는 공간과 놀이도구 등을 수납할 수 있는 수납공간 등이 마련되어 있어야 한다. 방향은 보육실과 같이 남향이나 동남향이 좋고, 출입문은 화장실이나 복도 등과 직접 연결되어 있어야 한다. 강당이나 부모교육 장소 등으로 융통성 있게 사용할 수 있으며 바닥재, 벽면, 창문 등은 보육실과 동일한 기준으로 설치해야 한다.

[그림 7-4] 실내놀이실 A

[그림 7-5] 실내놀이실 B

(3) 주 출입구 및 현관

보육시설의 출입구는 보육시설을 이용하는 부모나 영유아들은 물론 지역사회 주민들을 맞이하는 곳이기 때문에 보육시설에 대한 첫인상을 좌우하는 곳이다. 영유아에게는 부모와 헤어지는 장소이기도 하기에 심리적으로 안정감을 느낄 수 있도록 현관에서 보육실로 가는 통로나 주변을 집과 같이 편안한 느낌이 들도록 조성하는 것이 좋다.

모든 출입문 및 창문은 안쪽에서 잠길 염려가 없고 밖에서 쉽게 열 수 있어야 한다. 시설의 규모가 작아서 부모대기실을 별도로 마련하기 어려운 경우는, 현관 입구에 부모를 위한 의자와 잡지, 부모용 도서 등을 마련할 수도 있다. 현관의 문은 성인과 영유아들이 모두 손쉽게 사용할 수 있도록 너무 무겁지 않아야 하며, 한쪽 방향으로 여닫는 문이 안전하다. 현관문의 손잡이는 영유아의 허리와 눈높이 사이에 위치하도록 해야 하며, 가장자리에 도어안전장치를 하여 영유아들의 손이 끼는 안전사고가 일어나지 않도록 한다. 영아들이 드나들 때 위험하지 않도록 문턱은 없는 것이 좋다. 특히 바닥재료는 미끄럽거나 산만하지 않은 것으로 한다.

[그림 7-6] 주 출입구 A

[그림 7-7] 주 출입구 B

(4) 원장실 및 교사실

원장실과 교사실은 시설 공간이 좁은 경우 함께 구성하기도 하며 주로 시설운영관리제반에 관한 업무와 부모 및 시설출입자와의 상담장소로 활용된다. 공간이 넓은 보육시설에서는 원장실, 교사실, 사무실을 별도로 분리하여 둘 수 있다. 원장실은 영유아나 외부인들에게 좋은 인상을 줄 수 있도록 정리정돈이 잘 되어 있어야 하며 부드러운 분위기이어야 한다. 출입구는 투명창으로 구성해 방문자들이 잘 보일 수 있도록 하며 어린이집의 홍보자료나 보육관련잡지, 전문서적 등을 비치하는 것이 좋다.

교사실은 활동프로그램 연구 및 준비와 휴식을 위한 공간이다. 복사기, 간이 개수시설, 휴식을 위한 공간구성이 설비되어야 한다.

[그림 7-8] 교사실

(5) 화장실 및 욕실

화장실은 영유아들의 잦은 배변과 배변 훈련을 위해 보육실 가까이에 설치하되, 보육시설 내 보육실과 동일한 층(층간 설치 불가)의 인접한 공간에 위치해야 한다. 변기 수는 10~15인당 1개 이상 설치하는 것이 바람직하며, 가능하면 인접한 두 개의 보육실에 1개 정도 설치하면 좋다. 화장실 및 욕실의 바닥재는 미끄럼 방지를 위한 소재를 부착하고 물기가 제거될 수 있도록 설비되어야 한다. 화장실에는 세면대, 변기, 욕조 및 샤워기 등을 갖추어 청결하고 위생적이며, 사용하기 편리하고 아늑한 느낌이 들도록 구성한다. 세면대는 가정용 세면대를 설치하여 집과 같은 느낌을 갖게 하고 특히 화장실은 통풍과 채광이 잘 되어야 하며, 배변이나 목욕활동에 즐거움을 주기 위해 화분대, 모빌 등을 설치하면 좋다. 화장실은 낮잠 자는 공간 가까이에 배치하여 잠자기 전과 잠자고 난 후 쉽게 사용할 수 있도록 한다.

[그림 7-9] 화장실 A

[그림 7-10] 화장실 B

[그림 7-11] 화장실 C

[그림 7-12] 화장실 D

(6) 조리실

조리실은 영유아들의 식사 및 간식을 제공하는 공간으로 통풍이 잘 되고 청결하며 위생적이어야 한다. 조리실은 영유아의 놀이영역과는 떨어져 있으며 조리를 위한 설비, 비품 도구 등을 갖추어야 한다. 기본적인 설비 및 비품에는 냉장고, 싱크대, 조리대, 세척기, 소독기, 환풍기, 조리기구, 식기류 등이 있다. 조리사는 위생복을 입어 깨끗한 이미지를 주며 청결하게 요리할 수 있도록 해야 한다. 또한 조리실은 식당과 연결되는 문이 있어야 하며, 영유아들이 스스로 배식을 받거나 식기를 반납할 수 있도록 영유아 허리 높이의 위치에 배수대를 설치해야 한다.

(7) 침실

보육시설에서 종일반을 운영하는 경우 반드시 낮잠을 위한 공간이 마련되어야 한다. 침실은 조용하고 아늑하며, 따뜻한 공간이어야 한다. 우리나라의 경우 시설 규모가 작은 보육시설에서는 영아를 위한 별도의 포복실과 젖먹이 자녀들을 위한 어머니들의 수유실로 침실공간과 겸용이 가능하다. 그리고 별도의 낮잠 자는 영역을 가지고 있을 경우에는 먼저 잠에서 깨어난 영유아는 다른 보육실에 가서 활동을 하게 되므로 계속 잠을 자는 영유아들에게 숙면을 방해하지 않는 장점이 있다. 특히 영아들은 하루 일과 중에서도 여러 차례 낮잠을 자야 하므로 숙면을 취할 수 있도록 배려해야 한다. 낮잠 자는 공간의 침대나 침구 사이는 최소 50~60cm 정도 떨어져야 세균의 전염을 예방할 수 있고 돌보기에도 편리하다. 침구는 자주 세탁하여 청결을 유지해야 하며 땀을 잘 흡수하는 면제품으로 준비하는 것이 좋다. 햇볕이 강하

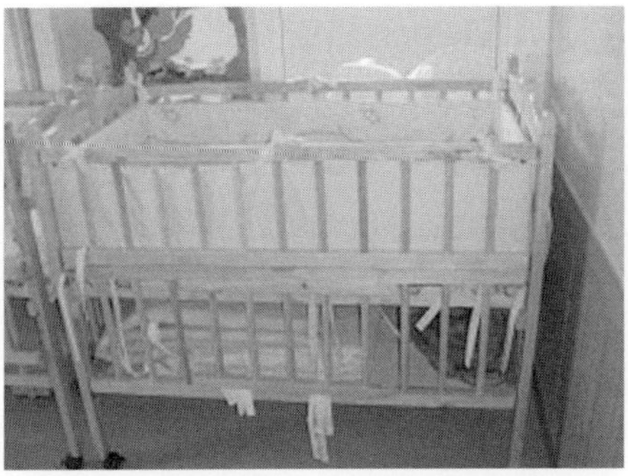

[그림 7-13] 영아용 침대 A

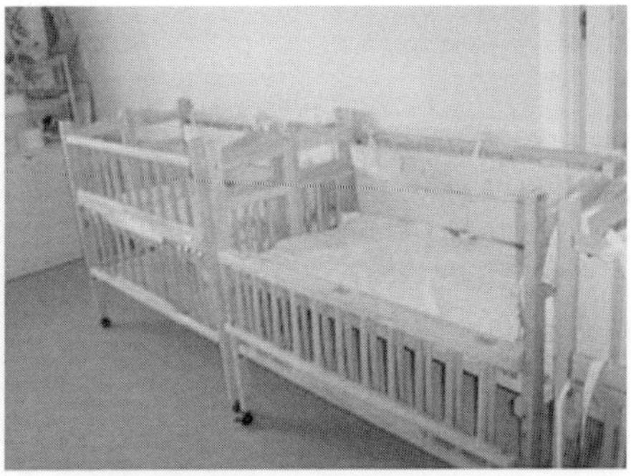

[그림 7-14] 영아용 침대 B

[그림 7-15] 유아용 침실 C

[그림 7-16] 침실(온돌방) D

에 들어올 때는 블라인드나 커튼 등을 설치해 수면에 적합한 밝기를 제공해 주어야 하며 침구 수납장은 통풍이 잘 되는 곳에 두도록 한다.

(8) 자료실

자료실은 교재, 교구 등 교육활동에 필요한 자료들을 효율적이며 체계적으로 보관하는 곳이다. 자료를 보관하고 진열하는 현황이 한눈에 들어올 수 있어야 하며, 자료의 주제와 특성별, 재료별, 사용빈도별, 계절별 등에 따라 기능적으로 잘 분류해서 보관·관리해야 한다. 그리고 다른 동료교사가 활동자료를 쉽게 찾아볼 수 있도록 교재, 교구 대장과 목록표를 만들어 관리하는 것이 효율적이다. 또한 자료실은 수납장과 정리함 등의 자료보관 및 탐색을 위한 시설과 교구, 교재를 미리 시험해 볼 수 있는 다양한 시설들, 즉 슬라이드, 비디오시스템, 빔 프로젝터 등을 시험할 수 있는 장치를 갖추어야 한다.

[그림 7-17] 자료실 A

[그림 7-18] 자료실 B

(9) 음률활동실

음악과 함께 영유아들이 마음껏 신체를 표현하며, 율동 및 악기를 다루어 볼 수 있는 공간으로 영유아들의 정서적 감정을 창의성 발달과 언어 발달의 기회로 삼을 수 있고 공간과 신체조절력을 기를 수도 있다. 특히 타악기나 리듬악기, 다양한 장르의 악기들을 다룰 수 있는 경험을 갖게 함으로써 소리의 변별력이나 악기의 특성을 알 수 있도록 한다.

[그림 7-19] 음률활동실 A

[그림 7-20] 음률활동실 B

(10) 언어영역(도서영역)

언어영역은 공간에 따라 다양하게 구성할 수 있으며, 듣기, 쓰기, 말하기, 읽기 등의 관련 활동들을 통해 언어능력을 향상시킬 수 있다. 무엇보다 언어영역은 조용하며, 밝고 안정된 분위기가 조성되어야 한다. 흔히 언어영역은 도서영역이라고도 하는데, 읽기 위주의 도서만 비치하기보다는 듣기를 위한 카세트나 말하기를 위한 융판동화, 손인형, 그림조각, 쓰기를 위한 스케치북 필기도구 등 다양한 것들을 제공해 주어야 한다.

[그림 7-21] 언어영역 A

[그림 7-22] 언어영역 B

2) 실내의 환경 및 기본설비

(1) 개인사물함 및 수납공간

영유아 개인의 소지품을 일정한 장소에 보관하는 것은 개인적인 존중과 사적 영역의 표현이다. 또한 스스로 자신의 물건을 정리, 관리하는 습관을 길러 준다는 데 의미를 갖기 때문에 사물함 관리는 중요하다. 수납장의 종류로는 개방 및 닫힌 선반, 내부가 보이는 정리장 등의 다양한 종류가 있으며, 물건을 쉽게 꺼낼 수 있고 스스로 정리할 수 있도록 영유아의 신체 크기에 맞게 디자인되어야 한다. 또한 개인소지품을 정리하고 보관하는 공간은 실내의 주요 가구 배치와 면적, 실내 · 외의 출입 등을 고려하여 배치되어야 하며 수납장은 아랫부분에 무거운 비품을 보관하고 선반 설치 시 물건이 추락하지 않도록 지지대를 설치해야 한다.

[그림 7-23] 수납공간

[그림 7-24] 개인사물보관용 가방

(2) 기저귀 갈이영역

영아의 기저귀를 갈기 위해 정해진 장소가 따로 있어야 하며, 서서 일을 처리할 수 있도록 편편한 보호대가 있는 작업장이 있으면 편리하다. 바닥에서 기저귀를 가는 것이 안전할지 모르나 집단으로 보육할 경우에는 권장하지 않고 있다(Kendrick, 1988). 기저귀 가는 영역은 조용하고 편안하고 아늑한 느낌이 들도록 구성하며, 세면대가 가까이 있어야 한다. 또한 기저귀 가는 데 필요한 용품들은 어른 손이 쉽게 닿을 수 있는 곳에 두어야 한다. 기저귀 가는 공간은 일의 처리를 신속하게 할 수 있어야 할 뿐 아니라 교사와 영아 간의 상호작용과 사회적인 놀이를 할 수 있는 곳이다. 기저귀 가는 공간의 온도는 다른 공간보다 2~4℃ 정도 높아야 한다.

(3) 싱크대

가능하면 각 교실마다 싱크대를 설치하여 유아들의 미술활동과 간단한 요리활동 등이 이루어질 수 있고 급 · 간식 전후에 손을 씻을 수 있도록 해야 한다. 싱크대는 각 반 연령에 따라 적합한 높이로 설치되어야 하며, 보편적으로 3세아 45cm, 4세아 50cm, 5~6세아 55cm의 높이가 적절하다.

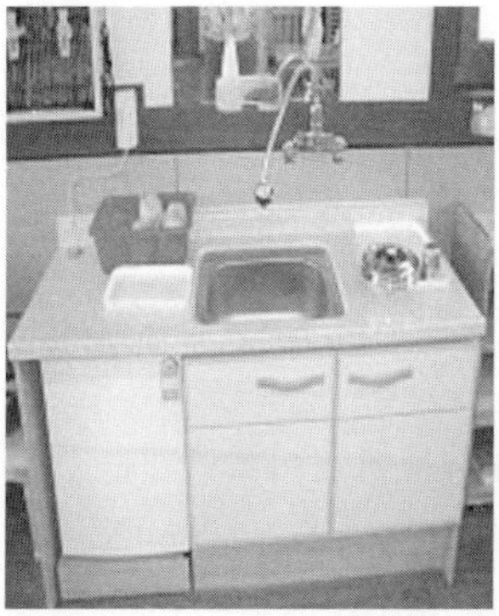

[그림 7-25] 싱크대 A

[그림 7-26] 세면대 A

[그림 7-27] 세면대 B

(4) 교실의 벽

벽은 게시판이나 다양한 자료들을 쉽게 부착할 수 있는 표면재료를 사용하는 것이 바람직하고, 게시판의 높이는 유아가 전시물을 붙이고 뗄 수 있도록 유아의 키 높이에 맞추어 설치되어야 한다. 특히 유아의 안전을 위해 영유아보육법 시행규칙 중 '보육시설 내부의 마감재료' 에 관한 규정과 건축법 시행령 중 '건축물의 피난 · 방화구조' 에 관한 규정 및 소방시설 설치유지 및 안전관리에 관한 규정 중 '방염' 에 관한 규정을 준수해야 한다.

[그림 7-28] 벽면 A

[그림 7-29] 벽면 B

[그림 7-30] 벽면 C

4. 실외공간의 구성

1) 실외공간의 구성 및 특성

실외환경은 공간적으로 실내와는 다른 특징을 지니기 때문에 유아들에게는 독특하고 다양한 놀이경험을 제공하게 된다. 실외놀이는 유아교육 프로그램의 통합적 부분으로 유아에게 개념학습의 기회, 사회적 기술과 관계 발달의 기회, 창작활동에의 참여기회, 놀이활동을 즐기는 기회를 제공한다. 일반적으로 실외공간이 갖추어야 할 특성을 살펴보면 다음과 같다(이숙재, 1999; 이영자 외, 1997; 임재택, 1999).

(1) 위치 및 면적

실외공간은 실내공간에 비해 유아들의 지도 및 감독이 어렵기 때문에 건물이나 구조물로 가려져서는 안 되며, 실내와 연결되어 있어 유아들이 자유롭게 드나들 수 있어야 하고 건물의 남쪽에 위치하는 것이 바람직하다. 무엇보다 유아의 안전을 위하여 실내와 실외의 공간높이에 차이가 없어야 하며 차이가 있을 경우, 층계보다는 경사로가 되도록 하여 흙이나 모래가 실내에 묻어 들어오지 않게 하는 것이 좋다. 실외공간의 면적은 넓을수록 좋겠지만 전체 실외공간의 1/3은 정적활동영역으로 그 나머지 영역은 테라스와 동적활동영역으로 배당하면 이상적인데 이를 위해

정적활동영역 근처에 낮은 관목을 심어 경계를 만들어 주면 효과적이다. 실외공간에는 식수대, 세면대, 화장실 등이 설치되어야 바람직하다.

[그림 7-31] 실외놀이공간

[그림 7-32] 실외 식수, 세면공간

(2) 바닥

실외공간의 바닥은 다양하게 구성하는 것이 바람직하며, 잔디를 심거나 자전거길, 지압보도, 그리고 꽃이나 나무를 심을 수 있는 곳에는 흙땅으로 두며, 모래놀이공간에는 모래를 비치해 주는 것이 좋다. 모래를 깔 때는 20~30cm 정도의 두께로 깔아야 탄력성을 유지하게 된다.

[그림 7-33] 바닥 A

[그림 7-34] 바닥 B

[그림 7-35] 바닥 C

[그림 7-36] 바닥 D

(3) 울타리

실외공간은 영유아들의 자유로운 활동이 이루어지나, 안전 및 지도를 위해 울타리를 설치해야 한다. 실외놀이공간이 큰길과 인접해 있는 경우에는 적어도 120cm 높이로 울타리를 세워야 하는데 울타리의 종류로는 목재 및 관목, 큰 돌, 판매되고 있는 다양한 울타리 소재 등이 사용될 수 있다.

[그림 7-37] 울타리 A

[그림 7-38] 울타리 B

(4) 창문

무엇보다 창문은 파손이 잘 되지 않는 안전 유리를 사용해야 하며, 바닥면적의 1/4~1/5 정도가 적절하다. 창문의 높이는 유아가 교실에서 바깥을 보았을 때 바깥을 편안하게 볼 수 있어야 한다. 높이가 너무 낮을 경우 창문의 파손이 우려되기도 하고, 영유아들이 불안해하기도 하며, 투명유리일 경우 유아들의 부딪힘이 염려되

[그림 7-39] 창문 A

[그림 7-40] 창문 B

기도 한다. 작은 창문인 경우 깨지지 않는 폴리그라스 소재를 이용해 창문을 구성하기도 한다.

2) 실외공간의 설비

(1) 복합놀이기구

복합놀이기구는 넓은 공간을 필요로 하므로 실외놀이공간의 면적을 고려하여 시설물이 설치되어야 한다. 유아들이 미끄럼타기, 그네타기, 기어오르기, 매달리기, 사다리, 흔들구름다리, 그물망 등 다양한 운동을 할 수 있도록 제작된 복합기능을 갖춘 놀이시설이다.

미끄럼틀은 영아용과 유아용으로 구분하여 설치하는 것이 좋으며, 영아용 미끄럼틀의 높이는 80cm, 유아는 120cm가 적당하다.

[그림 7-41] 복합놀이기구 A

[그림 7-42] 복합놀이기구 B

(2) 물 · 모래영역

유아들이 매우 좋아하는 물놀이영역은 바닥청소가 쉽고 급 · 배수시설이 잘 되어야 한다. 바닥은 미끄럼 방지 바닥이어야 하고, 물이 새지 않도록 주면 벽과 바닥에 방수처리를 해야 한다. 물놀이영역에는 물놀이용 소품(물을 담아 둘 수 있는 그릇, 병, 깔때기, 물레방아, 뜨고 가라앉는 놀잇감, 호스, 분무기 등), 비닐 앞치마, 수건 등을 정리 · 보관할 수 있는 수납장이 있어야 한다. 별도의 물놀이영역을 마련하지 않고 이동 가능한 물놀이대를 사용해도 좋다.

실외공간에 배치된 모래밭은 대표적인 고정시설물이며, 집짓기놀이, 모래음식 만들기, 수로 만들기, 터널 파기 등의 놀이가 이루어진다. 이는 자연적인 자료로서 영유아들에게 최상의 놀잇감이 되며, 특히 물과 모래는 끊임없이 변하는 속성이 있어서 어느 연령층에도 어울리는 놀잇감이라 할 수 있다. 모래는 쉽게 젖고 빨리 마른다는 장점이 있으며, 촉감이 곱고 부드러워 영유아들이 아주 좋아하는 놀잇감이다. 햇볕이 너무 강할 때는 놀이에 불편함을 줄 수 있으므로 차양 등을 설치하여 그늘을 만들어 주어야 하며 볕이 잘 들고 습기가 차지 않는 곳으로 가장자리에는 낮은 고무판을 대거나 틀을 짜서 모래가 밖으로 나오지 않도록 경계를 만들어 주어야 한다. 꽃삽, 물뿌리개, 소꿉, 모양 틀, 양동이 등 다양한 모래놀이기구를 제공하여 보다 창의적인 놀이에 몰입할 수 있도록 돕는다.

[그림 7-43] 모래영역 A

[그림 7-44] 모래영역 B

(3) 동물 사육장

닭, 토끼 등과 같은 가축들을 사육장을 설치해 돌봄으로써 영유아들에게 동물들의 생태에 대해 관심을 갖게 할 수 있으며 더불어 동물을 사랑하고 아끼는 마음을 가질 수 있도록 한다. 그러나 가축이나 동물과의 접촉으로 인해 야기될 수 있는 전염병 및 각종 질환에 주의하여 청결을 유지해야 한다.

[그림 7-45] 토끼 사육장

(4) 수영장

영유아들이 여름철에 물놀이를 할 수 있도록 설치한 간이 시설 혹은 실외수영장은 유아들의 내적인 불만이나 긴장들을 발산, 해소시켜 줄 수 있다. 영유아들은 물놀이를 통해 큰 기쁨을 느끼며, 발달 단계에 따라 다양한 물놀이활동을 전개할 수 있다. 이와 같은 물놀이의 장점으로 인하여 시설내에 수영장을 설치하는 보육시설이 늘어나고 있다.

간이 수영장일 경우 적절한 크기의 물놀이기구 등을 넣어주면 영유아들의 물놀이 흥미가 증가된다.

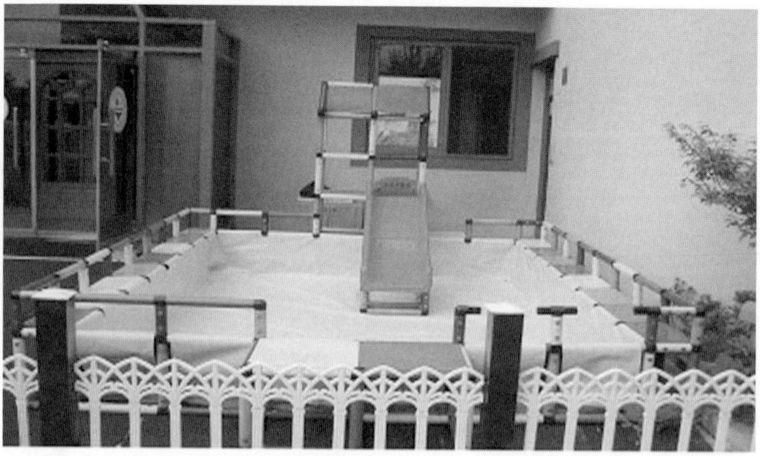

[그림 7-46] 실외 간이 수영장

(5) 실외 개수대

모래놀이나 바깥놀이를 하고 난 후 영유아들의 손이나 몸을 씻고 보육실로 들어갈 수 있도록 실외 개수대를 설치해야 하는데 모래놀이 시 다양한 놀이를 위한 재료로도 활용될 수 있다. 화단이나 정원수에 물을 공급하기도 하며, 보육시설의 깨끗한 환경을 위해 사용되기도 한다.

(6) 야외 · 인접 동산 및 식물재배영역

영유아들이 채소나 꽃, 나무 등의 식물을 기르고 관찰할 수 있도록 하여 자연에 대한 관심을 가지면서 일하는 즐거움과 과학적인 태도를 길러 주는 기회를 제공한다. 보육시설과 인접한 거리에 낮은 산이나 공원이 있을 경우 최대한 이를 활용할 수 있도록 연결 통로를 설치하거나 개발하고, 여의치 않을 경우 주말농장 가꾸기나 등산하기 등의 프로그램을 구성하여 이를 수시로 활용한다.

[그림 7-47] 보육시설 2층에서 연결된 야외 인접동산

[그림 7-48] 식물재배영역

(7) 야외 체육시설

주로 대근육활동을 하는 넓은 야외공간으로 무엇보다 주변 환경이 안전해야 한다. 야외 체육시설로는 체육관람장, 지압보도, 연속평균대, 사다리, 그네, 미끄럼틀 등이 있는데 체육시설의 크기는 연령별로 고려되어야 한다.

[그림 7-49] 야외 체육시설 A

[그림 7-50] 야외 체육시설 B

[그림 7-51] 야외 체육시설 C

[그림 7-52] 체육관람장

제8장 보육시설 종사자

여성 인력의 사회 진출과 새로운 여러 가지 직업의 발달로 인하여 자녀양육을 분담하는 보육시설의 필요성과 다양성이 점점 더 요구되고 있다. 이에 따라 사회적 변화에 상응하는 여러 종류의 보육시설이 등장하게 되고 그에 따른 물리적인 환경과 보육프로그램 그리고 전문성을 발휘할 수 있는 보육시설 종사자가 요구된다.

보육의 질은 보육교사의 질을 떠나서 논의할 수 없다. 그러므로 종사자의 자질과 역할은 매우 중요하다. 이 장에서는 첫째, 보육시설 종사자의 정의 및 유형 둘째, 보육시설 종사자의 자격과 배치 및 복무 셋째, 보육시설 종사자의 자질과 역할 넷째, 보육교사의 양성교육과 보수교육에 대하여 살펴보고자 한다.

1. 보육시설 종사자의 정의 및 유형

영유아 보육기관은 보육대상인 아동과 그 아동을 위한 시설 및 설비 등의 물리적인 환경, 영유아 보육프로그램 그리고 보육 종사자의 기본 요건을 갖추어야 한다.

이 가운데 보육시설 종사자는 나머지 요소들을 유기적으로 연결하여 영유아의 올바른 성장을 가져오게 하는 핵심적인 요소다.

1) 보육시설 종사자의 정의

2005년 3월 24일 개정 공포된 영유아보육법 제1장 제2조 제5항에 의하면 '보육시설 종사자' 라 함은 '보육시설에서 영유아의 보육, 건강관리 및 보호자와의 상담 그 밖에 보육시설의 관리 · 운영 등의 업무를 담당하는 자로서 보육시설의 장 및 보육교사와 그 밖의 종사자를 말한다.' 고 정의하고 있다.

보육시설 종사자란 보육시설에서 보육과 관련된 일에 종사하는 사람으로 우리나라에서는 영유아보육법을 중심으로 이 법에 규정된 종사자와 직접적인 관계를 지니는 사람을 말한다.

보육시설 종사자의 자격은 영유아보육법 관련 법적 근거하에서 정당성을 인정받을 수 있는 종사자를 말한다.

영유아보육법 시행규칙 [별표 2]에 의하면 보육시설에는 보육시설의 장, 보육교사, 간호사, 영양사, 취사부, 그 밖의 종사자(촉탁의사, 사회복지사, 사무원, 관리인, 위생원, 운전기사, 치료사 등)를 배치하도록 되어 있다.

2) 보육시설 종사자의 유형

이원영(1991)은 보육시설 종사자의 유형을 교육기능 종사자와 보호기능 종사자로 나누었다. 교육기능 종사자로는 원장, 원감, 교사를 두고 보호기능 종사자에는 보모, 영양사, 간호사, 의사, 사회복지사, 상담자, 사무원, 운전기사, 관리원을 둔다.

한편 Decker와 Decker(1976, 최미현 외)는 보육시설 종사자를 영유아 보육프로그램을 직접적으로 계획하고 실천하며 평가하는 관련직과, 프로그램을 지원하고 도와주는 비관련직으로 구분하였다. 프로그램 관련직에는 보육에 직접적인 책임을 맡는 시설장, 보육교사, 특수교사, 보조교사 등을 넣었다. 그리고 프로그램 비관련직에는 프로그램의 수행을 도와주는 일을 담당하는 일반사무직, 취사부, 운전기사, 영양사, 간호사(간호조무사) 등을 넣어서 설명하고 있다.

2. 보육시설 종사자의 자격과 배치 및 복무

1) 보육시설 종사자의 자격

보육시설 종사자의 자격은 영유아보육법 제3장 제21조 규정에 의거하여 영유아보육법 시행령 [별표 1]과 같으며, 그 내용은 다음과 같다.

(1) 보육시설의 장

보육시설장의 자격기준은 크게 ① 일반기준 ② 가정보육시설 ③ 영아전담보육시설 ④ 장애아전담보육시설 ⑤ 고등교육법에 의한 대학(전문대학을 포함한다) 또는 법 제21조 제2항 제2호의 규정에 의한 교육훈련시설이 운영(위탁 또는 부설 운영을 말한다)하는 보육시설로 나누어서 각각의 자격기준을 규정하고 있다.

① 시설장의 일반기준

- 보육교사 1급 자격을 취득한 후 2년 이상의 보육 등 아동복지업무 경력이 있는 자
- 유아교육법에 의한 유치원 정교사 2급 자격을 취득한 후 5년 이상의 보육 등 아동복지업무 경력이 있는 자
- 유치원 원장의 자격을 가진 자
- 초 · 중등교육법에 의한 초등학교 정교사 자격을 취득한 후 5년 이상의 보육 등 아동복지업무 경력이 있는 자
- 사회복지사업법에 의한 사회복지사 1급 자격을 취득한 후 5년 이상의 보육 등 아동복지업무 경력이 있는 자
- 의료법에 의한 간호사 자격을 취득한 후 7년 이상의 보육 등 아동복지업무 경

력이 있는 자

- 국가 또는 지방자치단체에서 7급 이상의 공무원으로 보육 등 아동복지업무에 5년 이상 근무한 경력이 있는 자

② 가정보육시설의 장

- 일반기준에서 정한 자격을 갖춘 자
- 보육교사 2급 이상의 자격을 취득한 후 2년 이상의 보육업무 경력이 있는 자

③ 영아전담 보육시설의 장

영아전담 보육시설이란 만 3세 미만의 영아만을 20인 이상 보육하는 시설로서

- 일반기준에서 정한 자격을 갖춘 자
- 간호사 자격증을 취득한 후 5년 이상의 아동간호업무 경력이 있는 자

④ 장애아전담 보육시설의 장

장애아전담 보육시설이란 장애인복지법 제29조의 규정에 의하여 장애인으로 등록된 영유아만을 20인 이상 보육하는 시설로서

– 일반기준에서 정한 자격을 갖춘 자로서 다음 각 호의 어느 하나에 해당하는 자

- 대학(전문대학을 포함한다)에서 장애인복지 및 재활 관련 학과를 전공한 자
- 장애아 보육시설에서 2년 이상의 보육업무 경력이 있는 자
- 여성부령이 정하는 장애아보육 직무교육을 받은 자

⑤ 고등교육법에 의한 대학(전문대학을 포함한다) 또는 법 제21조 제2항 제2호의 규정에 의한 교육훈련시설이 운영(위탁 또는 부설 운영을 말한다)하는 보육시설

- 보육시설을 운영하는 대학의 전임강사 또는 교육훈련시설의 전임교수 이상으로서 보육 관련 교과목에 대하여 3년 이상의 교육 경력이 있는 자

(2) 보육교사

보육교사의 자격기준은 영유아보육법 제3장 제21조 규정에 의거하여 영유아보육법시행령 [별표 1]과 같으며, 그 내용은 다음과 같다.

영유아보육법 시행령에서는 보육교사의 등급을 ① 보육교사 1급 ② 보육교사 2급 ③ 보육교사 3급으로 나누어 그 각 등급에 해당하는 보육교사의 자격기준을 명시하고 있다.

① 보육교사 1급

- 보육교사 2급 자격을 취득한 이후 3년 이상의 보육업무 경력과 여성가족부장관이 정하는 승급교육을 받은 자
- 보육교사 2급 자격과 보육 관련 대학원에서 석사학위를 취득한 자로서 1년 이상 보육업무 경력과 여성가족부장관이 정하는 승급교육을 받은 자

② 보육교사 2급

- 전문대학 또는 이와 동등 이상의 학교에서 여성가족부령이 정하는 보육 관련 교과목 및 학점을 이수하고 졸업한 자
- 보육교사 3급 자격을 취득한 이후 1년 이상의 보육업무 경력과 여성가족부장관이 정하는 승급교육을 받은 자

③ 보육교사 3급

- 고등학교 또는 이와 동등 이상의 학교를 졸업한 자로서 여성가족부령이 정하는 교육훈련시설에서 소정의 교육과정을 수료한 자

위의 규정에서 '보육 등 아동복지업무 경력' 이라 함은 다음의 어느 하나에 해당하는 경력을 말한다.

가. 영유아보육법에 의한 보육시설 또는 보육정보센터에 근무한 경력
나. 유아교육법에 의한 유치원에서 근무한 경력
다. 아동복지법에 의한 아동복지시설에서 근무한 경력
라. 장애인복지법의 규정에 의한 장애영유아 생활시설에서 장애아동과 관련된 업무에 종사한 경력
마. 유아교육법 및 초·중등교육법에 의한 특수학교(유치원 및 초등학교 과정)에서 특수학교교원으로 근무한 경력

바. 법률 제7120호 유아교육법으로 폐지되기 전 유아교육진흥법에 의한 새마을 유아원에 근무한 경력

사. 위의 가.~바.의 아동복지업무를 수행하는 시설 등에서 간호사로 근무한 경력

아. 국가 또는 지방자치단체에서 7급 이상의 공무원으로 보육 등 아동복지에 관한 행정업무에 근무한 경력

그리고 '보육업무 경력'이라 함은 다음의 어느 하나에 해당하는 경력을 말한다.

가. 영유아보육법에 의한 보육시설 및 보육정보센터에서 근무한 경력

나. 유아교육법에 의한 종일제 유치원에서 원장, 원감, 교사로 근무한 경력

또한 '아동간호업무 경력'이라 함은 병원 소아과나 신생아실, 보건소 모자보건센터, 초등학교 보건실 등에서 근무한 경력을 말한다.

2) 보육시설 종사자의 배치기준

보육시설 종사자의 배치기준은 영유아보육법 제3장 제17조 제2항의 규정에 의거한 시행규칙 제10조 [별표 2]와 같으며, 그 주요 내용은 다음과 같다.

(1) 보육시설의 장

보육시설의 장은 1인으로 한다. 다만 영유아 20인 이하를 보육하는 시설은 보육시설의 장이 보육교사를 겸임할 수 있다. 그리고 보육시설의 장이 간호사 또는 영양사 자격이 있는 때에는 간호사 또는 영양사를 겸직하게 할 수 있다.

(2) 보육교사

보육교사의 배치기준은 다음과 같다.

- 만 1세 미만의 영아 3인당 1인을 원칙으로 한다.
- 만 1세 이상 만 2세 미만의 영아 5인당 1인을 원칙으로 한다.
- 만 2세 이상 만 3세 미만의 영아 7인당 1인을 원칙으로 한다.
- 만 3세 이상 만 4세 미만의 유아 15인당 1인을 원칙으로 한다.

• 만 4세 이상 미취학 유아 20인당 1인을 원칙으로 하며, 이 경우 유아 40인당 1인은 보육교사 1급 자격을 가진 자이어야 한다.
• 취학아동 20인당 1인을 원칙으로 한다.
• 장애아보육은 장애아 3인당 1인을 원칙으로 하되, 장애아 9인당 1인은 특수교사 자격소지자로 한다.

(3) 간호사

영유아 100인 이상을 보육하는 시설의 경우 간호사(간호조무사를 포함한다. 이하 같다.) 1인을 두어야 한다.

(4) 영양사

영유아 100인 이상을 보육하는 시설의 경우 영양사 1인을 두는 것을 원칙으로 하되, 보육시설 단독으로 영양사를 두는 것이 곤란한 때에는 동일 시 · 군 · 구의 5개 이내 보육시설이 공동으로 영양사를 둘 수 있다.

(5) 취사부

영유아 40인 이상을 보육하는 시설의 경우 취사부 1인을 두며, 영유아 매 60인을 초과할 때마다 1인씩 증원한다.

(6) 그 밖의 종사자

시설의 규모와 특성에 따라 의사(또는 촉탁의사), 사회복지사, 사무원, 관리인, 위생원, 운전기사, 치료사 등의 종사자를 둘 수 있다.

3) 보육시설 종사자의 복무기준

(1) 보육시설의 장

보육시설의 장은 전임이어야 하며, 다른 시설의 업무를 겸임할 수 없다.

(2) 보육교사

보육교사의 근무시간은 평일 8시간을 원칙으로 하고, 그 밖에 전후로 연장되는 시간은 보육시설의 장과 보육교사가 교대근무하며, 초과 근무수당을 지급해야 한다.

(3) 보육시설 종사자의 휴가

보육시설 종사자의 휴가는 보육공백을 최소화할 수 있도록 순번제로 실시하고 보수교육, 출산휴가 등으로 공백이 생기는 경우에는 대체교사를 배치하여야 한다.

3. 보육시설 종사자의 자질과 역할

1) 보육교사의 자질

(1) 개인적 자질

영유아보육은 그들이 지니고 있는 잠재력을 키우는 데 목표를 두고 있다. 영유아의 잠재력 신장은 주변 환경과의 효율적인 상호작용을 통하여 가능하다. 효율적인 상호작용은 수많은 인적 · 물적 환경, 보육프로그램, 일상생활 속에서의 사건 등을 통한 경험의 결과로 이루어진다. 따라서 교사는 이러한 경험들을 교육의 수단으로 여기고 이를 이용할 줄 아는 능력이 있어야 한다. 특히 보육교사의 경우에는 더욱 그러하다. 영유아보육은 구조적이고 형식적인 교육보다는 자연스런 생활 가운데서 이루어져야 한다.

생활의 모든 측면들을 교육의 수단으로 여기고 이용하는 것은 교사가 인간에 대한 애정과 따뜻함, 그리고 신뢰를 지니고 있을 때 가능하다. 또한 모든 어려움에 대한 이해와 공감, 밝고 희망적인 인간성, 원만한 인간관계기술을 소유하고 있을 뿐만 아니라 신체적 건강, 효율적인 의사소통능력, 통찰력, 판단력, 주의력을 가지고 있을 때 가능하다. 이 능력들은 특별한 훈련과 교육을 통하여 길러지기보다는 타고난 개인적 기질에 더 영향을 많이 받는 특성들이다.

(2) 전문적 자질

보육교사의 전문적 자질은 크게 세 가지 차원에서 생각해 볼 수 있다. 교직 수행의 필요한 지식, 영유아의 효과적 학습을 위한 교육기술, 교직에 대한 신념 · 윤리 · 열정 등 교사로서 지녀야 할 기본적인 태도가 그것이다.

① 교직 수행에 필요한 지식

보육교사는 교육프로그램을 계획하고 실천하여 영유아의 성장, 발달을 촉진하여야 한다. 이 과업을 수행하기 위해서는 다음과 같은 지식들을 지니고 있어야 한다.

- 보육과정의 결정과 보육계획 수립에 관한 지식
- 영유아의 능동적 상호작용과정을 통한 학습방법 등의 교수전략과 관련한 지식
- 영유아의 발달에 영향을 미치는 여러 가지 경험과 자극의 정도에 관한 지식
- 영유아의 태도 형성에 관한 지식
- 보육시설의 실내 · 외 환경에 관한 지식
- 일상생활 속에서의 의사소통을 통한 언어습득에 관한 지식
- 교수매체 및 교수자료에 관한 지식

위에 열거한 전문지식 외에도 보육교사가 지녀야 할 지식들은 수없이 많다. 보육교사는 교사로서의 자질 향상을 위하여 끊임없이 노력하여야 한다.

② 교육기술

어린 연령을 보육하는 보육교사에게 교육기술은 무엇보다 중요하다. 교사의 학습상황 조성능력은 특히 보육교사들에게 절실하게 요구되는 자질이다.

보육시설에서 생활하는 영유아들은 구조적이고 집단적이고 언어적인 방법으로 학습하기보다는 개별적이고 적극적이며 능동적으로 학습활동에 참여함으로써 학습한다. 따라서 보육교사는 영유아 개개인에 대한 탐색, 동기유발과 개별적인 교수방법 연구와 함께 영유아들의 학습활동 참여유도를 할 수 있어야 한다. 또한 다양하고 능동적인 학습활동을 위한 환경 구성 등의 교육기술, 영유아들을 관찰하고 평가하는 기술 등을 지니고 있어야 한다.

③ 교직에 대한 태도

사람은 자기가 하고 있는 일에 대해 어떤 태도를 가지느냐에 따라 그 일의 효율성이나 결과가 크게 다르게 나타난다. 보육교사는 열성과 신념을 가지고 영유아들을 보육해야 한다. 어린 생명의 잠재 가능성을 개발하여 훌륭한 삶을 살 수 있도록 도와주는 것에 보람을 가지고 헌신하는 자세로 임해야 한다.

다음으로 보육교사에게는 교육자로서의 윤리가 강조된다. 보육교사들은 유아들의 복지를 위해 헌신해야 하며, 그들을 공정하게 대하고 국가와 사회에 대한 교육자로서의 책무를 다해야 한다. 윤리는 법적 구속력이나 강제성이 있는 것은 아니지만 보육교사에게 필요한 전문적 자질이다.

2) 보육시설 종사자의 역할

(1) 시설장

시설장은 법적으로 시설의 모든 책임을 지는 사람을 말한다. 시설장의 역할은 다음과 같다.

- 시설의 철학과 기본 정책을 수립하고 업무를 계획한다. 보육시설 구성원의 업무를 분담하고 각각의 업무를 조정하고 평가한다.
- 재정 및 시설운영 전반에 관한 업무를 통괄한다. 건물, 장비, 직원에 대한 예산을 세울 뿐만 아니라 재정적 지원을 얻어내고 자금을 분배하며, 수입과 지출에 관한 업무를 처리한다.
- 직원의 관리 및 지도를 한다. 교사의 지위를 결정하고 직원을 신규채용하며, 승진과 업무에 따른 보상을 실시하고 업무에 필요한 교사의 연수 및 교육훈련 지원과 평가를 실시한다.
- 의사소통을 위한 연결과 정보교환을 제공한다. 시설장은 지도자 회의와 교사 및 부모회의를 주관하고 결정하며, 보육시설 구성원들과 함께 프로그램을 계획, 실행, 평가하는 것에 대하여 상의한다. 또한 보육시설 운영에 대하여 부모 및 다른 보육시설의 장과도 협의하여 그 결과를 구성원들과 공유한다.

(2) 보육교사

① 대리부모로서의 역할

보육교사는 영유아의 기본적인 생리적인 욕구를 충족시켜 주어야 하며, 건강을 돌보고 안전을 지켜주어야 한다. 특히 영유아를 보육하는 보육교사에게 있어서는 대리부모로서의 역할이 매우 중요하다. 보육교사들은 일상적인 수유, 기저귀 갈아주기, 낮잠 재우기 등과 같이 생리적 욕구 충족에 대하여 민감하게 반응하여야 한다. 이때 무엇보다도 그들을 사랑으로써 대하고 그들과의 신뢰관계를 형성할 수 있는 일관성 있는 보육이 이루어져야 한다.

② 교수자로서의 역할

보육교사는 영유아를 보호하는 역할과 함께 매일의 프로그램을 통하여 그들을 교육하는 교수자로서의 역할을 담당해야 한다. 이때 단편적인 지식의 제공자 또는 전달자가 아니라 지식과 기술의 중재를 통해서 새로운 지식을 창조할 수 있도록 도와주어야 한다. 이러한 교수자로의 역할을 구체적으로 제시하면 다음과 같다.

첫째, 관찰자 및 기록자의 역할이다. 보육교사는 각 아동의 특별한 요구와 특성을 평가하고 계획하기 위해 아동의 행동을 지속적으로 관찰하여야 한다. 특히 언어적 표현능력이 부족한 영아 개개인의 특별한 욕구를 잘 관찰하여 이에 즉각적으로 반응해 주어야 한다. 또한 교사는 부모와 정보교환, 보육과정 계획 및 프로그램 운영, 보육활동평가를 위하여 상세하고 포괄적인 기록을 해야 한다.

둘째, 프로그램 수립 및 계획자로서의 역할이다. 보육교사는 아동의 발달 단계를 기초로 프로그램 내용을 계획하고 개별아동의 특성을 반영하여 일과를 계획한다. 또한 영유아의 발달적 요구에 기초한 교재 · 교구를 제시하고 환경을 구성해야 한다.

셋째, 운영자로서의 역할이다. 보육교사는 매일의 일과 계획안에서 시간을 융통성 있게 조정 · 운영하고 영유아가 긍정적인 경험을 할 수 있도록 보육환경을 융통성 있게 조정해야 한다.

넷째, 촉진자로서의 역할이다. 보육교사는 영유아의 수준에 맞게 개입함으로써 그들의 발달을 촉진시키는 역할을 수행해야 한다.

다섯째, 평가자로서의 역할이다. 보육교사는 교육의 질적 개선과 영유아의 발달을 촉진하기 위해 평가자로서의 역할을 수행해야 한다. 평가는 영유아에 대한 평가와 프로그램에 대한 평가로 구분할 수 있고, 보육교사 자신의 행동에 대한 평가도 아울러 병행되어야 한다.

③ 모방과 동일시 대상으로서 역할

영유아들은 모방의 천재다. 그들은 주변 인물의 행동, 태도, 가치관 등을 쉽게 보고 배운다. 특히 영유아들은 부모보다 더 교사의 행동특징을 신뢰하고 모방하는 경향이 강하다. 따라서 보육교사들은 자신의 말투, 태도, 행동, 신념 등이 영유아들의 동일시 대상이 되고 있음을 인식하고 행동과 태도에 신경을 써야 한다.

④ 지역사회와의 교류자로서의 역할

보육교사는 지역사회와 보육시설 간의 신뢰감을 형성하기 위해 노력해야 한다. 지역사회에 보육시설의 프로그램을 소개하고 자원봉사자 선정을 도우며, 지역공동체로부터 지원을 얻는 역할도 해야 한다.

한편 유아들의 건강관리나 치료를 위해 필요한 경우에는 의사, 사회사업가, 심리학자들의 도움을 요청해야 하며, 이들과의 의사소통이 원활하게 이루어지도록 노력해야 한다.

⑤ 상호협력자로서의 역할

보육교사는 동료교사 및 현장의 다른 직원들과 상호협력하는 관계를 유지해야 한다. 서로를 인정해 주고 격려해 주며, 서로의 필요에 호응적이고 조력적이어야 한다. 개방적인 태도로 대화를 나누고 서로의 의견을 교환하며, 상반된 의견을 조정해 나가는 일도 중요하다. 동료교사가 새로운 어떤 것을 시도할 때 객관적인 입장에서 문제를 검토해 보고 가능하다면 수용하는 자세를 취할 필요가 있다.

(3) 의사와 간호사

보육시설은 영아부터 초등학교 학생에 이르기까지 다양한 연령대의 어린이들이 거의 온종일 생활하므로 건강과 안전상의 문제가 발생하기 쉽다. 따라서 의사와 간호사의 적절한 도움이 필요하다.

보육시설에서 의사와 간호사는 영유아의 위생관리, 영양지도, 안전지도, 건강 및 보건상담, 정기검진 등의 역할을 수행한다. 그러나 현실적으로 볼 때 의사와 간호사의 상주는 매우 어려운 형편이다. 따라서 영유아보육법에서도 영유아 100인 이상을 보육하는 경우에 간호사를 두도록 하고 있다.

(4) 영양사 및 취사부

보육시설은 아동들이 장시간 머무르는 곳이기 때문에 식사 제공은 필수적이다. 영양사는 영유아의 발달 단계와 영양상태를 고려하여 식사와 간식의 양과 종류를 조절하여 식단을 작성하고 올바른 식습관을 형성하도록 배려하는 역할을 한다. 그러나 현실적으로 볼 때 영양사가 보육시설에 상주하기 어려우므로 영유아보육법에서는 영유아 100인 이상을 보육하는 경우 1인의 영양사를 두도록 하되, 시 · 군 · 구에서는 공동으로 영양사를 두도록 조처하고 있다.

(5) 특수교사

장애 아동 보육교사는 일반 보육교사의 역할 외에 장애 아동을 가르치는 부가적인 역할이 요구된다. 먼저 유형별 장애 아동의 특성을 이해하고, 그들의 독특한 요구를 확인함과 동시에 다양한 욕구를 충족시킬 수 있는 보육계획안을 수립하고 실시하여야 한다.

(6) 방과후 아동지도사

방과후 아동지도사는 초등학교 아동을 대상으로 정규 학교교육 시간 이외에 그들을 보호하고 지도하는 역할을 한다. 방과후 아동지도사는 아동기의 발달과 그들의 가정환경적 특성을 이해하여 지도하는 역할이 무엇보다도 중요하다. 특히 학교에서의 구조적인 학습에 지친 아동들에게 정서적 휴식을 제공하고, 신체적 기술을 도울 수 있는 능력을 갖추게 하며, 가정이나 학교에서 소홀히 할 수 있는 건전한 취미활동의 지도와, 여가시간을 유익하고 창의적으로 지낼 수 있도록 지도해야 한다.

4. 보육교사의 양성교육과 보수교육 및 승급교육

보육교사로서의 자격 취득을 위한 교육과 자격 취득 후 직무교육 및 승급교육에 대하여 살펴본다.

1) 보육교사 양성교육

영유아보육법시행규칙 제12조 제1항의 [별표 4]에는 보육교사 양성을 위한 교과목 및 학점을 〈표 8-1〉과 같이 규정하고 있다.

〈표 8-1〉 대학 등에서 이수해야 할 교과목 및 학점

영역	교과목	이수과목(학점)
보육기초	아동복지(론), 보육학개론, 아동발달(론), 보육과정	4과목(12학점) 필수
발달 및 지도	인간행동과 사회환경, 아동관찰 및 행동연구, 아동생활지도, 아동상담(론), 특수아동지도	1과목(3학점) 이상 선택
영유아교육	놀이지도, 언어지도, 아동문학, 아동음악과 동작, 아동미술, 아동 수 · 과학지도, 영유아 프로그램 개발과 평가, 영유아교수방법(론)	3과목(9학점) 이상 선택
건강 · 영양 및 안전	아동건강교육, 아동간호학, 아동안전관리, 아동영양학, 정신건강(론)	2과목(6학점) 이상 선택
가족 및 지역사회 협력 등	부모교육(론), 가족복지(론), 가족관계(론), 지역사회복지(론), 자원봉사(론), 보육정책(론), 보육교사(론), 보육시설운영과 관리	1과목(3학점) 이상 선택
보육실습	보육실습	1과목(2학점) 필수
전체	12과목(35학점) 이상	

※ 비고

1) 교과목명이 상이하더라도 교과목의 내용이 유사하면 동일 교과목으로 인정하고, 보육실습의 경우 명칭과 무관하게 실습기관과 실습기간의 조건을 만족하는 경우 보육실습으로 인정한다.
2) 각 과목은 3학점을 기준으로 하며, 최소 2학점 이상이어야 한다.

위의 과목이수와 함께 보육교사 자격 취득을 위한 필수과정으로 보육실습을 규정하고 있는데, 그 내용은 다음과 같다.

- 실습기관: 실습은 법적으로 인가받은 보육시설 및 종일제 유치원에서 보육교사 1급 또는 유치원정교사 1급 자격을 가진 자가 실습을 지도하여야 한다.
- 실습기간: 실습기간은 4주, 160시간을 원칙으로 하되, 야간대학 등의 경우에는 2회에 나누어 실시할 수 있다.
- 실습의 평가: 실습의 평가는 실습계획서에 근거하여 행하되, 평가점수가 80점 이상인 경우에만 실습을 이수한 것으로 인정한다.

2) 보육교사 보수교육

영유아보육법 제23조에서는 보육시설 종사자의 자질 향상을 위하여 보수교육을 실시해야 한다고 규정하고, 보수교육은 직무교육과 승급교육으로 구분하여 실시하도록 하고 있다.

영유아보육법 시행규칙 제20조에는 보수교육 실시에 대하여 구체적인 내용을 다음과 같이 규정하고 있다.

첫째, 직무교육은 보육에 필요한 지식과 능력을 유지·개발하기 위하여 보육시설 종사자가 정기적으로 받는 교육으로서 교육시간은 40시간을 원칙으로 한다.

둘째, 승급교육은 보육교사가 3급에서 2급 또는 2급에서 1급으로 승급하기 위하여 필요한 교육으로서 교육시간은 80시간을 원칙으로 한다.

셋째, 보수교육의 내용은 보육기초, 발달 및 지도, 영유아교육, 영유아의 건강·영양 및 안전, 가족 및 지역사회 협력, 보육사업의 운영에 관한 영역이 포함되도록 하되, 그 구체적인 내용은 여성가족부장관이 정한다.

넷째, 직무교육 및 승급교육의 대상자, 교육평가, 교육비 등에 관한 구체적인 내용은 [별표 7]과 같다.

다섯째, 시·도지사는 매년 2월 말까지 보수교육의 수요를 파악하여 보수교육계획을 수립해야 한다.

[별표 7]

보수교육 실시기준(제20조 제4항 관련)

1. 교육의 구분 및 대상자

가. 직무교육

보육대상자에 따라 일반직무교육과 특별직무교육으로 구분하며, 특별직무교육을 이수한 경우에는 일반직무교육을 이수한 것으로 본다.

(1) 일반직무교육

(가) 보육교사: 현직에 종사하고 있는 보육교사로서 보육업무 경력이 만 2년 경과한 자를 위한 교육

(나) 보육시설의 장: 현직에 종사하고 있는 보육시설의 장으로서 보육시설의 장의 직무를 담당하는 첫해와 보육업무 경력이 만 2년 경과한 자를 위한 교육

(2) 특별직무교육

(가) 영아보육 직무교육: 일반직무교육 대상자로서 영아보육을 담당하고 있거나 담당하고자 하는 보육교사 및 보육시설의 장을 위한 교육

(나) 장애아보육 직무교육: 일반직무교육 대상자로서 장애아보육을 담당하고 있거나 담당하고자 하는 보육교사 및 보육시설의 장을 위한 교육

(다) 방과후보육 직무교육: 일반직무교육 대상자로서 방과후보육을 담당하고 있거나 방과후보육을 담당하고자 하는 보육교사 및 보육시설의 장을 위한 교육

나. 승급교육: 직무교육과 승급교육을 같은 해에 받아야 하는 경우에는 승급교육을 받은 자는 직무교육을 생략할 수 있다.

(1) 2급 보육교사 승급교육은 3급 보육교사 자격 취득 후 보육업무 경력이 만 6개월 경과한 자

(2) 1급 보육교사 승급교육은 2급 보육교사 자격 취득 후 보육업무 경력이 만 2년 이상 경과한 자. 다만 석사학위 소지자로서 보육교사 2급 자격을 취득한 경우는 보육업무 경력이 만 6개월 경과한 자

2. 보수교육의 평가

가. 보수교육은 해당 교육시간을 모두 출석한 때에만 이수한 것으로 본다.

나. 직계가족의 사망, 사고 또는 결혼 등으로 인한 결석이나 본인의 사고, 질병 등으로 인한 결석의 경우에는 교육시간의 최대 10% 범위 안에서 출석한 것으로 인정할 수 있다. 다만 출석 인정을 받기 위해서는 반드시 관련 서류를 제출해야 한다.

다. 승급교육 대상자 중 출석기준은 충족하였으나 평가시험에서 80점 이상을 획득하지 못한 때에는 승급교육을 이수한 것으로 인정할 수 없다.

3. 교육비

가. 교육생은 시·도지사가 정하는 바에 따라 교육기관에 수강료를 납부해야 한다.

나. 가목의 규정에 의한 수강료는 교육에 필요한 실비의 범위 안에서 정해야 한다.

다. 국가 및 지방자치단체는 직무교육 및 승급교육에 필요한 교육비를 보조할 수 있다. 이 경우 교육비의 보조는 해당 금액을 교육기관 등에 지급한다.

위의 내용을 요약하여 표로 제시하면 아래와 같다.

(1) 과정구분 및 교육대상과 교육훈련기간

〈표 8-2〉 보수교육과정

<table>
<tr><th colspan="3">과정명</th><th>교육대상</th><th>교육훈련 기간</th><th>비고</th></tr>
<tr><td rowspan="5">보수교육과정</td><td rowspan="2">일반직무교육</td><td>보육교사</td><td>현직에 종사하고 있는 보육교사로서 보육업무 경력이 만 2년 이상 경과한 자</td><td>40시간</td><td>매 3년마다</td></tr>
<tr><td>시설장</td><td>현직에 종사하고 있는 시설장으로서 시설장 직무를 담당하는 첫해와 보육업무 경력이 만 2년 이상 경과한 자</td><td>40시간</td><td>시설장 첫해 및 매 3년마다</td></tr>
<tr><td rowspan="3">특별직무교육</td><td>영아보육</td><td>일반직무교육 대상자로 영아보육을 담당하고 있거나 담당하고자 하는 보육교사 및 시설장</td><td>40시간</td><td>이수하고자 하는 자</td></tr>
<tr><td>장애아보육</td><td>일반직무교육 대상자로 장애아보육을 담당하고 있거나 담당하고자 하는 보육교사 및 시설장</td><td>40시간</td><td>이수하고자 하는 자</td></tr>
<tr><td>방과후보육</td><td>일반직무교육 대상자로 방과후보육을 담당하고 있거나 담당하고자 하는 보육교사 및 시설장</td><td>40시간</td><td>이수하고자 하는 자</td></tr>
<tr><td rowspan="2">승급교육</td><td colspan="2">2급 승급교육</td><td>보육교사 3급의 자격을 취득한 후 보육 경력이 만 6개월 경과한 자</td><td>80시간</td><td>이수하고자 하는 자</td></tr>
<tr><td colspan="2">1급 승급교육</td><td>보육교사 2급의 자격을 취득한 후 보육 경력이 만 2년 경과한 자 및 석사학위 소지자로서 보육교사 2급의 자격을 취득한 경우 보육 경력이 만 6개월 경과한 자</td><td>80시간</td><td>이수하고자 하는 자</td></tr>
</table>

(2) 보수교육과정별 교육내용

① 일반직무교육

〈표 8-3〉 일반직무교육과정별 교육내용

영역	보육교사과정		시설장 일반과정		시설장 신규과정	
	교과목	시간	교과목	시간	교과목	시간
보육기초	• 아동복지와 보육사업 • 국내외 보육정책의 동향 • 영유아보육의 이해	6시간	• 아동복지와 보육사업 • 국내외 보육정책의 동향 • 영유아보육법의 이해 • 양성평등교육	6시간	• 사회복지와 보육정책 • 아동권리 복장 및 아동학대 예방 • 보육과정론	6시간
발달 및 지도	• 영유아 관찰 및 평가 • 영유아 생활지도 • 장애와 보육의 실제 • 영유아보육의 실제	6시간	• 아동관찰 및 평가 • 영유아 생활지도 • 장애아보육의 실제 • 영유아보육의 실제	6시간	• 장애아보육의 실제 • 영유아보육의 실제	6시간
영유아교육	• 신영유아보육이론 • 영유아 교수방법 • 영유아 보육프로그램 • 교재교구 개발	10시간	• 신영유아보육이론 • 영유아 교수방법 • 영유아 보육프로그램 개발	6시간	• 영유아 보육프로그램 • 보육프로그램 개발	6시간
건강 · 영양 및 안전	• 응급처치 • 영유아 식생활지도 • 영유아 안전관리	6시간	• 영유아 건강관리 • 영유아 영양관리 • 영유아 안전관리	6시간	• 영유아 건강관리 • 영유아 영양관리 • 영유아 안전관리	6시간
가족 및 지역사회 협력 등	• 부모상담 • 부모교육 • 부모참여 • 지역연계와 포괄적 보육	4시간	• 부모상담 • 부모교육 • 부모참여 • 지역연계와 포괄적 보육	4시간	• 부모상담 · 교육 · 참여 • 지역연계와 포괄적 보육	4시간
보육사업의 운영	• 보육교사의 역할과 자세 • 정보화교육 • 보육시설 운영과 평가	4시간	• 시설장의 역할과 자세 • 보육시설 운영과 평가 • 정보화교육	8시간	• 시설장의 역할과 자세 • 보육시설 운영과 평가 • 보육시설 인사관리 • 보육시설 재정관리 • 보육시설 정보관리 • 보육시설 환경 · 설비 관리	8시간
기 타	• 인간관계 및 리더십 교육 • 보육 세미나	4시간	• 인간관계 및 리더십 훈련 • 보육 세미나	4시간	• 리더십 훈련 • 보육 세미나	4시간
계	23과목	40시간	23과목	40시간	20과목	40시간

② 특별직무교육

〈표 8-4〉 특별직무교육과정별 교육내용

영역	영아보육 직무교육	장애아보육 직무교육	방과후보육 직무교육	시간
보육기초	• 현대사회 변화와 영아보육 • 영아보육과정의 이해	• 장애인복지와 보육정책 • 장애아보육과정의 이해	• 현대사회 변화와 방과후보육 • 방과후보육의 이해	4시간
발달 및 지도	• 영아 발달의 특성 • 영아 일상생활지도 • 영아 행동관찰과 평가 • 영아 감각 및 대소근육 발달 지도	• 장애아 발달의 특성 • 장애아 진단과 평가 • 장애아 일상생활지도 • 장애아 감각통합과 신체활동 지도	• 아동 발달 • 아동 일상생활지도 • 문제행동수정과 지도	6시간
영유아 교육	• 놀이를 통한 사회성 발달 • 놀이를 통한 정서 발달 • 놀이를 통한 언어 발달 • 놀이를 통한 인지 발달 • 프로그램 및 교재교구 개발	• 놀이 및 사회성 지도 • 장애아 의사소통지도 • 장애아 음악치료 • 장애아 미술치료 • 프로그램 및 교재교구 개발	• 학습 및 과제지도 • 놀이 및 사회성 지도 • 아동언어교육 • 아동독서교육 • 아동예체능교육 • 프로그램 및 교재교구 개발	8시간
건강 · 영양 및 안전	• 영아 보건 · 안전관리 • 영아 영양관리 및 식생활지도	• 장애아 보건 · 안전관리 • 장애아 영양관리 및 식생활지도	• 초등학생 보건 · 안전관리 • 초등학생 영양관리 및 식생활지도	6시간
가족 및 지역사회 협력 등	• 부모교육, 상담, 협력 • 지역사회와의 협력	• 부모교육, 상담, 협력 • 지역사회와의 협력	• 부모교육, 상담, 협력 • 지역사회와의 협력	4시간
보육사업 운영	• 영아보육교사의 역할과 자세 • 보육시설 운영과 관리 • 정보화교육	• 장애아보육교사의 역할과 자세 • 보육시설 운영과 관리 • 정보화교육	• 방과후보육교사의 역할과 자세 • 보육시설 운영과 관리 • 정보화교육	8시간
기 타	• 인간관계 및 리더십 훈련 • 영아보육 세미나 및 사례발표	• 인간관계 및 리더십 훈련 • 장애아보육 세미나 및 사례발표	• 인간관계 및 리더십 훈련 • 방과후보육 세미나 및 사례발표	4시간
계	20과목	20과목	20과목	40시간

③ 승급교육

〈표 8-5〉 승급교육과정별 교육내용

영역	2급 승급교육	1급 승급교육
보육기초	• 현대사회 변화와 보육사업 • 보육정책 동향과 영유아보육법 이해 • 보육교사의 윤리 • 아동권리보장 및 아동학대예방에 대한 이해 • 양성평등교육	• 현대사회 변화와 보육사업 • 보육정책 동향과 영유아보육법 이해 • 아동권리보장 및 아동학대 예방에 대한 이해 • 양성평등교육
발달 및 지도	• 인성교육 • 장애아통합보육 • 영아보육	• 인성교육 • 장애아통합보육 • 영아보육
영유아교육	• 영유아 교수방법 • 영유아 보육프로그램 개발 • 영유아 보육프로그램 1: 정서 · 사회생활영역 • 영유아 보육프로그램 2: 언어 · 수 · 과학영역 • 영유아 보육프로그램 3: 음악 · 미술 · 체육영역	• 영유아 보육프로그램 1: 정서 · 사회생활영역 • 영유아 보육프로그램 2: 언어 · 수 · 과학영역 • 영유아 보육프로그램 3: 음악 · 미술 · 체육영역 • 영유아 보육프로그램 4: 통합적 접근 영역
건강 · 영양 및 안전	• 안전관리와 응급처치 • 급식과 영양	• 안전관리와 응급처치 • 영양관리 • 정신건강관리
가족 · 지역사회 협력 등	• 부모상담과 참여 • 지역사회 네트워크 • 영유아반 운영 및 사무관리 • 정보화교육 • 리더십 훈련	• 부모상담과 참여 • 지역사회 네트워크 • 보육사업평가의 실제 • 영유아반 운영 및 사무관리 • 정보화교육 • 리더십 훈련
기 타	• 평가시험	• 평가시험
비 고	20과목, 80시간	20과목, 80시간

5. 보육시설 종사자의 임면과 임용 시 구비서류

영유아보육법 제3장 제19조에는 보육시설 종사자의 임면 등에 대하여 다음과 같이 규정하고 있다.

첫째, 시장 · 군수 또는 구청장은 보육시설 종사자의 권익 보장과 근로여건 개선을 위하여 보육시설 종사자의 임면 및 경력 등에 관한 사항을 관리해야 한다.

둘째, 보육시설의 장은 여성가족부령이 정하는 바에 의하여 보육시설 종사자의 임면에 관한 사항을 시장 · 군수 · 구청장에게 보고해야 한다.

그리고 영유아보육법 시행규칙 [별표 3]에 의한 보육시설 종사자의 임면(제11조 제3항 관련) 원칙은 다음과 같다.

첫째, 보육시설 종사자의 채용은 공개경쟁을 원칙으로 한다.

둘째, 임면권자는 보육시설 종사자 채용 시 임금, 계약기간 등 근로조건을 명시한 근로계약을 체결해야 한다. 이 경우 부당한 내용이 포함되어서는 아니 되며, 관할 행정기관은 이를 적극 지도 · 감독해야 한다.

셋째, 보육시설 종사자 채용 시 제출해야 하는 서류는 다음과 같다.

- 별지 제7호 서식에 의한 인사기록카드
- 최종학교 졸업증명서
- 성적증명서(보육교사에 한한다)
- 자격증 사본
- 경력증명서(경력자에 한한다)
- 주민등록등본
- 채용신체검사서

넷째, 임면권자는 보육시설 종사자 결원 시 1월 이내에 보육시설 종사자를 채용해야 한다.

다섯째, 임면권자는 보육 등 아동복지에 관련된 학과의 학생 또는 육아경험이 있는 여성들을 자원봉사자로 활용할 수 있다. 이 경우 시설의 사정에 따라 수당을 지급할 수 있다.

인사기록카드

(1)

주민등록번호		성명(한자)				
성명 (한글)		성별	생년월일	주소		생활근거지

사진 명함판 (3cm×4cm)	개인 신상	신체 사항	신장	체중	시력	색맹	혈액형	건강상태	종교	취미	특기

가족사항	관계	성명	생년월일	학력	직업	관계	성명	생년월일	학력	직업

학력	기 간	학교명 및 전공학과	학 위	기 간	학교명 및 전공학과	학 위

전력	기 간		근무처	직 위	기 간		근무처	직 위
	부터	까지			부터	까지		

승급·보수교육	기 간		종 류	훈련기간
	부터	까지		

(2)

호봉	초임	1	2	3	4	5	6	7	8	9	10	11	12	13	14	15
발령 연월일																
기록자 인																
호봉	초임	16	17	18	19	20	21	22	23	24	25	26	27	28	29	30
발령 연월일																
기록자 인																

호봉확정근거

경력					전력조회					비고
경력 연수	직위 또는 직종	근무 기관	증명 발급 기관	문서 번호 및 일자	추가 경력	제외 경력	총 경력	기관명	문서 번호 및 일자	
(~ 년 월 일)	최초: 최종:			(……)	(~ 년 월 일)	(~ 년 월 일)	년 월일	경력 연수	(……)	
(~ 년 월 일)	최초: 최종:			(……)	(~ 년 월 일)	(~ 년 월 일)	년 월일	경력 연수	(……)	

사정 연월일	사정 경력 연수	사정호봉	잔여기간	담 당
1차: . . .	년 월 일	호봉	월 일	직 성명 (인)
2차: . . .	년 월 일	호봉	월 일	직 성명 (인)
3차: . . .	년 월 일	호봉	월 일	직 성명 (인)

포상·서훈			

주의사항		기록사항확인		
주의사항	1. 본 표의 기록은 확실하고, 정확해야 합니다. 2. 본인의 성명은 한글과 한자로, 주소(연필로 기입합니다) 및 본 표에 기재되는 인명은 한자로 쓰고 나머지는 한글로 기입합니다. 3. 승급란은 해당 호봉란에 승급 연월일만을 기입합니다.	기록사항확인	본인	본 표의 기재사항은 사실과 상위 없음을 서약함 년 월 일 성명 (인)
			시설장	본 표의 기재사항은 사실과 상위 없음을 서약함 년 월 일 성명 (인)

제9장 보육과 부모

바람직한 영유아의 성장 · 발달은 보육시설의 노력만으로는 부족하며, 부모의 협조와 참여가 절대적으로 필요하다. 다시 말해서 영유아 보육시설과 가정과의 긴밀한 연계와 상호협력을 통해 보육의 목적이 성공적으로 달성될 수 있다.

이 장에서는 부모참여의 개념 및 필요성, 보육시설에서의 부모참여방법, 가정에서의 긍정적 자녀양육을 위한 가족지원 프로그램 활동 등에 관하여 살펴보고자 한다.

1. 보육시설에서의 부모참여

1) 부모참여의 개념

부모참여는 부모교육이라는 용어와 혼용되고 있다. 실제로 부모교육은 부모의 참여 없이는 이루어질 수 없다. 그러나 이 두 용어는 약간 다른 개념으로 사용되고 있다.

이재연과 김경희(1989)는 부모교육(parent education)은 부모의 자녀에 대한 이해와 지식을 증진시켜서 사고와 감정 그리고 행동에 있어서 습관적인 방법을 돌이켜 검토해 보도록 함과 동시에 자녀를 양육하는 새로운 방법을 습득하도록 도와주는 다양한 교육적 경험을 말하며, 부모로서의 역량을 키우고 효과적인 자녀양육방법을 개발하도록 도와주는 다양한 교육프로그램을 설명하기 위한 용어라고 하였다.

그리고 Stevens(1978)는 부모참여란 유아교육 프로그램의 계획과 실천, 평가, 수정 등 모든 주요 단계에 부모가 참여하는 것으로 특히 부모의 결정 권한이 강조되는 것이고, 부모교육은 부모참여를 위한 전략으로 부모 역할 기능을 발달시키는 방법이라고 하였다.

Leeper(1974)은 부모교육과 부모참여를 구분하여 부모교육이란 부모가 '배우는 학습자'를 의미하며, 부모참여는 부모가 자기 자녀의 교사 역할을 누구에게 무엇을 배울 것인가를 결정하는 역할도 하는 것이라고 하였다.

굳이 이 두 개념을 구분하여 설명한다면 부모교육은 피교육자로서 자녀의 보육에 참여자라는 소극적 참여의 방법을 지칭할 때 사용되고, 부모참여는 영유아보육 전반에 걸쳐 부모가 참여하고 개입함으로써 자녀보육의 효과를 증진하고자 하는 보다 광범위한 활동으로 정의할 수 있을 것이다.

Goodson 등(1975)은 보육시설에서 부모가 참여할 수 있는 수준을 다섯 단계로 나누어 설명하였다.

첫째, 수동적인 교육정보의 수혜자로서의 참여 단계다. 학부모 회의, 전화나 통신문 받기, 학급방문 관찰, 부모교육 강연회 참가 등 수동적 참여가 이에 속한다.

둘째, 자녀교육으로서의 참여 단계다. 가정에서 아동을 키우는 데 필요한 교육을 직접 훈련받은 부모들이 할 수 있는 활동에 상호작용자로서 참여한다.

셋째, 자원봉사자나 보조자로서의 참여 단계다. 보수를 받지 않으면서 교사를 돕는 인적 자원으로서 참여한다.

넷째, 훈련된 보조자로서의 참여 단계다. 교사는 아니지만 보조자로서 훈련을 받아 집단 지도자로서 참여한다.

다섯째, 의사결정자로서의 참여 단계다. 아동을 위해 중요한 정책, 교육내용, 교육활동, 교사교육 등을 결정하고 부모의 입장을 이야기하며 참여한다.

어러 학자들의 견해를 통합해 보면 부모교육과 부모참여는 동전의 앞뒷면처럼 불가분의 관계에 있다는 것을 알 수 있다. 부모교육 없는 부모참여는 무의미해지며, 영유아보육 전반에 부모들의 참여 없이 부모들을 단순한 학습자로만 보고 교육시킨다면 영유아보육의 폭넓은 발전을 기대하기 어렵다. 따라서 다양하고 구체적인 부모참여 방안들을 연구하고 실천함으로써 보다 질 높은 보육, 효과적인 보육이 이루어질 수 있도록 노력해야 할 것이다.

2) 부모참여의 목적 및 필요성

보육시설과 부모와의 상호협력 없이는 영유아의 성장 발달의 목표를 달성하기 어렵다. 또한 대부분의 영유아 보육시설은 취업모가정의 자녀보육을 위한 경우가 많으므로 특히 부모의 참여가 요구된다.

한국어린이육영회(1991)는 부모들을 보육시설에 참여시키는 목적을 일곱 가지로 제시하고 있다.

첫째, 부모들로 하여금 부모로서 그리고 자녀의 교사로서 역할의 중요성을 느끼도록 하고 그러한 역할을 잘 수행할 수 있도록 돕는다.

둘째, 아동의 자아개념과 성취수준을 향상시키도록 한다.

셋째, 보육기관에 대해 부모가 좋은 태도를 가질 수 있게 한다. 이 점은 보육기관에 부정적인 태도를 가진 부모들에게 특히 중요하다. 보육기관에 대한 지식이 증가하면 그곳의 프로그램에 대해 부모가 받아들이는 정도도 증가하게 마련이다.

넷째, 평소 가정에서 자녀와 함께 있을 때 자녀를 대하는 기술을 향상시키도록 돕는다.

다섯째, 자녀를 돌보아 줌으로써 저소득층의 부모가 일자리를 찾아서 수입을 올릴 수 있는 기회를 제공한다.

여섯째, 교사 한 사람이 담당해야 할 아동이 많은 상황에서 아동을 지도하는 데 도움을 받는다.

일곱째, 비전문적인 일들을 도움받음으로써 교사의 일손을 덜어서 교사가 아동들과 보다 효율적으로 상호작용하도록 한다.

다음으로 부모참여의 필요성을 살펴보면 다음과 같다.

첫째, 영유아의 바람직한 성장과 발달은 지속적이고 일관성 있는 총체적 접근에 의해야 한다. 영유아의 신체적 · 정신적 · 인지적 · 사회적 발달욕구에 대한 지속적인 양육과 안정적 정서 함양 등을 위해서는 가정에서의 부모참여와 협력이 필수적이다. 부모와의 협력 없이는 보육의 효율적 목표 달성이 어렵다. 전인적 인격 형성과 양질의 보육을 위해서는 가족과의 협력이 반드시 포함되어야 한다.

둘째, 영유아기는 발달의 결정적 시기이므로 부모의 애정과 상호작용이 필요한 시기다. 이 시기 동안 부모는 보육기관과 밀접한 관계를 유지하면서 자녀의 발달에 관심을 기울이고 노력해야 한다.

셋째, 부모참여는 부모 자신을 위해서 필요하다. 가족제도의 변화, 성역할 개념의 변화, 도시화, 세계화 등의 급격한 사회변화 속에서 자녀양육 기본 방향 그리고 자녀양육을 위한 부모 자신의 역량을 키워 나가기 위해 부모참여는 필요하다.

넷째, 보육시설의 바람직한 운영을 위해서 필요하다. 보육시설의 운영과 교육과정에 부모들을 참여시킴으로써 투명한 시설 운영을 통해 상호 신뢰의 관계를 형성할 수 있다. 교육과정에 참여함으로써 부모들은 보육 전반에 대한 이해와 통찰력을 갖게 되고 교사에 대한 이해력도 증진될 뿐만 아니라 교육 파트너로서의 그들의 역할을 좀 더 잘 활용할 수 있게 된다.

3) 현대적 경향

부모참여는 보다 나은 영유아교육을 위하여 더욱 강화되고 또한 다양해지고 있다. 과거에는 부모와 보육기관은 서로 수직적 관계로서 보육기관에서는 자녀양육을 위한 지식과 기능을 전달하고 부모는 그것을 수동적으로 전달받는 관계가 주를 이루었다. 그러나 오늘날에는 부모와 영유아를 함께 양육하고 보호하며 교육하는 파트너로 보고 보육기관 운영 전반과 교육과정에 부모들을 참여시키고 있다.

Swap(1993)은 그간 이루어져 왔던 부모교육 및 참여프로그램의 유형을 방어적 모델(protective model), 학교-가정 전달 모델(school-to-home transmission model), 교육과정 부모참여 모델(curriculum Enrichment model), 동반자적 모델

(partnership model)의 네 가지 유형을 분류하고, 이 중에서 가장 발전적인 형태가 동반자적 모델이라고 주장하면서 이의 특징을 네 가지로 제시하였다.

첫째, 부모와 교사 간의 양방적 의사소통을 중시한다.

둘째, 가정과 보육시설이 영유아의 바람직한 성장 · 발달을 위하여 함께 힘쓴다.

셋째, 교사와 부모가 상호지원하는 활동을 한다.

넷째, 교사와 부모가 공동으로 의사결정을 한다. 요컨대 동반자적 모델은 보육시설과 부모가 진정한 파트너로서 상호유기적 관계를 맺으며 함께 노력하는 형태다.

동반자적 모델에서는 교사와 부모가 아동교육 전반에 걸쳐 동질의 책임감을 갖고 함께 협력하고 노력하는 것을 목표로 하며, 교육활동 전반에 걸쳐서 다각도로 부모참여가 이루어진다.

Epstein(1987)은 동반자적 모델의 부모참여 형태를 다음과 같이 다섯 가지로 나누었다.

첫째, 아동의 건강, 안전, 긍정적 가정환경을 제공하는 기본적인 부모참여 형태.

둘째, 아동의 학습, 진보상황 등의 정보를 학교로부터 듣는 기본적인 부모참여 형태.

셋째, 자원봉사자활동, 운동경기, 학생의 행사지원 등의 학교활동에 부모참여 형태.

넷째, 숙제를 돌보아 주거나 교실에서 배우는 학습 기능을 익히도록 도와주는 가정학습활동에 부모참여 형태.

다섯째, 교사-부모 조직 참여, 의사결정, 자문 역할에 참여 등 학교관리 운영, 의사결정, 권리옹호에 부모참여 형태가 그것이다.

오늘날 부모참여는 다양한 참여를 중시하고 보육과정과 보육시설 전반에 걸쳐 가정, 지역사회, 보육기관 구성원들이 동반자적 관계로 참여함으로써 보육의 목적 달성과 질적 향상을 위하여 노력하고 있다.

2. 부모참여의 유형

부모참여의 유형 분류는 학자에 따라 다르다. 정도, 내용, 장소, 추구하는 목표, 시설과 가정과의 관계성 등을 기준으로 나누어 볼 수 있다.

첫째, 부모참여의 정도에 따른 유형으로 부모가 수동적으로 참여하는 형태, 부모가 보조자로 기관이나 시설에 참여하는 형태, 적극적으로 기관의 운영에 참여하는 형태 등이 있다.

둘째, 내용에 따른 유형으로 신체발달 프로그램, 인지발달 프로그램, 사회·정서발달 프로그램, 종합적 발달을 위한 프로그램, 성적을 중시하는 프로그램 등이 있다.

셋째, 장소에 따른 유형으로 가정중심 프로그램, 학교중심 프로그램, 지역사회중심 프로그램 등이 있다.

넷째, 추구 목표에 따른 유형으로 교육기능 활성화 프로그램, 인성교육 프로그램 등이 있다.

다섯째, 시설과 가정과의 관계성에 따른 유형으로 방어적 모델, 학교-가정 전달 모델, 교육과정 부모참여 모델, 동반자적 모델 등이 있다.

이상의 여러 유형들은 상호배타적인 성격 반응을 띠고 있는 것은 아니라 그 내용과 기능 측면에서 서로 중첩되기도 한다.

3. 부모참여의 방법

보육시설에서의 부모참여유형 또는 방법들은 해당 보육시설의 여건과 부모의 요구, 수준 등에 따라 다르나 여기에서는 보육시설과 부모 간의 정보교환, 부모교육, 부모-교사면담, 수업참관에 참여, 부모의 자원봉사, 운영에 참여 등에 대해서 살펴보고자 한다.

1) 정보교환

통신매체나 소책자, 인쇄물 등을 통한 정보교환으로 부모참여가 이루어진다.

통신 및 소책자를 통한 정보교환은 ① 가정통신문 ② 책자통신 ③ 부모용 소책자 ④ 전화 등을 통한 음성적 전달 ⑤ 핸드폰을 통한 문자메시지 전달 등이 있다.

이 중 보육시설에서 가장 흔히 활용한 것은 가정통신문을 유아 편에 보내는 방법이다. 가정통신문은 보육시설의 현황이나 각 유아의 학급활동을 부모에게 알리고 가정에서의 자녀교육 및 준비물 등 협조사항을 알리는 데 좋은 방법이다. 또한 가정에서는 정보교환이나 중요한 사항을 보육시설에 손쉽게 전달할 수 있는 방법이기도 하다. 특히 시간 내기가 어려운 부모들을 위해 유용한 방법으로 활용된다. 이 방법은 영유아와 부모 간의 의사소통능력을 향상시키며, 학습활동을 확대 · 강화하는 기회를 제공하기도 하는 기본적 부모참여의 방법이다.

가정통신문을 작성할 때에는 다음 사항에 유의하도록 한다.

첫째, 전달하고자 하는 내용을 주요 타이틀로 압축하여 제시하며, 핵심 내용을 쉽게 파악하도록 한다. 이를 위해 전문적인 용어는 피하도록 하고 이해를 도울 수 있는 그림, 동화 등을 곁들이면 더욱 좋다.

둘째, 가정통신문을 자주 규칙적으로 활용하고 한꺼번에 너무 많은 정보를 전달하지 않는다.

셋째, 가정통신문은 행사 시 활용하는 경우가 많으므로 가정에서 부모가 기록할 수 있는 지면을 마련하여 부모와의 의사소통을 적극적으로 도울 수 있도록 한다(〈표 9-1〉 참고).

〈표 9-1〉 가정통신문의 예

견학 안내

안녕하십니까?
우리 ○○어린이집에서는 '과학의 날' 주간을 맞이하여 과학관을 견학하려 합니다.
유익하고 즐거운 견학이 될 수 있도록 많은 협조를 부탁드립니다.

– 아래 –

1. 목적 및 기대 효과
   어린이들의 과학적 호기심을 충족시켜 과학적 탐구심을 기르고 보다 효율적인 학습활동이 이루어질 수 있도록 하기 위함
2. 견학 일시
   ○○○○년 ○○월 ○○일
   □□시부터 ~ □□시까지
3. 장소
   ○○○시 ○○동 소재 ○○○과학관
4. 준비물
   ① 원복 또는 체육복이나 편한 차림
   ② 걷기 편한 신발
   ③ 점심도시락, 간식, 봉지, 물 1병
5. 기타
   등 · 하원시간은 평상시와 같습니다.

년 월 일

○○○ 어 린 이 집 원 장

절취선

○○○년 ○월 ○일 과학관 견학 동의서	
▶견학을 동의합니다.	
▶견학을 동의하지 않습니다.	사유: ______

원아 성명: ______ 학부모: ______ (인)

2) 부모교육

보육시설에서는 부모들의 보육 전반에 대한 이해를 돕고 가정에서의 자녀양육에도 도움이 될 수 있도록 다양한 부모교육을 실시하고 있다.

(1) 부모 오리엔테이션

부모 오리엔테이션의 목적은 보육시설에서의 보육내용을 구체적으로 설명하여 부모의 시설에 대한 이해를 돕고 운영사항 협조를 구함으로써 보육의 효과를 증진시키는 데 있다.

① 부모 오리엔테이션을 위한 사전준비

- 가정통신문 발송
  - 오리엔테이션 일정, 내용
  - 반 편성 기준, 원아의 해당 반 이름, 담임교사의 이름 등을 미리 알려 준다.
  - 유아 개인 기록서를 미리 발송하여 작성한 후 오리엔테이션 때 제출하도록 한다.
  - 입학 후 일주일 또는 1개월간의 보육활동계획서 등을 발송한다.

- 행사 당일 준비
  - 행사장소 청소, 정리정돈, 환영을 나타내는 환경구성, 방송시스템 점검, 관련 인쇄물 준비
  - 어린이집 정문에서 인사를 담당할 교사, 신발정리, 행사장소 안내요원 등을 사전에 계획하고 조직적으로 행사가 진행될 수 있도록 한다.

② 부모 오리엔테이션의 내용

- 보육시설의 철학, 기본 방침, 운영방향, 보육과정, 내용 하루 일과 운영, 연중 주요 행사 계획 등을 설명하여 전반적인 이해를 돕는다.
- 보육시설 종사자를 소개하고 각 반의 담임을 배정 · 발표한다.
- 보육료를 비롯한 각종 행사 운영비의 납부방법과 날짜 등을 알려 주고 협조를

구한다.

- 등 · 하원 버스노선을 안내하고 기타 학부모의 질문사항에 답한다.

(2) 부모강연회

부모강연회는 관련 분야의 전문가를 초빙하여 정해진 주제에 대한 견해를 듣는 것이다. 강연회가 효과적인 부모교육의 방법이 되기 위해서는 연간 계획을 수립하여 체계적인 교육이 되도록 하여야 한다.

강연회를 위한 사전준비 순서 및 내용은 다음과 같다.

첫째, 강사 선정에 연간 보육계획에 의하여 해당 강연주제에 적합한 강사를 선정하여 섭외한다. 가능하면 전문가를 초빙토록 하고 원장이 직접 실시할 수도 있다. 강사에게 행사 일주일 전에 다시 한 번 시간, 장소를 알려 주고 이때 해당 어린이집 주변의 지역사회 특성과 부모의 수준별 요구사항 등을 강사에게 미리 알려 주는 것이 좋다.

둘째, 가정통신문을 발송한다. 부모강연회 날짜와 시간 그리고 강사가 결정되면 가정통신문을 통해 행사에 대한 내용과 참여를 부탁하는 통지문을 발송한다. 통신문은 행사 일주일 전에 전달되어 부모들의 개인 스케줄 조정에 시간적 여유를 가질 수 있도록 해야 한다.

셋째, 행사당일을 준비한다. 어린이집 정문에서 부모를 맞이하는 교사, 행사장에 안내하는 교사를 배치하여 강사를 안내하고 강의가 잘 이루어질 수 있도록 도와주는 담당교사를 정한다. 부모들이 자녀들을 동반할 경우에 대비해 공간과 놀이프로그램이나 비디오 등도 준비한다. 그리고 참석자를 위한 간단한 음료와 다과도 준비하도록 한다.

(3) 워크숍

워크숍은 부모들이 주어진 작업을 실제로 참여해서 배우거나 실습해 보는 프로그램이나, 보육시설에서 영유아의 보육자료를 제작하거나 부모들의 능력 및 취미 활동이나 자기 개발을 위한 활동 등을 말한다. 교구를 직접 제작 활용해 보는 등의 활동을 통해 교육에 대한 이해의 기회를 가질 수 있고, 나아가 교사의 보육활동을 더 잘 이해하게 됨으로써 부모와 교사 간의 의사소통능력 향상에도 도움이 되는 효과를 기대할 수 있다.

워크숍을 계획할 때는 가능한 한 많은 부모들이 참여할 수 있는 활동으로 정하고, 교사가 활동내용에 맞는 자료를 먼저 준비하고 활동방법을 설명해 준 후 시범을 보이도록 한다. 그 후 부모가 직접 실습해 보도록 하고 활동이 끝난 후에는 활동방법과 교육적 가치 등에 대해 이야기를 나눈다.

어린이집에서 할 수 있는 워크숍 활동으로는 유아용 도서/교구/놀이활동 자료제작, 동화 제시방법 배우기, 유아를 위한 율동, 노래, 게임 배우기, 취미, 교양활동 등이 있다.

(4) 수업참관

수업참관은 부모가 가정이 아닌 보육시설에서 자녀의 모습을 관찰함으로써 자기 자녀의 발달 정도를 객관적으로 파악할 수 있고 또 비슷한 연령의 다른 아동의 행동을 동시에 관찰함으로 해당 연령 유아와 행동특성을 이해하는 데 도움을 줄 수 있다.

수업참관은 보육기관과 가정의 일관성 있는 지도를 가능하게 해 주어 유아 발달을 촉진시킬 뿐만 아니라 기관과 가정 간의 의사소통을 촉진하고, 나아가 보육기관과 가정이 서로 연계한 보육의 실현을 위한 기초가 될 수 있다.

수업참관을 계획할 때는 먼저 많은 부모가 참여할 수 있도록 수업참관의 필요성을 충분히 알리고 참여 가능한 날짜를 사전에 파악한 후 참관 날짜와 방법에 대한 구체적 안내문을 발송한다. 소그룹으로 나누어 실시하도록 하고 효율성을 높이기 위해 사전에 간단한 오리엔테이션을 실시하는 것이 좋다. 이때 부모들에게 유아관찰 체크리스트를 준비하여 나누어 주고 활용하도록 한다.

수업참관 시 유의사항은 다음과 같다.

첫째, 정상적 보육활동에 방해가 되지 않도록 정해진 위치에서 조용히 관찰한다.

둘째, 필기도구를 준비해 가고, 참관기록지에 작성하면서 관찰한다.

셋째, 의문사항이나 교사와 토의하고 싶은 내용이 있다면 기록해 두었다가 참관이 끝난 후 면담시간을 활용하여 해결한다.

다섯째, 어린이들은 발달 속도에 개인차가 크다는 점을 염두에 두고 관찰한다. 지나친 관심과 경쟁의식은 자녀의 발달에 오히려 방해가 된다는 점을 유념하도록 한다.

여섯째, 유아에 대한 관찰기록은 유아가 보지 않도록 하는 것이 좋다.

일곱째, 부모들끼리 큰 소리로 이야기하거나 웃는 등의 행동은 삼간다.

3) 부모-교사면담

면담은 교사와 부모가 서로 대면하여 아동의 가정생활과 교실에서의 생활 전반에 대해 의견을 교환함으로써 가정과 보육기관이 상호연계를 갖고 아동의 발달을 돕고자 하는 활동이다(정갑순, 1996). 따라서 면담은 가정과 보육기관이 함께 문제를 해결하고 유아도 효율적으로 지도할 수 있는 바람직한 지도방안을 모색하는 기회가 된다. 또한 부모와 교사가 직접 만나므로 친밀감을 형성할 수 있고 가정과 기관에서 유아의 생활 전반과 행동에 대해 다양한 특성을 이해하는 데 도움이 된다.

면담의 유형은 정기적 면담과 비정기적 면담, 개인면담과 집단면담으로 나눌 수 있다. 개인면담은 교사가 한 유아의 부모와 얼굴을 대하면서 정보를 교환하고 의논하는 면담으로 한 학기 동안에 1~2회 정도가 이루어진다. 교사는 개별면담을 위해 유아의 생활과 발달에 대한 각종 자료를 미리 준비해 두었다가 기록에 근거해 상담에 임한다. 면담 결과를 기록 보관하고 이후 보육에 참고하도록 한다.

면담의 내용은 실시 시기에 따라 달라질 수 있다. 입학 후 첫 면담에서는 부모로부터 가정에서의 유아 행동특성 등에 대한 정보를 수집하는 것이 주를 이루고, 학기 중의 면담에서는 학기 초와 비교하여 유아의 발달이 어떻게 이루어졌는지 등에 대해 서로 의견을 나눈다.

면담의 진행은 사전준비, 면담 실시, 마무리의 세 단계로 요약할 수 있다.

- 사전준비
  - 아늑하고 편안한 안정된 분위기의 면담장소를 마련한다.

- 면담할 내용을 정리한다.
- 해당 유아의 최근 활동내용이나 작품 등을 미리 준비한다.

• 면담 실시
- 긍정적 이야기를 말해 준다.
- 부모-교사 간의 친밀감을 형성하도록 한다.
- 부모가 여러 가지 이야기를 하도록 격려하고 공감의 표시를 해 준다.
- 교사는 부모의 언어, 표정, 목소리의 높낮이 등을 통한 내면의 감정을 이해하도록 한다.
- 직접적 충고는 피하고 다양한 해결방법을 공동으로 모색한 후, 의사결정은 부모가 하도록 한다.
- 상호 신뢰관계가 형성되도록 노력한다.

• 마무리
- 적당한 시간에 면담한다.
- 부모가 떠난 후 면담의 내용을 정리하여 기록한다.
- 이후 보육활동에 활용한다.

4) 부모자원봉사

부모가 보육기관에 도움을 주고 협조하는 것은 매우 중요하다. 레지오 에밀리아 프로그램의 특징은 부모들의 적극적 참여와 행사지원을 들 수 있다.

(1) 수업보조

부모가 교사를 도와 직접 수업에 참여하고 봉사활동에 참여하며, 보조교사로서의 활동을 하기 위해서는 사전에 일정한 훈련이 반드시 필요하다. 교사는 부모에게 구체적으로 어떤 활동을 해야 하는지에 대해 알려 주어야 한다.

교사는 유아를 돕는 방법이 어떠하며 유아들 간의 갈등이 일어났을 때는 어떻게 지도하고 또 어느 정도로 개입해야 할 것인지 등에 대해 사전 준비와 계획이 이루어져야 한다. 이때 부모의 학력이나 전공, 기타 배경과 관련된 보조활동이 이루어지도록 하는 것이 효과적이다. 예를 들어, 대학에서 무용을 전공한 부모에게는 유아의 음률활동 보조를 부탁하고, 슈퍼를 운영하고 있는 부모에게는 좋은 제품을 고르는 방법 등에 대해 부탁한다면, 부모와 보육기관 상호 반응도가 좋은 수업보조활동이 이루어질 것이다.

(2) 행사지원

견학이나 운동회, 소풍, 민속의 날, 작품전시회나 발표회 등 보육기관에서 계획하는 행사에 부모가 참여하여 봉사도 하고 자녀와 함께 하는 경험과 추억도 공유하는 활동이다. 과거에는 부모들을 초청하여 행사를 보여 주는 것에 그쳤으나, 오늘날에는 함께 참여하는 적극적 행사로 만들어 가고 있다.

예를 들어, 민속의 날 한복 입는 법, 절하는 방법 등의 시범을 보여 주고, 함께 떡을 빚고, 부모님은 기타를 치고 자녀가 노래하고, 부모님과 함께 동시를 짓고 낭송하는 등의 적극적 부모참여와 봉사로 행사가 이루어지도록 한다. 이때 사진 등으로 부모의 참여활동을 기록으로 남기고 이를 전시하여 더 많은 참여지원과 봉사를 유도하도록 하는 것도 좋다.

5) 보육과정 및 운영의 참여

보육과정 및 운영의 참여방법은 가장 적극적이고 진보적인 부모협력의 형태다. 이는 부모의 요구를 운영자 및 교사가 존중해 주는 방법으로 보육기관의 운영을 원장이나 교사만이 아닌 부모와 함께 운영하는 것이다.

어린이집의 운영에 부모의 참여 기회를 제공함으로써 보육기관과 학부모 간 진정한 협조가 이루어지고, 참여 구성원으로서의 역할을 담당하는 과정에서 보육기관에 대한 이해와 신뢰를 키워 나갈 수 있다. 최근에는 부모들의 역량을 적극적으로 키워 주는 프로그램을 실시하는 기관이 늘어나고 있다.

개정 영유아보육법에는 보육시설의 장이 보육시설 운영의 자율성을 높이고 지역사회와의 연계를 강화하여 지역실정과 특성에 맞는 보육을 실시할 수 있도록 하기 위하여 보육시설에 보육시설 운영위원회를 설치할 수 있다고 규정하고 있다. 이때 보육시설 운영위원회는 보육시설 종사자와 대표 및 지역사회 인사 등으로 구성하게 되므로 부모는 운영위원회에 참여함으로써 직접적으로 부모의 요구를 전달할 수 있을 것이다.

부모들은 1년간 보육프로그램, 예산 심의 및 조언, 보육기관에서의 각종 행사, 기관 내외의 활동 및 행사 등에 다양하게 참여할 수 있다.

보육기관의 운영에 부모를 참여시킴으로써 부모-교사 간 상호작용을 활성화하고 영유아의 발달을 위해 함께 노력할 수 있다. 부모들은 보육과정의 운영에 적극적으로 참여함으로써 수요자 중심의 더 나은 보육을 실현하고, 영유아보육의 중요성과 보육의 내용과 방법 등을 배울 수 있는 계기가 되어 부모 자신의 교육기능 향상에 도움을 받을 수 있는 등의 기대효과를 가져올 수 있다.

〈표 9-2〉 영유아 자조행동의 발달특성과 지도요령

월령	자조행동의 발달특성	지도요령
15~23개월	• 양말을 벗는다. • 모자를 벗는다. • 머리에 모자를 올려 놓는다. • 도움을 받아 신발을 벗고 신는다. • 큰 지퍼를 올렸다 내렸다 한다. • 손을 부분적으로 씻고 닦는다.	• 옷 입고 벗기: 이 시기가 되면 영아들은 스스로 벗기가 가능해진다. 벗기가 쉬운 커다란 지퍼, 고무줄 바지 등으로 영아가 손쉽게 옷을 벗을 수 있도록 해 주는 것이 좋다. 낮잠 자고 난 후는 옷 입기를 지도할 수 있다. • 신 신고 벗기: 도움을 받아 신발을 벗고 신는 것이 가능하다. 이때 좌우 구별의 어려움을 줄 수도 있으므로 그림이나 표시 등을 이용하여 알기 쉽게 해 준다. • 씻기: 하루 일과 중 손을 씻는 기회가 많이 있으므로 이 시기쯤 되면 영아들은 완전하지는 않지만 부분적으로 비누로 씻고 헹구고 닦을 수 있게 된다. 영아가 혼자서 씻었으나 더러울 때는 교사와 함께 다시 한 번 씻는 것을 되풀이하고, 손등이나 손가락 사이도 깨끗이 씻어야 함을 알려 준다. • 이 닦기: 이 닦는 것을 흉내내기는 하나 제대로 이루어지지는 않는다. 식후에는 물을 입에 머금고 토해 내는 식으로 서서히 이 닦기를 습관화할 수 있도록 한다. • 코 풀기: 아직 스스로 콧물을 닦아내지는 못한다. 이때 교사는 한쪽씩 코를 눌러 주어 코 푸는 요령을 서서히 알려 준다.

〈계속〉

월령	자조행동의 발달특성	지도요령
23~36개월	• 도와주면 바지를 내린다. • 큰 단추를 푼다. • 손을 씻는다. • 도와주면 이를 닦을 수 있다. • 단추를 풀어 주면 간단한 옷을 벗는다. • 도와주면 바지를 끌어올린다. • 도와주면 코를 닦는다. • 옷에 달린 똑딱단추를 푼다. • 수건을 주면 도움 없이 손을 닦는다. • 목욕 시 자신의 팔, 다리를 씻는다. • 양말을 신는다.	• 옷 입고 벗기: 도움을 주면 옷 벗고 입기를 스스로 할 수 있게 된다. 교사는 영아가 입기 쉽도록 영아 쪽으로 옷을 펴거나 늘어 놓고 스스로 입을 수 있도록 격려한다. 어깨 단추나 등 지퍼 같이 힘든 부분은 교사가 도와준다. • 이 닦기: 영아에게 부드러운 칫솔을 주어 가지고 놀게 하거나 교사가 이를 닦는 동안 따라해 보게 한다. 영아가 칫솔이나 이 닦는 것에 익숙하게 되면 식후 하루에 2~3번 정도 닦게 한다. • 손 씻기: 대체로 손 씻기가 완전하게 가능하다. • 머리 빗기: 낮잠 자고 난 후 머리가 헝클어졌을 때 교사가 빗겨주거나 스스로 빗어 보라고 한다. 다 끝난 후에는 거울을 보여 주고 즐거움을 느낄 수 있도록 한다.

제10장 보육시설의 운영관리

아동, 부모, 보육서비스의 제공자는 사회의 다양한 요구에 부응하여 다양한 형태의 보육시설을 만들고, 이들 다양한 보육시설의 운영에 따라 정부는 각종 지원과 가치를 부여하고 있다. 보육시설의 원활한 운영은 영유아의 안전한 보호와 교육적 목적을 달성하기 위한 필수적 요인이므로 정부에서는 보육수요자의 욕구 충족과 보육서비스의 질적 향상을 위해 보육시설 평가인증제 도입 등 지속적인 개선을 시도하고 있다.

영유아 보육시설의 운영관리는 법적 기준에 따라 시설을 설치하고 국·공립 보육시설, 민간보육시설, 직장보육시설, 가정보육시설, 영아전담 보육시설, 장애아전담 보육시설, 방과후 보육시설 등 특성에 따른 체계적인 관리가 이루어져야 한다. 운영관리 분야는 원아관리, 보육프로그램 관리, 보육교사와 직원을 포함한 종사자관리, 사무관리, 보육료 및 정부 지원금의 세입과 세출 등의 재정관리, 부모 및 지역사회 환경과의 관계 등이 있다.

1. 원아관리

보다 나은 보육시설을 찾아 입소하게 되는 원아의 관리는 건강한 아동의 성장뿐 아니라 보육기관의 발전과도 직결된다. 그러므로 원아의 입소에서부터 퇴소할 때까지의 전 과정은 조금도 소홀할 수 없는 중요한 부분이다. 여기서는 원아모집 및 입소, 보육에 관련된 각종 서비스 활동, 원아들의 발달상황이나 보육 결과에 대한 평가와 보고 등에 관한 내용을 다루고자 한다.

1) 원아모집

아동을 원칙으로 하되 필요한 경우 보육시설의 장은 12세까지 연장하여 보육할 수 있다(영유아보육법 제27조 단서조항). 방과 후 보육원아는 초등학교 저학년이 대상이 되며 연령구분의 기준일자는 3월 1일로 한다. 원아모집 시기는 수시모집과 정기모집이 있으며 수시모집은 보육시설에 결원이 생길 경우 모집하는 것이며, 정기모집은 초등학교 입학과의 연계성 및 재원아동의 반 진급 등 신학기를 대비하여 12월 중에 모집하는 것을 말한다.

정기모집의 원아 수는 재원하고 있는 영유아가 다음 해에도 계속 다니게 될지의 여부를 조사한 후 결정한다. 또한 모집 시기 이전이라도 보육시설에 입소하기 위하여 문의가 있을 경우에는 대기자 명단을 작성하여 활용할 수 있다. 보육시설에서는 소책자 등에 보육프로그램 및 보육과정, 교사 및 시설 현황 등을 준비하여 시설을 소개하거나 상담 및 문의 방문 시 활용할 수 있으며 입소원서나 필요한 양식의 서류들을 준비해둔다. 입소를 원하는 원아의 보호자에게는 가족상황을 알 수 있는 주민등록등본과 입소아동의 사진 등을 제출하게 한다.

원아모집 및 관리를 위해 활용할 수 있는 서식에는 다음과 같은 것들이 있다.

• 원아분포도-1

동네/연령	5세	6세	7세	계	비고
□□동					
○○동					
⋮					

• 원아분포도-2

아파트/연령	5세	6세	7세	계	비고
□□동					
○○동					
⋮					

• 5세반 원아 현황(○○반)

성명	나이	주소	전화번호	재원여부	비고
김가정	5세			×	부산으로 이사
김복지	5세			○	
⋮					

• 형제 재원 아동의 현황

반명	이름	동생이름	연령	생년월일	전화번호	비고
○○반						
○○반						
⋮						

• 원아분포도(2006년)

번호	거주지	원아명	연령			원아수	총 인원수
			5세	6세	7세		
1							
2							
⋮							

• 협력기관 현황(졸업생, 재원생)

순	원아명	학년	주소	직업 및 직장명	전화	비고
1						
2						
⋮						

• 졸업생 관리 현황

순	원아명	주소	전화	학교	학년	현황	동생(연령)
1							
2							
⋮							

• 지역사회와의 협약 · 기관

순	기관명	주소(위치)	전화	관계	비고
1					
2					
⋮					

2) 원아선정

모집기간이 끝나 접수가 마감되면 입소신청자 명부를 작성하여 시설의 반별 정원에 따라 해당 인원수를 파악한 뒤 보육시설 입소 순위와 같은 기준과 보호자의 의견을 참고로 하여 원아를 선정하고 보호자에게 결과를 알려준다. 보육시설 입소 우선순위를 결정하는 기준은 다음과 같다(영유아보육법 제28조, 시행규칙 제29조).

- 국민기초생활보장법에 의한 수급권자의 영유아(법정)
- 모 · 부자복지법에 의하여 보호대상자로 선정된 영유아(모부자)
- 저소득층 보육료 지원대상 영유아 중 차상위계층 저소득층 영유아(차상위)
- 아동복지시설에서 생활 중인 영유아(복지시설)

- 저소득층 보육료 지원대상 영유아 중 기타 저소득층(3층, 4층)의 영유아(기타 저소득)
- 부모가 장애인인 가정의 영유아(장애부모)
- 맞벌이가정 및 결손가정의 자녀(맞벌이 · 결손가정)
- 입양된 영유아(입양아)
- 세 자녀 이상 가정의 영유아(세 자녀)

3) 반편성

보육시설은 영유아보육법 시행규칙 제23조 [별표 8]의 규정에 의하여 2세미만 영아반, 2세 영아반, 3세 이상의 유아반을 동시에 운영하되 영아반 비율을 높이도록 권장되고 있으며 3세 이상 유아만 보육할 수는 없다. 단, 영아 전담이나 정부지원 시설은 별도로 반편성 비율을 적용하되 20인 이하 시설은 영아 또는 유아만을 구분하여 보육할 수 있다(법 제24조, 시행규칙 제23조). 또한 보육시설의 반편성을 초등학교와의 연계성을 고려하여 그 해 3월에서 다음 해 2월생까지를 연령 구분 기준으로 삼아 운영자의 방침이나 원아 수, 시설의 규모에 따라 단일연령집단 또는 혼합 연령집단으로 구성할 수 있다. 반의 정원은 국가기준을 참고로 하여 정원을 결정한 후 원아 명단을 가지고 반을 편성한다. 반편성 시 연령과 월령, 남녀 성비를 고려하되 차가 가능한 크지 않도록 배치한다.

〈표 10-1〉 기존시설 적용기준의 예(05. 1. 30 이전 설치신고된 시설)

보육정원	기본형	반편성		
		2세 미만	2세	3세 이상
40인 이상~66인 미만(가형)	52인	1	1	2
66인 이상~92인 미만(나형)	72인	1	2	3
92인 이상~118인 미만(다형)	104인	2	2	4
118인 이상~145인 미만(라형)	131인	2	3	5
145인 이상~171인 미만(마형)	156인	3	3	6
171인 이상	183인	3	4	7

〈표 10-2〉 신규시설 적용기준의 예(05. 1. 30 이후 인가된 시설)

기본형	반편성				
	0세	1세	2세	3세	4세 이상
20인	1	1	1	1	1
77인	1	1	2	1	2
97인	1	2	2	2	2
124인	1	2	3	2	3
142인	2	2	3	3	3
169인	2	2	4	3	4

4) 원아생활관리

보다 효율적이고 적합한 맞춤형 보육서비스의 제공을 위해 원아와 가족에 대한 정보를 수집, 활용하는 것이 좋다. 자료는 정확하게 기록, 관리되어야 하며 원아의 특성과 발달에 맞는 보육을 위해 잘 활용되어야 한다.

보육시설에서 파악해야 할 원아를 위한 정보로는 다음과 같은 것들이 있다.

- 가족에 의한 정보는 주로 생활기록부를 작성하기 위해 수집하는데 주소, 연락처, 가족상황, 원아의 건강 관련 사항(예방접종, 특이체질, 알레르기, 질병, 사고, 투약 사항 등), 가정생활에서의 습관, 태도 등이다.
- 보육교사에 의한 정보는 건강검진 결과, 신체발육 사항, 행동관찰기록, 각종 검사 결과 등이다.

2. 보육시설 종사자관리

보육시설 종사자는 시설을 운영하는 시설장과 원아수에 적절한 인원의 보육교사 그리도 원아의 식사를 위한 영양사, 취사부 그리고 운행을 위한 기사를 둘 수 있으며 보육시설의 활성화를 위해서는 사무원과 관리인을 둘 수도 있다. 시설장은 종사자를 보육시설 규모에 맞는 배치기준에 따라 채용하고 적절한 업무 분담과 보수 책정, 보수교육 및 경력관리 등을 해야 한다.

〈표 10-3〉 보육시설장의 자격기준

구분	자격기준	비고
일반기준	• 보육교사 1급 자격 취득 후 2년 이상 보육업무 경력자 • 유치원 정교사 2급 자격 취득 후 5년 이상 보육업무 경력자 • 유치원 원장 자격자 • 초등학교 정교사 자격 취득 후 5년 이상 보육업무 경력자 • 사회복지사 1급 자격 취득 후 5년 이상 보육업무 경력자 • 간호사 자격 취득 후 7년 이상 보육업무 경력자 • 7급 이상 공무원으로 5년 이상 보육업무 경력자	
가정보육시설	• 일반 기준에서 정한 자격자 • 보육교사 2급 이상 자격 취득 후 2년 이상 보육업무 경력자	
영아전담 보육시설	• 일반 기준에서 정한 자격자 • 간호사 자격 취득 후 5년 이상 아동간호업무 경력자	*3세 미만 영아만을 20인 이상 보육하는 시설
장애아전담 보육시설	• 일반 기준에서 정한 자격자로서 –대학(전문대학 포함)에서 장애인복지 및 재활관련학과를 전공한 자 –장애아 보육시설에서 2년 이상 보육업무 경력자 –여성부령이 정하는 장애아보육에 관한 직무교육을 받은 자	*장애인으로 등록된 영유아만을 20인 이상 보육하는 시설
교육훈련 시설이 운영하는 보육시설	• 보육시설을 운영하는 대학의 전임강사 또는 교육훈련시설의 전임교수 이상으로 보육관련 3년 이상 교육경력자	

〈표 10-4〉 보육교사 자격기준

등급	자격기준
보육교사 1급	1. 보육교사 2급 자격을 취득한 이후 3년 이상의 보육업무 경력과 여성부장관이 정하는 승급교육을 받은 자
	2. 보육교사 2급 자격과 보육관련 대학원에서 석사학위를 취득한 자로서 1년 이상 보육업무 경력과 여성부장관이 정하는 승급교육을 받은 자
보육교사 2급	1. 전문대학 또는 이와 동등 이상의 학교에서 여성부령이 정하는 보육관련 교과목 및 학점을 이수하고 졸업한 자
	2. 보육교사 3급 자격을 취득한 이후 1년 이상의 보육업무 경력과 여성부장관이 정하는 승급교육을 받은 자
보육교사 3급	1. 고등학교 또는 이와 동등 이상의 학교를 졸업한 자로서 여성부령이 정하는 교육훈련시설에서 여성부장관이 정하는 교육과정을 수료한 자

〈표 10-5〉 종사자 배치기준(법 제17조 시행규칙 제13조)

구분	배치기준	자격기준
시설장	• 전 보육시설별 1인 ※다만 영유아 20인 이하를 보육하는 가정보육시설은 보육시설의 장이 보육교사를 겸임할 수 있음	영유아보육법 시행령 [별표 1]
보육교사	• 만 1세 미만 → 영아 3인당 1인 • 만 1세 이상 만 2세 미만 → 영아 5인당 1인 • 만 2세 이상 만 3세 미만 → 영아 7인당 1인 • 만 3세 이상 만 4세 미만 → 유아 15인당 1인 • 만 4세 이상 미취학 유아 → 유아 20인당 1인 ※유아 40인당 1인 → 보육교사 1급 자격자 • 취학아동 → 20인당 1인 • 장애아 3인당 1인 ※장애아 9인당 보육교사 1인은 특수교사 자격자	상동
간호사	• 영유아 100인 이상을 보육하는 시설	상동
영양사	• 영유아 100인 이상을 보육하는 시설	상동
취사부	• 영유아 40인 이상을 보육하는 시설	상동

1) 종사자 임면

① 시설장

- 국 · 공립 보육시설 ⇒ 시장 · 군수 또는 구청장
- 법인 · 직장 · 가정 · 민간보육시설 등 시설 ⇒ 설치자
- 부모협동보육시설 ⇒ 조합을 결성하여 설치 · 운영하는 대표자

② 보육교사 등 기타 종사자

- 시설장의 제청으로 법인 · 단체의 대표자 또는 시설 설치자

〈표 10-6〉 보육교사 자격 이수과목(영유아보육법 시행규칙 제12조 제1항)

영역	교과목	이수과목(학점)
보육기초	아동복지(론), 보육학개론, 아동발달(론), 보육과정	4과목(12학점) 필수
발달 및 지도	인간행동과 사회환경, 아동관찰 및 행동연구, 아동생활지도, 아동상담(론), 특수아동지도	1과목(3학점) 이상 선택
영유아교육	놀이지도, 언어지도, 아동문학, 아동음악과 동작, 아동미술, 아동 수 · 과학 지도, 영유아 프로그램 개발과 평가, 영유아교수방법(론)	3과목(9학점) 이상 선택
건강 · 영양 및 안전	아동건강교육, 아동간호학, 아동안전관리, 아동영양학, 정신건강(론)	2과목(6학점) 이상 선택
가족 및 지역사회 협력 등	부모교육(론), 가족복지(론), 가족관계(론), 지역사회복지(론), 자원봉사(론), 보육정책(론), 보육교사(론), 보육시설운영과 관리	1과목(3학점) 이상 선택
보육실습	보육실습	1과목(2학점) 필수
전체	12과목(35학점) 이상	

2) 종사자 업무조직 및 분담

보육시설을 합리적으로 관리하고 운영하기 위해서는 능률적인 업무의 조직과 분담이 필요하다. 기관을 운영하는 데 필요한 업무는 보육시설 종사자의 직책에 따른 고유 업무와 종사자들이 공동으로 처리해야 하는 업무로 나눌 수 있다. 종사자들은 각자가 자신이 맡은 역할을 충실히 수행함과 동시에 상호 협조적이며 능동적인 분위기를 조성하므로써 운영의 효율성을 더욱 높일 수 있다.

(1) 종사자의 역할

① 시설장

시설장은 보육시설의 방침을 결정하고 시설 경영에 관한 총 책임을 맡게 되므로 영유아와 부모, 교직원, 지역사회를 대상으로 다양한 역할을 수행해야 한다. 시설장은 올바른 아동관과 보육에 대한 철학을 지니고 있어야 하며, 보육시설을 효율적으로 경영할 수 있는 보육행정업무처리능력 및 원만한 대인관계 기술, 그리고 사회적 개인적 덕망을 갖추어야 한다.

시설장의 구체적인 업무는 보육시설의 전반적인 운영 계획의 수립과 관리, 보육목표 설정 및 보육과정의 계획과 관리, 교직원 채용 및 인사관리, 원아의 모집 및 관리, 시설 설비의 관리, 비품 및 교재 교구의 구입과 관리, 재정관리, 행정적 업무처리 및 기록의 보관 유지, 부모교육 및 부모와의 관계 유지, 행정 당국, 지역사회 관련 기관 및 단체들과의 관계 유지 등의 보육시설을 위한 총괄적 업무를 담당해야 한다.

② 보육교사

하루 중 많은 시간을 보육시설에서 보내는 영유아는 보육교사에게 부모와 같은 심리적 안정감을 얻을 수 있고 양육에 필요한 기본적 욕구를 충족시켜 주는 양육자인 동시에 영유아의 학습과 발달을 돕는 교육자가 되어야 한다. 보육교사는 영유아를 있는 모습 그대로 사랑할 수 있는 따뜻한 마음과 개인의 차이를 인정하고 존엄성을 기본적으로 지니고 있는 신체적 · 정신적으로 건강한 사람이어야 하며, 부모와 가족, 동료교사와 직원 등 다양한 성인들과 원만한 인간관계를 유지할 수 있어야 한다. 또한 자기 발전을 위해 끊임없이 연구하는 자세를 지녀야 한다.

③ 간호사(양호교사)

양호교사는 보육시설의 영유아와 교직원들의 건강과 안전에 대한 업무를 담당한다.

양호교사의 업무는

첫째, 비상약품과 의료기구의 비치 관리

둘째, 보육시설과 연계할 수 있는 의료기관 및 응급시에 대비할 수 있는 의료기관 파악

셋째, 주기적인 영유아 건강과 안전에 관한 정보와 전염성 질환의 종류와 발생시기, 예방과 사후 처리방볍 등 공고

넷째, 영유아 및 교직원의 정기적 건강검진과 신체검사 실시

다섯째, 안전사고 발생시 응급처치 실시

④ 사무원

사무원은 시설장의 업무 보조 및 각종 사무, 재무업무를 담당한다. 공문서 처리, 교직원과 원아들에 대한 기록관리 및 보관, 원아들의 보육료 수납, 보육시설의 재정업무, 전화 및 방문객에 대한 상담 등의 업무를 담당한다.

(2) 종사자 업무분담

보육시설의 다양한 업무는 종사자가 적절히 분담하여 역할을 수행하므로써 체계적으로 계획되고 정확히 기록되며 신속하게 처리될 수 있다. 보육시설의 업무분담 예를 살펴보면 〈표 10-7〉과 같다(조성연 외, 2004).

〈표 10-7〉 종사자 업무분담 내용의 예

업무	관리 내용	담당자
서무 및 문서관리	문서작성 및 처리, 교사회의록 기록 · 관리 홈페이지 관리(교안, 식단 올리기, 교육 상담 등)	
재무관리	물품 구입, 재무회계	
프로그램관리	부모교육(부모교육 일정 계획, 실시, 평가)	
	교사교육(수업참관 및 평가, 교육프로그램 검토)	
	실습생교육(계획, 지도, 평가)	
	외부 견학 및 참관관리(일정 관리 및 안내, 평가)	
	견학, 현장학습관리(계획, 사전답사, 평가)	
	특별활동 프로그램관리(내용 협의, 평가)	
	유아평가, 검사프로그램(검사 실시, 기록, 평가)	
	영아반 교재 · 교구목록관리	
교재 · 교구관리	유아, 유치반 교구목록관리	
	도서관리(유아용, 부모용, 교사용 도서목록관리)	
	시청각 교재관리	
비품 · 시설관리	비품관리(책상, 의자, 교구장, 실외 시설물, 주방용품 등 모든 시설 · 비품의 수량 파악, 스티커 부착, 파손 및 보수관리) 시설관리(실내 소등, 청소 및 위생상태 점검)	
영양, 건강, 위생, 안전, 기타 관리	양호용품관리(약품 구입, 관리), 투약 및 응급처치	
	침구류, 타월 등 세탁관리, 화장실 점검	
	게시판관리	
	안전관리(소방대피훈련, 건물 내 위생 점검)	
	영양관리(식단 작성, 물품 구매, 검수, 실시, 평가)	

3. 사무관리

보육시설의 사무관리는 운영과 관련된 제반 행정업무의 계획과 조직, 실행하는 제반 사무적 일을 말한다. 즉, 보육시설 운영에 관한 제반 문서의 기안, 결제, 처리, 보관 및 각종 장부의 작성 그리고 비품 등을 관리한다.

보육시설의 내부적 업무는 원아관리, 학부모 및 가족관계, 종사자관리, 재정관리, 시설관리 등이며 외부적과 관련된 업무를 말한다. 업무로는 시구청, 근로복지공단, 건강관리공단, 보험사, 보육시설연합회, 지역사회 연계기간 등 이러한 사무관련 업무는 보육시설의 규모나 상황에 따라 전담 사무원을 둘 수도 있으나 시설장과 보육교사가 분담하여 처리할 수도 있다.

1) 공문서의 기본 서식

보육시설에서의 행정업무 및 사무관리는 주로 문서를 통하여 이루어지는데 보육시설 내에 기본 서식을 갖추고 기록 관리하므로 업무에 효율을 올릴 수 있다.

2) 공문서의 기안 작성 및 발송처리

보육시설의 공문서는 일정양식에 따라 작성되고 결재 처리한 후 수신처로 발송하게 되며 접수공문은 접수대장에 발송공문은 발송대장에 기록, 정리하여 처리한다. 또한 학부모 통신문은 내용에 따라 다양한 디자인으로 제작하고 발송할 수 있다.

(1) 학부모 통신문

학부모에게 발송하는 통신문은 보육내용의 일주계획안 또는 행사안내 및 운영에 관한 전달사항 등을 알기 쉽게 작성하여 보내게 되는데 보육시설의 홈페이지나 메일을 이용할 수도 있다.

〈표 10-8〉 학부모 통신문의 예

함박눈이 내리는 겨울이 왔습니다. 환절기에 건강 유의하시고 늘 화목한 가정되시길 바랍니다.
다름이 아니오라 본 원에서는 자녀교육에 대한 이해와 관심을 높이기 위해 아래와 같이 부모교육 세미나를 준비하였습니다.
오셔서 유익한 시간 되시길 바랍니다.

아 래

일시:
장소:
주제:
강사:

200 년 월 일

○○ 어린이집 원장

(2) 공문서 작성

공문서는 일정서식에 맞추어 한글로 작성하며 A4 크기의 용지를 사용하는 것이 일반적이다.

3) 공문서 등록

기안 작성된 공문서는 시설장의 결재를 받은 후 등록대장의 양식에 따라 필요한 내용을 기재한다.

4) 공문서 접수 및 처리

보육시설로 접수되는 모든 공문서나 자료, 기록물 등은 공문서 접수대장에 접수하여 처리한다. 문서는 정확하고 신속하며 빠짐없이 책임 있게 기록 관리되어야 한다.

5) 비품관리

보육시설의 비품은 사무용과 교육용 그리고 시설 운영에 필요한 물품에 따라 분류되며 소모품 및 기자재, 도구나 자료 등은 비품대장에 규격, 수량, 단가, 구입 연도 및 날짜, 관리책임자 등을 기록하여 구입, 사용하며 관리되어져야 한다.

4. 재정관리

재정관리는 원아보육료 및 정부 지원금 등의 수입부분과 인건비, 보육시설 운영비, 교재교구 구입 등의 물품 구입과 관련된 지출분야로 이루어진다. 회계 연도는 1년을 기본으로 예산 결산안을 수립하고 예산에 근거한 합리적 지출로 보육시설의 원활한 운영이 이루어져야 한다.

1) 예산편성

보육시설의 예산 수립은 다음 해 보육시설에서 계획하는 사업을 꼼꼼히 검토한 후 편성되어져야 한다.

예산편성은 세입과 세출로 구분하여 보육료, 운영기관의 부담금, 후원금 등의 내부적 발생 경비와 정부 및 지방자치단체로부터 받는 보조금 수입을 세입으로 시설 운영비, 설비 보강비, 반환금, 예비비 등으로 세출로 하여 편성한다.

세출은 세입에 맞추어 균형 있게 편성되어야 하며 정확한 산출근거에 의해 편성되므로 예비비의 지출을 줄일 수 있다. 보육목적에 맞는 필요한 경비를 지출함으로써 보육시설 운영의 활성화를 이룰 수 있으므로 예산편성에 신중을 기해야 한다.

2) 예산집행

예산의 집행은 지출 절차에 따라 현금 출납부와 일치하고 지출내역을 꼼꼼히 기재한 후 집행되며 모든 운영비는 금융기관에 예치하도록 한다.

3) 결산 처리

보육시설은 회계 연도 말에 연초에 편성한 예산에 의해 세입 · 세출로 나누어 산출기초에 근거하여 결산을 하는데 필요시 결산 내용에 대한 근거자료나 설명이 있어야 하고 현재의 잔액은 은행에서 발급되는 잔액증명서를 첨부하여 처리되어야 한다.

5. 보육시설 운영관련 서식

1) 비품대장

보육시설의 효율적 운영을 위해 관련 서식 및 문서대장 양식을 〈표 10-9〉에 나타내었다.

〈표 10-9〉 비품대장

일련번호	구입일자	비품명	모델명 또는 기종(제작연도)	규 격	수 량	단 가	구입가격	수입별		사용처	폐기일자	비 고
								구입	기증			
1												
2												
⋮												
5												

○○ 어린이집

2) 시설연혁부

시설의 일반적인 개요와 운영과정을 기록하여 중요한 행사 및 주요 업무 성과 등의 내용을 기록한다.

〈표 10-10〉 시설연혁부

시설개요

<table>
<tr><td>시 설 명</td><td colspan="5"></td></tr>
<tr><td>소 재 지</td><td colspan="5"></td></tr>
<tr><td>시 설 장</td><td colspan="5"></td></tr>
<tr><td>신고 · 인가
년 월 일</td><td colspan="5"></td></tr>
<tr><td>시설 규모</td><td colspan="2">대지: m^2
건물: m^2</td><td>보육
정원</td><td colspan="2"></td></tr>
<tr><td rowspan="2">종 사 자</td><td>보육교사</td><td>영양사</td><td>간호사</td><td>취사부</td><td>기타</td></tr>
<tr><td>명</td><td>명</td><td>명</td><td>명</td><td>명</td></tr>
</table>

법인(단체)

<table>
<tr><td>법인(단체)명</td><td colspan="4"></td></tr>
<tr><td>소 재 지</td><td colspan="4"></td></tr>
<tr><td>대 표 이 사</td><td colspan="4"></td></tr>
<tr><td>신고년월일</td><td colspan="4"></td></tr>
<tr><td>사 업 종 별</td><td colspan="4"></td></tr>
<tr><td>임 원</td><td>이사</td><td>명</td><td>감사</td><td>명</td></tr>
</table>

시설설비 현황

시 설 물	개소수	면적(m^2)	시 설 물	개소수	면적(m^2)
보 육 실			화 장 실		
사 무 실			조 리 실		
양 호 실			놀 이 터		
유 희 실			기 타		

○○ 어린이집

3) 보육료 수납대장

원아들의 보육료가 납부되면 각 반별 아동별로 연간 관리해야 한다.

〈표 10-11〉 보육료 수납 대장

○○반

<table>
<tr><th rowspan="3">번호</th><th rowspan="3">성명</th><th rowspan="3">입소일</th><th rowspan="3">퇴소일</th><th rowspan="3">보육료</th><th rowspan="3">입소료</th><th rowspan="3">상해
보험료</th><th colspan="12">월별징수실적(날인)</th><th rowspan="3">비고</th></tr>
<tr><th colspan="10">200~</th><th colspan="2">200</th></tr>
<tr><th>3</th><th>4</th><th>5</th><th>6</th><th>7</th><th>8</th><th>9</th><th>10</th><th>11</th><th>12</th><th>1</th><th>2</th></tr>
<tr><td>1</td><td></td><td></td><td></td><td></td><td></td><td></td><td></td><td></td><td></td><td></td><td></td><td></td><td></td><td></td><td></td><td></td><td></td><td></td><td></td></tr>
<tr><td>2</td><td></td><td></td><td></td><td></td><td></td><td></td><td></td><td></td><td></td><td></td><td></td><td></td><td></td><td></td><td></td><td></td><td></td><td></td><td></td></tr>
<tr><td>⋮</td><td></td><td></td><td></td><td></td><td></td><td></td><td></td><td></td><td></td><td></td><td></td><td></td><td></td><td></td><td></td><td></td><td></td><td></td><td></td></tr>
<tr><td>10</td><td></td><td></td><td></td><td></td><td></td><td></td><td></td><td></td><td></td><td></td><td></td><td></td><td></td><td></td><td></td><td></td><td></td><td></td><td></td></tr>
</table>

○○ 어린이집

4) 업무문담표

교사들의 고유업무와 공동업무가 있으며 고유업무는 교사들의 적성을 고려해 분담하도록 하며 공동업무는 종사자들과 공평하고 협력적인 업무가 되도록 신중하게 분담한다.

〈표 10-12〉 업무분담표의 예

번호	담당	업 무 내 용	청소구역
고유 업무	시설장	-원의 전반적인 교육 및 운영 계획 -업무분담, 감독, 근무평정 등 업무관리 -시설설비 및 재정관리 -행정당국 및 단체와의 관계유지 -견학 및 행사계획 -운영 및 교육 정보 수집 -일지 취합 검사	-전체 청소 구역 관리
	교사	-보육활동 진행 및 준비 -보육일지 작성 -각 보육실의 환경 구성 및 청결관리 -영유아에 대한 관찰 일지 및 보고서 작성 -학부모 상담 -영유아 건강 및 안전관리 -영유아 영양 및 급식관리	-담당 교실 관리
업무 분담	교사 ○○○	-영아반의 전반적인 교육내용 관리 -연간교육계획안, 주간교육계획안, 일일교육계획안 작성 -원아 관리 및 관찰지도 -소모성 교재 점검 및 신청 -시청각 기자재관리(O.H.P, 빔프로젝터, 비디오카메라 등) -안전관리(소화기 점검), 비상 대피 훈련 담당	-현관 청소
	교사 ○○○	-입학상담 및 자원봉사자 담당 -식단표작성 및 주문 담당 -게시판(주간교육계획안, 주간식단표, 월행사) 담당 및 관리 -위생 소독 -화분 관리	-계단 청소 -외부 청소
	교사 ○○○	-유아반의 전반적인 교육내용 관리 -연간교육계획안, 주간교육계획안, 일일교육계획안 작성 -원아관리 및 관찰지도 -교재교구 정리 및 관리 -행사 일지 작성 -비디오 및 테이프 정리 담당	-화장실 청소 -화장실 수건 관리
	교사 ○○○	-사무실 도서 정리 및 관리 -종이, 시트지, 코팅지 복사지(복사기) 등 지류 정리 및 관리 -업무일지 작성 -약품장 관리 및 약품사용 대장 담당 -생일잔치 계획 및 준비	-바깥 놀이터 청소

○○ 어린이집

5) 생활기록부

아동의 발달사항은 영역별로 담임교사가 기록하여 보관함으로써 개별화 지도를 하는 데 유익한 자료로 활용한다.

〈표 10-13〉 생활기록부의 예

현 황

(앞쪽)

<table>
<tr><td rowspan="4">아동</td><td colspan="2">이 름</td><td></td><td>성 별</td><td></td><td rowspan="2">사진
(2.5×3cm)</td></tr>
<tr><td colspan="2">생 년 월 일</td><td></td><td>입 · 퇴소
일자</td><td></td></tr>
<tr><td colspan="2">주 소</td><td colspan="4"></td></tr>
<tr><td colspan="2">전 화 번 호</td><td></td><td>혈액형</td><td colspan="2"></td></tr>
<tr><td rowspan="9">보호자</td><td colspan="2">아 동 과 의
관 계</td><td>부</td><td>모</td><td>형제(자매)</td><td>기 타</td></tr>
<tr><td colspan="2">이 름</td><td></td><td></td><td></td><td></td></tr>
<tr><td colspan="2">직 업</td><td></td><td></td><td></td><td></td></tr>
<tr><td colspan="2">근 무 지
(전화번호)</td><td></td><td></td><td></td><td></td></tr>
<tr><td rowspan="3">근무
시간</td><td>평일</td><td></td><td></td><td></td><td></td></tr>
<tr><td>토요일</td><td></td><td></td><td></td><td></td></tr>
<tr><td>일요일</td><td></td><td></td><td></td><td></td></tr>
<tr><td colspan="2">생활 정도</td><td>상, 중, 하, 영세</td><td>보육료 감면 여부</td><td colspan="2">면제, 경감, 유료</td></tr>
<tr><td colspan="3">데려오고,
데려가는 사람</td><td colspan="2">(성명: 관계:)</td><td colspan="2">(성명: 관계:)</td></tr>
</table>

※비고: 보호자란 중 부 · 모가 있을 경우 양자 모두 기재

생활습관

구분	내용
수 면	
배 변	
식 사	
성 격	
기 타	

전염병 예방접종

(뒤쪽)

종 류	1회	2회	3회	4회	5회
B. C. G					
D. P. T (디프테리아, 백일해, 파상풍)					
경 구 용 소 아 마 비					
홍 역					
볼 거 리					
풍 진					
장 티 푸 스					
일 본 뇌 염					
콜 레 라					
수 두					
간 염					

병력기록

병 명	질병 발생 연월일 및 질병의 정도	
	입 소 전	입 소 후

성장에 관한 기록

종류 \ 측정시기								
신 장(cm)								
몸무게(kg)								

비 고: 18월 미만의 아동은 2월마다, 그 이상의 아동은 6월마다 측정 · 기록한다.

기록관리자	□□

※ 출처: 2005년도 보육사업 안내.

6. 부모 · 지역사회와의 관계

자녀교육에 대한 관심이 날로 높아지고, 가족구조와 기능 등 사회의 급속한 변화와 함께 아동 발달 및 보육에 관한 정보를 공유할 수 있도록 보육시설에서는 부모교육의 중요성과 지역사회의 교류가 매우 강조되고 있다. 보육시설에서의 다양한 부모지원활동은 부모들로 하여금 보육시설에 대한 신뢰감을 형성하게 하며, 지역사회 여러 기관과의 적극적인 상호협조 체제를 통해 도움을 주고받음으로써 보육시설의 효율적인 운영을 극대화할 수 있다.

1) 부모교육 프로그램

부모를 대상으로 자녀의 성장과 발달 그리고 효과적인 부모의 역할에 도움을 주는 교육적 활동의 부모교육 및 부모를 보육프로그램에 참여하게 하는 일련의 참여활동 프로그램을 말한다.

〈표 10-14〉 부모교육 참여활동 프로그램

부모교육의 종류	프로그램 내용
참여활동을 통한 부모교육	보육활동 참관 · 참여
	강연회 및 워크숍
매체를 통한 부모교육	가정통신문
	통신수첩
	알림장
	소책자 · 팸플릿
면담을 통한 부모교육	개인면담 및 전화상담
	그룹 및 집단면담
	등 · 하원 시의 대화
	가정방문
모임 및 조직 구성을 통한 부모교육	소그룹 활동
	학부모회 운영

보육시설은 보조자 혹은 의사결정자로서의 부모참여, 부모교육, 보육과정의 관찰 등 다양한 부모참여활동을 통하여 부모에게 보육시설의 목표와 운영 등에 공감하게 하고 긴밀한 의사소통을 통하여 보육의 효과를 높이도록 한다.

보육시설에서 실시되는 부모프로그램의 예를 살펴보면 〈표 10-15〉와 같다.

〈표 10-15〉 부모교육 프로그램의 예

시기	프로그램명	목적	비고
3월 초	신입아동 학부모 OT 재원 아동 학부모 간담회	어린이집의 전반적 보육활동 알기 편성반의 교사 및 보육활동 알기	입학식 및 간담회
4~5월 중	원아-부모와 개별상담	어린이집의 적응 및 보육활동에 따른 부모-교사의 의사소통	개별상담
6월 중	원아-부모와 집단 프로그램	원아-부모의 성격 차이에 따른 교사, 부모의 보육활동 다루기	워크숍
9월 중	아동발달과 교육에 따른 특별초청 강연회	어린이집의 부모교육 서비스활동으로 아동에 대한 유익한 정보 제공	세미나
11월 중	온 가족과 함께 재롱잔치	가족의 소중함과 함께 어린이집의 보육활동결과물 전시 및 깜짝 이벤트	전시회 및 가족장기자랑
1월 중	어린이집 회보 발간	어린이집의 1년간 보육활동 및 결과물, 어린이집안내를 위한 소책자제작	책자 배부
2월 중	미리 가 본 어린이집 -간담회	어린이집의 특성과 보육활동 내용을 부모님들께 알리기 위한 간담회	학부모간담회

2) 지역사회와의 교류

저출산과 양성평등의 문제해결이 절실한 이 때에 지역사회 기관 및 인사를 보육활동에 참여하게 하므로 아동의 보육활동에 관한 관심을 증대시키고 사회문제를 함께 극복해 나갈 수 있다. 보육은 개인과 가정의 문제로만 돌릴 수 없는 지역사회 및 정책차원의 연계프로그램이 절실히 요구되고 있다. 지역사회의 요청이 있을 때 보육시설을 편리하게 활용할 수 있도록 개방하거나, 대중매체를 통한 지역사회와의 원활한 의사소통이 가능하도록 하여 보육활동에 대한 지역사회와의 공조체제와 책임분담을 도모하는 것이 필요하다.

〈표 10-16〉 지역사회와의 교류 활동

구분	연계 프로그램 내용
지역의 시설 및 기관과의 교류	동네 놀이터 활용. 관공서(시 · 구청, 소방서, 경찰서, 동사무소, 보건소 등) 연계 의료기관, 아동상담소, 아동심리검사 및 치료기관, 기념관, 야외 공원 등 연계
지역의 인사와의 교류	어울림 한마당(감사의 날), 작은 축제 자원봉사자 활용 바자회(장난감 및 유아용품 수집)
지역의 자원 활용	야외현장학습 산책 및 동네 둘러보기 텃밭 가꾸기

지역사회와의 활발한 교류를 위한 보육시설과 지역사회와의 연계활동의 실제 예는 〈표 10-17〉과 같다.

〈표 10-17〉 지역사회 연계활동 연간 계획안의 예

월	방문기관 및 특별활동	기대되는 교육효과
3	동사무소	우리 동네의 이름을 알고 동네를 위해 수고하시는 분들께 감사하는 마음을 갖는다.
	보건소 견학 및 건강검진(4~7세)	보건소에서 하는 일을 알고 간단한 건강검진을 해 본다.
4	동네 놀이터 나들이	동네 놀이터나 빈 공터를 이용하여 야외놀이 프로그램을 진행한다.
	자선봉사단체 방문	자선봉사단체에서 하는 일을 알고 어려운 이웃을 도울 수 있다.
5	부모님(어르신) 초청하기	할아버지, 할머니, 보모님을 초청해서 삶의 지혜를 배우고 어른에 대한 공경심을 익힌다. 부모님에게 감사의 마음을 갖는다.
	소풍 및 야외학습	지역 내 놀이시설이나 문화시설로 야외학습을 갈 수 있다.
	유아튼튼걷기대회	유아튼튼걷기대회 참가를 통하여 협동심과 근력을 기를 수 있다.
6	파출소	길을 잃어버리거나 위험한 일이 생길 때 바로 연락해서 도움을 받을 수 있는 공공기관이 있음을 알 수 있다.
7	은행	은행의 기능을 알고 직접 이용해 볼 수 있다.
8	노인복지회관	노인분들께 관심과 사랑을 표현할 수 있다.
	봉사활동	중 · 고등학생들이 방학기간 중 봉사활동을 할 수 있도록 돕는다.

월	방문기관 및 특별활동	기대되는 교육효과
9	교통공원	안전교통공원 견학을 통해서 직접 교통안전체험을 하고 안전의 중요성을 알 수 있다.
10	농협	농협의 기능을 바르게 이용할 수 있다.
	가족등반대회	가족과 함께 하는 등반대회를 통해서 부모교육 및 유대관계 형성의 기회를 가질 수 있다.
	바자회(아나바다)	물건의 소중함을 알고 아껴 쓰며, 서로 필요한 물건을 함께 돌려 쓸 수 있다.
11	소방서	불의 바른 사용법을 익히고 화재사고에 대한 경각심과 예방의식을 가질 수 있다.
	실습생지도	예비보육교사를 대상으로 현장실습의 기회를 제공한다.
12	구민회관(재롱발표회)	공공시설을 바르게 이용할 수 있다.
	방송국 견학	방송국 견학을 통해서 방송이 이루어지는 과정과 방송의 중요함을 안다.
1	노인정	명절을 맞이하여 독거 노인분들을 찾아뵙고 위안을 드릴 수 있다.
2	미리 가 보는 초등학교	초등학교를 미리 방문해 봄으로써 학교에 대한 친근감을 느낄 수 있다.

제11장 보육평가

1. 평가의 필요성 및 목적

1) 평가의 필요성

여성의 사회참여 증대에 따른 보육의 요구 증가와 다양화에 부응하고자 정부는 1991년 '영유아보육법' 을 제정하고, 수차례의 개정을 거쳐 현재까지 보육사업을 활발히 추진하고 있다. 그 결과, 보육시설이 전국 25,000여 개(여성부 통계자료, 2004)에 달하는 엄청난 양적 발전을 이루었다. 그러나 보육사업의 진정한 발전을 위해서는 질적 성장 또한 제고되어야 할 중요한 사항이며, 이에 대한 문제를 제기해 보게 된다.

보육평가란 보육프로그램과 환경을 개선하여 양질의 보육을 실시하기 위해 보육프로그램, 시설 등에 관한 다양한 자료를 수집 · 분석하여 관련자들에게 정보를 제공하는 활동이다. 그러므로 보육에서의 평가는 영유아의 발달상황에 대한 정보뿐만 아니라 보육프로그램이 영유아의 전인적 성장과 발달을 돕기 위해 적절한지, 본래 의도한 보육목표가 어느 정도 실현되고 달성되었는지, 보육환경이 영유아의 발달과 특성에 적합한지 등 보육활동의 전반에 대해 필요한 정보를 수집하여 분석하고 판단하는 체계적인 과정이므로 반드시 실시되어야 하는 필수적인 활동이다.

이러한 보육평가의 필요성을 구체적으로 살펴보면 다음과 같다(조성연 외, 2004).

첫째, 평가를 통하여 영유아들의 현 발달상황을 제대로 이해하고, 그들에 대한 바람직한 지식 · 성격 · 태도 등을 형성할 수 있다. 즉, 평가는 영유아의 현재 발달상황에 대한 정확한 정보를 얻어 그들의 전인적 성장과 발달을 도와주는 과정이다.

둘째, 보육의 목표가 제대로 성취되었는지를 밝혀 보육프로그램의 전반적인 과정을 더욱 발전시킨다. 보육목표의 성취 여부를 확인하기 위해서는 그 목표에 의해 선정된 보육의 내용, 보육계획과 방법, 환경 구성, 교사와 영유아들의 상호작용 형태 등 보육프로그램의 전반적인 영역을 평가하여야 한다.

셋째, 영유아들의 발달상황에 대한 정보는 보육교사뿐 아니라 부모도 알아야 하며, 이는 보육의 효과를 높일 수 있는 요인 중의 하나인 보육시설과 가정의 연계성 측면에서 중요하다. 따라서 영유아들의 발달상황에 대한 과학적이고 실증적인 자료를 수집하기 위한 평가는 반드시 필요한 과정이다.

이처럼 보육프로그램을 운영할 때 중요하게 고려되어야 할 사항임에도 불구하고 우리나라에서는 아직도 체계적이고 지속적인 보육평가는 이루어지지 못하고 있는 실정이다. 또한 보육평가를 위한 객관적인 준거나 평가도구들의 개발이 미흡하여, 실제 사용하려고 해도 적절하게 사용할 수 있는 평가도구들을 찾아보기 어렵다는 것도 평가가 일반화되지 못하는 이유다. 그러나 이러한 제한점이 있다 하더라도 평가활동은 영유아보육에서 배제될 수 없는 중요한 활동이므로 보육에 적합한 평가를 반드시 실시해야 한다.

2) 평가의 목적

영유아보육에서 평가의 목적은 교육의 효과를 과학적으로 측정하고, 그 결과를 해석 처리함으로써 궁극적으로 영유아 보육계획 수립에 귀중한 자료를 얻을 때 의의가 있다고 할 수 있다. 즉, 보육시설이 위치한 환경이 영유아보육에 적합한지, 실내외 구성이나 시설 · 설비가 영유아의 발달에 유용하고, 프로그램이 그들의 전인적 발달을 도모할 수 있도록 수립 · 운영되고 있는지, 교사의 행동과 역할이 적절한지, 부모교육이 잘 이루어지고 있는지의 여부를 수시로 또는 정기적으로 분석 · 측정하고, 만일 그 성과가 기대되는 수준에 미치지 못할 경우에는 이를 개선 · 보완함으로써 보육의 질을 높여 나가는 데 그 목적이 있다고 할 수 있다.

영유아 보육평가의 목적을 대상별로 나누어 살펴보면 다음과 같다(강문희, 2000).

(1) 영유아를 위한 목적

- 영유아의 현재 발달상태를 이해하고 적합한 학급 배치를 한다. 도움이 필요한 영유아나 영재아를 선별하여 적절한 교육적 배려를 한다.
- 영유아에게 적합한 학습목표를 제공한다.
- 영유아의 흥미와 발달 단계를 이해하여 학습의 동기유발 수준을 높인다.
- 시간이 경과함에 따라 영유아에게 일어난 변화와 진보의 정도 및 영역을 알아본다.

(2) 교사를 위한 목적

- 학급 전체의 현재 상태를 이해한다.
- 교육과정을 계획하고 의사결정에 필요한 정보를 얻는다.
- 교육과정과 교수방법의 효율성을 결정하고 측정한다.
- 교육프로그램의 수정, 교수방법의 결정, 학습성취 전략을 수정하도록 피드백(feedback)을 획득한다.

(3) 부모를 위한 목적

- 자녀의 발전과 성취의 정도에 대한 정보를 얻는다.
- 자녀의 학습 목적을 지원하는 데 부모가 참여한다.
- 가정에서 자녀의 능력에 맞는 지도를 실시한다.

2. 평가 대상 및 방법

1) 영유아에 대한 평가

보육시설에 다니는 영유아들은 교사와의 접촉기간과 상호작용이 많은 대신 부모들과 보내는 시간이 상대적으로 적어 부모가 교사에게 의존하게 되므로 교사의 영유아 평가의 역할이 다른 프로그램보다 더욱 중요하다고 할 수 있다.

(1) 영유아 평가의 필요성

첫째, 영유아가 보육시설에 입학하기 전 실시하는 평가로 영유아의 현재 발달상황이나 특성을 살펴보는 진단평가가 필요하다. 이때는 간단한 부모용 가정환경조사를 통해 영유아의 질병 상태, 연령에 적합한 예방접종 유무, 알레르기 유무와 종류, 좋아하는 놀이 등 영유아와 관련된 인적·물적 환경 등을 포함하는 다양한 측면에 대해 조사한다.

둘째, 영유아가 보육시설에서 교사나 다른 영유아와의 상호작용, 개인적 특성 파악을 위한 발달상황의 수시평가가 필요하다. 이는 후에 부모 면담용 자료로 활용할 수 있다.

셋째, 영유아의 학습준비도, 지능, 사회성 발달, 또래와의 관계, 제발달상황 등을 표준화된 검사 도구를 이용하여 객관적이고 타당성 있게 측정해 볼 필요가 있다. 이 자료는 후에 초등학교 진학 시 생활기록부 자료로 유용하게 활용할 수 있다.

〈표 11-1〉 가정환경조사의 예

년 월 일 현재					○○어린이집
반 명		성 명		생년월일	년 월 일(양/음)
현주소				전화번호	

어린이를 더욱 이해하고 개인적인 성장을 돕고자 다음과 같은 항목을 조사하오니 솔직히 각 항목의 해당되는 곳에 ○표를 하시고 ( )가 있는 곳에는 해당 사항을 적어 주세요.

태아기	임 신	중 질병, 큰 근심, 놀람, 건강, 충분한 영양
	출생 시	정상적 분만, 조산(○○개월), 난산, 순산, 제왕절개
영아기와 유아기	영 양	인공영양, 모유, 섞어서, 유모
	이유시기	몇 살( ) 몇 달( )
	양육자	어머니, 아버지, 할머니, 유모, 가정부, 기타( )
	걷기 시작	몇 달 만에( )
	질 병	홍역, 성홍열, 말라리아, 백일해, 결핵, 기타( )
	언 어	정확하다( ) 보통이다( ) 더듬거린다( )
현재	식사의 습관	가장 좋아하는 음식( ), 싫어하는 음식( )
		언제나 식사를 즐겨먹는다, 먹으라고 야단해야 먹는다.
		식사 시간이 일정하다, 아무 때나 먹는다.
		그 밖의 습성
		간식 먹는다(하루 회), 시간을 정해( ), 정하지 않고( )
	수면의 습관	혼자 잔다, 부모와 함께 잔다, 잠들기 어렵다.
		밤에 오줌을 싼다, 아침에 일어나기 싫어한다, 잠꼬대를 한다.
		자는 시간: 여름 ○○시, 겨울 ○○시
		일어나는 시간: 여름 ○○시, 겨울 ○○시
	건강과 친구	건강하다, 보통이다, 허약하다, 특수 체질이다(알레르기성).
		코피를 잘 흘린다.
		싸움을 잘 한다, 얌전하다.
		친구가 많다, 친구가 늘 바뀐다, 한 번 친하면 계속해서 논다.
		친구 집에 가서 논다, 친구를 집으로 데리고 와서 논다.
	정서	잘 운다, 수줍다, 낯선 사람을 무서워한다, 특별히 무서움을 탄다.
		화가 나면(말을 안 한다, 밖에 뛰어나간다, 밥을 안 먹는다)
		대인관계: 원만하다( ), 원만하지 않다( )
		그 외의 습성
	놀 이	활동적인 놀이, 조용한 놀이, 실내놀이, 실외놀이
		특히 잘하는 놀이( ), 실어하는 놀이( )

<table>
<tr><td rowspan="4">아동을 위한 환경</td><td>주거형태</td><td>월세( ), 전세( ), 자기집[단독( ), 아파트( ), 기타( )]</td></tr>
<tr><td>아이를 위한 방</td><td>있다(평), 없다</td></tr>
<tr><td>실내</td><td>인형, 소꿉, 적목, 그림책, 동화책, 그림 맞추기, 공, 줄넘기,
하모니카, 기타( )</td></tr>
<tr><td>실 외</td><td>미끄럼틀, 그네, 철봉, 모래상자, 자전거, 기타( )</td></tr>
<tr><td rowspan="4">가족의 태도</td><td>부모의
양육태도</td><td>엄격, 보통, 방관(자유)</td></tr>
<tr><td>아동과 제일
많이 같이
생활하는 분</td><td>아버지, 어머니, 할머니, 할아버지, 형제( )
가정부 그 외의 분( )</td></tr>
<tr><td>아동에 대한
가족의 태도</td><td>특별히 사랑한다, 형제와 동등이 대한다,
아동의 의견을 존중한다, 의견을 무시한다.</td></tr>
<tr><td>아동의 습관에
대한 태도</td><td>늘 지도해 준다, 때때로 지도한다, 시간이 없어 지도 못한다,
나쁜 버릇은 없다, 있다면( )</td></tr>
</table>

담임에게 연락해 두고 싶은 일

〈표 11-2〉 기본생활습관조사의 예

<table>
<tr><td colspan="2">작성일:</td><td colspan="2">년 월 일</td></tr>
<tr><td colspan="2">영유아명:</td><td colspan="2">성별(남, 여) 생년월일: 년 월 일</td></tr>
<tr><td colspan="2">구 분</td><td colspan="2">내 용</td></tr>
<tr><td rowspan="6">먹기</td><td>수 유</td><td colspan="2">□일정 시간 간격으로 계획적인 수유를 한다. ( )시간마다
□원할 때마다 자유롭게 수유를 한다.</td></tr>
<tr><td>이 유</td><td colspan="2">생후 ( )개월부터 시작하여 현재 일일 ( )회 제공</td></tr>
<tr><td rowspan="2">식 사</td><td>식사
여부</td><td>① 아침(O, ×) ② 점심(O, ×) ③ 저녁(O, ×)
↘( )시경 ↘( )시경 ↘( )시경</td></tr>
<tr><td>식욕</td><td>□잘 먹는다. □그저 그렇다. □잘 먹지 않는다.</td></tr>
<tr><td>간 식</td><td colspan="2">생후 ( )개월부터 시작하여 현재 일일 ( )회 제공
① 일일 ( )회 ② 주로 먹는 간식( )</td></tr>
<tr><td>습 관</td><td colspan="2"></td></tr>
</table>

〈계속〉

잠자기	기 상	(　　)시경 일어난다
	낮 잠	① 일일 (　　)회 ② 총 (　　)시간 정도 낮잠을 잔다. ③ (　　)시부터 (　　)경까지 잔다.
	취 침	□규칙적이다 (　　)시경 잔다.　□불규칙적이다.
	잠 자 기	□업어야 잔다.　□엎드려서 잔다. □두드려 주어야 잔다.　□혼자서 잔다. □기타 (　　　　　　　)
대소변 가리기	기 저 귀	□현재 사용한다.　□현재 사용하지 않는다. (　　)세경부터
	지도 여부	□대소변 가리기 지도를 한다.　□가끔 한다. □하지 않는다.
	대 변	□가린다. 일일(　　)회 정도 한다. □가리지 못한다. □잘 때만 기저귀를 채운다.
	소 변	□가린다. 일일(　　)회 정도 한다. □가리지 못한다. □잘 때만 기저귀를 채운다.
	습 관	
몸단장하기	옷 입고 벗기	□입히고 벗겨 준다.　□도와주면 입고 벗는다. □스스로 한다.
	손 씻기	□씻겨 준다.　□도와주면 씻는다.　□스스로 씻는다.
	이 닦기	□이 닦기를 매일 한다. ① 닦아 준다(　　)　② 도와주면 닦는다(　　)　③ 스스로 닦는다(　　) □이 닦기를 매일 하지 않는다.
	세수하기	□씻겨 준다.　□도와주면 씻는다.　□스스로 씻는다.
정리정돈	이불개기	□개어 준다.　□개는 것을 돕는다.　□스스로 갠다.
	신발 신고 벗기	□신기고 벗는다.　□도와주면 신고 벗는다. □스스로 신고 벗는다.
	옷 걸 이	□걸어 준다.　□도와주면 건다.　□스스로 건다.
	장난감 정리하기	□정리해 준다.　□도와주면 정리한다. □스스로 정리한다.
인사하기	만나고 헤어질 때	사람과 만나고 헤어질 때 인사나 인사말을 한다. □잘 한다.　□그저 그렇다.　□하지 않는다.
	상황에 맞게	사과해야 할 때, 감사해야 할 때 상황에 맞는 말이나 표현을 한다. □잘 한다.　□그저 그렇다.　□하지 않는다.

〈계속〉

인사하기	잠자기 전후에	잠자기 전 · 후에 인사말을 한다. □잘 한다. □그저 그렇다. □하지 않는다.
	식사 전후에	식사 전 · 후에 인사말을 한다. □잘 한다. □그저 그렇다. □하지 않는다.

자료: 황해익, 임재택(1996).

(2) 영유아 평가방법

영유아를 위한 평가의 방법은 일반적으로 일화기록법, 평정척도법, 행동목록법 등의 관찰법과 포트폴리오 평가, 표준화된 검사도구 평가가 있다.

① 일화기록법

일화기록법은 현장에서 가장 빈번하게 사용되는 방법으로 특별하게 정해진 양식 없이 어떤 한순간에 발생한 영유아의 행동을 순서대로 사실적이고 객관적으로 관찰하여 기록하는 방법이다. 일화기록은 이처럼 가장 손쉬운 형태의 관찰기록이지만 일화기록을 작성할 때는 다음과 같은 유의점이 있다(황해익, 2000).

- 발달상의 중요한 사건을 기록하기 원할 때 일화기록을 사용할 수 있다.
- 핵심 단어를 사용하여 관찰한 후 가능한 한 빨리 간결하게 기록하거나 녹음한다.
- 관찰 시간, 장면, 진행 중인 활동 등 상황적인 자료가 기록에 포함되어 있다.
- 관찰 아동의 주 행동이 적혀 있다. 즉, 한 가지 행동에만 초점이 맞추어져 있다.
- 유아가 한 말이 그대로 인용부호 안에 적혀 있다.
- 관찰 아동의 말과 행동뿐만 아니라 그와 상호작용하는 다른 유아나 교사의 말과 행동도 기록되어 있다.
- 발달상 중요 포인트를 적어 놓는다.
- 기록이 객관적이고 사실적이며, 추론과 해석이 배제되어 있다.
- 각 유아의 발달상의 다양한 일화들을 모으기 위해 정기적으로 포트폴리오를 체크한다.

Cartwright와 Cartwright(1974)는 어떤 행동을 기록할 때 관찰자가 분명히 확인할 기회를 갖기 위해서 그 행동이 처음 나타날 때 기록하지 말고 다시 한 번 나타날 때 기록하는 것이 바람직하다고 하였다.

〈일화기록의 예〉

혜영이와 진원이가 함께 미장원 놀이를 하고 있다. 혜영이는 미용사의 역할을, 진원이는 손님 역할을 한다. 혜영이가 "어서 오세요. 여기 앉으세요." 라며, 작은 의자를 내민다. 진원이는 "파마해 주세요. 예쁘게."라고 말하며, 의자에 앉는다. 혜영이는 진원이의 머리카락에 세팅기를 말고 드라이어를 가져다대며 '윙~' 하며 소리를 낸다.

자료: 송연숙(2003).

② 평정척도법

평정척도법은 어떤 행동의 질적인 특성을 관찰자의 판단에 따라 평정하는 것으로 영유아의 행동을 모두 관찰한 이후나 혹은 관찰과 동시에 기록하는 방법이다. 그러므로 이는 다른 관찰 유형에 비해 융통성이 있는 방법이다. 이 방법은 제시되는 평정방법에 따라 도식평정, 숫자평정, 기술평정, 표준평정 등으로 분류되며, 전적으로 관찰자의 판단에 의해 평정되기 때문에 관찰자의 주관적 편견이 개입될 우려가 많다.

③ 행동목록법

행동목록법은 흔히 체크리스트(checklist)로 그 행동의 표출 여부를 체크하는 방법이다. 이 방법은 영유아의 행동 발생 여부를 매우 빠르고 효과적으로 기록할 수 있지만 행동의 질적인 수준에 대한 정보는 제공해 주지 못하는 단점이 있다.

행동목록을 작성하는 데 있어서 유의할 점을 살펴보면 다음과 같다(이은해, 2000).

- 행동목록에 포함될 문항은 관찰 가능한 구체적 행동을 나타내는 것이어야 한다.
- 행동목록은 관찰하려는 특정 영역에 관해서 포괄적이고 대표적인 목록으로 구

성되어야 하며, 문항 간 서로 중복이 없어야 한다.
- 논리적으로 행동목록표가 조직되어야 한다.

④ 포트폴리오 평가

영유아의 학습 및 성취를 파악하기 위한 좋은 방법으로 포트폴리오(portfolio) 평가가 있다. 이 방법은 표준화된 검사와는 다른 방법으로 광범위한 맥락에서 영유아를 관찰하여 정보를 수집한다. 이 방법은 평가에 대한 계획을 세우지 않아도 쉽게 자료를 수집할 수 있고, 시간 경과에 따라 영유아의 발달상황을 파악할 수 있으며, 부모와의 면담 외에도 유용한 자료를 활용할 수 있다. 이를 위해 명확히 진술된 관찰 가능한 준거가 있어야 하고, 영유아를 잘 알고 있는 사람들로부터의 정보 수집 및 여러 종류의 정보들(예: 영유아들의 긁적거리거나 쓰기 활동의 예, 그림, 오디오나 비디오 녹화 테이프 등)을 수집하되, 1년에 걸쳐 지속적, 규칙적으로 수집되어야 한다. 또 평가의 목적이나 의도에 따라 프로그램별로 서로 다른 형태를 취할 수 있어야 하고, 평가 자료는 교사, 부모, 가족구성원, 영유아에게 개방되어 언제든지 그 자료를 공유할 수 있어야 한다.

⑤ 표준화된 검사도구 평가

검사도구에 의한 평가는 영유아의 연령이나 측정하고자 하는 발달 측면이나 특성에 따라 적합한 검사도구를 선정하여 실시하는 평가다. 표준화된 검사의 종류로는 지능검사, 학업적성검사, 성격검사, 학업성취도검사, 운동기능검사, 사회성숙도검사 등이 있으나, 우리나라에서 만 2, 3세를 대상으로 하는 측정도구는 극히 제한되어 있을 뿐 아니라 이들도 거의 표준화되어 있지 않은 실정이다.

표준화된 검사도구를 사용할 때는 그 결과의 활용에 있어 특히 주의를 기울여야 한다. 즉, 검사 결과는 영유아를 평가하는 데 있어서 절대적인 가치를 기니고 있는 것이 아니며, 또 이 검사 결과로 영유아를 판단 · 결정할 수도 없다. 다만 영유아의 발달 정도를 알아보기 위한 참고 자료로서 영유아에게 어떤 부분이 잘 발달되어 있으며, 어떤 부분이 부족한지 그리고 부족한 부분은 어떻게 도울 수 있는지에 대한 정보를 얻기 위해 사용 · 활용해야 한다.

보통 환경에서 영유아를 평가할 때는 다음과 같은 사항에 주의해야 한다.

- 영유아의 행동이나 발달상황을 다양한 자료 수집 절차를 통해 객관적이고 타당하게 평가해야 한다. 한 가지 방법으로 영유아를 평가할 것이 아니라 앞서 소개한 방법들을 병행 실시하여 자료를 수집하고 이해한다.
- 영유아 내의 평가가 이루어져야 한다. 평가의 목적이 영유아들을 상호 비교하거나 등급을 매기는 것이 아니므로 교사는 개별적인 평가를 통해 해당 영유아의 현재 발달상황이 어떠한지에 초점을 두고 관찰하거나 평가해야 한다.
- 영유아에 대한 평가는 활동의 결과보다는 과정에 초점을 두고 영유아의 건강, 대소근육의 발달, 기본생활습관, 정서적 안정감, 대인관계, 의사소통능력, 창의성 등 전인적인 발달에 중점을 두고 실시한다.
- 영유아 개인별로 파일을 만들어 일목요연하게 볼 수 있도록 정리해 두어야 한다. 또한 모든 자료에는 날짜, 관찰자(또는 검사자), 관련 상황에 대한 영유아의 태도 등에 대한 간략한 정보를 기록해 두어야 한다.
- 영유아에 대한 평가는 연간 계획을 통해 지속적으로 자료가 수집될 수 있도록 함으로써 어느 한 시기에만 집중되지 않도록 하며, 규칙적으로 발달영역이나 생활영역별로 영유아 개인별 평가에 대한 요약과 해석을 해 두도록 한다.

2) 교사에 대한 평가

보육시설에서 교사는 영유아들에게 가장 영향력을 크게 미치는 인적 요인이므로 교사에 대한 평가는 필수적이라고 할 수 있다. 아무리 좋은 보육프로그램과 보육자료를 가지고 보육을 한다고 하더라도, 보육의 성과를 높이기 위해서는 무엇보다도 자질 있는 우수한 보육교사를 확보하는 것이 우선 과제다.

(1) 교사평가의 목적

첫째, 행정적인 문제로 교사의 승진, 봉급인상 등에 대한 자료를 알기 위해서 둘째, 양질의 보육프로그램을 운영함과 동시에 교사 자신의 자기 개발에 도움을 주고자 하는 것이다. 이 중 후자가 교사 평가의 더 중요한 목적으로 교사들의 보육활동을 평가하여 자신의 장단점을 알고 자신의 보육활동 방법을 개선할 수 있도록 도와

주기 위해서다.

(2) 교사평가방법

교사평가방법으로는 교사 자신의 평가와 동료 및 주임교사나 시설장에 의한 평가 또는 부모들에 의한 평가 등 다양한 방법을 실시하여 평가할 수 있다.

우선 교사의 자기평가는 교사가 자신들의 교수활동을 스스로 판단하고 그들의 장단점을 확인하는 교사 자신의 평가방법으로 교사의 보육활동을 개선하는 데 도움을 준다. 이러한 교사 자신에 대한 평가방법은 영유아들의 학습능력의 향상, 교사와 상호작용하는 영유아의 행동과 교사에 대한 영유아의 애정적인 반응 등을 관찰함으로써 이루어진다.

〈표 11-3〉 보육교사의 자기평가척도의 예

평가지의 응답 요령은 다음과 같이 5단계 척도로 되어 있으며, 각각의 문항에 대해 교사의 견해와 일치하는 곳에 'V' 표 하면 된다.
〈보기〉 협동심 정도는 어떠한가?에 대해 자신의 경우 해당되는 곳의 번호에 표시하면 된다. 만약 아주 우수한 상태일 경우 ⑤에 V표한다.

① 아주 부족한 상태 (0~20% 수준)
② 부족한 상태 (21~40% 수준)
③ 보통 (41~60% 수준)
④ 우수한 상태 (61~80% 수준)
⑤ 아주 우수한 상태 (81~100%)

특성		문항	①	②	③	④	⑤
일반적 특성	신체	1. 신체적 건강 상태는 어떠한가?					
		2. 활동성 정도는 어떠한가?					
		3. 예의바른 태도의 정도는 어떠한가?					
		4. 바른 자세 정도는 어떠한가?					
	인성	5. 적극성 정도는 어떠한가?					
		6. 정서적 안정감 정도는 어떠한가?					
		7. 자제력 정도는 어떠한가?					
		8. 협동심 정도는 어떠한가?					
		9. 융통성 정도는 어떠한가?					
		10. 성실성 정도는 어떠한가?					

〈계속〉

일반적 특성	인성	11. 사려성 정도는 어떠한가?					
		12. 긍정적인 인간관 정도는 어떠한가?					
		13. 공정성 정도는 어떠한가?					
		14. 정직성 정도는 어떠한가?					
		15. 부모, 동료교사와의 원만한 관계 정도는 어떠한가?					
		16. 자신에 대한 긍지 정도는 어떠한가?					
	교양 및 지적 능력	17. 다방면에 걸친 풍부한 지적 능력 정도는 어떠한가?					
		18. 순발력 정도는 어떠한가?					
		19. 유창하고 명료한 언어사용능력 정도는 어떠한가?					
		20. 창의력 정도는 어떠한가?					
전문적 특성	교직에 대한 태도	21. 교직에 대한 사명감 정도는 어떠한가?					
		22. 교육활동에 대한 열의 정도는 어떠한가?					
		23. 전문성 신장을 위한 노력 정도는 어떠한가?					
		24. 책임감 정도는 어떠한가?					
		25. 영유아에 대한 수용적 태도는 어떠한가?					
		26. 자신이 교사로서의 적합성 정도는 어떠한가?					
		27. 교직에 대한 신념 정도는 어떠한가?					
		28. 직업윤리 정도는 어떠한가?					
	보육기술	29. 보육과정 재구성능력 정도는 어떠한가?					
		30. 보육과정 실천능력 정도는 어떠한가?					
		31. 부모와 관계 전문가를 참여시키는 능력 정도는 어떠한가?					
		32. 보육내용, 보육자료, 교수방법 및 유아의 발달에 대한 평가능력 및 활동 정도는 어떠한가?					
		33. 활동에 대한 적절한 자극 및 개입 정도는 어떠한가?					
		34. 교재 교구 제작 및 다양한 활용능력 정도는 어떠한가?					
		35. 보육활동을 다양하고 균형 있게 제공하는 능력은 어떠한가?					
		36. 보육활동을 융통성 있게 운영하는 능력 정도는 어떠한가?					
	전문적 지식	37. 소속 기관의 보육 철학에 대한 이해 정도는 어떠한가?					
		38. 보육과정에 관한 지식 정도는 어떠한가?					
		39. 생활지도 및 상담지식 정도는 어떠한가?					
		40. 개별 영유아에 대한 지식 정도는 어떠한가?					
		41. 영유아 발달 단계와 특성에 대한 지식 정도는 어떠한가?					
		42. 보육활동을 위한 다양한 교수방법에 대한 지식은 어떠한가?					
		43. 실내 · 외 환경 구성에 대한 지식 정도는 어떠한가?					
		44. 평가에 관한 정도는 어떠한가?					

자료: 최미현 외(2000).

또한 동료 및 주임교사 · 시설장에 의한 교사 평가는 평가 준거 및 양식을 사전에 교사와 협의하여 어떤 기준에 의해 자신이 평가되는지 알려 주어야 하며, 막연한 주관적 평가보다는 두 번 이상의 직접적인 관찰을 통해 평가가 이루어지도록 해야 한다.

마지막으로 부모들에 의한 교사평가방법으로 부모나 보육시설 간의 체계적인 연계성 확립과 문제 예방에 기여할 수 있다. 평가 내용으로는 교사에 대한 일반적인 인상에 대한 평정척도에 체크하는 것, 부모가 시설을 방문하여 관찰하는 것과 직접 부모와 면접하는 것 등이 있다.

이상의 여러 가지 방법은 나름대로 장단점이 있으므로, 두 가지 이상의 방법을

〈표 11-4〉 시설장의 교사 평가

평가연도: 담당학급명: 학급연령: 성명:

평가영역	평가내용	배점	평점		비고	종합 평가
		10점	1학기	2학기		
A. 근무태도 (10%)	근태상황	10점			결근 1일 2점, 지각, 외출, 조퇴 각 1점 결정	
B. 자질 (15%)	1. 직무에 대한 책임감과 열의 2. 용모, 언행 및 교양 3. 대인관계	5점 5점 5점				
C. 보육능력 (50%)	1. 보육활동 준비 및 계획 (part 수업계획 및 교구계획) 2. 보육활동 지도 기술면 3. 보육활동 평가면	20점 20점 10점				
D. 연구조사 활동(15%)	1. 연구태도 2. 연구능력 3. 보육이론의 적용	5점 5점 5점				
E. 학급경영 및 사무처리 능력(10%)	1. 환경구성능력 2. 업무관리 및 지도력 3. 시설 및 학급사무처리능력	4점 3점 3점				
계(100%)		100점				

평가자 : (인)

자료: 한국어린이육영회(1999).

함께 사용하여 보완하는 것이 바람직하다. 즉, 적절한 교사 평가의 방법을 선택하여 보육프로그램의 질적 성장을 돕고, 아울러 체계적이고 공정하고 의미 있는 평가가 되도록 해야 한다.

3) 부모에 대한 평가

영유아보육에서 일차적인 양육 책임은 부모에게 있다. 따라서 부모의 역할을 인식시키고 영유아의 양육에 필요한 지식과 실제를 배울 수 있는 기회를 제공하는 부모교육은 효율적인 보육을 위하여 매우 중요하다.

부모에 대한 평가는 부모가 습득한 지식, 태도, 역할 수행 등에 관해 여러 가지 방법으로 평가될 수 있다. 면접이나 질문지, 관찰 혹은 가정환경자극검사(HOME) 등 기존의 다양한 검사들을 적용하여 자료를 수집하고 평가할 수 있다. 이외에도 부모들이 보육기관의 각종 활동에 얼마나 적극적으로 참여하고 있는지 등을 참고할 수 있는 부모교육에의 참여횟수나 태도, 부모가 주도한 교사면담 등의 비반응적 측정치를 사용하여 평가할 수도 있다.

4) 보육프로그램 운영에 대한 평가

보육평가의 궁극적 목적은 영유아에게 보다 나은 보육프로그램을 제공하는 것이므로 프로그램이 영유아의 전인적 성장과 발달을 돕기 위해 적절하게 구성되어 있는지, 보육목표가 본래의 의도대로 보육의 과정을 통해 잘 실현되고 있는지, 보육의 결과가 기대했던 수준에 도달하였는지의 여부를 분석 · 평가해야 한다.

보육프로그램의 질적 수준을 평가한 연구들은 집단의 크기, 교사 대 영유아의 비율, 교사 자격 등을 가장 중요한 변인으로 보았다. 또 보육프로그램의 효과를 평가한 연구들은 구체적인 보육시설에서의 경험과 유아 발달수준 간의 관계를 조사하였다. 즉, 구체적인 경험이 영유아의 정서 · 인지 · 신체 · 언어 · 사회 발달에 많은 영향이 있음을 보고하였다(McCartney et al., 1982).

(1) 보육프로그램 평가 분류

보육프로그램에 대한 평가를 평가 형식, 목적, 방법에 따라 분류하면 다음과 같다(양옥승 외, 1999).

① 평가형식에 따른 분류

- **형식적 평가**: 객관적인 관찰 절차에 따라 평가가 진행되고 판단 준거도 분명한 평가다. 관찰 항목을 중심으로 영유아가 일상적으로 받는 자극이나 환경 구성 또는 교사행동을 관찰하는 방법이 있다.
- **비형식적 평가**: 비형식적 평가 혹은 직관적 평가(intuitive evaluation)는 교사의 내적 인지도에 따라 보육과정을 수시로 검토하거나, 매일의 환경 구성이나 교육계획안 및 활동을 중심으로 관찰, 기록한 후 분석한다. 교사마다 다른 내적 인지도를 지닐 수 있어서 주관성이 많이 개입될 수 있다.

② 평가목적에 따라 분류

- **형성평가**: 형성평가는 보육프로그램이 진행되는 중에 실제로 어떠한 일이 일어났는가와 같이 교실 내에서의 교수-학습과정에서 나타난 잠재적인 장애를 모니터하고, 기대하지 않았던 문제가 발생했는지에 주의를 기울이며, 계획했던 대로 세분화된 정보를 획득하고 분석, 검토하는 절차를 밟는다.

  형성평가 절차를 구체화하면 다음과 같다.

  첫째, 평가자를 내부인으로 할 것인지 외부인으로 할 것인지를 결정한다.

  둘째, 무엇을 평가할 것인지, 즉 평가의 범위와 내용을 정한다.

  셋째, 보육시설에서 실시하고자 하는 프로그램을 자세히 기술한다.

  넷째, 프로그램을 보육시설에 적용하고 그것의 목표를 달성토록 점검한다.

  다섯째, 평가 결과를 프로그램 계획자와 교직원에게 보고하고 개선방향에 고려한다.
- **총괄평가**: 보육시설에서 운영하고 있는 보육프로그램이 계속 실시할 만한 가치가 있는지를 최종적으로 사정할 수 있기 위해 총괄평가를 실시한다. 총괄평가는 보육프로그램이 운영되는 동안이나 마무리하고자 할 때 달성도를 측정하고 해석하기 위한 것이다. 이는 프로그램의 운영계획과 운영 결과 간의 비교를

통하여 현행 보육프로그램을 계속 실시할 것인가와 종결할 것인가, 수정할 것인가를 결정하는 데 도움이 된다.

총괄평가는 주로 보육목표와 관련된 측정 가능한 준거를 설정하고, 사전에 결정된 표준과 이것을 비교하며, 요구분석 프로그램 계획, 형성평가 과정에 관한 정보에 비추어서 성과를 해석하는 과정을 거친다. 또 보육시설뿐만 아니라 가정 및 지역사회 등 거시적인 사회문화적 생활체계와 관련지어 총체적으로 평가하는 과정을 필요로 한다.

③ 평가방법에 따른 분류

- **양적 접근**: 사전에 의도된 보육목표와 결과에 대한 인과적 관계를 양적 접근방법을 통하여 수량화함으로써 평가하는 방법이다. 그러므로 이 접근방법은 예정되고 명시된 교육목표가 어느 정도 달성되었는지가 관심사가 된다. 이에 대한 방법으로 절대평가와 상대평가가 있다. 절대평가는 교사가 선정하고 조직한 학습경험이 실제로 의도한 만큼의 성과를 얻었는지, 즉 학습자의 행동변화에 얼마만큼 영향이 있었는지를 알아보는 평가 방식으로 교수목표를 준거로 하여 평가 결과를 점수화하고 해석한다. 또한 절대평가는 프로그램의 장단점을 평가해 주는 역할을 한다. 상대평가는 표준화된 검사를 통해 개인의 위치를 전체와 비교하여 상대적으로 평가하는 방법이다. 이 방법은 전체 집단의 평균치와 같은 값을 규준으로 하고 개인의 위치를 규준과 관련지어 점수화하고 해석한다.
- **질적 접근**: 원래 의도했던 목표에 집착하지 않고 프로그램에 참여한 교사나 학습자가 보여 주는 자연적인 교수-학습 상황에서의 각기 다른 반응을 중시한다. 이는 목표 달성 여부에 관심을 두기보다는 교수-학습과정 및 학습자의 문제 파악에 초점을 맞춘다. 자료수집 시에도 수량화된 자료보다는 관찰이나 영유아의 작품들, 심층적인 면접 자료 등 질적 자료에 큰 의미를 부여한다.

(2) 보육프로그램 운영 평가척도

우리나라는 보육프로그램의 질적 수준을 평가하기 위한 준거가 보편화되어 있지 않아 유아교육 프로그램 평가 기준을 준용하거나 이용하고 있는 실정이다. 최근 관

〈표 11-5〉 우리나라의 보육프로그램 평가척도

개발자(연도)	평가척도명	평가영역	영역/항목
임재택, 조희숙, 황해익(1996)	영유아 보육 프로그램의 진단평가척도	보육시설에 대한 물리적 환경, 종사자, 운영관리, 교육과정, 영양·건강, 안전, 가정 및 지역사회와의 연계	6/160
이은해 (2002)	어린이집 운영관리 평가척도	물리적 환경, 건강·안전·영양, 교직원, 가정 및 지역사회 연계, 전반적인 교육과정 운영	5/49
	어린이집 영아반 평가척도 (1~3세 미만용)	놀이환경, 놀이활동, 일상적 양육, 건강과 안전, 교사-영아 상호작용	5/47
	어린이집 유아반 평가척도 (3~5세용)	학습환경, 교육과정 계획, 교육과정 운영, 건강과 안전, 교사-유아 상호작용	5/64
	어린이집 관찰척도	물리적 환경, 건강·안전·영양, 학습환경, 교육경험 및 활동, 교사-영유아 상호작용	5/73
보건복지부 (2000)	보육프로그램 평가	보육계획, 보육진행 및 보육의 물리적 환경 구성	2/18

자료: 조성연 외(2004).

〈표 11-6〉 보육프로그램 부문 세부 평가기준

구분	평가기준	배점	결과
보육계획	1. 영유아의 연령, 홍미, 계절의 변화 등을 고려하여 연간 보육계획안이 구성되어 있으며, 그 틀 안에 월간, 주간 보육계획을 수립하였는가?		
	2. 보육내용이 균형성 있게 편성되어 있는가? -○○ 프로그램 영역 편성의 적정성 -정적 활동/동적 활동의 비율 -실내활동/실외활동의 비율 -개별활동/소집단활동/대집단활동의 비율		
	3. 일일 계획안에는 계획된 활동과 실시된 활동이 구체적으로 기록되어 있는가?		
	4. 보육 후 보육결과에 대한 영유아들의 반응 및 교사들의 관찰 결과가 일주일 단위로 평가·기록되어 있는가?		
	5. 일일 보육계획안에 대하여 원장의 세심한 관심이 표명되어 있는가?		

〈계속〉

구분	평가기준	배점	결과
보육진행 및 보육의 물리적 환경	6. 보육을 원활히 진행하기 위한 영역 구성 및 동선 등이 적정하게 배치되어 있는가?		
	7. 교재 교구 및 환경 구성 등이 계절과 보육주제에 따라 변화, 교체되어 영유아들의 관심과 참여를 유도할 수 있는 환경 구성이 되어 있는가?		
	8. 실내영역은 6개 이상의 영역으로 구성되어 있으며, 기본영역으로 쌓기, 언어, 소꿉, 미술, 수과학, 음률영역 등이 구성되어 있는가?		
	9. 쌓기영역에는 쌓기놀이를 위한 다양한 블록(단위 블록, 공간 블록, 종이벽돌 등)과 쌓기놀이 구성을 위한 다양한 소품들이 준비되어 있는가?		
	10. 언어영역에는 연령에 적합한 다양한 활동이 준비되어 있는가?		
	11. 소꿉놀이영역에는 극놀이활동을 자극할 수 있는 다양한 교구와 환경이 구성되어 있는가?		
	12. 미술영역에는 여러 가지 자료를 활용하여 다양한 미술활동(그리기, 만들기, 꾸미기 등)을 할 수 있는 기회가 제공되어 있는가?		
	13. 수영역에는 수 개념과 관련된 다양한 활동(일대일 대응, 수세기, 분류 등)이 제공되어 있는가?		
	14. 다양한 실물 자료를 제시해 영유아들이 충분히 탐색할 수 있는 기회를 제공하고 있는가? 동·식물의 관찰 기회를 제공하여 자연현상에 관심을 가지도록 구체적인 활동을 계획·실시하고 있는가?		
	15. 정형화된 동작활동은 물론 창의적인 동작활동을 위해 다양한 교구와 활동을 준비하고 있는가?		
	16. 불결하고 파손된 교구, 교재나 영유아용 비품이 방치되어 있거나, 보수상태가 불량하지 않은가? –교구 청결도, 파손도 점검		
	17. 보관용 교구 교재 및 자료실 관리 실태는 양호한가? –정리 정돈 상태 –사용이 용이하도록 분류, 라벨링된 상태		
	18. 영유아의 작품을 전시할 수 있는 벽면 또는 공간이 있으며, 보육주제와 관련된 사진이나 화보, 영유아의 작품이 전시되어 있는가?		

자료: 보건복지부(2004).

련된 평가도구들이 개발되고 있으나, 대부분 연구 등으로 아직 표준화되지 못한 상태다.

5) 보육시설에 대한 평가

보육시설의 환경은 영유아의 행동과 밀접한 관계가 있으므로 영유아의 전인적인 발달을 도모하기 위해서는 양질의 보육시설이 중요하다. 그러므로 보육시설에 대한 평가는 보육프로그램 운영이나 기타 행정적인 운영보다 우선 실시되어야 한다.

조성연 외(2000)는 보육시설 평가의 목적을 다음과 같이 제시하였다.

첫째, 포괄적인 보육서비스를 제공하기 위한 효과적인 질 관리 시스템을 마련한다.

둘째, 보육시설을 보다 효율적으로 운영한다.

셋째, 보육사업의 자율성을 신장한다.

넷째, 보육사업의 전문성을 제고한다.

다섯째, 보육시설들 간의 협동성을 진작시킨다.

여섯째, 보육시설의 다양한 물리적 환경, 인적 자원, 프로그램의 질적 수준에 대한 정보를 제공해 줌으로써 보육수요자들의 합리적인 선택을 유도할 수 있다.

일곱째, 보다 우수한 보육시설을 유지함으로써 보육시설의 재정지원을 확충하여 보육서비스의 질적 수준 향상으로 이어질 수 있는 제도적 기반을 마련한다.

여덟째, 장기적으로 보육시설에 대한 평가 인증 결과를 정부나 지방자치단체의 예산지원기준으로 활용할 수 있도록 한다.

즉, 모든 시설평가는 보육실을 비롯한 실내 공간은 물론 실외 놀이터 등의 실외 공간도 영유아들이 활동하기에 편리하게 구성되어야 하고, 영유아보육에 효율적으로 기여해야 한다. 또한 교재·교구 등 실내·외 설비도 충분하게 배치되고 안전하게 관리되어야 한다. 이를 위해서는 국가적인 차원의 평가척도나 제도가 마련되어야 하며, 현재 활용되고 있는 보육시설 평가척도를 정리하면 〈표 11-7〉과 같다.

〈표 11-7〉 보육시설 평가척도

개발자(연도)	평가척도	평가영역
한국보건사회 연구원(1995)	보육시설 평가기준 및 평가체계 개발	물리적 환경, 운영 및 종사자관리, 보육프로그램, 상호작용, 부모만족도
이순형 (1999)	보육시설의 환경 및 운영평가	안전과 위생, 인지적 자극, 발달수준의 적합성, 인적 상호작용, 개별화
유희정, 강정희 (2002)	보육시설 평가 인증 제도를 위한 평가 영역	보육시설 운영관리, 보육인력, 교육과정, 보육환경, 건강 · 영양 · 유아, 부모참여 및 지역사회 연계, 이용자 만족도
임미혜(1996)	어린이집 관찰목록표	건강과 안전, 물리적 공간, 교재 · 교구 · 활동들, 성인직원, 영유아, 부모, 영유아 개인
한국어린이 육영회(1999)	가정보육시설 평정척도	양육과 학습을 위한 공간과 설비, 기본적인 양육, 언어와 추론, 학습활동, 사회성 발달, 성인에 대한 요구
보건복지부 (2000)	보육시설 평가내용	계수평가, 질적 평가(종사자관리 및 업무관리 현황, 위생, 환경, 안전관리 현황, 종사자 활동 및 운영비 절감활동 현황과 기타)

자료: 조성연 외(2004).

3. 평가 결과의 적용 및 활용

다양한 방법과 절차에 의해 행해진 보육활동에 대한 전반적인 평가 결과는 그 자체가 의미가 있는 것이 아니라 그 결과가 의미 있고 바르게 해석되며, 유용하게 이용되는 것이 중요하다. 즉, 평가 결과를 부모나 지역사회에 알리는 것은 영유아보육에 대한 관심을 높이고 실질적인 보육의 효과를 증진시키는 데 중요한 역할을 한다. 뿐만 아니라 평가 결과의 보고는 부모와 교사 간의 친밀한 의사소통의 기회를 제공해 주며, 부모들이나 지역사회로부터 지원과 협조를 얻는 데 도움이 됨으로써 향후 보육프로그램의 개선과 질적 향상을 위해 적극 활용될 수 있다.

따라서 평가 결과를 해석할 때는 신중을 기해야 하며, 잘못된 해석으로 평가 본래의 목적 이외에 다른 목적으로 이용되는 일이 없도록 유의해야 한다.

다음은 보건복지부(1999)에서 제시한 평가 결과의 유용한 활용방법이다.

첫째, 평가 결과는 영유아의 장점과 단점을 파악하게 하여 영유아의 욕구를 만족시키며, 동시에 발달을 자극할 수 있는 보육경험을 계획하는 지침을 마련하게 한다.

둘째, 교사는 각 영유아의 여러 자료를 기록 · 정리하면서 개개 영유아에 대해 보다 깊이 생각해 볼 기회를 가지게 된다.

셋째, 문제가 있는 영유아를 전문가에게 의뢰할 때 문제 해결 방안의 기초 자료로 활용할 수 있다.

넷째, 기록을 통해 각 영유아의 향상 정보를 확인할 수 있다.

다섯째, 부모와의 면담 시 활용할 수 있다.

여섯째, 초등학교에서 교육 자료로 활용할 수 있다.

또한 조성연 외(2004)는 보육평가의 활용방법을 다음과 같이 제시하였다.

첫째, 평가 결과는 영유아의 장단점을 파악하게 해 주고, 이들의 욕구를 만족시키며, 동시에 영유아의 전인적인 발달을 자극할 수 있는 교육경험, 즉 영유아의 잠재력을 최대한 개발시킴과 동시에 이들의 능력이나 행동특성, 관심 분야에 따른 프로그램과 교수-학습활동 및 다양한 교수방법을 개발하고 계획하는 데 기초가 된다. 이를 통해 개별 영유아에 대한 개인별 발달상황과 향상 정도를 확인함으로써 개별화된 학습을 가능하게 해 준다.

둘째, 평가 결과는 보육시설 단위의 자체 연수와 자율 장학을 체계화할 뿐만 아니라 보육프로그램과 가족지원 서비스 체계를 개발하기 위한 기초 자료로 활용할 수 있다.

셋째, 보육프로그램 운영에 대한 평가 결과는 교사로 하여금 질적으로 향상된 역할 수행을 가능하게 함으로써 보육프로그램의 개선에 도움을 준다.

넷째, 보육시설에 대한 평가 결과를 통해 환경을 개선하고 시설을 효과적으로 운영하기 위한 기초 자료로 활용할 수 있다.

다섯째, 정기적이고 체계적인 평가 결과를 지역사회에 알림으로써 신뢰받는 보육기관으로서의 위상을 구축할 수 있다.

여섯째, 영유아 평가 결과는 부모와의 면담 자료로 활용할 수 있다.

일곱째, 문제가 있는 영유아를 전문가에게 의뢰할 때 문제 해결 방안의 기초 자료로 활용할 수 있다.

이처럼 보육평가 결과는 여러 측면에서 매우 유용하게 활용될 수 있으므로 보다 정기적이며 객관 타당한 평가 결과를 알기 위해 자체평가와 전문가나 평가담당자에 의한 외부평가도 지속적으로 병행 실시되어야 한다. 또한 양화된 점수에만 치우쳐 결과를 잘못 해석하는 경우도 있으므로 평가 결과 점수에만 집착할 것이 아니라 평가하는 과정에서 얻을 수 있는 이득을 고려하고, 해당 영역이나 항목에 대한 보다 구체적인 설명을 보완하여 기록함으로써 실제적인 개선에 참고할 유용한 자료를 얻을 수 있도록 해야 한다. 그리고 평가를 일회성 활용으로 그칠 것이 아니라 정기적, 지속적으로 실시하여 발전모습을 구체적으로 프로파일로 작성하여 보육시설의 연차적 또는 점진적 개선을 위한 참고 자료로 활용하는 것이 중요하다.

제12장 보육의 문제점과 과제

사회구성원들의 복지에 대한 개념이 변화되면서 영유아보육도 모든 영유아를 대상으로 하는 보편적인 아동복지 개념으로 변화하였다. 그동안 정부는 영유아들을 위한 보육사업에 많은 관심을 기울이면서 다양한 보육정책을 펼쳐 왔으며 보육사업 주관 부처는 여성가족부로 이관되었다.

그러나 우리나라의 영유아 보육정책은 아직 자리를 잡아 가는 과도기에 있다고 볼 수 있다. 이에 본 장에서는 현재 우리나라의 보육사업이 안고 있는 문제점과 향후 해결되어야 할 과제들을 고찰해 보고자 한다.

1. 보육시설에 대한 사회적 인식 제고

오늘날 유아교육에 대한 인식은 여러 각도에서 다양하게 인식되고 있는데, 주로 입시경쟁을 위한 학력 연마의 수단으로 여겨지고 있다. 우리나라처럼 철저하게 학력을 숭배하는 사회에서는 수단과 방법을 가리지 않고 입시경쟁의 유리한 고지를 쟁취하려 할 수밖에 없다. 이들에게 유아교육은 서둘러 입시경쟁의 대열에 서게 하고 선취점을 따게 하는 것이 목적이다. 이와 같은 시각에서 유아교육이란 조기 재능 개발이나 영재교육이며, 학교교육의 준비라는 개념을 가지게 되었다(이현섭 외, 1997).

이와 더불어 보육시설에 대해서도 잘못된 인식을 가지고 있다. 아직도 보육시설이 생활보호대상자나 저소득층 자녀를 보육하는 곳이며, 자녀가 보육시설에 맡겨질 경우 전인적인 발달에 부정적인 영향을 미칠지도 모른다는 편견이나, 자녀는 반드시 부모가 키워야 한다는 전통적인 자녀 양육관과 가족주의 가치관 등을 가지고 있어서 보육시설에 자녀를 보내는 것을 꺼리는 경우가 종종 있다. 이는 보육시설에 대한 잘못된 사회적 인식에서 비롯된 것이다. 이런 생각이나 편견은 과거 탁아에 대한 개념을 여전히 가지고 있거나, 보육시설이 유치원이나 기타 학원에 비해 질적으로 낮다고 생각하는 데서 기인한다. 중앙정부 차원에서의 보육시설에 대한 적극적인 홍보와 보육시설들의 지역사회에 대한 다양한 활동 등을 통해 사회적 인식을 제고시키는 방안을 모색해야 한다(조성연 외, 2004).

2. 전체 보육수요 충족률 미흡과 국 · 공립 보육시설의 확충

우리나라는 1995년부터 1997년 사이에 보육시설 확충 3개년 계획을 실행하면서 보육시설의 양적인 팽창이 이루어졌다. 그리하여 2004년 6월 말 현재 전체 보육시설 수는 25,319개로서 전체 영아(0~2세)의 14.4%와 유아(3~5세)의 33.7%가 보육시설을 이용하고 있다(여성가족부, 2005). 이는 전체 보육수요 충족률에 비하면 48.1%에 불과하다. 나머지 아동은 보육서비스에 대한 수요가 있음에도 불구하고 보육시설을 이용하지 못하고 있는 실정이다.

다음 〈표 12-1〉에서 보는 바와 같이 우리나라는 현재 정부의 재정지원을 받는 국 · 공립 보육시설이 부족하여 보육과 관련된 많은 역할을 민간보육시설에서 담당하고 있다. 특히, 이런 현상은 농촌지역에 비해 도시지역에서 더 심각하다. 2004년 6월 현재 전체 보육시설(25,319개소)에 대한 국 · 공립 보육시설(1,344개소)의 비율

〈표 12-1〉 보육시설 및 보육아동 현황

구분	계	국·공립	민간보육시설				직장 보육	가정 보육
			소계	법인	법인 외	개인		
시설수 (%)	25,319 (100)	1,344 (5.3)	14,145 (55.9)	1,651 (6.5)	813 (3.2)	11,681 (46.1)	234 (0.9)	9,596 (37.9)
아동수 (%)	898,533 (100)	106,485 (11.9)	671,362 (74.7)	142,717 (15.9)	39,655 (4.4)	488,990 (54.4)	11,113 (1.2)	109,573 (12.2)
종사자수 (%)	106,574 (100)	11,142 (10.5)	73,510 (69.0)	15,786 (14.8)	4,483 (4.2)	53,241 (50.0)	1,719 (1.6)	20,203 (19.0)

*보육통계(2004. 6).

은 5.3%에 불과하나, 전체 보육아동의 11.9%를 담당하고 있는 실정이다. 반면 민간과 가정보육시설은 전체 보육아동의 86.9%에 해당하는 영유아를 보육하고 있다.

스웨덴의 경우 국가가 보육을 책임지고 있기 때문에 여성의 70% 이상이 직장생활을 하면서 자녀를 양육할 수 있다. 현재 우리나라의 보육시설은 주로 민간보육시설 위주로 운영되고 있어서 부모들로 하여금 상당한 정도의 보육비용 지출을 유도하고 있다. 그러므로 현재 5.3%에 불과한 국·공립 보육시설에 대한 보육예산의 재정지원도 확대되어야 하고, 국가의 재정분담률을 향상시킬 수 있는 방안이 모색되어야 한다.

3. 보육프로그램의 질적 수준 향상과 보육정보 네트워크의 구축

우리나라 대부분의 보육프로그램은 교육부의 유아교육과정을 보육상황에 맞게 다소 변형하여 사용하는 경우가 많다. 그리하여 지역 특성이나 문화적 다양성 및 특정 이론을 적용한 보육프로그램을 찾아보기 어렵다. 여성가족부는 향후 중·장기적인 연구기간을 두고 선진 보육시설을 심도 있게 고찰하면서 우리 실정에 맞는 보육프로그램을 개발하여 실용화하는 방안을 구체적으로 마련해야 한다.

인터넷이 빠르게 발달하고 있는 현 상황에서 보육정보 네트워크의 형성은 다양한 직업유형을 가진 부모들에게 보육정보를 빠르고 정확하게 전달해 줄 수 있는 방법이다. 이를 위해 전국에 보육정보센터가 설치되어 있다. 보육정보센터는 보육에 관한 빠른 정보를 제공해 주고, 중앙 혹은 지방정부와 보육시설들 간의 네트워크를 형성해 주며, 일반인들에게 보육에 관한 정보를 쉽게 얻을 수 있도록 도움을 주는 역할을 한다. 그러나 현재 대부분의 보육정보센터는 실질적인 관리요원이 부족한 채로 시·군·구가 자체적으로 운영하고 있어 활발하게 이용되지 못하고 있다. 이를 활성화시키기 위해서는 중앙정부가 일정 수준의 예산을 확보하여 고정 급료를 받는 보육정보센터 내의 전문 직원 수를 늘려 관리하고 운영할 수 있는 체제정비가 요구된다.

보육교사를 위한 교수자료와 영유아를 위한 활동자료의 개발도 시급하다. 보육교사는 아동과의 여러 가지 활동에 사용할 교육프로그램이나 자료들을 만들 시간이 없으며, 또한 적합하게 상품화되어 나오는 자료도 많지 않으며, 있다 하더라도 색채와 견고성 등에서 우수한 제품은 경제적 부담 때문에 활용하기가 어려운 실정이다. 따라서 값싸고 우수한 학습자료 및 교구들을 전문 연구기관에서 개발하도록 해야 하며, 자료의 생산에 우수한 업체의 참여를 유도하기 위해 재정적 지원이나 조세감면 등의 혜택을 줄 수도 있어야 할 것이다(김의영, 2002).

4. 보육교사 양성체제와 재교육

현재 전문대학이나 4년제 대학의 보육과, 유아교육과, 아동복지 관련 전공 졸업자 중 보육 관련 교과목 12과목 이상, 35학점 이상 취득한 사람에게 보육교사 자격이 주어지고 있다. 그러나 이러한 정규 대학 교육과정과는 별도로 고졸 이상의 학력을 가진 자들도 영유아보육법이 정하는 교육훈련시설에서 1년에 1,000시간 이상이라는 단기간의 교육과정을 통해 보육교사가 될 수 있어서 보육교사를 양산하는 결과를 낳았다. 이들이 보육시설의 양적 팽창에 따른 보육 활성화에 상당 부분 기여한 것은 사실이다. 그러나 1년이라는 짧은 교육기간은 영유아의 발달과 교육을 이해하기에는 다소 불충분하며, 보육에 대한 철학이나 가치관 등을 이해하고 정립하는 데는 여타의 정규 대학 교육과정에 비해 매우 부족하다. 이런 문제는 영유아의 연령과 발달 단계에 적합한 양질의 보육프로그램을 제공하는 데 상당한 어려움을 지닐 수 있다.

또한 현재 실시하고 있는 보수교육도 상당부분 개선되어야 한다. 보수교육을 위한 교사재교육이 아니라 현장에 있는 교사들에게 진정으로 필요한 내용을 사전에 조사하여 계획을 세움으로써 교사들의 재교육에 대한 욕구를 충분히 채워 줄 수 있는 교사 재교육과정을 마련해야 한다. 보수교육 비용과 관련해서는 지방자치단체가 예산을 확보함으로써 전액 지원해 주는 방안을 마련해야 한다.

5. 보육교사의 처우 및 근무여건 개선

보육교사의 수준은 교육의 질과 관리에 문제를 초래하게 되므로 우수 보육교사의 확보와 처우 개선은 아주 중요하다. 현 실정에서 보육교사 등의 처우와 근무여건은 정부가 정해 둔 최저 임금수준을 밑도는 경우도 허다할 뿐만 아니라 보육시설 간의 보수수준 격차가 심각한 정도에 이르고 있어 보육교사의 사기 저하는 물론 교사 이동의 가장 큰 원인이 되고 있다.

보육교사의 근무시간 역시 대부분 법정 노동시간 이상으로 근무하고 있는 실정이므로 양질의 보육활동을 행하기 어려울 것으로 예상된다. 따라서 보육의 질적인 면과 보육교사의 처우를 고려하여 근무시간에 따른 보수의 각종 수당의 현실화 및 복지 향상 등이 이루어져야 한다.

보육시설의 재정 운영상태에 따라 보육교사의 인건비를 낮추거나, 이를 보육아동에게 부담지울 수 있고, 보육시설 자체의 운영비 부담을 가중시킬 수도 있다. 이는 결과적으로 보육프로그램, 취원 아동 등에 대한 지속적인 투자가 어려워 자칫 보육서비스의 질적 저하를 초래할 수 있다. 게다가 보육교사의 인건비 수준은 우수한 보육인력과 보육교사의 전문성 확보에 영향을 미쳐 우수한 경력교사의 지속적인 근무를 어렵게 한다.

질적인 보육서비스를 제공하는 데 가장 중요한 변인은 교사다. 보육사업의 유형에 관계없이 보육교사의 인건비 지원은 국가가 점차 늘려 나가야 하는 지원영역이다. 인건비에 대한 국가의 적극적 지원과 함께 보육교사의 직무에 대한 평가와 재교육 또한 강화하여 이들의 전문성을 높이고 이를 유지할 수 있어야 한다.

6. 보육에 대한 행정적 · 재정적 지원 확대

영유아보육에 대한 정부 및 지방의 재정적 지원 확대야말로 보육 발전의 관건이다. 적절한 시설과 설비, 교재 및 교구 그리고 영유아와 상호작용을 충분히 할 수 있는 학급규모 등은 보육의 질을 결정하고 영유아보육의 효과를 극대화할 수 있는 중요한 요인이 된다. 그러나 현실적으로는 열악한 재정으로 인한 시설 · 설비, 교재 · 교구의 부족과, 특히 보육교사의 낮은 임금으로 인한 사기 저하 등 많은 문제를 내포하고 있다.

영유아보육의 기회 확대와 균등화는 정부 및 지방의 적극적인 지원 없이는 불가능하다. 대부분의 보육 종사자들은 영유아보육의 발전을 저해하는 가장 큰 요인 중의 하나로 정부의 재정 지원이 열악함을 들고 있다. 따라서 민간보육시설의 경우에도 시설비는 설립자, 운영비는 수혜자 부담을 원칙으로 하되, 종사자 인건비 등을 정부나 지방자치단체에서 최대한 지원하는 방향으로 나아가야 한다.

보육서비스 전달체계로서 보육행정체계, 보육정책위원회, 보육정보센터의 기능이 미미한 상태다. 국 · 공립시설을 포함해 민간시설, 가정보육시설 등 시설 수는 많고 그 변동이 잦지만 보육행정인력의 부족 등으로 보육시설에 대한 효율적인 지도 및 감독에 한계가 있다. 또한 각 보육시설에서 운영위원회의 설치와 기능에 대한 법적 규정이 마련되어 있지만 실행과정에서 발생할 수 있는 문제점에 대한 사전 검토가 충분히 이루어지지 못해 위원회의 구성 및 그 역할에 대한 문제제기가 일고 있다.

현재 우리나라 지방자치단체의 재정자립도는 매우 낮은 편이다. 그중 사회복지사업비의 경우에는 재정자립도가 약한 지방자치단체의 부담률이 더욱 높다. 그리고 영유아보육법에 명시된 재원부담의 원칙은 일차적으로 개인에게 있고 이차적으로 국가에 있는 실정이다. 이러한 실정에서 지방자치단체들이 보육사업에 대한 관심을 많이 표명하고는 있으나, 아직까지는 관심으로만 그치고 있을 뿐 보육사업에 대한 구체적인 지원방향을 설정하지 못하고 있다.

이에 대해 정부와 지방자치단체가 보육예산과 확보를 위해 합리적이고 적극적인 지원방안이 모색되어야 할 것이다.

7. 통일 대비 유아교육체제 통합과제

북한의 탁아제도는 사회주의체제 유지에 기여하는 제도로서 탁아소는 사회복지시설이라기보다는 '공산주의적 인간형의 생산과 여성노동력 동원' 이라는 정치적, 경제적 목적을 달성하기 위한 세뇌교육 내지 집단교육의 장소라고 할 수 있다(한국여성개발원, 1992).

북한은 '어린이보육교양법' 에 의거하여 만 0~3세아는 탁아소에서 보육하고, 만 4~5세아는 유치원(4세아: 낮은 반, 5세아: 높은 반)에서 교육하되, 만 5세아는 1972년부터 의무교육으로 하고 있다. 또한 북한의 탁아소와 유치원은 일(日)탁아소 · 유치원, 주(週)탁아소 · 유치원 등으로 모두 종일제로 운영하고 있다(이현섭, 1994).

남북한은 40여 년간 서로 다른 정치체제로 인하여 모든 생활영역이 다르게 형성 · 발전되었으며, 서로의 실태에 대한 정보가 없으므로 앞으로 공동이해를 넓히고 상호 신뢰를 형성함으로써 남북한의 이질화를 극복하고 민족동질성을 회복해야 한다. 따라서 영유아의 사회화와 관련하여 북한의 대다수 아동을 보육하고 있는 탁아소에 대한 이해와 연구는 남북한의 이질성 극복과 통일을 대비한 유아교육체제 통합과제를 해소하는 데 기여하게 될 것이다.

부·록

부록 1 영유아보육법

제정	1991. 1.14 법률제4328호
전문개정	2004. 1.29 법률제7153호
개정	2004. 3.11 법률제7186호(정부조직법)
	2004.12.31 법률제7302호

제1장 총 칙

제1조(목적) 이 법은 영유아를 심신의 보호와 건전한 교육을 통하여 건강한 사회성원으로 육성함과 아울러 보호자의 경제적 · 사회적 활동을 원활하게 함으로써 가정복지 증진에 기여함을 목적으로 한다.

제2조(정의) 이 법에서 사용하는 용어의 정의는 다음과 같다.

1. '영유아'라 함은 6세 미만의 취학 전 아동을 말한다.
2. '보육'이라 함은 영유아를 건강하고 안전하게 보호 · 양육하고, 영유아의 발달특성에 적합한 교육을 제공하는 사회복지서비스를 말한다.
3. '보육시설'이라 함은 보호자의 위탁을 받아 영유아를 보육하는 시설을 말한다.

4. '보호자'라 함은 친권자, 후견인 그 밖의 자로서 영유아를 사실상 보호하고 있는 자를 말한다.
5. '보육시설 종사자'라 함은 보육시설에서 영유아의 보육, 건강관리 및 보호자와의 상담, 그 밖에 보육시설의 관리·운영 등의 업무를 담당하는 자로서 보육시설의 장 및 보육교사와 그 밖의 종사자를 말한다.

제3조(보육이념) ① 보육은 영유아의 이익을 최우선적으로 고려하여 제공되어야 한다.
② 보육은 영유아가 안전하고 쾌적한 환경에서 건강하게 성장할 수 있도록 하여야 한다.
③ 영유아는 자신 또는 보호자의 성·연령·종교·사회적 신분·재산·장애 및 출생지역 등에 따른 어떠한 종류의 차별도 받지 아니하고 보육되어야 한다.

제4조(책임) ① 모든 국민은 영유아를 건전하게 보육할 책임을 진다.
② 국가 및 지방자치단체는 보호자와 더불어 영유아를 건전하게 보육할 책임을 진다.
③ 시장·군수·구청장(자치구의 구청장에 한한다. 이하 같다.)은 영유아의 보육을 위한 적정한 보육시설을 확보하여야 한다.

제5조(보육정책조정위원회) ① 보육정책에 관한 관계부처 간의 의견을 조정하기 위하여 국무총리 소속하에 보육정책조정위원회(이하 '보육정책조정위원회'라 한다.)를 둔다.
② 보육정책조정위원회는 다음 각호의 사항을 심의·조정한다.
1. 보육정책의 기본 방향에 관한 사항
2. 보육 관련 제도 개선과 예산 지원에 관한 사항
3. 보육에 관한 관계부처 간 협조사항
4. 그 밖에 위원장이 부의하는 사항

③ 보육정책조정위원회는 위원장을 포함한 12인 이내의 위원으로 구성하되, 위원장은 국무조정실장이 되고 위원은 다음 각호의 자가 된다.
1. 교육인적자원부차관, 보건복지부차관, 노동부차관, 여성가족부차관 및 기획예산처차관
2. 제1호의 위원이 추천하여 위원장이 위촉하는 보육계, 유아교육계, 여성계, 사회복지계, 시민단체 및 보호자를 대표하는 자 각 1인

④ 보육정책조정위원회의 구성 및 운영 등에 관하여 필요한 사항은 대통령령으로 정한다.

제6조(보육정책위원회) ① 보육에 관한 각종 정책·사업·보육지도 및 시설평가사항 등을 심의하기 위하여 여성가족부에 중앙보육정책위원회를, 특별시·광역시·도(이하 '시·도'라 한다.) 및 시·군·구(자치구에 한한다. 이하 같다.)에 지방보육정책위원회를 둔다. 다만, 지방보육정책위원회는 그 기능을 담당하기에 적합한 다른 위원회가 있고 그 위원회의 위원이 제2항의 규정에 의한 자격을 갖춘 경우에는 시·도 또는 시·군·구의 조례가 정하는 바에 따라 그 위원회가 지방보육정책위원회의 기능을 대신할 수 있다.

② 제1항의 규정에 의한 중앙 및 지방보육정책위원회(이하 '보육정책위원회'라 한다.)의 위원은 보육전문가, 보육시설의 장 및 보육교사 대표, 보호자 대표 또는 공익을 대표하는 자, 관계공무원 등으로 구성한다.

③ 보육정책위원회의 구성 · 기능 및 운영 등에 관하여 필요한 사항은 대통령령으로 정한다.

제7조(보육정보센터) ① 보육에 관한 정보의 수집, 제공 및 상담을 위하여 여성가족부장관은 중앙보육정보센터를, 특별시장 · 광역시장 · 도지사(이하 '시 · 도지사'라 한다.) 및 시장 · 군수 · 구청장은 지방보육정보센터를 설치 · 운영하여야 한다. 이 경우 필요하다고 인정하는 경우에는 영아, 장애아보육 등에 관한 보육정보센터를 별도로 설치 · 운영할 수 있다.

② 제1항의 규정에 의한 중앙보육정보센터 및 지방보육정보센터에는 보육정보센터의 장과 보육에 관한 정보제공 및 상담업무 등을 담당하는 보육전문요원 등을 둔다.

③ 여성가족부장관, 시 · 도지사 및 시장 · 군수 · 구청장은 보육정보센터를 보육 관련 법인 · 단체 등에 위탁하여 운영할 수 있다.

④ 보육정보센터의 설치 · 운영 및 기능, 보육정보센터의 장과 보육전문요원의 자격 및 직무, 보육정보센터의 위탁 및 위탁의 취소 등에 관하여 필요한 사항은 대통령령으로 정한다.

제8조(보육개발원) ① 여성가족부장관은 보육에 관한 연구와 정보 제공, 프로그램 및 교재 개발, 평가척도 개발 및 종사자 연수 등의 업무를 위하여 보육개발원을 설치하거나 당해 업무를 관련 연구기관 등에 위탁할 수 있다.

② 제1항의 규정에 의한 보육개발원의 설치 · 운영 및 위탁 등에 관하여 필요한 사항은 대통령령으로 정한다.

제9조(보육실태조사) ① 여성가족부장관은 이 법의 적절한 시행을 위하여 보육실태조사를 5년마다 실시하여야 한다.

② 제1항의 규정에 의한 보육실태조사의 방법과 내용 등에 관하여 필요한 사항은 여성가족부령으로 정한다.

제2장 보육시설의 설치

제10조(보육시설의 종류) 보육시설의 종류는 다음 각호와 같다.

1. 국 · 공립 보육시설: 국가 또는 지방자치단체가 설치 · 운영하는 시설
2. 법인보육시설: 사회복지사업법에 의한 사회복지법인(이하 '법인'이라 한다.)이 설치 · 운영하는 시설
3. 직장보육시설: 사업주가 사업장의 근로자를 위하여 설치 · 운영하는 시설(국가 또는 지방

자치단체의 장이 소속 공무원을 위하여 설치 · 운영하는 시설을 포함한다.)

4. 가정보육시설: 개인이 가정 또는 그에 준하는 곳에 설치 · 운영하는 시설

5. 부모협동 보육시설: 보호자들이 조합을 결성하여 설치 · 운영하는 시설

6. 민간보육시설: 제1호 내지 제5호에 해당하지 아니하는 보육시설

제11조(보육계획의 수립 및 시행) ① 여성가족부장관, 시 · 도지사 및 시장 · 군수 · 구청장은 보육사업의 원활한 추진을 위하여 여성가족부장관의 경우에는 중앙보육정책위원회, 그 밖의 경우에는 각 지방보육정책위원회의 심의를 거쳐 보육시설 수급계획 등을 포함한 보육계획을 수립 · 시행하여야 한다.

② 여성가족부장관, 시 · 도지사 및 시장 · 군수 · 구청장은 제1항의 규정에 의한 보육계획의 수립 · 시행을 위하여 필요한 경우에는 보육시설, 보육 관련 법인 및 단체 등에 대하여 자료제공 등의 협조를 요청할 수 있으며, 그 요청을 받은 보육시설 · 보육 관련 법인 및 단체 등은 정당한 사유가 없는 한 이에 응하여야 한다.

③ 제1항의 규정에 의한 보육계획의 내용 · 수립시기 및 절차 등에 관하여 필요한 사항은 대통령령으로 정한다.

제12조(국 · 공립 보육시설의 설치 등) 국가 또는 지방자치단체는 국 · 공립 보육시설을 설치 · 운영하여야 한다. 이 경우 국 · 공립 보육시설은 제11조의 규정에 의한 보육계획에 따라 도시 저소득주민 밀집주거 지역 및 농어촌 지역 등 취약 지역에 우선적으로 설치하여야 한다.

제13조(국 · 공립 보육시설 외의 보육시설의 설치) ① 국 · 공립 보육시설 외의 보육시설을 설치 · 운영하고자 하는 자는 시장 · 군수 · 구청장의 인가를 받아야 한다. 인가한 사항 중 중요한 사항을 변경하는 때에도 또한 같다.

② 제1항의 규정에 의한 인가에 관하여 필요한 사항은 여성가족부령으로 정한다.

제14조(직장보육시설의 설치 등) ① 대통령령이 정하는 일정규모 이상의 사업장의 사업주는 직장보육시설을 설치하여야 한다. 다만, 사업장의 사업주가 직장보육시설을 단독으로 설치할 수 없을 때에는 사업주 공동으로 직장보육시설을 설치 · 운영하거나, 지역의 보육시설과 위탁계약을 체결하여 근로자 자녀의 보육을 지원하거나 또는 근로자에게 보육수당을 지급하여야 한다.

② 제1항의 규정에 의한 보육시설의 설치 · 위탁계약 및 보육수당의 지급에 관하여 필요한 사항은 여성가족부령으로 정한다.

제15조(보육시설 설치기준) 보육시설을 설치 · 운영하고자 하는 자는 여성가족부령이 정하는 설치기준을 갖추어야 한다.

제16조(결격사유) 다음 각호의 1에 해당하는 자는 보육시설을 설치 · 운영할 수 없다.

1. 미성년자 · 금치산자 또는 한정치산자

2. 정신질환자
3. 마약 · 대마 또는 향정신성 의약품중독자
4. 파산자로서 복권되지 아니한 자
5. 금고 이상의 실형을 선고받고 그 집행이 종료(집행이 종료된 것으로 보는 경우를 포함한다.) 되거나 집행이 면제된 날부터 3년이 경과하지 아니한 자
6. 금고 이상의 형의 집행유예 선고를 받고 그 유예기간 중에 있는 자
7. 제45조의 규정에 의하여 보육시설의 폐쇄명령을 받고 1년이 경과되지 아니한 자

제3장 보육시설 종사자

제17조(보육시설 종사자의 배치) ① 보육시설에는 보육시설 종사자를 두어야 한다.

② 제1항의 규정에 의한 보육시설 종사자의 배치기준 등에 관하여 필요한 사항은 여성가족부령으로 정한다.

제18조(보육시설 종사자의 직무) ① 보육시설의 장은 보육시설을 통할하고 보육교사 그 밖의 종사자를 지도 · 감독하며, 영유아를 보육한다.

② 보육교사는 영유아를 보육하고 보육시설의 장이 불가피한 사유로 직무를 수행할 수 없을 때에는 그 직무를 대행한다.

제19조(보육시설 종사자의 임면 등) ① 시장 · 군수 또는 구청장은 보육시설 종사자의 권익보장과 근로여건 개선을 위하여 보육시설 종사자의 임면 및 경력 등에 관한 사항을 관리하여야 한다.

② 보육시설의 장은 여성가족부령이 정하는 바에 의하며, 보육시설 종사자의 임면에 관한 사항을 시장 · 군수 · 구청장에게 보고하여야 한다.

제20조(결격사유) 다음 각호의 1에 해당하는 자는 보육시설에 근무할 수 없다.

1. 제16조 각호의 1에 해당하는 자
2. 제46조 및 제47조의 규정에 의하여 업무가 정지되거나 자격이 정지 중인 자
3. 제48조의 규정에 의하여 자격이 취소된 후 1년이 경과되지 아니한 자

제21조(보육시설의 장 및 보육교사의 자격) ① 보육시설의 장의 자격은 대통령령으로 정한다.

② 보육교사는 다음 각호의 1에 해당하는 자로서 여성가족부장관이 검정 · 수여하는 자격증을 받은 자이어야 한다.

1. 대학(전문대학을 포함한다.) 또는 이와 동등 이상의 학교에서 여성가족부령이 정하는 보육 관련 교과목 및 학점을 이수하고 졸업한 자

2. 고등학교 또는 이와 동등 이상의 학교를 졸업한 자로서 여성가족부령이 정하는 교육훈련 시설에서 소정의 교육과정을 이수한 자

③ 제2항의 규정에 의한 보육교사의 등급은 1 · 2 · 3급으로 하고, 등급별 자격기준은 대통령령으로 정한다.

제22조(보육교사 자격증의 교부 등) ① 여성가족부장관은 제21조 제2항의 규정에 의하여 자격을 검정하고 자격증을 교부하여야 한다.

② 여성가족부장관은 제1항에 의한 보육교사의 자격증을 교부 또는 재교부받고자 하는 자에게 여성가족부령이 정하는 바에 의하여 수수료를 납부하게 할 수 있다.

③ 제1항의 규정에 의한 자격의 검정 및 자격증 교부 등에 관하여 필요한 사항은 여성가족부령으로 정한다.

제23조(보수교육) ① 여성가족부장관은 보육시설 종사자의 자질 향상을 위한 보수교육을 실시하여야 한다.

② 보수교육은 직무교육과 승급교육으로 구분한다.

③ 여성가족부장관은 제1항의 규정에 의한 보수교육을 대학(전문대학을 포함한다.) 또는 여성가족부령이 정하는 전문기관에 위탁하여 실시할 수 있다.

④ 제1항의 규정에 의한 보수교육의 기간 · 방법 · 내용, 보수교육 실시기관의 위탁 및 위탁의 취소 등에 관하여 필요한 사항은 여성가족부령으로 정한다.

제4장 보육시설의 운영

제24조(보육시설의 운영기준 등) ① 보육시설을 설치 · 운영하는 자는 여성가족부령이 정하는 운영기준에 따라 보육시설을 운영하여야 한다.

② 국가 또는 지방자치단체는 제12조의 규정에 의하여 설치된 국 · 공립 보육시설을 법인 · 단체 또는 개인에게 위탁하여 운영할 수 있다. 이 경우 최초 위탁은 공개경쟁의 방법에 의한다.

③ 제14조의 규정에 의하여 직장보육시설을 설치한 사업주는 이를 법인 · 단체 또는 개인에게 위탁하여 운영할 수 있다.

④ 제2항 및 제3항의 규정에 의한 보육시설 위탁 등에 관하여 필요한 사항은 여성가족부령으로 정한다.

제25조(보육시설운영위원회) ① 보육시설의 장은 보육시설 운영의 자율성을 높이고 지역사회와의 연계를 강화하여 지역실정과 특성에 맞는 보육을 실시할 수 있도록 하기 위하여 보육시

설에 보육시설운영위원회를 설치 · 운영할 수 있다.

② 보육시설운영위원회는 당해 보육시설 종사자 · 보호자 대표 및 지역사회 인사 등으로 구성한다.

③ 보육시설운영위원회의 운영에 관하여 필요한 사항은 여성가족부령으로 정한다.

제26조(취약보육의 우선 실시 등) ① 국가 또는 지방자치단체와 사회복지법인, 그 밖의 비영리법인이 설치한 보육시설과 대통령령이 정하는 보육시설의 장은 영아 · 장애아 등에 대한 보육(이하 '취약보육' 이라 한다.)을 우선적으로 실시하여야 한다.

② 여성가족부장관, 시 · 도지사 및 시장 · 군수 · 구청장은 취약보육을 활성화하는 데 필요한 각종 시책을 수립 · 시행하여야 한다.

③ 취약보육의 종류 및 실시 등에 관하여 필요한 사항은 여성가족부령으로 정한다.

제27조(보육시설 이용대상) 보육시설 이용대상은 보육이 필요한 영유아를 원칙으로 한다. 다만, 필요한 경우 보육시설의 장은 만 12세까지 연장하여 보육할 수 있다.

제28조(보육의 우선 제공) ① 국가 또는 지방자치단체와 사회복지법인, 그 밖의 비영리법인이 설치한 보육시설과 대통령령이 정하는 보육시설의 장은 국민기초생활보장법에 의한 수급자와 여성가족부령이 정하는 저소득층의 자녀가 우선적으로 보육시설을 이용할 수 있도록 하여야 한다. 다만, 고용정책기본법 제21조 제2항의 규정에 의하여 고용촉진시설의 설치 · 운영을 위임 또는 위탁받은 지방자치단체의 장, 공공단체 또는 비영리법인이 설치 · 운영하는 시설의 장은 근로자의 자녀가 우선적으로 보육시설을 이용하게 할 수 있다.

② 사업주는 사업장 근로자의 자녀가 우선적으로 직장보육시설을 이용할 수 있도록 하여야 한다.

제29조(보육과정) ① 보육과정은 영유아의 신체 · 정서 · 언어 · 사회성 및 인지적 발달을 도모할 수 있는 내용을 포함하여야 한다.

② 여성가족부장관은 표준보육과정을 개발 · 보급하여야 하며, 필요 시 그 내용을 검토하여 수정 · 보완하여야 한다.

③ 보육시설의 장은 제2항의 규정에 의한 표준보육과정에 따라 영유아를 보육하도록 노력하여야 한다.

④ 제1학의 규정에 의한 보육과정의 구체적인 내용은 여성가족부령으로 정한다.

제29조의 2(보육시설 생활기록) 보육시설의 장은 영유아의 발달 등을 종합적으로 관찰 · 평가하여 영유아 생활지도 및 초등학교 교육과의 연계지도에 활용할 수 있도록 하기 위하여 여성가족부장관이 정하는 기준에 따라 생활기록부를 작성 · 관리하여야 한다.

제30조(보육시설 평가인증) ① 여성가족부장관은 보육서비스의 질적 수준 향상을 위하여 보육시설에 대한 평가인증을 실시할 수 있다.

② 여성가족부장관은 제1항의 규정에 의한 보육시설 평가인증에 관한 업무를 공공 또는 민간기관 · 단체 등에 위탁하여 실시할 수 있다.

③ 보육시설 평가인증의 실시 등에 관하여 필요한 사항은 여성가족부령으로 정한다.

④ 여성가족부장관은 제1항의 규정에 의한 평가인증을 받고자 하는 보육시설 설치 · 운영자에게 여성가족부령이 정하는 바에 따라 평가인증에 필요한 비용을 납부하게 할 수 있다.

⑤ 여성가족부장관은 제1항의 규정에 의한 평가인증의 결과에 따라 보육사업 실시에 필요한 지원을 할 수 있다.

제5장 건강 · 영양 및 안전

제31조(건강관리 및 응급조치) ① 보육시설의 장은 영유아와 보육시설 종사자에 대하여 정기적으로 건강진단을 실시하는 등 건강관리를 하여야 한다.

② 보육시설의 장은 영유아에게 질병 · 사고 또는 재해 등으로 인하여 위급상태가 발생한 경우 즉시 응급의료기관에 이송하여야 한다.

③ 제1항의 규정에 의한 건강진단 등에 관하여 필요한 사항은 여성가족부령으로 정한다.

제32조(치료 및 예방조치) ① 보육시설의 장은 제31조의 규정에 의한 건강진단 결과 질병에 감염되었거나 감염될 우려가 있는 영유아에 대하여 그 보호자와 협의하여 질병의 치료 및 예방에 필요한 조치를 하여야 한다.

② 보육시설의 장은 제1항의 조치를 위하여 필요한 때에는 지역보건법 제7조 및 제10조의 규정에 의한 보건소 및 보건지소 그리고 의료법 제3조의 규정에 의한 의료기관에 협조를 구할 수 있다.

③ 제2항의 규정에 의하여 협조를 요청받은 보건소 · 보건지소 및 의료기관의 장은 적절한 조치를 취하여야 한다.

제33조(급식관리) 보육시설의 장은 영유아에게 여성가족부령이 정하는 바에 의하여 균형 있고 위생적이며, 안전한 급식을 하여야 한다.

제6장 비 용

제34조(비용의 부담) ① 국가 또는 지방자치단체는 국민기초생활보장법에 의한 수급자와 여성가족부령이 정하는 일정 소득 이하 가구의 자녀 등의 보육에 필요한 비용의 전부 또는 일부

를 부담하여야 한다.

② 제1항의 규정에 의한 보육에 필요한 비용은 가구의 소득수준 · 거주지역 등을 고려하여 차등 지원할 수 있다.

제35조(무상보육의 특례) ① 초등학교 취학 직전 1년의 유아 및 장애아에 대한 보육은 무상으로 하되, 대통령령이 정하는 바에 의하여 순차적으로 실시한다.

② 제1항의 규정에 의한 무상보육 실시에 드는 비용은 대통령령이 정하는 바에 의하여 국가 및 지방자치단체가 부담 또는 보조하여야 한다.

③ 제12조 후단의 규정에 불구하고 국가 및 지방자치단체는 제1항의 규정에 의한 무상보육을 받고자 하는 유아 및 장애아를 보육하기 위하여 필요한 보육시설을 설치 · 운영하여야 한다.

제36조(비용의 보조 등) ① 국가 또는 지방자치단체는 대통령령이 정하는 바에 의하여 제10조의 규정에 의한 보육시설의 설치, 보육교사의 인건비, 초과보육 운영경비 등 운영에 소요되는 경비, 보육정보센터의 설치 · 운영, 보육시설 종사자의 복지 증진, 취약보육의 실시 등 보육사업에 소요되는 비용의 전부 또는 일부를 보조한다.

제37조(사업주의 비용부담) 제14조의 규정에 의하여 보육시설을 설치한 사업주는 대통령령이 정하는 바에 의하여 그 보육시설의 운영 및 보육에 필요한 비용의 전부 또는 일부를 부담하여야 한다.

제38조(보육료 등의 수납) 제12조 내지 제14조의 규정에 의하여 보육시설을 설치 · 운영하는 자는 당해 보육시설의 소재지를 관할하는 시 · 도지사가 정하는 범위 안에서 그 시설을 이용하는 자로부터 보육료, 그 밖의 필요경비 등을 수납할 수 있다. 다만, 시 · 도지사는 필요시 보육시설 유형과 지역적 여건을 고려하여 그 기준을 다르게 정할 수 있다.

제39조(세제지원) ① 제14조 및 제37조의 규정에 의하여 사업주가 직장보육시설을 설치 · 운영하거나 보육수당 지급에 소요되는 비용과 보호자가 영유아의 보육을 위하여 지출한 보육료, 그 밖의 보육에 소요되는 비용에 관하여는 조세특례제한법이 정하는 바에 의하여 조세를 감면한다.

② 제10조 제3호의 직장보육시설을 제외한 보육시설의 운영비에 대하여도 조세특례제한법이 정하는 바에 의하여 조세를 감면한다.

제40조(비용 및 보조금의 반환명령) 국가 또는 지방자치단체는 보육시설의 설치 · 운영자, 보육정보센터의 장, 교육훈련 위탁실시자 등이 다음 각호의 1에 해당하는 때에는 이미 교부한 비용 및 보조금의 전부 또는 일부의 반환을 명할 수 있다.

1. 시설 운영이 정지 · 폐쇄 또는 취소된 때
2. 사업의 목적 이외에 보조금을 사용한 때

3. 허위, 그 밖의 부정한 방법으로 보조금의 교부를 받은 때
4. 이 법 또는 이 법에 의한 명령에 위반한 때

제7장 지도 및 감독

제41조(지도와 명령) 여성가족부장관, 시 · 도지사 및 시장 · 군수 · 구청장은 보육사업의 원활한 수행을 위하여 보육시설 설치 · 운영자 및 보육시설 종사자에 대하여 필요한 지도와 명령을 할 수 있다.

제42조(보고와 검사) ① 여성가족부장관, 시 · 도지사 또는 시장 · 군수 · 구청장은 보육시설을 설치 · 운영하는 자로 하여금 당해 시설에 관하여 필요한 보고를 하게 하거나, 관계공무원으로 하여금 당해 시설의 운영상황을 조사하게 하거나, 장부 및 그 밖의 서류를 검사하게 할 수 있다.

② 제1항의 규정에 의하여 관계공무원이 그 직무를 행하는 때에는 그 권한을 표시하는 증표를 지니고, 이를 관계인에게 내보여야 한다.

제43조(보육시설의 폐지 · 휴지 및 재개 등의 신고) ① 제13조 제1항의 규정에 의하여 인가된 보육시설을 폐지 또는 휴지하거나 그 운영을 재개하고자 하는 자는 여성가족부령이 정하는 바에 의하여 미리 시장 · 군수 · 구청장에게 신고하여야 한다.

② 보육시설의 장은 보육시설이 폐지 또는 휴지되는 경우에는 여성가족부령이 정하는 바에 의하여 당해 보육시설에 보육 중인 영유아를 다른 보육시설로 전원조치하는 등 영유아의 권익을 보호하기 위한 조치를 취하여야 한다.

제44조(시정 또는 변경명령) ① 여성가족부장관, 시 · 도지사 또는 시장 · 군수 · 구청장은 보육시설이 다음 각호의 1에 해당하는 때에는 보육시설의 장 또는 그 설치 · 운영자에게 기간을 정하여 그 시정 또는 변경을 명할 수 있다.

1. 제13조 제1항의 규정에 의한 변경인가를 받지 아니하고 보육시설을 운영하는 경우
2. 제15조의 규정에 의한 보육시설의 설치기준을 위반한 경우
3. 제17조의 규정에 의한 보육시설 종사자의 배치기준을 위반한 경우
4. 제24조 제1항의 규정에 의한 보육시설의 운영기준을 위반한 경우
5. 제38조의 규정에 의한 보육료 등의 수납한도액을 초과하여 수납한 경우
6. 제42조의 규정에 의한 보고를 하지 아니하거나 거짓으로 보고한 경우 또는 조사 · 검사를 거부하거나 기피한 경우
7. 제43조 제1항의 규정에 의한 신고를 하지 아니하고 보육시설을 폐지 또는 휴지하거나 그

운영을 재개한 경우

8. 그 밖에 이 법 또는 이 법에 의한 명령을 위반한 경우

제45조(보육시설의 폐쇄 등) ① 여성가족부장관, 시·도지사 및 시장·군수·구청장은 보육시설을 설치·운영하는 자가 다음 각호의 1에 해당하는 때에는 1년 이내의 시설운영 정지를 명하거나 시설의 폐쇄를 명할 수 있다.

1. 제36조의 규정에 의하여 비용을 보조받은 자가 사실을 허위로 보고하여 보조를 받았거나 보조금을 유용하였을 경우
2. 제40조의 (2~4호)의 규정에 의한 비용 또는 보조금의 반환명령을 받고 이를 반환하지 아니한 경우
3. 제44조의 규정에 의한 시정 또는 변경명령을 위반한 경우

② 제1항의 규정에 의한 행정처분의 세부기준은 여성가족부령으로 정한다.

제46조(보육시설의 장의 업무정지) 여성가족부장관은 보육시설의 장이 다음 각호의 1에 해당하는 때에는 1년의 범위 내에서 여성가족부령이 정하는 바에 의하여 보육시설의 장으로서의 업무를 정지시킬 수 있다.

1. 보육시설의 장이 업무수행 중 고의 또는 중대한 과실로 손해를 가한 경우
2. 보육교사·간호사 또는 영양사 등 당해 업무수행에 필요한 자격이 없는 자를 채용하여 해당업무를 수행하게 한 경우
3. 제23조의 규정에 의한 보수교육을 연속하여 3회 이상 받지 아니한 경우

제47조(보육교사의 자격정지) 여성가족부장관은 보육교사가 다음 각호의 1에 해당하는 때에는 1년 이내의 범위 내에서 여성가족부령이 정하는 바에 의하여 그 자격을 정지시킬 수 있다.

1. 보육교사의 업무수행 중 당해 자격과 관련하여 고의 또는 중대한 과실로 손해를 가한 경우
2. 보수교육을 연속하여 3회 이상 받지 아니한 경우

제48조(보육교사의 자격취소) 여성가족부장관은 보육교사가 다음 각호의 1에 해당하는 때에는 그 자격을 취소할 수 있다.

1. 허위 또는 그 밖의 부정한 방법으로 자격증을 취득한 경우
2. 자격취득자가 업무수행 중 당해 자격과 관련하여 고의 또는 중대한 과실로 손해를 가하고 금고 이상의 형의 선고를 받은 경우
3. 아동복지법 제29조의 금지행위를 위반하여 동법 제40조의 규정에 의한 처벌을 받은 경우
4. 타인에게 자신의 자격증을 대여한 경우
5. 자격정지처분기간 종료 후 3년 이내에 자격정지처분에 해당하는 행위를 한 경우
6. 자격정지처분을 받고도 동 기간 이내에 자격증을 사용하여 자격 관련 업무를 행한 경우
7. 자격정지처분을 3회 이상 받은 경우

제49조(청문) 여성가족부장관, 시 · 도지사 및 시장 · 군수 · 구청장은 제45조 내지 제48조의 규정에 의한 행정처분을 하고자 하는 경우에는 청문을 실시하여야 한다. 다만, 청문대상자가 정당한 사유 없이 이에 응하지 아니하거나 청문이 사실상 불가능한 경우에는 그러하지 아니하다.

제8장 보 칙

제50조(경력의 인정) ① 보육시설에 근무하는 자 중 유아교육법에 의한 유치원 교원의 자격을 가진 자에 대하여는 동 시설에서의 근무경력을 유아교육법에 의한 교육경력으로 인정한다.

② 유치원(유아교육법 제2조 제6호의 규정에 의한 종일제 수업과정을 운영하고 있는 유치원에 한한다.)에 근무하는 자 중 이 법에 의한 보육교사의 자격을 가진 자에 대하여는 동 시설에서의 근무경력을 이 법에 의한 보육경력으로 인정한다.

제51조(권한의 위임 및 위탁) ① 이 법에 의한 여성가족부장관 또는 시 · 도지사는 이 법에 의한 권한의 일부를 대통령령이 정하는 바에 의하여 시 · 도지사 또는 시장 · 군수 · 구청장에게 위임할 수 있다.

② 여성가족부장관은 이 법에 의한 업무의 일부를 대통령령이 정하는 바에 의하여 법인 또는 단체에게 위탁할 수 있다.

제52조(도서 · 벽지 · 농어촌 지역 등의 보육시설) ① 시장 · 군수 · 구청장은 도서 · 벽지 · 농어촌지역 등에 있는 보육시설로서 제15조의 규정에 따른 보육시설의 설치기준 및 제17조 제2항의 규정에 따른 보육시설 종사자의 배치기준을 적용하기 어렵다고 인정하는 경우에는 제6조의 규정에 따른 지방보육정책위원회의 심의를 거쳐 관할 시 · 도지사의 승인을 얻어 이를 달리 적용할 수 있다.〈개정 2004. 12. 31〉

② 제1항의 규정에 따른 도서 · 벽지 · 농어촌 지역 등의 구체적인 범위, 보육시설의 설치기준 및 보육시설 종사자의 배치기준은 여성가족부령으로 정한다.〈개정 2004. 12. 31〉

제53조(보육시설연합회) ① 보육사업의 원활한 추진과 보육시설의 균형적인 발전, 보육시설간의 정보교류 및 상호협조 증진을 위하여 보육시설연합회(이하 '연합회'라 한다.)를 설립할 수 있다.

② 연합회의 조직 · 운영 및 기능 등에 관하여 필요한 사항은 여성가족부령으로 정한다.

제9장 벌 칙

제54조(벌칙) ① 제36조의 규정에 따라 비용을 보조받은 자가 사실을 허위로 보고하여 보조를 받았거나 보조금을 유용하였을 경우 3년 이하의 징역 또는 1천만 원 이하의 벌금에 처한다.

② 다음 각호의 1에 해당하는 자는 1년 이하의 징역 또는 500만 원 이하의 벌금에 처한다.

1. 제13조 제1항의 규정에 의한 설치인가를 받지 아니하고 보육시설의 명칭을 사용하거나 사실상 보육시설의 형태로 운영한 자
2. 제45조 제1항의 규정에 의한 정지명령 또는 시설의 폐쇄명령을 위반하여 사업을 계속한 자

제55조(양벌규정) 법인의 대표자나 법인 또는 개인의 대리인 · 사용인 그 밖의 종사자가 그 법인 또는 개인의 업무에 관하여 제54조의 위반행위를 한 때에는 그 행위자를 벌하는 외에 그 법인 또는 개인에 대하여도 동조의 벌금을 과한다.

제56조(과태료) ① 제43조 제1항의 규정에 의한 신고를 하지 아니하고 보육시설을 폐지 또는 휴지하거나 그 운영을 재개한 자는 500만 원 이하의 과태료에 처한다.

② 다음 각호의 1에 해당하는 자는 300만 원 이하의 과태료에 처한다.

1. 제26조 제1항의 규정에 의한 취약보육을 우선적으로 실시하지 아니한 자
2. 제28조의 규정에 의한 국민기초생활보장법의 수급자와 저소득층의 자녀를 우선적으로 보육하지 아니한 자
3. 제31조의 규정에 의한 건강진단 실시 또는 응급조치 등을 이행하지 아니한 자

③ 제1항 및 제2항의 규정에 의한 과태료는 대통령령이 정하는 바에 따라 여성가족부장관, 시 · 도지사 또는 시장 · 군수 · 구청장(이하 '부과권자'라 한다.)이 부과 · 징수한다.

④ 제3항의 규정에 의한 과태료처분에 불복이 있는 자는 그 처분의 고지를 받은 날부터 30일 이내에 부과권자에게 이의를 제기할 수 있다.

⑤ 제3항의 규정에 의한 과태료처분을 받은 자가 제4항의 규정에 의한 이의를 제기한 때에는 부과권자는 지체 없이 관할법원에 그 사실을 통보하여야 하며, 그 통보를 받은 관할법원은 비송사건절차법에 의한 과태료의 재판을 한다.

⑥ 제4항의 규정에 의한 기간 이내에 이의를 제기하지 아니하고 과태료를 납부하지 아니한 때에는 국세체납처분 또는 지방세체납처분의 예에 의하여 이를 징수한다.

부 칙〈2004. 1. 29〉

제1조(시행일) 이 법은 공포 후 1년이 경과한 날부터 시행한다.

제2조(보육정보센터 및 보육지도원에 관한 경과조치) 이 법 시행 당시 종전의 규정에 의한 보육정보센터 및 보육지도원은 각각 이 법에 의한 보육정보센터 및 보육전문요원으로 본다.

제3조(보육교사 등에 관한 경과조치) ① 이 법 시행 당시 종전의 규정에 의한 보육시설의 장 및 보육교사의 자격은 이 법에 의한 자격으로 인정한다.

② 제1항의 규정에 의하여 보육교사의 자격을 인정받은 자 및 이 법 시행 당시 종전의 제9조 제2항 제1호의 규정에 의한 학과를 전공 중인 자는 그 학과를 졸업했을 경우와 제9조 제2항 제2호의 규정에 의한 교육과정을 이수 중인 자는 그 과정을 수료했을 경우에 이 법에 의한 자격을 인정한다.

③ 제1항 또는 제2항의 규정에 의하여 자격을 인정받은 자에게는 제22조의 규정에 의한 자격증을 교부할 수 있다.

제4조(보육시설에 관한 경과조치) 이 법 시행 당시 종전의 규정에 의하여 신고한 보육시설은 이 법에 의하여 인가를 받은 것으로 본다.

제5조(보육시설연합회에 관한 경과조치) 이 법 시행 당시 종전의 규정에 의한 보육시설연합회는 이 법에 의한 보육시설연합회로 본다.

제6조(행정처분 등에 관한 경과조치) 이 법 시행 당시 종전의 규정에 의하여 행정기관 등이 행한 명령, 그 밖의 행위 또는 각종 신고, 그 밖의 행정기관 등에 대한 행위는 이 법에 의한 행정기관 등의 행위 또는 행정기관 등에 대한 행위로 본다.

제7조(벌칙에 관한 경과조치) 이 법 시행 전의 행위에 대한 벌칙의 적용에 있어서는 종전의 규정에 의한다.

제8조(다른 법률과의 관계) 이 법 시행 당시 다른 법령에서 종전의 영유아보육법의 규정을 인용한 경우에는 이 법 중 그에 해당하는 규정이 있는 때에는 종전의 규정에 갈음하여 이 법의 해당 조항을 인용한 것으로 본다.

부 칙〈2004.12.31〉

이 법은 2005년 1월 30일부터 시행한다.

부록 2 영유아보육법 시행령

제 정 1991. 8. 1 대통령령 제13444호

전문개정 2005. 1.29 대통령령 제18691호

제1조(목적) 이 영은 영유아보육법에서 위임된 사항과 그 시행에 관하여 필요한 사항을 규정함을 목적으로 한다.

제2조(보육정책조정위원회 위원의 임기) 영유아보육법(이하 '법'이라 한다.) 제5조 제1항의 규정에 의하여 국무총리 소속하에 두는 보육정책조정위원회(이하 '보육정책조정위원회'라 한다.)의 위원 중 동조 제3항 제2호의 규정에 의한 공무원이 아닌 위원의 임기는 2년으로 하되 연임할 수 있다. 다만, 위원의 사임 등의 사유로 새로이 위촉된 위원의 임기는 전임위원의 잔여 임기로 한다.

제3조(보육정책조정위원회의 운영 등) ① 보육정책조정위원회의 위원장은 보육정책조정위원회를 대표하며 보육정책조정위원회의 업무를 통할한다.

② 보육정책조정위원회의 부위원장은 여성가족부차관이 되고, 위원장을 보좌하며, 위원장이 부득이한 사유로 직무를 수행할 수 없는 때에는 그 직무를 대행한다.

③ 보육정책조정위원회의 사무를 처리하기 위하여 보육정책조정위원회에 간사 1인을 두되, 간사는 여성가족부에서 보육정책을 담당하는 국장이 된다.

④ 간사는 보육정책조정위원회의 회의에 출석하여 발언할 수 있다.

제4조(보육정책조정위원회의 회의) ① 보육정책조정위원회의 회의는 위원장이 필요하다고 인정하거나 재적위원 3분의 1 이상의 회의소집 요청이 있는 때에 위원장이 이를 소집한다.

② 보육정책조정위원회의 회의는 재적위원 과반수의 출석으로 개의하고 출석위원 과반수의 찬성으로 의결한다.

③ 위원장은 업무수행을 위하여 필요하다고 인정하는 경우에는 관계기관·단체 등에 대하여 관련 자료 또는 의견의 제출 등을 요청할 수 있다.

④ 보육정책조정위원회의 회의에 출석한 위원에 대하여는 예산의 범위 안에서 수당과 여비를 지급할 수 있다. 다만, 공무원인 위원이 그 소관 업무와 직접적으로 관련되어 출석하는 경우에는 그러하지 아니하다.

제5조(보육정책조정위원회 운영세칙) 이 영에서 정한 것 외에 보육정책조정위원회의 운영에 관하여 필요한 사항은 보육정책조정위원회의 의결을 거쳐 위원장이 정한다.

제6조(보육정책위원회의 구성) ① 법 제6조 제1항 본문의 규정에 의하여 여성가족부에 두는 중앙보육정책위원회(이하 '중앙보육정책위원회'라 한다.)는 위원장 및 부위원장 각 1인을 포함한

20인 이내의 위원으로 구성하고, 특별시 · 광역시 · 도 및 시 · 군 · 구(자치구를 말한다. 이하 같다.)에 두는 지방보육정책위원회(이하 '지방보육정책위원회'라 한다.)는 위원장 및 부위원장 각 1인을 포함한 15인 이내의 위원으로 구성한다.

② 중앙보육정책위원회의 위원장은 여성가족부차관이 되고, 부위원장은 위원 중에서 호선하며, 위원은 법 제6조 제2항의 규정에 의한 보육전문가, 보육시설의 장 및 보육교사 대표, 보호자 대표 또는 공익을 대표하는 자 중에서 여성가족부장관이 위촉하는 자와 여성가족부에서 보육정책을 담당하는 국장이 된다.

③ 지방보육정책위원회의 위원장 및 부위원장은 위원 중에서 호선하며, 위원은 법 제6조 제2항의 규정에 의한 보육전문가, 보육시설의 장 및 보육교사 대표, 보호자 대표 또는 공익을 대표하는 자, 관계공무원 중에서 당해 지방보육정책위원회가 속하는 지방자치단체의 장이 위촉 또는 임명하는 자가 된다.

제7조(보육정책위원회의 기능) ① 중앙보육정책위원회는 다음의 사항을 심의한다.

1. 법 제11조의 규정에 의한 보육계획 및 이 영 제19조 제2항의 규정에 의한 연도 별 시행계획의 수립에 관한 사항
2. 법 제29조의 규정에 의한 보육과정의 개발에 관한 사항
3. 법 제30조의 규정에 의한 보육시설의 평가에 관한 사항
4. 그 밖에 보육 관련 업무의 위탁 등 보육에 관하여 위원장이 회의에 부치는 사항

② 지방보육정책위원회는 다음의 사항을 심의한다.

1. 법 제7조 제3항의 규정에 의한 보육정보센터의 설치 및 운영 위탁에 관한 사항
2. 법 제11조의 규정에 의한 보육계획 및 이 영 제19조 제2항의 규정에 의한 연도 별 시행계획의 수립에 관한 사항
3. 법 제21조 제2항 제2호의 규정에 의한 교육훈련시설의 지정에 관한 사항
4. 법 제23조 제3항의 규정에 의한 보수교육의 실시 위탁에 관한 사항
5. 법 제24조의 규정에 의한 공립보육시설의 설치 및 운영 위탁에 관한 사항
6. 법 제38조의 규정에 의한 보육시설 이용자가 납부할 보육료 등에 관한 사항
7. 법 제46조의 규정에 의한 보육시설 장의 업무정지 및 법 제47조의 규정에 의한 보육교사의 자격정지에 관한 사항
8. 법 제52조의 규정에 의한 도서 · 벽지 · 농어촌 등의 보육시설 설치기준 및 보육시설 종사자의 배치기준에 관한 사항
9. 그 밖에 보육에 관하여 위원장이 회의에 부치는 사항

제8조(보육정책위원회 위원의 임기) 중앙보육정책위원회 및 지방보육정책위원회(이하 '각 보육정책위원회'라 한다.)의 위원 중 민간위원의 임기는 2년으로 하되, 1차에 한하여 연임할 수

있다. 다만, 위원의 사임 등의 사유로 새로이 위촉된 위원의 임기는 전임위원의 잔여임기로 한다.

제9조(보육정책위원회의 운영 등) ① 각 보육정책위원회의 위원장은 당해 위원회를 대표하며, 위원회의 업무를 통할한다.

② 각 보육정책위원회의 부위원장은 위원장을 보좌하며, 위원장이 부득이한 사유로 직무를 수행할 수 없는 때에는 그 직무를 대행한다.

③ 각 보육정책위원회의 사무를 처리하기 위하여 각 보육정책위원회에 간사 1인을 두되, 간사는 각 보육정책위원회가 속하는 기관 및 지방자치단체의 장이 소속 공무원 중에서 지명하는 자로 한다. 이 경우 간사는 회의록을 작성하여야 한다.

제10조(보육정책위원회의 회의) ① 각 보육정책위원회의 회의는 각 보육정책위원회가 속하는 기관 · 지방자치단체의 장 또는 재적위원 3분의 1 이상의 회의소집 요청이 있거나 위원장이 필요하다고 인정하는 때에 위원장이 소집한다.

② 각 보육정책위원회의 회의는 재적위원 과반수의 출석으로 개의하고 출석위원 과반수의 찬성으로 의결한다.

③ 제4조 제4항의 규정은 각 보육정책위원회의 회의에 출석한 위원에 대한 수당 및 여비의 지급 등에 관하여 이를 준용한다.

④ 각 보육정책위원회의 회의 결과와 회의내용은 공개함을 원칙으로 한다. 이 경우 공개의 방법은 각 보육정책위원회의 운영세칙으로 정한다.

제11조(보육정책위원회의 운영세칙) 제5조의 규정은 각 보육정책위원회의 운영세칙에 관하여 이를 준용한다.

제12조(보육정보센터의 설치) 법 제7조 제1항의 규정에 의하여 여성가족부장관이 설치 · 운영하는 중앙보육정보센터(이하 '중앙보육정보센터'라 한다.)와 특별시장 · 광역시장 · 도지사(이하 '시 · 도지사'라 한다.) 및 시장 · 군수 · 구청장(자치구의 구청장을 말한다. 이하 같다.)이 설치 · 운영하는 지방보육정보센터(이하 '지방보육정보센터'라 한다.)에는 자료실, 상담실 및 교육실 등을 두어야 한다.

제13조(보육정보센터의 기능) ① 중앙보육정보센터 및 지방보육정보센터(이하 '각 보육정보센터'라 한다.)는 다음의 기능을 수행한다.

1. 보육에 관한 정보의 수집 및 제공
2. 보육프로그램 및 교재 · 교구의 제공 또는 대여
3. 보육시설 종사자에 대한 상담 및 구인 · 구직정보의 제공
4. 보육시설 이용자에 대한 안내 · 상담 및 교육
5. 장애아보육 등 취약보육에 대한 정보의 제공

6. 육아지원에 대한 정보의 제공
7. 그 밖에 보육시설 운영지원 등에 관하여 필요한 사항

② 중앙보육정보센터는 지방보육정보센터의 업무를 지원하고, 지방보육정보센터는 관할지역 내의 보육시설과 보육수요자에 대하여 지역특성에 기초한 서비스를 제공하여야 한다.

제14조(보육정보센터의 장의 자격 및 직무) ① 각 보육정보센터의 장은 제15조 제1항의 규정에 의한 보육전문요원의 자격을 취득한 이후 보육업무에 2년 이상 종사한 경력이 있는 자로 한다.

② 각 보육정보센터의 장은 당해 보육정보센터를 대표하고 그 업무를 통할한다.

③ 각 보육정보센터의 장은 상근을 원칙으로 한다.

제15조(보육전문요원의 자격 및 직무) ① 법 제7조 제2항의 규정에 의한 보육전문요원은 다음의 어느 하나에 해당하는 자격을 가진 자로 한다.

1. [별표 1]의 규정에 의한 보육교사 1급 자격을 가진 자
2. 사회복지사업법 에 의한 사회복지사 1급 자격을 취득한 이후 보육업무에 3년 이상 종사한 경력이 있는 자

② 보육전문요원은 제13조의 규정에 의한 보육정보센터의 업무를 수행하고, 보육정보센터의 장이 부득이한 사유로 직무를 수행할 수 없는 때에는 선임 보육전문요원이 보육정보센터의 장의 직무를 대행한다.

제16조(보육정보센터 운영업무의 위탁) ① 여성가족부장관, 시 · 도지사 및 시장 · 군수 · 구청장은 법 제7조 제3항의 규정에 의하여 보육정보센터의 운영에 관한 업무를 다음 각호의 어느 하나에 해당하는 연구기관이나 법인 또는 단체 등으로서 보육에 관한 전문성과 인력 및 장비를 갖춘 연구기관이나 법인 또는 단체에 위탁할 수 있다. 이 경우 여성가족부장관, 시 · 도지사 및 시장 · 군수 · 구청장은 수탁기관 및 위탁업무의 내용을 고시하여야 한다.

1. 정부출연연구기관 등의 설치 · 운영 및 육성에 관한 법률에 의하여 설립된 정부출연연구기관
2. 보육 또는 아동복지 관련 학과가 개설된 대학
3. 그 밖에 보육 관련 비영리법인 · 단체

② 여성가족부장관, 시 · 도지사 및 시장 · 군수 · 구청장은 제1항의 규정에 의하여 보육정보센터의 운영에 관한 업무를 위탁하고자 하는 경우 미리 위탁의 기준, 절차 및 방법 등을 자체 게시판이나 인터넷 홈페이지를 이용하여 공고하여야 한다.

③ 보육정보센터의 위탁신청절차, 신청서류, 수탁기관 선정, 수탁기관 변경 사유 등에 관하여 필요한 사항은 여성가족부령으로 정한다.

제17조(보육정보센터 운영업무 위탁의 취소) 여성가족부장관, 시 · 도지사 및 시장 · 군수 · 구

청장은 다음의 어느 하나에 해당하는 사유가 발생한 때에는 보육정보센터 운영 업무의 위탁을 취소할 수 있다.

1. 수탁기관이 법 제36조의 규정에 의하여 지급받은 보조금을 목적 외의 용도에 사용한 때
2. 수탁기관이 허위, 그 밖에 부정한 방법으로 법 제36조의 규정에 의한 보조금을 교부받은 때
3. 수탁기관이 제13조의 규정에 의한 보육정보센터의 기능을 제대로 수행하지 못한다고 판단될 때
4. 수탁기관이 파산 또는 해산한 때

제18조(보육에 관한 연구업무 등의 위탁) ① 여성가족부장관은 법 제8조 제1항의 규정에 의하여 다음의 업무를 제16조 제1항의 규정에 의한 요건을 갖춘 연구기관이나 법인 또는 단체에 위탁할 수 있다. 이 경우 여성가족부장관은 수탁기관 및 위탁업무의 내용을 고시하여야 한다.

1. 보육에 관한 정책의 연구 및 정보의 제공
2. 보육프로그램 및 교재의 개발
3. 보육시설 종사자에 대한 연수교재 개발 및 연수
4. 보육시설 평가척도의 개발
5. 그 밖에 보육정보센터, 교육훈련시설 등의 평가 등 보육업무와 관련하여 여성가족부장관이 필요하다고 인정하는 업무

② 제16조 제2항의 규정은 제1항의 규정에 의한 업무의 위탁기준 등의 공고에 관하여 이를 준용한다.

③ 제1항의 규정에 의하여 업무를 위탁받은 연구기관이나 법인 또는 단체는 당해 업무에 대한 계획서와 예산서를 작성하여 사업년도 개시 전까지 여성가족부장관에게 제출하여야 한다.

④ 여성가족부장관은 제1항의 규정에 의하여 업무를 위탁받은 연구기관이나 법인 또는 단체에 대해 예산의 범위 안에서 위탁업무의 수행에 소요되는 비용을 보조할 수 있다.

제19조(보육계획의 내용, 수립시기 및 절차) ① 여성가족부장관, 시·도지사 및 시장·군수·구청장은 법 제11조 제1항의 규정에 의하여 다음의 사항이 포함된 보육계획을 수립하여야 한다.

1. 보육사업의 기본 방향
2. 보육시설의 설치 및 수급에 관한 사항
3. 보육시설 종사자에 관한 사항
4. 보육시설 운영 및 평가에 관한 사항
5. 보육비용에 관한 사항
6. 그 밖에 영유아보육에 관하여 필요한 사항

② 여성가족부장관, 시 · 도지사 및 시장 · 군수 · 구청장은 제1항의 규정에 의한 보육계획을 5년마다 수립하여야 하고, 매년 2월 말까지 연도별 시행계획을 수립하여야 한다.

제20조(직장보육시설의 설치) ① 법 제14조 제1항의 규정에 의하여 사업주가 직장보육시설을 설치하여야 하는 사업장은 상시 여성근로자 300인 이상 또는 근로자 500인 이상을 고용하고 있는 사업장으로 한다.

② 제1항의 규정에 의한 사업장 외의 사업주는 필요한 경우 사업장 근로자의 자녀를 보육하기 위한 직장보육시설을 설치하거나 보육수당을 지급할 수 있다.

제21조(보육시설의 장 및 보육교사의 자격기준) 법 제21조 제1항 및 제3항에 의한 보육시설의 장과 보육교사의 자격기준은 [별표 1]과 같다.

제22조(무상보육의 대상자 및 그 실시지역) ① 법 제35조 제1항의 규정에 의한 초등학교 취학직전 1년의 유아에 대한 무상보육은 매년 3월 1일 현재 만 5세에 도달한 유아를 대상으로 하여 실시하되, 예산의 범위 안에서 다음 각호의 어느 하나에 해당하는 유아에 대하여 우선적으로 실시한다.

1. 국민기초생활보장법에 의한 수급자인 유아
2. 도서 · 벽지교육진흥법 제2조의 규정에 의한 도서 · 벽지에 거주하는 유아
3. 행정구역상 읍 · 면지역에 거주하는 유아

② 제1항 각호 외의 자에 대한 무상보육의 실시는 예산의 범위 안에서 순차적으로 확대한다.

③ 제1항의 규정에 의하여 무상보육 대상자로 된 유아는 행정구역의 변경에 따라 영향을 받지 아니한다.

④ 그 밖에 무상보육의 실시에 관하여 필요한 사항은 여성가족부장관이 정한다.

제23조(무상보육 실시의 비용) ① 법 제35조 제2항의 규정에 의하여 무상보육의 실시에 드는 비용은 보조금의 예산 및 관리에 관한 법률 시행령 제4조 및 [별표 1]의 규정에 의한 영유아보육사업에 대한 지원비율에 따라 국가와 지방자치단체가 이를 부담한다.

② 무상보육 실시를 위한 보육료 지원 절차 등 구체적인 사항은 여성가족부장관이 정한다.

제24조(비용의 보조) ① 법 제36조의 규정에 의하여 국가 또는 지방자치단체는 예산의 범위 안에서 다음의 비용의 전부 또는 일부를 보조한다.

1. 보육시설의 설치, 증 · 개축 및 개 · 보수비
2. 보육교사 인건비
3. 교재 · 교구비
4. 보육정보센터의 설치 · 운영비
5. 보수교육 등 종사자 교육훈련 비용
6. 장애아보육 등 취약보육 실시비용

7. 그 밖에 차량운영비 등 여성가족부장관 또는 당해 지방자치단체의 장이 보육시설 운영에 필요하다고 인정하는 비용

② 제1항에서 정한 비용의 지원방법 등에 관하여 필요한 사항은 여성가족부장관 또는 당해 지방자치단체의 장이 정한다.

제25조(사업주의 비용보조) 법 제14조 제1항의 규정에 의하여 직장보육시설을 설치(둘이상의 사업주가 공동으로 직장보육시설을 설치하는 경우를 포함한다.)하거나, 지역의 보육시설과 위탁계약을 체결한 사업주는 그 보육시설의 운영 및 수탁 보육 중인 영유아의 보육에 필요한 비용의 100분의 50 이상을 보조하여야 한다.

제26조(권한의 위임 및 위탁) ① 여성가족부장관은 법 제51조 제1항의 규정에 의하여 법 제23조 제1항의 규정에 의한 보수교육의 실시에 관한 권한을 시 · 도지사에게 위임한다.

② 여성가족부장관은 법 제51조 제1항의 규정에 의하여 다음의 권한을 시장 · 군수 · 구청장에게 위임한다.

1. 법 제46조의 규정에 의한 보육시설의 장의 업무정지에 관한 권한
2. 법 제47조의 규정에 의한 보육교사의 자격정지에 관한 권한

③ 여성가족부장관은 법 제51조 제2항의 규정에 의하여 법 제22조 제1항의 규정에 의한 보육교사의 자격검정 및 자격증 교부에 관한 업무를 이 영 제16조 제1항의 규정에 의한 연구기관이나 대학 또는 법인 · 단체에 위탁한다. 이 경우 수탁기관이나 위탁업무의 내용을 고시하여야 한다.

④ 제16조 제2항의 규정은 제3항의 규정에 의한 업무의 위탁기준 등의 공고에 관하여 이를 준용한다.

제27조(과태표의 부과 · 징수) ① 법 제56조의 규정에 의하여 과태료를 부과할 때에는 당해 위반행위를 조사 · 확인한 후 위반 사실 및 과태료 금액 등을 서면으로 명시하여 이를 납부할 것을 과태료처분 대상자에게 통지하여야 한다.

② 여성가족부장관, 시 · 도지사 또는 시장 · 군수 · 구청장은 제1항의 규정에 의하여 과태료를 부과하고자 할 때에는 10일 이상의 기간을 정하여 과태료처분 대상자에게 구술 또는 서면에 의한 의견진술의 기회를 주어야 한다. 이 경우 지정된 기일까지 의견진술이 없는 때에는 의견이 없는 것으로 본다.

③ 여성가족부장관, 시 · 도지사 또는 시장 · 군수 · 구청장은 과태료의 금액을 정함에 있어서는 당해 위반행위의 동기와 그 결과 등을 참작하되, 그 세부기준은 [별표 2]와 같다.

④ 과태료의 징수절차에 관하여는 여성가족부령으로 정한다.

부 칙

제1조(시행일) 이 영은 2005년 1월 30일부터 시행한다. 다만, 제20조 제1항의 개정규정은 2006년 1월 30일부터 시행한다.

제2조(보육정보센터 운영업무의 위탁에 관한 경과조치) 이 영 시행 당시 종전의 규정에 의한 보육정보센터 운영업무의 위탁은 이 영에 의한 위탁으로 본다. 이 경우 이 영 제16조 제1항의 규정에 의하여 여성가족부장관, 시 · 도지사 및 시장 · 군수 · 구청장은 수탁기관 및 위탁업무의 내용을 고시하여야 한다.

제3조(보육시설의 장의 자격기준에 관한 경과조치) ① 이 영 시행 당시 '고등교육법' 제29조의 규정에 의한 대학원에서 법률 제7186호 영유아보육법 중 개정법률(이하 '종전의 법'이라 한다.) 제9조 제2항 제1호에 의하여 여성가족부령이 정하는 유아교육 또는 아동복지에 관련된 학과를 전공 중인 자가 교육인적자원부에 석사 이상의 학위 등록을 한 후 보육시설을 설치할 경우에는 이 영에 의한 보육시설의 장의 자격을 갖춘 것으로 본다.

② 이 영 시행 당시 '고등교육법' 제47조의 규정에 의한 전문대학 또는 이와 동등 이상의 학교에서 종전의 법 제9조 제2항 제1호에 의하여 여성가족부령이 정하는 유아 교육 또는 아동복지에 관련된 학과를 전공 중인 자가 졸업한 후 영유아 40인 미만의 보육시설을 설치할 경우에는 이 영에 의한 보육시설의 장의 자격을 갖춘 것으로 본다.

③ 이 영 시행 당시 종전의 법 제9조 제2항 제2호에 의하여 여성가족부령이 정하는 교육훈련시설에서 소정의 교육과정을 이수 중인 자가 수료한 후 영유아 40인 미만의 보육시설을 설치할 경우에는 이 영에 의한 보육시설의 장의 자격을 갖춘 것으로 본다.

제4조(보육교사의 자격에 관한 경과조치) ① 이 영 시행 당시 종전의 규정에 의한 보육교사 1급 및 2급의 자격은 각각 이 영에 의한 보육교사 1급 및 2급의 자격으로 인정한다.

② 이 영 시행 당시 종전의 법 제9조 제2항 제1호의 규정에 의한 학과를 전공 중인 자는 그 학과를 졸업하였을 경우 이 영에 의한 보육교사 1급의 자격을 인정하고, 종전의 법 제9조 제2항 제2호의 규정에 의한 교육과정을 이수 중인 자는 그 과정을 수료하였을 경우 이 영에 의한 보육교사 2급의 자격을 인정한다.

제5조(다른 법령과의 관계) 이 영 시행 당시 다른 법령에서 종전의 규정을 인용한 경우에는 이 영 중 그에 해당하는 규정이 있는 때에는 종전의 규정에 갈음하여 이 영의 해당 조항을 인용한 것으로 본다.

[별표 1]

보육시설의 장과 보육교사의 자격기준
(제21조 관련)

1. 보육시설장의 자격기준

가. 일반기준

(1) 보육교사 1급 자격을 취득한 후 2년 이상의 보육 등 아동복지업무 경력이 있는 자
(2) 유아교육법에 의한 유치원 정교사 2급 자격을 취득한 후 5년 이상의 보육 등 아동복지업무 경력이 있는 자
(3) 유치원 원장의 자격을 가진 자
(4) 초 · 중등교육법에 의한 초등학교 정교사 자격을 취득한 후 5년 이상의 보육 등 아동복지업무 경력이 있는 자
(5) 사회복지사업법에 의한 사회복지사 1급 자격을 취득한 후 5년 이상의 보육 등 아동복지업무 경력이 있는 자
(6) 의료법에 의한 간호사 자격을 취득한 후 7년 이상의 보육 등 아동복지업무 경력이 있는 자
(7) 국가 또는 지방자치단체에서 7급 이상의 공무원으로 보육 등 아동복지업무에 5년 이상 근무한 경력이 있는 자

나. 가정보육시설

(1) 일반기준에서 정한 자격을 갖춘 자
(2) 보육교사 2급 이상의 자격을 취득한 후 2년 이상의 보육업무 경력이 있는 자

다. 영아전담 보육시설: 만 3세 미만의 영아만을 20인 이상 보육하는 시설

(1) 일반기준에서 정한 자격을 갖춘 자
(2) 간호사 자격증을 취득한 후 5년 이상의 아동간호업무 경력이 있는 자

라. 장애아전담 보육시설: 장애인복지법 제29조의 규정에 의하여 장애인으로 등록된 영유아만을 20인 이상 보육하는 시설

－일반기준에서 정한 자격을 갖춘 자로서 다음 각호의 어느 하나에 해당하는 자
(1) 대학(전문대학을 포함한다.)에서 장애인복지 및 재활 관련 학과를 전공한 자

(2) 장애아보육시설에서 2년 이상의 보육업무 경력이 있는 자
(3) 여성가족부령이 정하는 장애아보육 직무교육을 받은 자

마. **고등교육법에 의한 대학**(전문대학을 포함한다.) **또는 법 제21조 제2항 제2호의 규정에 의한 교육훈련시설이 운영**(위탁 또는 부설 운영을 말한다.)**하는 보육시설**
−보육시설을 운영하는 대학의 전임강사 또는 교육훈련시설의 전임교수 이상으로서 보육 관련 교과목에 대하여 3년 이상의 교육경력이 있는 자

2. 보육교사 등급별 자격기준

등급	자격기준
보육교사 1급	1. 보육교사 2급 자격을 취득한 이후 3년 이상의 보육업무 경력과 여성가족부장관이 정하는 승급교육을 받은 자 2. 보육교사 2급 자격과 보육 관련 대학원에서 석사학위를 취득한 자로서 1년 이상 보육업무 경력과 여성부장관이 정하는 승급교육을 받은 자
보육교사 2급	1. 전문대학 또는 이와 동등 이상의 학교에서 여성부령이 정하는 보육 관련 교과목 및 학점을 이수하고 졸업한 자 2. 보육교사 3급 자격을 취득한 이후 1년 이상의 보육업무 경력과 여성가족부장관이 정하는 승급교육을 받은 자
보육교사 3급	고등학교 또는 이와 동등 이상의 학교를 졸업한 자로서 여성가족부령이 정하는 교육훈련시설에서 소정의 교육과정을 수료한 자

*비고

1. '보육 등 아동복지업무 경력' 이라 함은 다음의 어느 하나에 해당하는 경력을 말한다.
   가. 영유아보육법에 의한 보육시설 또는 보육정보센터에 근무한 경력
   나. 유아교육법에 의한 유치원에서 근무한 경력
   다. 아동복지법에 의한 아동복지시설에서 근무한 경력
   라. 장애인복지법의 규정에 의한 장애영유아 생활시설에서 장애 아동과 관련된 업무에 종사한 경력
   마. 유아교육법 및 초 · 중등교육법에 의한 특수학교(유치원 및 초등학교 과정)에서 특수학교 교원으로 근무한 경력
   바. 법률 제7120호 유아교육법으로 폐지되기 전 유아교육진흥법에 의한 새마을유아원에 근무한 경력

사. 위의 가~바의 아동복지업무를 수행하는 시설 등에서 간호사로 근무한 경력

아. 국가 또는 지방자치단체에서 7급 이상의 공무원으로 보육 등 아동복지에 관한 행정 업무에 근무한 경력

2. '보육업무 경력'이라 함은 다음의 어느 하나에 해당하는 경력을 말한다.

가. 영유아보육법에 의한 보육시설 및 보육정보센터에서 근무한 경력

나. 유아교육법에 의한 종일제 유치원에서 원장, 원감, 교사로 근무한 경력

3. '아동간호업무 경력'이라 함은 병원 소아과나 신생아실, 보건소 모자보건센터, 초등학교 보건실 등에서 근무한 경력을 말한다.

[별표 2]

과태료 부과 세부기준

(제27조 제3항 관련)

위반행위	해당 법조문	과태료금액		
		1회	2회	3회 이상
1. 법 제26조 제1항의 규정에 의한 취약보육을 우선적으로 실시하지 아니한 경우	법 제56조 제2항 제1호	100만 원	200만 원	300만 원
2. 법 제28조의 규정에 의한 '국민기초생활보장법'의 수급자와 저소득층 자녀를 우선적으로 보육하지 아니한 경우	법 제56조 제2항 제2호	100만 원	200만 원	300만 원
3. 법 제31조의 규정에 의한 건강진단 실시 또는 응급조치 등을 이행하지 아니한 경우	법 제56조 제2항 제3호	100만 원	200만 원	300만 원
4. 법 제 43조 제1항의 규정에 의한 폐지 또는 휴지신고를 하지 아니하고 인가된 보육시설을 폐지 또는 휴지한 경우	법 제56조 제1항	300만 원		
5. 법 제43조 제1항의 규정에 의한 재개신고를 하지 아니하고 보육시설의 운영을 재개한 경우	법 제56조 제1항	500만 원		

* 비고: 위반행위 횟수에 따른 과태료 금액기준은 당해 위반행위가 있는 날 이전 최근 3년간 같은 위반행위로 과태료 처분을 받은 경우에 적용한다.

부록 3 영유아보육법 시행규칙

제정 1991.8.8 보건사회부령 제876호
전문개정 2005.1.29 여성가족부령 제14호

제1조(목적) 이 규칙은 '영유아보육법' 및 동법 시행령에서 위임된 사항과 그 시행에 관하여 필요한 사항을 규정함을 목적으로 한다.

제2조(보육정보센터의 종사자) 보육정보센터에는 보육에 관한 정보의 제공 등의 업무 수행을 위하여 필요한 때에는 보육전문요원 외에 전산원, 영양사, 간호사, 그 밖에 종사자를 둘 수 있다.

제3조(보육정보센터의 운영위탁) ① '영유아보육법'(이하 '법'이라 한다.) 제7조 제3항 및 '영유아보육법 시행령'(이하 '영'이라 한다.) 제16조의 규정에 의하여 보육정보센터의 운영을 위탁받고자 하는 보육 관련 법인 · 단체 등은 별지 제1호 서식의 보육정보센터위탁신청서(전자문서로 된 신청서를 포함한다.)에 다음의 서류(전자문서를 포함한다.)를 첨부하여 보육정보센터를 관할하는 여성가족부장관, 특별시장 · 광역시장 · 도지사(이하 '시 · 도지사'라 한다.) 또는 시장 · 군수 · 구청장(자치구의 구청장을 말한다. 이하 같다.)에게 제출하여야 한다. 다만, '전자정부구현을 위한 행정업무 등의 전자화촉진에 관한 법률' 제21조 제1항의 규정에 의한 행정정보의 공동이용을 통하여 첨부서류에 대한 정보를 확인할 수 있는 때에는 그 확인으로 첨부서류에 갈음할 수 있다.

1. 법인의 정관, 등기부등본 및 출연금 등에 관한 서류(법인인 경우에 한한다.)
2. 단체의 회칙 또는 규약(단체인 경우에 한한다.)
3. 대표자의 경력사항
4. 보육정보센터의 장의 자격 및 경력을 증명하는 서류
5. 법인 · 단체 등의 보육 관련 업무실적을 증명하는 서류
6. 법인 · 단체 등의 조직 및 운영현황에 관한 서류
7. 향후 3년간 보육정보센터의 운영계획서(예산서를 포함한다.)

② 여성가족부장관, 시 · 도지사 또는 시장 · 군수 · 구청장이 제1항의 규정에 의하여 위탁신청서를 받은 때에는 법 제6조의 규정에 의한 보육정책위원회의 심의를 거쳐 수탁기관을 선정하여야 한다.

③ 여성가족부장관, 시 · 도지사 또는 시장 · 군수 · 구청장은 제2항의 규정에 의하여 선정된 수탁기관(이하 이 조에서 '수탁기관'이라 한다.)과 위탁계약을 체결한 후 별지 제2호 서식의 보육정보센터 위탁계약증서를 교부하여야 한다.

④ 수탁기관은 법인 · 단체 등의 대표자 또는 보육정보센터의 장, 법인의 정관이나 단체의 회칙 또는 규약의 변경사유가 발생한 경우에는 별지 제3호 서식의 보육정보센터위탁사항변경신청서(전자문서로 된 신청서를 포함한다.)에 다음의 서류(전자문서를 포함한다.)를 첨부하여 여성가족부장관, 시 · 도지사 또는 시장 · 군수 · 구청장에게 제출하여야 한다.

1. 변경사유서
2. 대표자 경력사항(대표자가 변경되는 경우에 한한다.)
3. 보육정보센터장의 자격 및 경력을 증명하는 서류(보육정보센터장이 변경되는 경우에 한한다.)
4. 법인의 정관이나 단체의 회칙 또는 규약(정관 · 회칙 또는 규약이 변경되는 경우에 한한다.)
5. 보육정보센터위탁계약증서

제4조(보육실태조사의 방법 및 내용) ① 법 제9조의 규정에 의하여 여성가족부장관이 실시하는 보육실태조사는 가구조사와 보육시설조사로 구분한다.

② 제1항의 규정에 의한 가구조사에는 다음의 사항이 포함되어야 한다.

1. 가구 및 영유아의 특성에 관한 사항
2. 보육시설 이용 현황
3. 보육시설 이용 시 만족도 및 요구사항
4. 그 밖에 향후 보육시설 이용계획 등 보육시설의 이용과 관련하여 여성가족부장관이 정하는 사항

③ 제1항의 규정에 의한 보육시설조사에는 다음의 사항이 포함되어야 한다.

1. 보육시설의 환경 및 설비
2. 보육시설 종사자의 실태에 관한 사항
3. 보육시설의 지역별 · 유형별 분포
4. 보육시설의 정 · 현원에 관한 사항
5. 보육내용 및 보육비용에 관한 사항
6. 그 밖에 보육시설 이용 영유아의 건강 · 영양 및 안전관리에 관한 사항 등 보육시설 운영에 관하여 여성가족부장관이 필요하다고 인정하는 사항

제5조(보육시설의 설치인가 등) ① 법 제13조 제1항 및 법 제14조 제1항의 규정에 의하여 보육시설의 설치인가를 받고자 하는 자는 별지 제4호 서식의 보육시설인가신청서(전자문서로 된 신청서를 포함한다.)에 다음의 서류(전자문서를 포함한다.)를 첨부하여 관할 시장 · 군수 · 구청장에게 제출하여야 한다. 다만, '전자정부구현을 위한 행정업무 등의 전자화촉진에 관한 법률' 제21조 제1항의 규정에 의한 행정정보의 공동이용을 통하여 첨부서류에 대한 정보를 확인할 수 있는 때에는 그 확인으로 첨부서류에 갈음할 수 있다.

1. 법인의 정관, 등기부등본 및 출연금 등에 관한 서류(법인인 경우에 한한다.)

2. 단체의 회칙 또는 규약(단체인 경우에 한한다.)
3. 건축물대장등본(부동산을 임차하는 경우에는 임대차계약서를 포함한다.)과 시설 및 설비목록
4. 시설의 구조별 면적이 표시된 평면도
5. 보육시설의 장의 자격을 증명하는 서류
6. 보육시설 종사자의 채용계획서
7. 보육시설운영계획서(운영경비와 유지방법을 포함한다.)
8. 설립자가 사인인 경우 경비의 지급 및 변제능력에 관한 서류
9. 인근 놀이터 이용계획서(영유아 50인 이상의 시설로서 옥외놀이터나 옥내놀이터 를 설치하지 아니하는 경우에 한한다.)
10. '전기사업법' 제66조의2의 규정에 의한 전기안전점검서 및 '도시가스사업법' 제15조 제5항 및 '액화석유가스의 안전관리 및 사업법' 제29조 제2항의 규정에 의한 가스안전점검서

② 제1항의 규정에 의하여 인가신청서를 받은 시장 · 군수 · 구청장은 보육시설이 제9조의 규정에 의한 설치기준에 적합한지의 여부 및 해당 지역의 보육수요를 확인한 후 인가 여부를 결정하고, 인가를 하는 때에는 별지 제5호 서식의 보육시설인가증을 신청인에게 교부하여야 한다. 이 경우 보육시설이 설치기준에 적합한지의 여부는 현장에서 확인하여야 한다.

③ 제2항의 규정에 의하여 보육시설의 설치인가를 받아 보육시설을 운영하는 자는 보육시설의 대표자 또는 보육시설의 장, 보육시설의 종류 · 명칭 또는 소재지, 보육정원의 변경사유가 발생한 경우에는 법 제13조 제2항의 규정에 의하여 별지 제6호 서식의 보육시설 변경인가신청서(전자문서로 된 신청서를 포함한다. 이하 같다.)에 다음의 서류(전자문서를 포함한다.)를 첨부하여 시장 · 군수 · 구청장에게 제출하여야한다.

1. 법인의 이사회 회의록(법인의 대표자가 변경되는 경우에 한한다.)
2. 건축물대장등본(소재지 또는 보육정원의 변경 등으로 시설의 변경이 있는 경우에 한한다.)
3. 변경시설의 평면도(소재지 또는 보육정원의 변경 등으로 시설의 변경이 있는 경우에 한한다.)
4. 보육시설의 장의 자격을 증명하는 서류(보육시설의 장이 변경되는 경우에 한한다.)
5. 시설 및 재산에 관한 사용 · 처분계획서(소재지가 변경되는 경우에 한한다.)
6. 보육영유아에 대한 조치계획서(소재지가 변경되는 경우에 한한다.)
7. 보육시설인가증

④ 시장 · 군수 · 구청장은 제3항의 규정에 의한 변경인가신청서를 받은 때에는 변경사항을 확인한 후 변경인가 여부를 결정하여야 하고, 변경인가를 한 때에는 그 내용을 보육시설인가증에 기재하여 신청인에게 교부하여야 한다.

⑤ 시장 · 군수 · 구청장은 보육시설의 설치 및 운영현황을 매반기 종료 후 1월 이내에 시 · 도지사를 거쳐 여성가족부장관에게 보고하여야 한다.

제6조(공동보육시설의 설치) 법 제14조 제1항의 규정에 의하여 사업주 공동으로 직장보육시설을 설치 · 운영하는 때에는 보육시설의 설치 · 관리 및 운영에 관한 업무를 협의하기 위하여 조합 또는 협의체를 구성할 수 있다.

제7조(직장보육시설의 위탁) 법 제14조 제1항의 규정에 의하여 직장보육시설을 설치할 수 없는 사업주가 지역의 보육시설과 위탁계약을 체결하는 때에는 위탁기간 · 보육비용 등을 정하여 위탁계약을 체결하여야 한다.

제8조(보육수당의 지급) 법 제14조 제1항의 규정에 의한 보육수당은 정부 보육료 지원단가의 100분의 50 이상으로 한다.

제9조(보육시설의 설치기준) 법 제15조의 규정에 의한 보육시설의 설치기준은 [별표 1]과 같다.

제10조(보육시설 종사자의 배치기준) 법 제17조 제2항의 규정에 의한 보육시설 종사자의 배치기준은 [별표 2]와 같다.

제11조(보육시설 종사자의 임면) ① 보육시설의 장은 법 제19조 제2항의 규정에 의하여 보육시설 종사자의 임면사항을 14일 이내에 시장 · 군수 · 구청장에게 별지 제7호 서식의 인사기록카드 사본을 첨부하여 보고하여야 한다.

② 제1항의 규정에 의하여 보육시설 종사자 임면사항을 보고받은 시장 · 군수 · 구청장은 신원조회 등을 통하여 보육시설 종사자가 법 제20조 각호의 결격사유에 해당되는지 여부를 확인하여야 한다.

③ 제1항 및 제2항에 규정된 것 외에 임면권자가 보육시설 종사자를 임면할 때의 원칙은 [별표 3]과 같다.

제12조(보육 관련 교과목 및 학점 등) ① 법 제21조 제2항 제1호의 규정에 의하여 보육교사 자격을 취득하기 위하여 '고등교육법' 제47조의 규정에 의한 대학(전문대학을 포함한다.) 또는 이와 동등 이상의 학교(이하 '대학 등'이라 한다.)에서 이수하여야 하는 보육 관련 교과목 및 학점은 [별표 4]와 같다.

② 법 제21조 제2항 제2호의 규정에 의하여 보육교사 자격을 취득하기 위하여 교육훈련시설에서 이수하여야 하는 교육과정은 [별표 5]와 같다.

제13조(교육훈련시설의 지정 등) ① 법 제21조 제2항 제2호의 규정에 의한 교육훈련시설은 보육교사의 양성 등을 위하여 대학 등에 일정한 시설 및 교수요원을 갖추어 설치된 시설 중에서 시 · 도지사가 법 제6조의 규정에 의한 지방보육정책위원회의 심의를 거쳐 교육훈련시설로 지정한 시설을 말한다.

② 제1항의 규정에 의한 교육훈련시설로 지정받고자 하는 대학 등은 별지 제8호 서식의 교

육훈련시설지정신청서(전자문서로 된 신청서를 포함한다.)에 다음의 서류(전자문서를 포함한다.)를 첨부하여 시 · 도지사에게 제출하여야 한다. 다만, '전자정부구현을 위한 행정업무 등의 전자화촉진에 관한 법률' 제21조 제1항의 규정에 의한 행정정보의 공동이용을 통하여 첨부서류에 대한 정보를 확인할 수 있는 때에는 그 확인으로 첨부서류에 갈음할 수 있다.

1. 법인의 정관, 등기부등본 및 출연금 등에 관한 서류
2. 건축물대장등본(부동산을 임차하는 경우에는 임대차계약서를 포함한다.)과 시설 및 설비목록
3. 시설의 구조별 면적이 표시된 평면도
4. 교육훈련시설의 장과 교수요원의 자격 및 경력을 증명하는 서류
5. 교육훈련계획서 및 예산서

③ 제2항의 규정에 의한 지정신청서를 받은 시 · 도지사가 지방보육정책위원회의 심의를 거쳐 교육훈련시설로 지정한 경우에는 별지 제9호 서식의 교육훈련시설지정서를 교부하여야 한다.

제14조(교육훈련시설의 설치기준 등) ① 제13조 제1항의 규정에 의한 교육훈련시설의 장은 학사 이상의 학위소지자로서 보육 또는 교육업무에 10년 이상 종사한 경력이 있어야 한다.

② 교육훈련시설의 시설기준과 교육훈련시설이 갖추어야 하는 교수요원의 수 및 자격기준은 [별표 6]과 같다.

제15조(교육훈련시설의 변경사항) 교육훈련시설의 장이나 대표자, 명칭 또는 소재지가 변경된 경우 교육훈련시설의 대표자는 별지 제10호 서식의 교육훈련시설지정사항변경신청서(전자문서로 된 신청서를 포함한다.)에 다음의 서류(전자문서를 포함한다.)를 첨부하여 시 · 도지사에게 제출하여야 한다. 다만, '전자정부구현을 위한 행정업무 등의 전자화촉진에 관한 법률' 제21조 제1항의 규정에 의한 행정정보의 공동이용을 통하여 첨부서류에 대한 정보를 확인할 수 있는 때에는 그 확인으로 첨부서류에 갈음할 수 있다.

1. 교육훈련시설의 장의 자격 및 경력을 증명하는 서류(교육훈련시설의 장이 변경되는 경우에 한한다.)
2. 건축물대장등본(부동산을 임차한 경우에는 임대차계약서를 포함한다.)과 시설 및 설비목록(소재지가 변경되는 경우에 한한다.)
3. 시설의 구조별 면적이 포함된 평면도(소재지가 변경되는 경우에 한한다.)
4. 교육훈련시설지정서

제16조(교육훈련시설의 지정의 취소) ① 시 · 도지사는 다음 각호의 어느 하나에 해당하는 사유가 발생한 경우에는 교육훈련시설의 지정을 취소할 수 있다.

1. 교육훈련시설의 시설기준, 교수요원의 수 및 자격기준이 [별표 6]에서 정하는 기준에 미달한 경우

2. 교육훈련시설로 지정받은 후 1년 이내에 교육훈련을 실시하지 아니한 경우
3. 교육훈련 자격 미달자에게 교육을 실시하고 수료증을 발급하거나 교육수료 인정기준 미달자에게 수료증을 발급한 경우
4. 교육훈련시설을 1년 이상 휴지하거나 폐지하는 경우

② 시·도지사는 제1항의 규정에 의하여 교육훈련시설의 지정을 취소하고자 하는 경우에는 청문을 실시하여야 한다.

제17조(자격의 검정) ① 법 제22조의 규정에 의한 보육교사의 자격검정은 무시험검정으로 하며, 영 제21조 및 [별표 1]의 보육교사 자격기준에 따라 서류심사에 의하여 이를 행한다.

② 대학 등을 졸업한 자에 대한 자격검정은 [별표 4]의 규정에 의한 보육 관련 교과목을 12과목 이상, 35학점 이상 취득한 자를 합격으로 한다.

③ 교육훈련시설에서 교육과정을 수료한 자에 대한 자격검정은 [별표 5]의 규정에 의한 교과목을 25과목 이상, 65학점 이상을 취득하고, 각 과목당 평가점수가 70점 이상인 경우 합격으로 한다.

④ 법 제23조 제2항의 규정에 의한 승급교육을 받은 자에 대한 자격검정은 80시간 이상 교육을 받고 평가시험에서 80점 이상을 획득한 경우 합격으로 한다.

⑤ 제1항 내지 제4항 외에 보육교사의 자격검정 절차 등에 관한 사항은 여성가족부장관이 정한다.

제18조(자격증의 교부 등) ① 법 제22조의 규정에 의하여 보육교사의 자격을 검정받고 보육교사자격증(이하 '자격증'이라 한다.)을 교부받고자 하는 자는 별지 제11호 서식의 보육교사자격증교부신청서(전자문서로 된 신청서를 포함한다.)에 다음의 서류(전자문서를 포함한다.)를 첨부하여 자격검정 및 자격증 교부에 관한 업무를 위탁받은 연구기관이나 법인 또는 단체(이하 '자격증업무 담당기관'이라 한다.)에 제출하여야 한다.

1. 대학 등의 졸업증명서, 성적증명서 및 보육실습확인서.
다만, 보육실습확인서는 1998년 3월 이후 졸업한 해당자에 한한다.
2. 교육훈련시설수료증(해당자에 한한다.)
3. 보수교육이수증명서(승급자에 한한다.)
4. 경력증명서
5. 사진(6월 이내에 촬영한 탈모 정면 상반신 반명함판) 2매

② 제1항의 규정에 의하여 자격증을 교부받은 자가 그 자격증을 분실하거나 훼손하여 자격증을 재교부받고자 하는 때에는 별지 제12호 서식의 보육교사자격증재교부신청서(전자문서로 된 신청서를 포함한다.)에 다음의 서류(전자문서를 포함한다.)를 첨부하여 자격증업무 담당기관에 제출하여야 한다.

1. 자격증(훼손된 경우에 한한다.) 1부
2. 사진(6월 이내에 촬영한 탈모 정면 상반신 반명함판) 2매

제19조(수수료) 법 제22조 제2항의 규정에 의하여 자격증을 교부 또는 재교부받고자 하는 자가 납부하여야 하는 수수료는 1만 원으로 한다.

제20조(보수교육의 실시) ① 법 제23조 제2항의 규정에 의한 직무교육은 보육에 필요한 지식과 능력을 유지 · 개발하기 위하여 보육시설 종사자가 정기적으로 받는 교육으로서 교육시간은 40시간을 원칙으로 한다.

② 법 제23조 제2항의 규정에 의한 승급교육은 보육교사가 3급에서 2급, 또는 2급에서 1급으로 승급하기 위하여 필요한 교육으로서 교육시간은 80시간을 원칙으로 한다.

③ 제1항 및 제2항의 규정에 의한 보수교육의 내용은 보육기초, 발달 및 지도, 영유아교육, 영유아의 건강 · 영양 및 안전, 가족 및 지역사회 협력, 보육사업의 운영에 관한 영역이 포함되도록 하되, 그 구체적인 내용은 여성가족부장관이 정한다.

④ 제1항 및 제2항의 규정에 의한 직무교육 및 승급교육의 대상자, 교육평가, 교육비 등에 관한 구체적인 내용은 [별표 7]과 같다.

⑤ 시 · 도지사는 매년 2월 말까지 보수교육의 수요를 파악하여 보수교육계획을 수립하여야 한다.

제21조(보수교육 실시의 위탁) ① 법 제23조 제3항의 규정에 의하여 시 · 도지사가 보수교육의 실시를 위탁할 수 있는 전문기관은 다음과 같다.

1. 법 제21조 제2항 제2호의 규정에 의한 교육훈련시설
2. 정부출연연구기관 등의 설립 · 운영 및 육성에 관한 법률에 의하여 설립된 정부출연연구기관
3. 보육 관련 비영리법인 · 단체

② 시 · 도지사가 제1항의 규정에 의하여 보수교육의 실시를 위탁하고자 하는 경우에는 미리 위탁의 기준, 절차 및 방법 등을 자체 게시판이나 인터넷 홈페이지 등을 이용하여 공고하여야 한다.

③ 제1항의 규정에 의하여 보수교육의 실시를 위탁받고자 하는 자는 교육에 필요한 시설과 교육과정을 갖추고 별지 제13호 서식의 보수교육위탁신청서(전자문서로 된 신청서를 포함한다.)에 다음의 서류(전자문서를 포함한다.)를 첨부하여 시 · 도지사에게 제출하여야 한다.

1. 교육과정운영계획서
2. 보수교육의 실시에 필요한 교수요원의 자격 및 경력을 증명하는 서류

④ 제3항의 규정에 의한 위탁신청서를 받은 시 · 도지사는 매년 3월 말까지 지방보육정책위원회의 심의를 거쳐 보수교육 수탁기관을 결정하여 위탁계약을 체결한 후 별지 제14호 서

식의 보수교육기관위탁계약증서를 교부하여야 한다.

제22조(보수교육 실시위탁의 취소) 시 · 도지사는 제21조 제1항의 규정에 의한 보수교육 수탁기관이 다음 각호의 어느 하나에 해당하는 경우에는 보수교육 실시의 위탁을 취소할 수 있다.

1. 법 제36조 및 영 제24조의 규정에 의한 보조금을 목적 외에 사용한 경우
2. 법 제36조 및 영 제24조의 규정에 의한 보조금을 허위, 그 밖의 부정한 방법으로 교부받은 경우
3. 제21조의 규정에 의한 보수교육의 실시기준에 위반하여 보수교육을 실시한 경우
4. 교육자격 미달자에게 보수교육을 실시하고 수료증을 발급하거나, 교육수료 인정기준 미달자에게 수료증을 발급한 경우

제23조(보육시설의 운영기준) 법 제24조 제1항의 규정에 의한 보육시설의 운영기준은 [별표 8]과 같다.

제24조(국 · 공립 보육시설의 운영위탁) ① 여성가족부장관, 시 · 도지사 또는 시장 · 군수 · 구청장이 법 제24조 제2항의 규정에 의하여 국 · 공립 보육시설의 운영을 위탁하고자 하는 경우 미리 위탁의 기준, 절차 및 방법 등을 자체 게시판이나 인터넷 홈페이지 등을 이용하여 공고하여야 한다.

② 법 제24조 제2항의 규정에 의하여 국 · 공립 보육시설의 운영을 위탁받고자 하는 자는 별지 제15호 서식의 보육시설위탁신청서(전자문서로 된 신청서를 포함한다.)에 다음의 서류(전자문서를 포함한다.)를 첨부하여 여성가족부장관, 시 · 도지사 또는 시장 · 군수 · 구청장에게 제출하여야 한다. 다만, '전자정부구현을 위한 행정업무 등의 전자화촉진에 관한 법률' 제21조 제1항의 규정에 의한 행정정보의 공동이용을 통하여 첨부서류에 대한 정보를 확인할 수 있는 때에는 그 확인으로 첨부서류에 갈음할 수 있다.

1. 법인의 정관, 등기부등본 및 출연금 등에 관한 서류(법인인 경우에 한한다.)
2. 단체의 회칙 또는 규약(단체인 경우에 한한다.)
3. 사인인 경우 경비의 지급 및 변제능력에 관한 서류
4. 보육시설의 장과 대표자의 자격및 경력을 증명하는 서류
5. 보육시설운영계획서(운영경비와 유지방법을 포함한다.)

③ 제2항의 규정에 의하여 위탁신청서를 받은 여성가족부장관, 시 · 도지사 및 시장 · 군수 · 구청장은 보육정책위원회의 심의를 거쳐 수탁기관을 결정하여 위탁계약을 체결한 후 별지 제16호 서식의 보육시설위탁계약증서를 교부하여야 한다.

④ 제3항의 규정에 의한 보육정책위원회의 심의항목에는 보육 관련 사업 운영실적, 수탁자의 공신력 및 재정능력, 보육시설 운영계획, 대표자 및 보육시설의 장의 전문성 등이 포함되어야 한다.

⑤ 여성가족부장관, 시 · 도지사 및 시장 · 군수 · 구청장은 기존 수탁자에 대하여 제4항의 규정에 의한 보육 관련 사업 운영실적 등을 고려하여 보육정책위원회의 심사를 거쳐 재위탁할 수 있다.

⑥ 수탁자는 보육시설의 대표자 또는 보육시설의 장이나, 보육시설의 명칭을 변경하는 경우 별지 제17호 서식의 보육시설위탁사항변경신청서(전자문서로 된 신청서를 포함한다.)에 다음의 서류를 첨부하여 여성가족부장관, 시 · 도지사 또는 시장 · 군수 · 구청장에게 제출하여야 한다.

1. 변경사유서
2. 보육시설의 장의 자격을 증명하는 서류(보육시설의 장을 변경하는 경우에 한한다.)

⑦ 보육시설의 운영 위탁에 관한 구체적인 사항은 국립보육시설의 경우 여성가족부장관이 정하고, 공립 보육시설의 경우 지방자치단체의 조례로 정한다.

제25조(국 · 공립 보육시설 운영 위탁의 취소) 여성가족부장관, 시 · 도지사 또는 시장 · 군수 · 구청장은 수탁자가 다음 각호의 어느 하나에 해당하는 경우에는 보육시설의 운영 위탁을 취소할 수 있다.

1. 법 제26조 제1항의 규정에 의한 취약보육을 우선적으로 실시하지 아니하거나 법 제28조의 규정에 의한 저소득층 자녀 등의 우선보육을 실시하지 아니한 경우
2. 법 제31조의 규정에 의한 건강진단 실시 또는 응급조치 등을 이행하지 아니한 경우
3. 법 제36조 및 영 제24조의 규정에 의한 보조금을 목적 외에 사용한 경우
4. 법 제36조 및 영 제24조의 규정에 의한 보조금을 허위, 그 밖의 부정한 방법으로 교부받은 경우
5. 보육대상 영유아를 방임하거나 학대하는 등 '아동복지법' 제29조의 금지행위를 한 경우
6. 운영위탁계약서상의 계약내용을 위반한 경우
7. 법 제45조의 규정에 의한 운영정지처분을 받은 경우
8. 법 제46조의 규정에 의한 업무정지처분을 받은 경우

제26조(보육시설운영위원회의 구성) ① 법 제25조 제1항의 규정에 의하여 설치되는 보육시설운영위원회(이하 '운영위원회'라 한다.)는 당해 보육시설의 장, 보육교사 대표, 학부모 대표 및 지역사회 인사를 포함한 5인 이상의 위원으로 구성한다.

② 운영위원회의 위원장은 보육시설 종사자가 아닌 위원 중에서 호선한다.

제27조(운영위원회의 기능) 운영위원회는 다음의 사항을 심의한다.

1. 보육시설 운영규정의 제 · 개정에 관한 사항
2. 보육시설의 예산 및 결산에 관한 사항
3. 영유아의 건강 · 영양 및 안전에 관한 사항

4. 그 밖에 보육시간 등 보육시설의 운영에 관한 사항

제28조 (취약보육의 종류) ① 법 제26조 제1항의 규정에 의한 취약보육은 다음 각호의 보육을 포함한다.

가. 영아보육: 만 3세 미만의 영아을 대상으로 보육서비스를 제공하는 것

나. 장애아보육: '장애아복지법' 제29조의 규정에 의하여 장애인으로 등록된 영유 아등에게 보육서비스를 제공하는 것

다. 시간연장형보육: 기준 보육시간 외에 시간을 연장하여 보육서비스를 제공하는 것

② 취약보육의 정원 책정 등 취약보육에 대한 구체적인 사항은 여성가족부장관이 정한다.

제29조(보육시설 이용 우선순위) 법 제28조 제1항의 규정에 의하여 국가 또는 지방자치단체와 사회복지법인, 그 밖의 비영리법인이 설치한 보육시설을 우선적으로 이용할 수 있는 저소득층의 자녀는 다음과 같다.

1. 모·부자복지법에 의하여 보호대상자로 선정된 영유아
2. 국민기초생활보장법시행령 제36조의 규정에 의한 차상위 계층가구의 영유아
3. 그 밖에 가계의 소득수준 등을 고려하여 여성가족부장관이 정하는 영유아

제30조(보육과정) 법 제29조 제2항의 규정에 의하여 여성가족부장관이 개발·보급하여야 하는 표준보육과정에는 교육·영양·건강·안전 등 영유아의 발달 단계에 따른 보육내용이 포함되어야 한다.

제31조(평가인증의 실시) ① 여성가족부장관은 법 제30조 제3항의 규정에 의하여 보육정책위원회의 심의를 거쳐 운영체계·평가지표·수수료 등 보육시설의 평가인증에 관하여 필요한 사항을 정한다.

② 제1항의 규정에 의한 평가지표에는 보육환경, 보육과정 운영, 보육교사와 보육 영유아 간의 일상적 상호작용, 영유아의 건강·영양 및 안전, 보육인력의 전문성, 보육시설 운영관리, 가족 및 지역사회와의 연계 등이 포함되어야 한다.

③ 법 제30조 제1항의 규정에 의한 평가인증을 받고자 하는 자는 여성가족부장관에게 평가인증을 신청하여야 한다.

④ 평가인증의 절차 및 서식 등에 관한 구체적인 사항은 여성가족부장관이 정한다.

제32조(평가인증 수수료) 여성가족부장관은 법 제30조 제4항의 규정에 의하여 평가인증을 받고자 하는 보육시설이 납부하여야 하는 수수료를 매년 정하여 고시하여야 한다.

제33조(건강진단) ① 법 제31조 제1항의 규정에 의하여 보육시설의 장은 보육하고 있는 영유아 및 보육시설 종사자(가정보육시설의 경우 보육시설에서 함께 거주하는 자를 포함한다.)에 대하여 연 1회 이상 건강진단을 실시하여야 한다.

② 영유아의 건강진단 항목에는 신체계측·시력검사·시력검사·구강검사 등 영유아 발달

단계에 따라 필요한 항목이 포함되어야 한다.

③ 보육시설 종사자의 건강진단 항목에는 결핵 등 전염성 질환이 포함되어야 한다.

④ 보육시설의 장은 제1항의 규정에 의하여 건강진단을 실시한 결과 치료를 요하는 영유아에 대하여는 그 보호자와 협의하여 필요한 조치를 하여야 한다.

⑤ 보육시설의 장은 제1항의 규정에 의한 건강진단을 실시한 결과 전염성 질환에 감염된 것으로 밝혀지거나 의심되는 영유아 및 보육시설 거주자는 보육시설로부터 격리시키고, 전염성 질환에 감염된 것으로 밝혀지거나 의심되는 보육시설 종사자는 즉시 휴직시키거나 면직시키는 등의 조치를 하여야 한다.

제34조(급식관리) ① 법 제33조의 규정에 의한 급식은 영유아가 필요한 영양을 섭취 할 수 있도록 영양사가 작성한 식단에 의하여 공급하여야 한다. 이 경우 영양사(5개 이내의 보육시설이 공동으로 두는 영양사를 포함한다.)를 두고 있지 아니한 100인 미만의 영유아를 보육하고 있는 보육시설은 보육정보센터 · 보건소 등에 근무하는 영양사의 지도를 받아 식단을 작성하여야 한다.

② 영유아에 대한 급식은 보육시설에서 직접 조리하여 공급하는 것을 원칙으로 한다.

제35조(보육료 지원대상) 법 제34조 제1항의 규정에 의하여 국가 또는 지방자치단체가 보육에 필요한 비용을 부담하여야 하는 가정의 소득수준 및 보조범위는 재산 등을 고려하여 여성가족부장관이 매년 정한다.

제36조(보육시설의 폐지 · 휴지) ① 법 제43조 제1항의 규정에 의하여 보육시설을 폐지 또는 휴지(휴지기간은 1년 이내에 한한다.)하고자 하는 자는 폐지 또는 휴지 2월 전까지 별지 제18호 서식의 보육시설 폐지 또는 휴지신고서(전자문서로 된 신고서를 포함한다.)에 다음의 서류(전자문서를 포함한다.)를 첨부하여 시장 · 군수 · 구청장에게 제출하여야 하고, 이를 보육시설 종사자 및 부모 등 보호자에게 알려 주어야 한다.

1. 보육 영유아에 대한 전원조치계획서
2. 시설의 재산에 관한 사용 또는 처분계획서(부동산을 임차한 경우를 제외한다.)
3. 보육시설인가증 또는 신고증(보육시설을 폐지하는 경우에 한한다.)
4. 보육시설 종사자의 인사기록카드(보육시설을 폐지하는 경우에 한한다.)

② 시장 · 군수 · 구청장은 제1항의 규정에 의한 폐지 또는 휴지신고를 받은 경우에는 법 제43조 제2항의 규정에 의하여 보육 영유아에 대한 전원조치가 이루어지는지 여부를 확인하여야 한다.

제37조(보육시설 운영의 재개) 보육시설을 휴지하였던 자가 법 제43조 제1항의 규정에 의하여 보육시설의 운영을 재개하고자 하는 경우에는 별지 제18호 서식의 보육시설재개신고서(전자문서로 된 신고서를 포함한다.)를 시장 · 군수 · 구청장에게 제출하여야 한다.

제38조(보육시설에 대한 행정처분) ① 법 제45조 제2항에 의한 보육시설에 대한 행정처의 세부기준은 [별표 9]와 같다.

② 제1항의 규정에 의한 행정처분이 운영정지에 해당하는 경우 시장 · 군수 · 구청장은 위반행위의 동기 · 내용 및 횟수 등을 참작하여 제1항의 규정에 의한 운영정지 기간의 2분의 1의 범위 안에서 이를 가중하거나 감경할 수 있되, 가중하는 때에도 운영정지 총기간은 1년을 초과할 수 없다.

③ 시장 · 군수 · 구청장은 보육시설이 운영정지 또는 폐쇄되는 경우에는 보육시설에 보육 중인 영유아를 다른 보육시설로 옮기도록 하는 등 영유아의 권익을 보호하기 위하여 필요한 조치를 취하여야 한다.

제39조(보육시설의 장 및 보육교사에 대한 행정처분) ① 시장 · 군수 · 구청장은 지방보육정책위원회의 심의를 거쳐 법 제46조의 규정에 의한 보육시설의 장의 업무정지기간 및 법 제47조의 규정에 의한 보육교사의 자격정지 기간을 결정하여야 한다.

② 제1항의 규정에 의한 보육시설의 장 및 보육교사에 대한 행정처분의 세부기준은 [별표 10]과 같다. 다만, 시장 · 군수 · 구청장은 위반행위의 동기 · 내용 및 횟수 등을 참작하여 제1항의 규정에 의한 업무정지기간 또는 자격정지기간의 2분의 1의 범위 안에서 이를 가중하거나 감경할 수 있되, 가중하는 때에도 업무정지 또는 자격정지의 총기간은 1년을 초과할 수 없다.

③ 보육시설의 대표자는 보육시설의 장이 업무정지된 기간 동안 그 직을 대리할 보육시설의 장을 두어야 하고, 보육시설의 장은 보육교사의 자격이 정지된 기간 동안 그 업무를 대행할 보육교사를 채용하여야 한다.

제40조(도서 · 벽지 · 농어촌 등의 보육시설) ① 법 제52조의 규정에 의하여 보육시설의 설치기준 및 보육시설 종사자의 배치기준을 달리 적용할 수 있는 지역은 다음과 같다.

1. 도서 · 벽지교육진흥법 제2조의 규정에 의한 도서 · 벽지
2. 행정구역상 면 지역
3. 그 밖에 여성가족부장관이 정하는 농어촌 지역

② 시장 · 군수 · 구청장이 법 제52조의 규정에 의하여 제1항의 규정에 의한 도서 · 벽지 · 농어촌 등의 지역에 대하여 지방보육정책위원회의 심의를 거쳐 달리 적용할 수 있는 보육시설의 설치기준 및 보육시설 종사자의 배치기준의 종류는 다음과 같다.

1. 보육시설의 규모에 관한 사항 중 최소 보육인원에 관한 사항
2. 보육교사 1인당 담당 영유아 수

제41조(보육시설연합회의 조직) ① 법 제53조의 규정에 의한 보육시설연합회(이하 '연합회'라 한다.)의 회원 자격은 보육시설의 장으로 한다.

② 연합회는 업무를 효율적으로 수행하기 위하여 연합회에 보육시설의 종류별로 다음의 분과위원회를 두되, 각 분과위원회의 위원 수는 20인 이내로 한다.

1. 국 · 공립 보육시설 분과위원회
2. 법인보육시설 분과위원회
3. 직장보육시설 분과위원회
4. 가정보육시설 분과위원회
5. 부모협동 보육시설 분과위원회
6. 민간보육시설 분과위원회

제42조(연합회의 기능) 연합회는 다음의 기능을 수행할 수 있다.

1. 보육에 관한 자료수집 및 홍보
2. 영유아의 권익보호
3. 보육시설 종사자의 복리증진
4. 그 밖에 보육시설 간의 국제교류 등 연합회의 목적 달성에 필요한 사항

제43조(연합회의 임원) ① 연합회에는 임원으로 회장 1인 및 부회장 6인을 포함한 20인 이상 40인 이하의 이사와 감사 4인을 둔다.

② 연합회의 회장 및 부회장을 포함한 이사의 임기는 3년으로 하고, 감사의 임기는 2년으로 하되, 각각 1회에 한하여 연임할 수 있다. 다만, 임원의 사임 등의 사유로 새로이 선출된 임원의 임기는 전임임원의 잔여임기로 한다.

③ 제2항의 규정에 의한 임원의 선출방법, 그 자격요건 등에 관하여 필요한 사항은 연합회의 정관으로 정한다.

제44조(과태료의 징수절차) 영 제27조 제4항의 규정에 의한 과태료의 징수절차에 관하여는 국고금관리법시행규칙을 준용한다. 이 경우 납입고지서에는 이의방법 및 이의기간 등을 함께 기재하여야 한다.

부 칙

제1조(시행일) ① 이 규칙은 2005년 1월 30일부터 시행한다.

제2조(보육시설 설치기준에 관한 경과조치) ① 이 규칙 시행 당시 종전의 규정에 의 하여 설치된 보육시설은 이 규칙 시행일부터 5년 이내(비상재해대비시설은 1년 이내)에 [별표 1]에 의한 설치기준 중 시설의 구조 및 설비기준을 갖추어야 한다. 다만, 보육시설 및 보육실의 영유아(장애아를 포함한다.) 1인당 면적에 대한 부분은 종전의 규정에 의하고, 2층 또는 3층에 보육

실이 설치되어 있는 보육시설에 대하여는 1층에 보육실을 설치하도록 한 부분을 적용하지 아니한다.

② 제1항의 규정에 불구하고 이 규칙 시행 전에 설치된 보육시설을 증·개축하거나 다음 각 호의 어느 하나를 변경하고자 하는 경우에는 이 규칙에 의한 기준을 모두 갖추어야 한다.

1. 보육시설의 대표자. 다만, 주택건설기준 등에 관한 규정 제55조 제4항의 규정에 의하여 500세대 이상 공동주택단지에 의무적으로 설치되어 있는 보육시설로서 1층에 설치할 공간이 없는 등 불가피한 사유가 있는 것으로 여성가족부장관이 인정하는 시설의 대표자가 변경되는 경우를 제외한다.
2. 보육시설의 종류
3. 보육시설의 소재지
4. 보육시설의 정원(증원되는 경우에 한한다.)

제3조(보육시설 종사자의 배치기준에 관한 경과조치) 이 규칙 시행 당시 종전의 규정에 의하여 설치된 보육시설은 2006년 3월 1일까지 이 규칙에 의한 보육시설 종사자 배치기준에 적합한 보육시설 종사자를 확보하여야 한다.

제4조(보육시설 종사자의 임면에 관한 경과조치) 보육시설의 장은 이 규칙 시행 당시 종전의 규정에 의하여 임용되어 있는 보육시설 종사자에 대하여 이 규칙 시행일부터 6월 이내에 시장·군수·구청장에게 보고하여야 한다.

제5조(교육훈련시설에 관한 경과조치) ① 이 규칙 시행 당시 종전의 규정에 의하여 위탁받은 교육훈련시설은 이 규칙에 의하여 교육훈련시설로 지정받은 것으로 본다. 다만, 교육훈련시설의 대표자가 변경되는 경우(대학 등의 경우를 제외한다.)에는 지정이 취소된 것으로 본다.

② 제1항의 규정에 의하여 교육훈련시설로 지정받은 것으로 보는 교육훈련시설은 이 규칙 시행 이후 1년 이내에 제14조 제2항에서 정하는 시설기준 및 교수요원의 수와 자격기준을 갖추어야 한다.

제6조(교육훈련시설에 장의 자격에 관한 경과조치) 이 규칙 시행 당시 종전의 규정에 의하여 위탁받은 교육훈련시설의 장은 이 규칙에 의한 교육훈련시설의 장의 자격을 갖춘 것으로 보되, 이 규칙 시행일부터 1년 이내에 이 규칙에서 정한 자격을 갖추어야 한다.

제7조(보수교육에 관한 경과조치) 이 규칙 시행 당시 종전의 규정에 의하여 보수교육을 받은 때에는 이 규칙에 의한 보수교육을 받은 것으로 본다.

제8조(보육시설의 위탁에 관한 경과조치) 이 규칙 시행 당시 종전의 규정에 의하여 국·공립보육시설의 운영을 위탁받은 보육시설은 이 규칙에 의하여 위탁받은 것으로 본다.

제9조(행정처분 등에 관한 경과조치) 이 규칙 시행 당시 종전의 규정에 의하여 행정 기관 등이 행한 행위 또는 행정기관 등에 대한 행위는 이 규칙에 의하여 행정기관 등이 행하거나 행정

기관 등에 대하여 행한 행위로 본다.

제10조(다른 법령과의 관계) 이 규칙 시행 당시 다른 법령에서 종전의 규정을 인용한 경우 이 규칙 중 그에 해당하는 규정이 있는 때에는 종전의 규정에 갈음하여 이 규칙의 해당 조항을 인용한 것으로 본다.

[별표 1]

보육시설의 설치기준
(제9조 관련)

1. 보육시설의 입지조건

가. 보육시설은 보육수요 · 보건 · 위생 · 급수 · 안전 · 교통 · 환경 및 교통편의 등을 충분히 고려하여 쾌적한 환경의 부지를 선정하여야 한다.

나. 보육시설은 위험시설로부터 50m 이상 떨어진 곳에 위치하여야 한다. 이 경우 위험시설이라 함은 주택건설기준 등에 관한 규정 제9조 제2항 각호의 시설을 말한다.

다. 가정보육시설은 건축법시행령 제3조의4 및 [별표 1]의 규정에 의한 단독주택(다중주택, 다가구주택 및 공관을 제외한다.) 및 공동주택에 설치하고, 그 외의 보육시설은 동 시행령에 의한 교육연구 및 복지시설에 설치한다. 다만, 영유아 20인 이하를 보육하는 부모협동시설은 가정보육시설을 설치할 수 있는 곳에도 설치할 수 있다.

2. 보육시설의 규모

보육시설은 다음의 인원을 보육할 수 있는 시설을 갖추어야 하며, 정원은 총 300인을 초과할 수 없다.

가. 국 · 공립 보육시설: 상시 영유아 11인 이상

나. 직장보육시설: 상시 영유아 5인 이상

다. 법인보육시설 및 민간보육시설: 상시 영유아 21인 이상

라. 가정보육시설: 상시 영유아 5인 이상 20인 이하

마. 부모협동 보육시설: 보육 영유아를 둔 보호자 15인 이상 출자 및 상시 영유아 11인 이상

3. 보육시설의 구조 및 설비기준

가. 일반기준

(1) 보육시설의 구조와 설비는 그 시설을 이용하는 영유아의 특성에 맞도록 하여야 한다.

(2) 보육시설에는 다음의 설비를 하여야 한다. 이 경우 보육실을 포함한 시설면적(놀이터 면적을 제외한다.)은 영유아 1인당 4.29m^2 이상으로 한다.

(가) 보육실

① 보육실은 1층에 설치하여야 한다. 다만, 사업장 내에 직장보육시설을 설치하는 경우와 건물 전체를 하나의 보육시설로 사용하는 경우 및 그 밖에 불가피한 사유가 있다고 여성가족부장관이 인정하는 경우에는 2층과 3층에 보육실을 설치할 수 있되, 건물 전체를 하나의 보육시설로 사용하는 경우에도 영아반 보육실은 반드시 1층에 설치하여야 한다.

② 보육실은 거실, 포복실 및 유희실을 포함하여 영유아 1인당 2.64m^2 이상으로 한다.

③ 보육실에는 침구, 놀이기구 및 쌓기놀이활동, 소꿉놀이활동, 미술활동, 언어활동, 수 · 과학활동, 음률활동 등에 필요한 교재 · 교구를 갖추어야 한다.

④ 보육시설은 환기 · 채광 · 조명 · 온 · 습도가 적절히 유지 · 관리되도록 하여야 한다.

⑤ 보육실은 바닥난방시설을 갖추어야 한다.

(나) 조리실

① 조리실은 채광이 잘 되도록 하고, 기계환기시설을 하여 청정한 실내환경을 유지하도록 하며, 창문에는 방충망을 설치하여야 한다.

② 식기를 소독하고 위생적으로 취사 및 조리할 수 있는 설비를 갖추어야 한다.

③ 공공기관이나 사회복지관 안에 설치된 보육시설의 경우에는 동일 건물에 있는 조리실을 함께 사용할 수 있다.

(다) 목욕실

① 목욕실은 난방을 하여야 한다.

② 바닥은 미끄럼 방지 장치를 하여야 한다.

③ 샤워설비, 세면설비 및 냉 · 온수 공급을 위한 설비를 갖추어야 하며, 수도꼭지는 온수 사용 시 화상을 입지 아니하도록 온도 고정장치를 설치하여야 한다.

④ 목욕실은 보육실과 인접한 공간에 위치하여야 한다.

(라) 화장실

① 바닥은 미끄럼 방지 장치를 하여야 한다.

② 세정장치와 수도꼭지 등은 냉·온수의 온도를 조정 및 고정할 수 있어야 한다.

③ 화장실은 수세식 유아용 변기를 설치하고, 보육실과 동일한 층의 인접한 공간에 설치하여야 한다.

(마) 놀이터(영유아 50인 이상을 보육하는 시설에 한한다.)

① 영유아(12개월 미만 영아를 제외한다.) 1인당 $2.5m^2$ 이상의 규모로 모래밭(천연 및 인공 잔디, 고무매트, 폐타이어 블록도 가능하다.)에 대근육활동시설 등 놀이시설물 3종 이상이 설치된 옥외놀이터를 설치하는 것이 불가능한 경우에는 옥내놀이터(지하 또는 옥상에는 설치 불가)를 설치하거나 인근 놀이터를 활용할 수 있고, 인근 놀이터를 활용할 경우에는 인근 놀이터 이용 계획서를 보육시설 인가를 신청하는 때에 제출하여야 한다.

② 옥외놀이터에 설치하는 놀이시설물은 품질경영 및 공산품안전관리법에 의하여 놀이기구 안전검사를 필한 제품을 사용하여야 한다.

③ 놀이터에 설치하는 놀이시설물은 안전을 고려하여 다음과 같이 설치하여야 한다.

(i) 놀이시설물은 영유아의 신장 및 체중을 고려하고, 표면도색의 독성 여부를 확인하여야 한다.

(ii) 영유아가 추락할 가능성이 있는 놀이시설물 아래와 주변의 공간은 충격을 흡수할 수 있도록 안전장치를 설치하여야 하며, 영유아가 걸려 넘어지거나 부딪칠 수 있는 방해물이 없도록 하여야 한다.

(iii) 놀이시설물의 어떠한 부분에도 영유아의 살을 베거나 찌를 수 있는 날카로운 부분, 모서리, 뾰족한 부분이 없도록 하여야 한다.

(iv) 놀이시설물의 돌출부분인 볼트와 너트는 위로 튀어나오지 아니하도록 하여야 하며, 볼트와 너트가 위를 향하고 있는 때는 그 높이가 3.2mm를 넘지 아니하도록 하여야 한다.

(v) 놀이시설물에 구멍이나 틈이 있는 경우 영유아의 몸이 빠지거나 끼는 사고가 없도록 조치하여야 한다.

(vi) 놀이시설물은 안전하게 설치하여야 하며, 제조업자의 취급설명서에 따라 설치하여야 한다.

(바) 급배수시설

① 상수도 또는 간이상수도에 의하여 먹는 물을 공급하는 경우에는 저수조를 경유하지

아니하고 직접 수도꼭지에 연결하여 공급하여야 한다. 다만, 직접 수도꼭지에 연결하기가 곤란한 경우를 제외한다.

② 보육시설에서 음용수로 지하수를 사용할 경우에는 저수조 등의 시설을 경유하여 야 한다.

③ 더러운 물, 빗물 등이 잘 처리되도록 배수설비를 하여야 한다.

(사) 비상재해 대비시설

① 소화용 기구를 비치하고 비상구를 설치하는 등 비상재해에 대비한 시설을 갖추어야 한다. 이 경우 비상구는 상단에 비상구 유도등을 달고 잠금장치를 문 안쪽에 설치하여야 한다.

② 보육시설이 2층 이상인 경우 비상계단 또는 영유아용 미끄럼대를 반드시 설치하고, 그 밖에 안전사고 및 비상재해에 대비한 대피시설, 장비 등을 구비하여야 한다. 비상계단 등의 구체적인 설치기준은 여성가족부장관이 정한다.

③ 그 밖의 소방시설의 설치는 소방시설설치유지 및 안전관리에 관한 법률 시행령 [별표 4]의 규정에 의한다.

④ 가스를 사용하는 때에는 도시가스사업법, 액화석유가스의 안전관리 및 사업법에서 정한 규정에 따라 설치하고 관리하여야 한다.

(아) 그 밖에 실내설비는 다음의 기준을 갖추어야 한다.

① 영유아가 접근할 수 없는 안전한 장소에 응급조치를 위한 비상약품 및 간이 의료기구 등을 비치하여야 한다.

② 비상구를 제외한 모든 출입문 및 창문은 안쪽에서 잠길 우려가 없어야 하고, 밖에서도 쉽게 열 수 있어야 하며, 출입문 및 창문의 가장자리에는 영유아의 손이 끼지 아니하도록 손끼임 방지 고무패킹이나 완충장치를 설치하여야 한다.

③ 돌출형 방열기(라디에이터)는 영유아의 신체가 직접 닿지 아니하도록 울타리를 설치하여야 하며, 이와 유사한 온열기를 사용하는 경우에는 영유아가 직접 온열기에 닿지 아니하도록 적절한 보호장치를 설치하여야 한다.

④ 책장, 의자 등 가구의 모서리를 둥글고 표면이 매끄럽게 처리된 것이나, 고무 등으로 모서리에 보호장치를 설치하여야 한다.

⑤ 보육실에 설치된 교구장, 수납장 등은 안전을 위하여 아랫부분에 무거운 비품을 보관하여야 하고, 선반을 설치하는 때에는 물건이 추락하지 아니하도록 지지대를 설치하여야 하며, 무거운 물건은 너무 많이 쌓아 놓아서는 아니 된다.

⑥ 보일러 설비, 퓨즈박스(두꺼비집), 화기, 소독수, 살충제, 조리실의 칼, 가위, 포크, 랩 등은 영유아의 손이 닿지 아니하는 위치에 배치되어야 한다.

⑦ 보육시설 내부(벽, 천장 등)의 마감재료는 건축법시행령 제2조 규정에 의한 불연재, 준불연재 또는 난불연재를 사용하여야 하며, 실내장식물과 창문에 설치하는 커텐류 및 카페트 등 소방시설설치유지 및 안전관리에 관한 법률 제12조의 규정에 의한 방염대상물품은 소방시설설치유지 및 안전관리에 관한 법령의 규정에 의한 방염성능이 있는 것으로 설치하여야 한다.

나. 장애아만을 20명 이상 보육하기 위한 장애아전담 보육시설을 설치하는 경우에는 장애인·노인·임산부 등의 편의증진보장에 관한 법률에서 정한 및 설비 외에 다음의 설비를 갖추어야 한다.

(1) 장애아가 활동하기에 충분하도록 보육시설은 장애아 1인당 7.83m² 이상, 보육실(교실, 거실, 포복실, 유희실, 치료교실, 집단활동실을 포함한다.)은 장애아 1인당 6.6m² 이상의 면적을 확보하여야 한다.

(2) 집단활동실(강당, 놀이실)은 문턱 없이 접근이 가능한 통로에 연결되어야 하고 휠체어·보행기 등의 출입에 장애가 없어야 한다.

(3) 출입구는 비상재해 시 대피하기 쉽도록 복도 또는 넓은 공간에 직접 연결되게 설계되어야 하며, 시각장애아를 위한 점자블록이나 유도장치를 갖추어야 한다.

(4) 옥외피난계단의 유효폭은 0.9m 이상이어야 한다.

(5) 회전문과 자재문은 금하며, 자동문 설치 시 문의 개폐시간은 3초 이상을 확보하여야 한다.

(6) 휠체어에 앉은 영유아가 문의 손잡이를 잡을 수 있어야 한다.

(7) 계단 외에 엘리베이터 또는 기울기 1/12 이하의 경사로를 설치하여야 한다.

다. 장애아 3명 이상을 보육하는 장애아통합시설은 다음과 같은 설비를 갖추도록 노력하여야 한다.

(1) 2층 이상의 시설에는 엘리베이터를 설치하거나 적어도 한 곳 이상에 기울기 1/12 이하의 경사로를 설치하여야 한다.

(2) 출입구는 비상재해 시 대피하기 쉽도록 복도 또는 넓은 공간에 직접 연결되도록 하고, 시각장애아를 위한 점자블록이나 유도장치를 설치하여야 한다.

(3) 복도, 문, 화장실은 휠체어의 출입에 장애가 없어야 한다.

(4) 옥외피난계단의 유효폭은 0.9m 이상이어야 한다.

[별표 2]

보육시설 종사자의 배치기준
(제10조 관련)

1. 보육시설에 두어야 하는 보육시설 종사자와 그 수

가. 보육시설의 장 1인. 다만, 영유아 20인 이하를 보육하는 시설은 보육시설의 장이 보육교사를 겸임할 수 있다.

나. 보육교사

(1) 만 1세 미만의 영아 3인당 1인을 원칙으로 한다.
(2) 만 1세 이상 만 2세 미만의 영아 5인당 1인을 원칙으로 한다.
(3) 만 2세 이상 만 3세 미만의 영아 7인당 1인을 원칙으로 한다.
(4) 만 3세 이상 만 4세 미만의 유아 15인당 1인을 원칙으로 한다.
(5) 만 4세 이상 미취학 유아 20인당 1인을 원칙으로 하며, 이 경우 유아 40인당 1인은 보육교사 1급 자격을 가진 자이이야 한다.
(6) 취학아동 20인당 1인을 원칙으로 한다.
(7) 장애아보육은 장애아 3인당 1인을 원칙으로 하되, 장애아 9인당 1인은 특수교사 자격소지자로 한다.

다. 간호사

영유아 100인 이상을 보육하는 시설의 경우 간호사(간호조무사를 포함한다. 이하 같다.) 1인을 두어야 한다.

라. 영양사

영유아 100인 이상을 보육하는 시설의 경우 영양사 1인을 두는 것을 원칙으로 하되, 보육시설 단독으로 영양사를 두는 것이 곤란한 때에는 동일 시 · 군 · 구의 5개 이내 보육시설이 공동으로 영양사를 둘 수 있다.

마. 취사부

영유아 40인 이상을 보육하는 시설의 경우 취사부 1인을 두며, 영유아 매 60인을 초과할 때마다 1인씩 증원한다.

바. 그 밖의 종사자

시설의 규모와 특성에 따라 의사(또는 촉탁의사), 사회복지사, 사무원, 관리인, 위생원, 운전기사, 치료사 등의 종사자를 둘 수 있다.

사. 보육시설의 장이 간호사 또는 영양사 자격이 있는 때에는 간호사 또는 영양사를 겸직하게 할 수 있다.

2. 보육시설 종사자의 복무

가. 보육시설의 장은 전임이어야 하며, 다른 시설의 업무를 겸임할 수 없다.

나. 보육교사의 근무시간은 평일 8시간을 원칙으로 하고, 그 밖에 전후로 연장되는 시간은 보육시설의 장과 보육교사가 교대 근무하며, 초과근무수당을 지급하여야 한다.

다. 보육시설 종사자의 휴가는 보육공백을 최소화할 수 있도록 순번제로 실시하고 보수교육, 출산휴가 등으로 공백이 생기는 경우에는 대체교사를 배치하여야 한다.

[별표 3]

보육시설 종사자의 임면
(제11조 제3항 관련)

1. 보육시설 종사자의 채용은 공개경쟁을 원칙으로 한다.
2. 임면권자는 보육시설 종사자 채용 시 임금, 계약기간 등 근로조건을 명시한 근로계약을 체결하여야 한다. 이 경우 부당한 내용이 포함되어서는 아니되며, 관할행정기관은 이를 적극 지도 · 감독하여야 한다.
3. 보육시설 종사자 채용 시 제출하여야 하는 서류는 다음과 같다.

가. 별지 제7호 서식에 의한 인사기록카드

나. 최종학교 졸업증명서

다. 성적증명서(보육교사에 한한다.)

라. 자격증 사본

마. 경력증면서(경력자에 한한다.)

바. 주민등록등본

사. 채용신체검사서

4. 임면권자는 보육시설 종사자 결원 시 1월 이내에 보육시설 종사자를 채용하여야 한다.
5. 임면권자는 보육 등 아동복지에 관련된 학과의 학생 또는 육아경험이 있는 여성들을 자원봉사자로 활용할 수 있다. 이 경우 시설의 사정에 따라 수당을 지급할 수 있다.

[별표 4]

보육 관련 교과목 및 학점
(제12조 제1항 관련)

1. 대학 등에서 이수하여야 할 교과목 및 학점 일반

영역	교과목	이수과목(학점)
보육기초	아동복지(론), 보육학개론, 아동발달(론), 보육과정	4과목(12학점) 필수
발달 및 지도	인간행동과 사회환경, 아동관찰 및 행동연구, 아동생활지도, 아동상담(론), 특수아동지도	1과목(3학점) 이상 선택
영유아교육	놀이지도, 언어지도, 아동문학, 아동음악과 동작, 아동미술, 아동 수 · 과학지도, 영유아프로그램 개발과 평가, 영유아교수방법(론)	3과목(9학점) 이상 선택
건강 · 영양 및 안전	아동건강교육, 아동간호학, 아동안전관리, 아동영양학, 정신건강(론)	2과목(6학점) 이상 선택
가족 및 지역사회 협력 등	부모교육(론), 가족복지(론), 가족관계(론), 지역사회복지(론), 자원봉사(론), 보육정책(론), 보육교사(론), 보육시설운영과 관리	1과목(3학점) 이상 선택
보육실습	보육실습	1과목(2학점) 필수
전 체	12과목(35학점) 이상	

* 비고
  1) 교과목명이 상이하더라도 교과목의 내용이 유사하면 동일 교과목으로 인정하고, 보육실습의 경우 명칭과 무관하게 실습기관과 실습기간의 조건을 만족하는 경우 보육실습으로 인정한다.

2) 각 과목은 3학점을 기준으로 하며 최소 2학점 이상이어야 한다.

2. 보육실습에 관한 기준

가. 실습기관: 실습은 법적으로 인가받은 보육시설 및 종일제 유치원에서 보육교사 1급 또는 유치원 정교사 1급 자격을 가진 자가 실습을 지도하여야 한다.

나. 실습기간: 실습기간은 4주, 160시간을 원칙으로 하되, 야간대학 등의 경우에는 실습을 2회에 나누어 실시할 수 있다.

다. 실습의 평가: 실습의 평가는 실습계획서에 근거하여 행하되, 평가점수가 80점 이상인 경우에만 실습을 이수한 것으로 인정한다.

[별표 5]

교육훈련시설의 교육과정

(제12조 제2항 관련)

영역	교과목	이수과목(학점)
보육기초	아동복지(론)[3], 보육학개론[3], 보육과정[3]	3과목(9학점) 필수
발달 및 지도	아동발달(론)[3], 인간행동과 사회환경[3], 아동생활지도[3], 아동상담(론)[3], 특수아동지도(특수교육학)[3], 영유아보육의 실제[3], 방과후 아동지도[2]	7과목(20학점) 필수
영유아교육	놀이지도[3], 언어지도[2], 아동음악과 동작[2], 아동미술[2], 아동수 · 과학지도[2], 교재교구개발[3], 영유아교수방법(론)[3]	7과목(17학점) 필수
건강 · 영양 및 안전	아동간호학[2], 아동안전관리[2], 아동영양학[2]	2과목(4학점) 이상 선택
가족 및 지역사회 협력 등	부모교육[3], 지역사회복지[3], 보육정책[3], 보육시설운영과 관리[3], 정보화교육[2]	5과목(13학점) 필수
보육실습	보육실습[2]	1과목(2학점) 필수
계	25과목(65학점) 이상	

* 비고

1) 각 과목당 평가점수가 70점 이상인 경우에만 이수한 것으로 인정한다.
2) 학점당 시간은 15시간을 기준으로 하되, 보육실습기간은 4주 이상, 160시간 이상으로 한다.
3) 보육실습은 [별표 4]의 보육실습에 관한 기준을 준용한다.

[별표 6]

교육훈련시설의 시설기준 등
(제14조 제2항 관련)

1. 교육훈련시설의 시설기준

구분	시설기준
기본시설	1. 강의실: 교육인원 1인당 $1m^2$ 이상, 총 전용면적 $100m^2$ 이상으로 한다. 2. 실기 · 실습실: 교육인원 1인당 $1.2m^2$ 이상, 총 전용면적 $120m^2$ 이상으로 한다. 3. 도서실 (1) 교육인원 1인당 $0.66m^2$ 이상, 총 전용면적 $66m^2$ 이상으로 한다. (2) 열람좌석은 20석 이상으로 하고, 영유아보육 관련 도서 200권 이상을 구비하여야 한다. 4. 보육시설: 전용면적 $181.5m^2$ 이상으로 하되, 교육인원 1인당 $1.815m^2$ 이상으로 한다. 5. 교육연구실 및 사무실은 교수연구 및 사무에 적절한 실설을 갖추어 설치하되 겸용할 수 있다. 6. 화장실 · 급수시설 · 소방시설 · 방음장치 · 채광 · 환기 · 냉난방 · 조명시설 및 그 밖에 학습에 필요한 교재 · 교구 등을 갖추어야 한다.
지원시설	세미나실 · 자료실 · 휴게실 · 체육시설 · 기숙사 · 양호실 그 밖에 여가선용 및 운영관리에 필요한 시설을 갖출 수 있다.

* 비고: 교육훈련시설에서 부설 또는 위탁 운영하는 보육시설은 교육훈련시설의 기본시설로 인정하되, 교육훈련시설과 동일 시 · 군 · 구 안에 있어야 한다.

2. 교육훈련시설 교수요원의 수 및 자격기준

구분	교수요원의 수	자격기준
전임교수	교육인원 50명당 1인	보육 관련 각 과목을 전공하여 석사 이상의 학위를 받은 자로서 해당 분야 강의경력이 3년 이상인 자
외래교수		1. 보육 관련 각 과목을 전공하여 석사 이상의 학위를 받은 자로서 해당 분야 강의경력이 1년 이상인 자 2. 보육시설의 장으로서 보육업무 경력이 5년 이상인 자 3. 보육교사로서 보육업무 경력이 8년 이상인 자 4. 7급 이상 공무원으로서 보육행정업무에 3년 이상 종사한 자

* 비고: 보육 관련 각 과목은 [별표 4] 및 [별표 5]의 교과목을 의미한다.

[별표 7]

보수교육 실시기준
(제20조 제4항 관련)

1. 교육의 구분 및 대상자

가. 직무교육

보육대상자에 따라 일반직무교육과 특별직무교육으로 구분하며, 특별직무교육을 이수한 경우에는 일반직무교육을 이수한 것으로 본다.

(1) 일반직무교육

(가) 보육교사: 현직에 종사하고 있는 보육교사로서 보육업무 경력이 만 2년이 경과한 자를 위한 교육

(나) 보육시설의 장: 현직에 종사하고 있는 보육시설의 장으로서 보육시설의 장의 직무를 담당하는 첫해와 보육업무 경력이 만 2년이 경과한 자를 위한 교육

(2) 특별직무교육

(가) 영아보육 직무교육: 일반직무교육 대상자로서 영아보육을 담당하고 있거나 담당하고자 하는 보육교사 및 보육시설의 장을 위한 교육

(나) 장애아보육 직무교육: 일반직무교육 대상자로서 장애아보육을 담당하고 있거나 담당하고자 하는 보육교사 및 보육시설의 장을 위한 교육

(다) 방과후보육 직무교육: 일반직무교육 대상자로서 방과후보육을 담당하고 있거나 방과후보육을 담당하고자 하는 보육교사 및 보육시설의 장을 위한 교육

나. 승급교육: 직무교육과 승급교육을 같은 해에 받아야 하는 경우에는 승급교육을 받은 자는 직무교육을 생략할 수 있다.

(1) 2급 보육교사 승급교육은 3급 보육교사 자격 취득 후 보육업무 경력이 만 6월이 경과한 자

(2) 1급 보육교사 승급교육은 2급 보육교사 자격 취득 후 보육업무 경력이 만 2년 이상이 경과한 자. 다만, 석사학위 소지자로서 보육교사 2급 자격을 취득한 경우는 보육업무 경력이 만 6월이 경과한 자

2. 보수교육의 평가

가. 보수교육은 해당 교육시간을 모두 출석한 때에만 이수한 것으로 본다.

나. 직계가족의 사망, 사고 또는 결혼 등으로 인한 결석이나 본인의 사고, 질병 등으로 인한 결석의 경우에는 교육시간의 최대 10% 범위 안에서 출석한 것으로 인정할 수 있다. 다만, 출석 인정을 받기 위하여서는 반드시 관련 서류를 제출하여야 한다.

다. 승급교육 대상자 중 출석기준은 충족하였으나 평가시험에서 80점 이상을 획득하지 못한 때에는 승급교육을 이수한 것으로 인정할 수 없다.

3. 교육비

가. 교육생은 시·도지사가 정하는 바에 따라 교육기관에 수강료를 납부하여야 한다.

나. 가목의 규정에 의한 수강료는 교육에 필요한 실비의 범위 안에서 정하여야 한다.

다. 국가 및 지방자치단체는 직무교육 및 승급교육에 필요한 교육비를 보조할 수 있다. 이 경우 교육비의 보조는 해당 금액을 교육기관 등에 지급한다.

[별표 8]

보육시설의 운영기준
(제23조 관련)

1. 명칭

가. 보육시설의 명칭은 '○○어린이집' 으로 한다.

나. 이 명칭은 국 · 공립 보육시설이나 시장 · 군수 · 구청장의 인가를 받아 설치되는 보육시설만이 사용할 수 있으며, 동일 시 · 군 · 구에서는 동일한 명칭을 사용할 수 없다.

다. '○○어린이집' 이라는 명칭 외에 다른 기관으로 오인할 수 있는 별도의 명칭을 표기하거나 병기하여서는 아니 된다.

2. 보육시설의 운영

가. 보육대상

보육시설은 가능한 한 2세 미만 영아반, 2세 영아반과 3세 이상 유아반을 동시에 운영하여야 한다.

나. 보육시설 이용신청자 명부의 작성 · 비치

보육시설의 장은 신청순위에 따라 별지 제19호 서식의 이용신청자 명부를 작성 · 비치하여 이를 열람할 수 있도록 하여야 한다.

다. 보육시간 등

(1) 보육시설은 주 6일, 평일 12시간 이상 운영함을 원칙으로 하되, 보호자의 근로시간 등을 참작하여 조정 운영할 수 있다.

(2) 보육시설은 관공서의 공휴일에 관한 규정에 의한 공휴일(이하 '공휴일' 이라 한다.)을 제외하고 연중 계속 운영하여야 하며, 지역 및 시설여건에 따라 보호자와 보육시설의 장의 협의에 의하여 공휴일에도 운영할 수 있다.

라. 운영규정

보육시설의 장은 조직, 인사, 급여, 회계, 물품, 그 밖에 시설의 운영관리에 관하여 필요한 규정을 제정 · 시행하여야 한다.

마. 보육료 수납

보육시설의 장은 보육 영유아의 보호자 등이 체신관서 및 금융기관을 통하여 보육료를 납부할 수 있도록 보육료 납부통지를 하여야 한다.

바. 비용의 지출

(1) 보육시설의 지출은 계좌입금 또는 신용카드로 함을 원칙으로 한다.

(2) 국 · 공립 보육시설, 법인보육시설 등 보육시설 종사자의 인건비를 지원받는 보육시설의 장은 해당 보육시설 종사자의 인건비를 지급하는 때에 여성가족부장관이 정하는 종사자 봉급표를 기준으로 지급하되, 지방자치단체에서 별도 지급하는 교사처우개선비, 건강보험료 등을 부가적으로 지급하여야 한다.

(3) 보육시설 종사자 인건비의 지급은 반드시 계좌 입금하여야 하며, 보육시설 종사자에게는 봉급명세서를 발급하여야 한다.

사. 보험가입

(1) 보육시설의 장은 영유아의 보호자에게 보육시설을 이용하는 영유아를 상해보험에 가입하도록 안내하여야 한다.

(2) 보육시설의 대표자는 영유아 상해 등에 따르는 배상책임에 대비하기 위하여 배상보험 및 화재보험에 가입하여야 한다.

(3) 보육시설 종사자는 관계법령이 정하는 바에 따라 산재보험, 고용보험에 가입하여야 한다.

(4) 보육시설에서 차량 운행을 하는 때에는 자동차보험에 가입하여야 한다.

아. 장부 등의 비치

보육시설에는 다음의 장부 및 서류를 비치하여야 한다. 다만, 상시 영유아 20인 이하의 시설로 보육시설의 장이 보육교사를 겸임하는 시설의 경우에는 (4) · (6) · (10) · (11) 및 (13) 외의 장부 및 서류는 비치하지 아니할 수 있다.

(1) 시설의 연혁에 관한 기록부

(2) 재산목록과 그 소유를 증명하는 서류(부동산을 임차하는 경우에는 임대차계약서를 포함한다.)

(3) 시설운영일지

(4) 보육시설 종사자의 인사기록카드(채용구비서류, 이력서 및 사진을 포함한다.)

(5) 예산서 및 결산서

(6) 총계정원장 및 수입 · 지출보조부

(7) 금전 및 물품출납부와 그 증빙서류
(8) 보고서철 및 관계행정기관과의 문서철
(9) 소속 법인의 정관 및 관계서류
(10) 보육시설 이용신청자명부 및 이용아동연명부
(11) 생활기록부, 영유아보육일지 및 건강진단카드
(12) 보육시설 종사자의 인사 · 복무 및 시설운영에 관한 규정 등
(13) 안전점검표
(14) 그 밖에 보육시설 운영에 필요한 서류

3. 안전 및 위생관리

가. 안전관리

(1) 보육시설의 장은 안전점검표 양식에 따라 일정기간별로 시설의 안전점검을 시행하여 화재 · 상해 등의 위험발생요인을 사전에 제거하여야 한다.

(2) 각 놀이시설물에 대하여 적절한 점검일정을 세워 점검하여야 한다. 이 경우 놀이시설물의 볼트, 너트 등 이음장치, 울타리, 구조물의 부식 여부 등은 매일 점검하고, 움직이는 부분들이 서로 맞물리는 놀이시설물의 경우 영유아의 신체 일부분이 놀이기구에 끼지 아니하도록 맞물림의 형태 등을 점검하여야 한다.

(3) 보육시설의 장은 소방계획을 작성하고 매월 소방훈련을 실시하여야 한다.

(4) 보육시설의 장은 아동복지법 제9조 제3항의 규정에 의하여 매년 안전교육계획을 수립하여 보육 영유아에 대하여 안전교육을 실시하고 이를 시장 · 군수 · 구청장에게 보고하여야 하고, 보육시설 종사자에게도 안전교육을 실시하여야 한다.

(5) 보육시설의 장은 보호자와의 비상연락망을 확보하고, 사고에 대비하여 보육 영유아에 대한 응급처치동의서를 받아 비치하여야 한다.

(6) 보육시설의 장은 영유아에 대한 사고가 발생한 때에는 즉시 영유아의 보호자에게 알리고, 사고가 중대한 경우 시장 · 군수 · 구청장에게 보고하여야 하며, 사고보고서를 작성하여 비치하여야 한다.

(7) 보육시설 종사자는 영유아에게서 아동학대의 징후 등을 발견하는 때에는 아동복지법 제26조 제2항의 규정에 의하여 즉시 아동보호전문기관 또는 수사기관에 신고하여야 한다.

나. 위생관리

(1) 조리실 · 화장실 · 침구 등에 대하여 정기적으로 소독을 실시하여야 한다.

(2) 보육시설의 음용수는 상수도 및 간이상수도를 사용하는 때에는 물을 끓여 사용하는 것을 원칙으로 하고, 정수장치를 설치하는 때에는 정기적인 필터 교환 등으로 수질을 관리하여야 하며, 음용수로 지하수를 사용하는 때에는 먹는물 수질기준 및 검사 등에 관한 규칙 제3조의 규정에 의하여 수질검사를 신청하여야 하며, 수질검사기관으로부터 교부받은 먹는물수질검사성적서를 비치하여야 한다.

(3) 보육시설 종사자는 영유아의 위생에 영향을 미치는 감기, 독감, 홍역 등 유행성 질환 감염 여부, 영유아의 피부, 머리, 손톱 · 발톱, 치아상태, 보육시설의 청소상태, 침구 및 기저귀 등의 위생상태, 욕실 및 화장실의 청결상태, 세면도구 등의 위생상태 등에 대하여 수시로 점검하여야 한다.

(4) 동물을 두는 때에는 미리 부모에게 이를 고지하고, 동물로부터 영유아가 알레르기 및 질병, 상해를 입지 아니하도록 정기적으로 수의사를 통해 면역조치 등을 받아야 하며, 동물 · 곤충 또는 배설물 등을 접촉한 때에는 접촉부위를 씻어야 한다.

다. 차량안전관리(차량을 운영하는 경우)

(1) 차량은 11인승 이상 승합자동차에 한하며, 도로교통법 제48조의4의 규정에 의하여 미리 어린이통학버스로 관할 경찰서장에게 신고하고 신고필증을 교부받아야 한다.

(2) 운전기사는 채용 시 건강진단서를 제출하여야 한다.

(3) 보육시설에서 운행 중인 모든 차량에는 차량 내에 안전수칙을 부착하고, 차량용 소화기 및 구급상자를 비치하여야 하며, 차량안전점검표에 의한 안전점검을 실시하여야 한다.

(4) 차량 운행 시 보육교사 등 영유아를 보호할 수 있는 사람이 동승하여야 하고, 36개월 미만 영아를 탑승시키는 때에는 보호자가 동반하거나 보호장구를 착용하는 것을 원칙으로 한다.

(5) 교사와 영유아는 차량 운행 시작 전 안전벨트를 착용하여야 한다.

(6) 운전자는 음주, 휴대폰 또는 이어폰 사용 등 운전판단능력에 영향을 미치는 행위를 하여서는 안 된다.

(7) 퇴원 차량 운행 시 보육교사 등 차량에 동승하는 자는 영유아가 안전하게 부모 등 보호자에게 인도될 수 있도록 조치하여야 한다.

[별표 9]

보육시설에 대한 행정처분의 세부기준
(제38조 제1항 관련)

1. 일반원칙

가. 위반행위의 횟수에 따른 행정처분의 기준은 그 위반행위가 있은 날 이전 최근 3년간 같은 위반행위로 행정처분을 받은 경우에 적용한다.

나. 위반행위가 2 이상인 경우로서 그에 해당하는 각각의 처분기준이 다른 때에는 그중 중한 처분기준에 의하고, 2 이상의 처분기준이 동일한 운영정지인 경우에는 중한 처분기준의 2분의 1까지 가중할 수 있되, 각 처분기준을 합산한 기간이나 1년을 초과할 수 없다.

2. 개별기준

위반사항	근거법령	1차	2차	3차
1. 법 제36조의 규정에 의하여 비용을 보조받은 자가 사실을 거짓으로 보고하여 보조를 받았거나 보조금을 유용한 때	법 제45조 제1항제1호	6월 이내 운영정지	시설폐쇄	–
2. 법 제40조의 규정에 의한 비용 또는 보조금의 반환명령을 받고 이를 반환하지 아니한 때	법 제45조 제1항제2호	1년 이내 운영정지	시설폐쇄	–
3. 법 제13조 제1항의 규정에 의한 변경인가를 받지 아니하고 보육시설을 운영하여 법 제44조의 규정에 의한 시정 또는 변경명령을 받았으나 이를 위반한 때	법 제45조 제1항제3호	3월 이내 운영정지	6월 이내 운영정지	시설폐쇄
4. 법 제15조의 규정에 의한 보육시설의 설치기준을 위반하여 법 제44조의 규정에 의한 시정 또는 변경명령을 받았으나 이를 위반한 때	법 제45조 제1항제3호	3월 이내 운영정지	6월 이내 운영정지	시설폐쇄
5. 법 제17조의 규정에 의한 보육시설 종사자의 배치기준을 위반하여 법 제44조의 규정에 의한 시정 또는 변경명령을 받았으나 이를 위반한 때	법 제45조 제1항제3호	2월 이내 운영정지	6월 이내 운영정지	시설폐쇄

위반사항	근거법령	1차	2차	3차
6. 법 제24조 제1항의 규정에 의한 보육시설의 운영기준을 위반하여 법 제44조의 규정에 의한 시정 또는 변경명령을 받았으나 이를 위반한 때	법 제45조 제1항제3호	2월 이내 운영정지	6월 이내 운영정지	시설폐쇄
7. 법 제38조의 규정에 의한 보육료 등의 수납한도액을 초과하여 수납하여 법 제44조의 규정에 의한 시정 또는 변경명령을 받았으나 이를 위반한 때	법 제45조 제1항제3호	2월 이내 운영정지	6월 이내 운영정지	시설폐쇄
8 법 제42조의 규정에 의한 보고를 하지 아니하거나 거짓으로 보고한 경우 또는 조사·검사를 거부하거나 기피하여 법 제44조의 규정에 의한 시정 또는 변경명령을 받았으나 이를 위반한 때	법 제45조 제1항제3호	2월 이내 운영정지	6월 이내 운영정지	시설폐쇄
9. 법 제43조 제1항의 규정에 의한 신고를 하지 아니하고 보육시설을 폐지 또는 휴지하거나 그 운영을 재개하여 법 제44조의 규정에 의한 시정 또는 변경명령을 받았으나 이를 위반한 때	법 제45조 제1항제3호	시설폐쇄	-	-

[별표 10]

보육시설의 장 및 보육교사에 대한 행정처분 세부기준
(제39조 제20항 관련)

1. 일반원칙

가. 위반행위의 횟수에 따른 업무정지 또는 자격정지기준은 그 위반행위가 있은 날 이전 최근 3년간 같은 위반행위로 업무정지 또는 자격정지처분을 받을 경우에 적용한다.

나. 위반행위가 2 이상인 때에는 중한 처분기준의 2분의 1까지 가중할 수 있되, 각 처분기준을 합산한 기간이나 1년을 초과할 수는 없다.

2. 보육시설의 장의 업무정지 개별기준

위반사항	근거법령	1차	2차	3차
1. 보육시설의 장의 업무수행 중 고의 또는 중대한 과실로 손해를 가한 경우	법 제46조 제1호	3월 이내 업무정지	6월 이내 업무정지	1년 이내 업무정지
2. 보육교사 · 간호사 또는 영양사 등 당해 업무수행에 필요한 자격이 없는 자를 채용하여 해당 업무를 수행하게 한 경우	법 제46조 제2호	3월 이내 업무정지	6월 이내 업무정지	1년 이내 업무정지
3. 법 제23조의 규정에 의한 보수교육을 연속하여 3회 이상 받지 아니한 경우	법 제46조 제3호	2월 이내 업무정지	6월 이내 업무정지	1년 이내 업무정지

3. 보육교사의 자격정지 개별기준

위반사항	근거법령	1차	2차	3차
1. 보육교사의 업무수행 중 당해 자격과 관련하여 고의 또는 중대한 과실로 손해를 가한 경우	법 제47조 제1호	2월 이내 자격정지	6월 이내 자격정지	1년 이내 자격정지
2. 법 제23조의 규정에 의한 보수교육을 연속하여 3회 이상 받지 아니한 경우	법 제47조 제2호	2월 이내 자격정지	6월 이내 자격정지	1년 이내 자격정지

참고문헌

강남식 외(2003). 보육정책의 새로운 관점 정립 및 개선방안 연구. 여성부 연구보고.

강문희(2000). 유아교육기관 운영관리. 서울: 학지사.

강영욱(2002). 영유아 보육정책의 변천에 관한 사(史)적 고찰. 한국행정사회학지, 11.

고영미(1996). 유아의 스트레스 행동과 어머니의 양육태도 및 가족변인과 성별과의 관계. 이화여자대학교 대학원 석사학위논문.

고후순(1992). Fröbel의 유아교육사상. 효성여자대학교 대학원 박사학위논문.

고후순 외(1996). 유아교육사상사. 서울: 양서원.

공인숙, 한미현, 김영주(2002). 영유아보육론. 서울: 교육과학사.

곽노의, 김경철, 김창복(2003). 유아교육개론. 서울: 학지사.

곽노의, 홍순정(2000). 유아교육사상. 서울: 문음사.

교육고전연구회(1985). 교육고전의 이해. 이화여자대학교 출판부.

교육부(2000). 유아를 위한 안전교육 지도자료.

구재옥 외(2002). 생활주기 영양학. 서울: 효일.

김동일(1990). Rousseau의 종교사상에 관한 연구-Emile을 중심으로-. 교육철학, 제8집. 한국교육철학회.

김동일(1992). Rousseau의 아동교육사상에 관한 연구. 효성가톨릭대학교 대학원 박사학위논문.

김두범 외(2004). 영유아 보육 프로그램. 서울: 창지사.

김명희(1996). 현대사회와 부모교육. 학문출판사.

김수영(1992). 유치원 교사의 교육신념과 교수행위에 관한 연구: 대구 지역을 중심으로. 이화여자대학교 대학원 박사학위논문.

김수영 외(2003). 영유아 프로그램. 서울: 양서원.

김숙자(2003). 보육정책의 성과 및 향후 추진계획. 여성정책포럼 2003년 겨울호. 한국여성개발원.

김순기(2000). 철대사 및 영유아기의 철결핍성 빈혈. 모자영양연구회. 서울: 교문사.

김연진 외(2005). 보육학개론. 서울: 동문사.

김영명(1999). 영아반 운영사례. 보육시설의 주제탐구 표현활동 프로그램의 운영, 21-32. 서울대학교 생활과학대학 부속 어린이집 개원 1주년 기념 학술심포지엄.

김영심(1990). 가족형태에 따른 어머니의 양육태도와 유아의 발달에 관한 연구. 이화여자대학교 교육대학원 석사학위논문.

김영옥(1998). 아동보육시설의 운영 실태와 발전방안. 한국영유아보육학 제16집, 268.

김영희 외(2003). 프로그램의 이론과 실제. 경기도: 양서원.

김익균 외(2002). 보육학개론. 서울: 교문사.

김익균 외(2004). 보육시설 운영관리. 서울: 교문사.

김의영(2002). 아동보육론. 서울: 동문사.

김인자(1992). PET와 집단상담. 한양대학교 제5회 학술세미나.

김재만(1995). 교육철학사. 서울: 형설출판사.

김정신(1999). 아버지의 양육태도와 양육참여도에 따른 유아의 친사회적 행동. 이화여자대학교 대학원 석사학위논문.

김정원(1999). 부모교육 프로그램의 개발 및 실시에 관한 연구. 이화여자대학교 대학원 박사학위논문.

김정희(2000). 국·공립 영아 보육시설의 설립과 운영. 2000년도 한국아동학회 춘계학술대회.

김종서, 이영덕, 황정규, 이홍우(1997). 교육과정과 교육평가. 서울: 교육과학사.

김창복 외(2004). 영유아 보육론. 서울: 형설출판사.

김춘일, 조용태(1998). 유아교육의 이해. 서울: 교육과학사.

김현주, 손은경, 신혜영(2000). 현장 중심 부모교육. 서울: 양서원.

김혜경 외(2003). 1세아를 위한 보육프로그램. 서울: 창지사.

김혜련(2003). 보육아동의 건강·영양관리를 위한 보육서비스 개선과제. 보건복지포럼 통권 제85호. 한국보건사회연구원.

김희진 외(2004). 영아를 위한 프로그램의 이론과 실제. 서울: 창지사.

박병희(2002). 관계적 교육 공동체 속의 부모: 영아기. 2002 중앙대학교 사회과학연구소 춘계 국제학술대회.

박성연 외(2001). 아동발달. 서울: 동문사.

박선희 외(2002). 유아건강교육. 한국방송통신대학교.
박준영(1995). John Dewey 교육사상. 경성대학교 출판부.
박충선(1993). 맞벌이 가족의 출현배경. 한국가족학연구회 현대사회와 가족문제 세미나자료.
방은영(1995). 현대사회와 부모 · 부모교육 연구회 토론자료집.
보건복지부(2002). 2001년도 국민 · 건강 영양조사 보고서.
보건복지부(2004). 2004 보육사업 안내.
삼성복지재단(2003). 삼성보육프로그램. 다음세대.
삼성복지재단(2003). 영유아 프로그램 총론. 다음세대.
서동인(1991). 맞벌이 가족의 부모-자녀관계. 한국가족학 연구회 세미나자료.
서미경(2000). 현대사회의 가족문제와 가족치료.
서영숙 역(1990). 탁아. 서울: 교육과학사.
서영숙, 김경혜(2004). 영유아보육론. 경기도: 양서원.
서영숙, 허정경, 오현주(2005). 방과후 아동지도론. 서울: 양서원.
성영혜 외(2002). 최신 유아교육기관 운영관리. 서울: 동문사.
성영혜, 김연진(2002). 아동복지의 이론과 실제. 서울: 동문사.
숙명여자대학교(2003). 유아사고 예방을 위한 안전교육.
숙명여자대학교 아동연구센터(1996). 현대사회와 부모. 숙명여자대학교 출판부.
신화식(1989). Montessori 이론에 기초한 유아교육과정 모형의 개발 및 적용. 중앙대학교 대학원 박사학위논문.
신화식 외(2004). 영유아교육 프로그램. 서울: 교문사.
심성경 외(1998). 유아교육개론. 서울: 창지사.
안인희(1990). 루소의 교육론. 서울: 양서원.
안인희(1992). 루소의 교육사상. 서울: 이화여자대학교 출판부.
안효섭(2004). 홍창의 소아의학. 서울: 대한교과서.
양옥승(1995). 선진국의 보육 현주소-미국편-. 월간보육, 5, 6, 18-21. 서울: 한국영유아보육시설연합회.
양옥승 외(1999). 영유아 보육개론. 서울: 학지사.
여성가족부(2005). 보육사업 안내. 서울: 여성가족부.
여성가족부(2005). 영유아보육법.
여성가족부(2005). 영유아보육법 시행규칙.
연미희(1994). 한국 부모에 대한 PET 부모교육 프로그램의 적용성 평가. 경희대학교 대학원 박사학위논문.

오세덕(1995). 부모역할 훈련 프로그램과 부모의 자기이해 프로그램의 효과 비교. 전남대학교 대학원 박사학위논문.

오영희, 엄정애(1999). 부모교육. 서울: 동현출판사.

유가효 외(1997, 2000). 보육학개론. 서울: 동문사.

유안진, 김연진(1997). 부모교육. 서울: 동문사.

유희정(2003). 보육정책 발전방안. 여성정책포럼 2003년 봄호. 한국여성개발원.

윤애희 외(2003). 보육의 이해와 영 · 유아보육프로그램. 서울: 창지사.

이기숙(1992). 유아교육과정. 서울: 교문사.

이기현, 이은상, 정민사(2003). 영유아를 위한 건강, 안전, 영양. 서울: 정민사.

이늠해(1995). 어린이집 영아반 운영의 실제. 서울: 교육과학사.

이대균(2000). 유아교육기관의 운영관리. 서울: 양서원.

이대균 외(2004). 최신 유아교육기관의 운영관리. 경기도: 양서원.

이순형 외(2004). 아동복지(개정판). 서울: 학지사.

이영자 외(2001). 1, 2세 영아프로그램의 계획 및 운영. 서울: 다음세대.

이은해(2002). 보육시설 프로그램 평가도구의 개발과 타당화. 삼성복지재단 2002년 제10회 국제학술대회 영유아 교육기관의 인정제: 한국, 일본, 미국, 영국, 호주, 91-130.

이은화(1997). 부모교육의 목적. 한국부모교육학회 편. 부모교육학(pp. 43-70). 서울: 교육과학사.

이재연(1992). 탁아의 유형 · 아동의 권리; 가정 · 교육 · 탁아, 한국아동학회. 서울: 양서원.

이정숙(2000). 영아 보육프로그램. 서울: 태진출판사.

이현섭 외(1995). 영유아 보육의 문제점과 개선방안 연구. 진주산업대학교 논문집 제34집.

이현섭 외(1997). 유아교육론. 서울: 양서원.

이현섭 외(1997). 유아교육개론. 서울: 학지사.

이현섭 외(1999). 아동발달심리. 서울: 학지사.

이현섭 외(2004). 부모교육 및 상담. 경기도: 양서원.

이현섭(1984). 유치원 경영관리. 서울: 예일출판사.

이현섭(1994). 영유아 보육의 발전방향과 과제. 진주산업대학교 논문집 제33집.

임미혜(2000). 영유아 보육 프로그램. 서울: 동문사.

임재택(1998). 유아교육기관 운영관리. 서울: 양서원.

임재택(2005). 유아교육기관 운영관리. 경기도: 양서원.

장영희, 윤선화, 이봉선, 정윤경, 김종선, 이경선(2003). **유아를 위한 안전교육**. 교육인적자원부.

전국보육교사 협의회(1997). **보육시설의 운영관리**. 서울: 양서원.

전남련 외(2004). **영유아보육개론**. 서울: 형설출판사.

전해순(2003). **보육의 공공성 확보를 위한 정부의 과제**. 보육의 사회적 역할과 공공성 토론회 자료집.

정봉구 역(1988). **에밀**. 서울: 범우사.

정연강, 조정순(2003). **유아영양과 건강(개정판)**. 서울: 양서원.

정진경(1990). **어머니가 키우는 아이와 탁아소에 다니는 아이: 고정관념과 그의 극복**. 탁아제도와 미래의 어린이 양육을 걱정하는 모임(편).

조경자 외(2004). **유아건강교육(개정판)**. 서울: 학지사.

조성연 외(2004). **영유아보육론**. 서울: 학지사.

조성일 외(2000). **유아교육기관의 운영관리**. 서울: 동문사.

조옥희(1992). Montessori 유아교육사상에서의 교사론. 대구가톨릭대학교 대학원 박사학위논문.

조옥희(1989). 한국의 Montessori 교사훈련에 관한 연구. **교육학논총, 제8권**. 대구경북교육학회.

조옥희(1989). Montessori 교육현황에 대한 조사연구－대구시내 유치원을 중심으로. **교육학노총, 제7권**. 대구경북교육학회.

조용태(1983). Montessori 사상에서의 자유와 교육. **여성문제연구, 제12권**. 대구가톨릭대학교 한국여성문제연구소.

조정자(1989). M. Montessori의 종교교육이 청소년들의 인격 형성에 미치는 영향. **생활연구, 제7권**. 대구가톨릭대학교 학생생활연구소.

최미현 외(1982). **영유아보육의 이해**. 서울: 창지사.

최미현 외(1998). **영유아보육론**. 서울: 창지사.

최미현 외(2000). **영유아보육의 이해**. 서울: 창지사.

최영선 외(1999). **영유아보육시설의 영양관리**. 보건복지부.

최정웅(1978). 사회개조를 중심으로 한 Pestalozzi의 교육사상. 경북대학교 대학원 박사학위논문.

최정웅(1987). **루소의 교육사상**. 서울: 배영사.

통계청(2003). 인구동태 통계연보(총괄 · 출생 · 사망편).

한국보건사업진흥원(2004). **어린이를 위한 식생활 실천지침**. 보건복지부.

한국산업안전공단(2002). 생활주제와 함께 하는 안전교육.

한국아동안전관리교육협회(2003). 아동안전교육개론. 서울: 학문사.

한국어린이육영회(1999). 어린이집 운영을 위한 서식집 11권 사무절차. 서울: 사단법인 한국어린이육영회.

한국어린이육영회(2002). 유아를 위한 안전교육 활동자료집.

한국여성개발원(1998). 가정 탁아제 정착을 위한 시범 사업보고서.

한국영양학회(2000). 한국인 영양 권장량 제7차 개정.

황해익, 임재택(1996). 영유아관찰 및 평가. 서울: 양서원.

황해익(2000). 유아교육평가. 서울: 양서원.

허혜경, 김상희(2004). 유아건강교육. 서울: 창지사.

홍금자(2003). 세계의 보육현황-일본편-. 충북 보육정보 8월호. 충청북도 보육정보센터 www.cbeducare.or.kr

Allen, K. E., & Marotz, L. R. (2000). *By the ages: Behavior and development of children pro-birth through eight*. Canada: Delmar Thomson Learning.

Andel, J. V. (1997). Interaction between children and their environment: The importance of child-friendly environment. 삼성복지재단 제5회 국제학술대회 어린이와 환경. 삼성복지재단 어린이개발센터. 6-7.

Applebaum, M. (1986). *The Growth of the Montessori Movement in the United States, 1909~1970*, Doctorial Dissertation Ph. D., Michigan University.

Bee, H. (1997). *The Developing Child* (8th ed.). New York: Longman.

Berk, L. (1997). *Child development. Needham Heights*. MA: Allyn and Bacon.

Blasco, P. M. (2001). *Early intervention services for infants, toddlers, and their families*. Boston: Allyn and Bacon.

Blow, S. E. (1908). *Educational Issues in the kindergarten*. New York: D. Appleton.

Bollnow, O. F. (1972). *Die Padagogik der deutschen Romantik*, Von Arndt bis Frabel, Stuttgart, Verlag W. Kohlhamner, 1953, Aufl.

Bowman, B. (1994). Home and school: the unresolved relationship. In S. L. Kagan & B. Weissbourd (Eds.), *Putting families first: America's family support movemen and the challenge*. San Francisco: Jossey-Bass.

Brinker, R. P. (1985). Interactions between severely mentally retarded students and other students in integrated and segregated public school settings. *American Journal of Mental Deficency, 89*(6), 587-594.

Bronfembrenner, U. (1990). Discovering What families do. In D. Blankenhorn, S. Couchenour, D., & Chrisman, K. (2000). *Families, schools, and fommunities.* Delmar Thomson Press.

Cappizzano, J., Adams, G., & Sonenstein, F. L. (2000). *Child Care Arrangements for Children.* Under Five: Variation across States. Urban Institute.

Cartwright, C. A. R., & Cartwright, G. P. (1974). *Developing observation skills.* N.Y: McGrow-Hill Book Co.

Children Learning (1986). *Montessori in Practice*, The N.A.M.T.A. Quarterly, Vol. 11, No. 2.

Clarke-Stewart, A. (1982). *Day Care.* Cambridge, Mass: Harvard Univ. Press.

Clarke-Stewart, A. (1994). *Day Care good or bad for children?* 삼성복지재단 어린이개발센터, 1-34.

Clark, A. M. (2003). *The ABC's of Quality Child Care.* N.Y.: Delmar Learning.

Cummings, E. M. (1980). Caregiver Stability and day Care. *Developmental Psychology, 61*, 31-37.

Decker, C. A., & Decker, J. R. (1992). *Planning and administering early childhood programs* (6th ed.). NJ: Merrill/Prentice-Hall.

Decker, C. A., & Decker, J. R. (1992). *Planning and administering early childhood programs.* Bell & Howell, Co.

Desteno, N. (2000). Parent involvement in the classroom: *The fine line. young children*, May.

Die Bildung Von Kingerpfegerinnen. (1981). in Friedrich Fröbel, Ausgewahlte Schriften,

Dimidjian, V. J. (1983). Questions and answers about improving physical environments for young children. *Child Care Quarterly, 12*(3), 210-221.

Doherty, W. J. (1995). Boundaries between parent and family education and family therapy: The levels of family involvement model. family Relations.

Ersta Gabe (1982). *Der Ball als erstes Spicveug des kindes*, Bd III, hrsg. v. Heiland, Stuttgart.

Froebel, F. (1982). *Ausgewahlte Schriften.* Bd, I, Stuttgart, KI-ett-Cotta.

Froebel, F. (1982). *Die Spielgaben.* Stuttgart, Ernst Klett.

Gettman, D. (1987). *Basic Montessori Learning Activities for Under-Fives.* New York: St. Martin's Press.

Greenberg, P. (1991). *Character Development: Encouraging Self-esteem and self-discipline in Infants, Toddler, and Two-Year-olds.* Washington, D.C.: NAEYC.

Heliand, H. (1982). *Friedrich Frabel in Selbstzeugnissen und Bilddokumenten.* J., Reinbek B. Hamburg, Rowohlt Tashenbuch Verlag.

Hildebrand, V. (1991). *Introduction to early Childhood education* (5th ed.). Prentice-Hall Inc.

Jaffe, M. L. (1997). *Understanding parenting.* Boston: Allyn and Bacon.

Jenkins, J. R., Odom, S. L., & Speltz, M. L. (1985). Interaction normal and handicapped preschoolers: Effects on child development and social interaction. *Exceptional Children, 52,* 7-18.

Jorde, P. (1982). *Avoiding burnout: strategies for managing time, space and people in early childhood education.* Washington, D.C.: Acropolis Books.

Kramer, R. (1983). *Maria Montessori-A Biography.* Chicago: University of Chicago Press.

Machado, J. H. (2003). *Early childhood Experience in Language Arts* (7th ed.). Thomson Learning.

Marotz, L. R., Cross, M. Z., & Rush, J. M. (2001). *Health, safety, and nutrition for the young child.* Delmar Pub.

Melhuish, E., & Moss, P. (1995). **세계의 영유아보육: 미국과 유럽을 중심으로**(이영, 이기숙, 박경자, 정미라, 김춘경 공역). 서울: 이화여자대학교 출판부.

Montessori, M. (1984). *Her Life and Work.* New York: A Plume Book.

Moore, G. T., Lane, A. B., Cohen, U., & McGinty, T. (1996). *Recommendations for Child Care Centers, Publications in Architecture & Urban Planning.* University of Wisconsin-Milwaukee.

Nourot, P. M. (1997). Playing with Play in four dimensions. In J. Isenberg & M. R. Jaongo (Eds.), *Major trends and issues in early childhood education.* New York: Teachers College Press.

Olds, A. R. (1999). *CHILD CARE DESIGN GUIDE.* McGraw-Hill.

Pestaozzi, H. (1994). Pestalozzis Werke. 8Bande. Herausgegeben von P. Baumgartner, Zurich, rotapfel Verlag.

Rodd, J. (1996). *Children, culture and education, 72*(6), 325-320.

Rodd, J. (1996). children, culture and education, childhood *Education, 72*(6), 325-320.

Rousseau, J. J. (1984). *Discourse on the Sciences and Arts*(First Discourse), Translate by Roger, D. & J. R. Masrers, New York: St. Martin's Press.

Rousseau, J. J. (1987). *Emile order ubrer die Erziehung.* Einband geitaltung, Alfred Krugmann, Meinhrim: Ferdinand Sch Ningh.

Rousseau, J. J. (1988). *The Congessions*, translates by J. M Cohen. New York: Penguin Book.

Rousseau, Jean-Jacques, Emile or On Edaction (1762). *Trans. Allian Bloom.* New York: Basic Book, Inc., 1979.

Sanoff, H. (1995). *Creating Environments for Young children*, North Carolina Stae University.

Sapiro, M S. (1983). Child's Grden Te Kndergarten Movement from Froebel to Dewey. The Pensylvania State University Press.

Seaver, J, W., & Cartwright, C. A. R. (1996). *Child care administration.* 이숙희, 김숙령 공역(1996). 탁아론. 서울: 양서원.

Seefelt, C., & Barbour, N. (1986). *Early childhood education: An instruction.* Columbus, Ohio: Merrill Publishing Company.

Snow, C. (1998). *Infant Development* (2nd ed.). Englewood Cliffs (NJ: Prentice-Hill, Inc).

Srouf, C. R., & DeHart, G. (1992). *Child Development: Its Nature and Course* (2nd ed.). New York: McGraw-Hill.

The Montessori Method-Principles, Results, Practical Requirements, India: Kalakshetra Publications 1986.

The Secret of childhood (1998). New York: Ballantine Books.

Wardlow, G. M., & Kessel, M. (2002). *Perspectives in Nutrition* (5th ed.). McGraw-Hill Co.

Whaey, M., & the penn Green Centre Team (2001). *Involving parents in their children's learning*. London: Paul Chaoman Publishing.

Wilson, S. C. (1986). *Infants and toddlers: Curriculum and teaching*. Albany, New York. Delmar Publishers Inc.

참고사이트

-교육인적자원부 홈페이지

-대구시 보육정보센터 홈페이지

-대구한림유치원 홈페이지

-여성가족부 홈페이지

-인천삼성어린이집 홈페이지

-통계청 홈페이지

찾아보기

인명

내용

저자 소개

이현섭 진주산업대학교 아동복지학과 교수

조옥희 마산창신대학 아동복지과 교수

정정숙 진주국제대학교 가정사회복지학과 교수

박현숙 진주보건대학 아동복지계열 겸임교수

석은조 대구보건대학 유아교육과 교수

보육학개론

2006년 3월 8일 1판 1쇄 발행
2008년 5월 20일 1판 3쇄 발행

지은이 • 이현섭 조옥희 정정숙 박현숙 석은조
펴낸이 • 김 진 환
펴낸곳 • **학지사**

121-837 서울시 마포구 서교동 352-29 마인드월드빌딩 5층
전 화 • 326-1500(대) / 팩스 324-2345
등 록 • 1992년 2월 19일 제2-1329호

http://www.hakjisa.co.kr

ISBN 978-89-5891-264-4 93370

정가 16,000원